河南省"十四五"普通高等教育规划教材

国际贸易理论与实务

主　编　张建华
副主编　徐向慧　党克服

河南大学出版社
HENAN UNIVERSITY PRESS
·郑州·

图书在版编目(CIP)数据

国际贸易理论与实务 / 张建华主编. -- 郑州：河南大学出版社，2022.11(2024.3重印)

ISBN 978-7-5649-5026-2

Ⅰ.①国… Ⅱ.①张… Ⅲ.①国际贸易理论-高等学校-教材②国际贸易-贸易实务-高等学校-教材 Ⅳ.①F740

中国版本图书馆 CIP 数据核字(2022)第 029043 号

责任编辑　柳　涛　郑华峰
责任校对　陈　巧
封面设计　郭　灿

出版发行	河南大学出版社			
	地址:郑州市郑东新区商务外环中华大厦2401号　邮编:450046			
	电话:0371-86059750(高等教育与职业教育出版分社)			
	0371-86059701(营销部)　　　　　网址:hupress.henu.edu.cn			
排　版	河南大学出版社设计排版部			
印　刷	广东虎彩云印刷有限公司			
版　次	2022年11月第1版		印　次	2024年3月第2次印刷
开　本	787mm × 1092mm　1/16		印　张	22.25
字　数	528千字		定　价	49.00元

(本书如有印装质量问题,请与河南大学出版社营销部联系调换)

前 言

中国已经成为世界第一大货物贸易国和第二大服务贸易国,但当前的国际贸易呈现出贸易壁垒层出不穷、单边主义和贸易保护主义抬头、中美贸易关系错综复杂、以WTO为基础的多边贸易体制面临挑战、跨境电子商务蓬勃发展等新特点。国际贸易的新发展、新态势对应用型外贸人才的需要更加迫切,也对应用型外贸人才培养提出了更高的要求。应用型外贸人才既要熟悉进出口业务各个环节,又要熟悉国家的对外贸易政策和国际贸易规则和惯例。本书基于国际贸易学科性质及应用型本科的教学要求,秉承"理论够用、案例教学、重在应用"的基本理念,根据最新修订的INCOTERMS2020和国家对外贸易政策,结合我国的外贸业务实践和思政元素,从培养学生的应用能力出发,对国际贸易的基本理论、国际贸易政策和国际贸易实务进行全面、系统地梳理。本教材的特色与创新主要表现在:

(1) 内容实用,突出应用性。力求把国际贸易学科性质与应用型高校经济管理类学生的特点与实际需要相结合,在保证国际贸易理论、政策与业务知识够用的同时,注重通过最新贸易动态和案例分析突出应用性,注重培养学生独立分析问题、思考问题和解决问题的能力,强调对学生创新意识和应用能力的培养。

(2) 将时效性、应用性与课程思政有机结合。在注重科学性和应用性的同时,融入双循环发展格局、中美贸易摩擦、INCOTERMS2020、WTO改革与中国的立场、中国国际进口博览会、"一带一路"倡议、中国的自由贸易区建设、RECP、跨境电子商务等最新内容,既反映出国际经济与贸易领域的最新变化,又显示出中国正在以贸易大国的姿态崛起,向学生展示中国经济和对外贸易对全球经济和全球贸易的巨大贡献,引导和教育学生坚定"四个自信"。

(3) 形式新颖,便于学习。为了提高教材的实用性和学生学习兴趣,每一章前都有教学目的和导入案例,正文尽可能多地穿插现实案例、知识链接和相关图表,课后有本章小结、重要概念和形式多样的思考题及案例分析题,增加了推荐阅读材料,以便学生在掌握必要专业知识的同时扩展知识面,学以致用。

本书是"河南省应用型本科院校教材建设联盟"规划建设教材和河南工程学院校级自编教材立项建设的应用型教材,获河南省"十四五"普通高等教育规划教材立项建设。本书由河南工程学院经济贸易学院院长张建华教授任主编并负责第一章编写和全书统稿工作,郑州科技学院徐向慧主任和河南工程学院党克服老师任副主编,其中徐向慧主任负责第六章、第十四章编写,党克服老师负责第九章、第十章、第十一章编写,河南工程学院邓黎老师负责第十二章、第十三章编写,景欣老师负责第二章、第三章编写,谢冬冬老师负责第七章、第八章编写,郑州科技学院王晋哲老师负责第四章、第五章编写,同时又邀请河南省商务厅、孟州市商务局、河南省电子商务协会以及郑州美亚化工产品有限公司、河南澳得电子商务有限公司相关同志担任编审和顾问。

  本书编写过程中参考了大量文献和教材,在此一并表示衷心感谢。

  本书既可供应用型普通高等院校的国际经济与贸易、电子商务、物流管理、跨境电子商务、商务英语等经济与贸易类相关专业的本、专科学生用作教材,也可供商务部门、海关、进出口企业等专业人士学习和参考。

  须要指出的是,国际贸易理论、相关法律法规、国际贸易规则与时俱进,国际贸易实践也不断变化,加之作者自身知识水平、实践经验有限,书中难免存在疏漏和不当之处,恳请各位专家学者、同行老师、广大学生和读者批评指正。

张建华
2022 年 1 月 20 日

目 录

第一章　国际贸易基础知识 ……………………………………………………（ 1 ）
　　第一节　国际贸易的基本概念 ………………………………………………（ 2 ）
　　第二节　国际贸易的分类 ……………………………………………………（ 12 ）
第二章　国际贸易理论 ……………………………………………………………（ 22 ）
　　第一节　自由贸易理论 ………………………………………………………（ 22 ）
　　第二节　保护贸易理论 ………………………………………………………（ 31 ）
第三章　国际贸易政策 ……………………………………………………………（ 41 ）
　　第一节　国际贸易政策概述 …………………………………………………（ 41 ）
　　第二节　自由贸易政策 ………………………………………………………（ 45 ）
　　第三节　保护贸易政策 ………………………………………………………（ 48 ）
　　第四节　中国的对外贸易政策 ………………………………………………（ 52 ）
第四章　国际贸易措施 ……………………………………………………………（ 72 ）
　　第一节　关税措施 ……………………………………………………………（ 73 ）
　　第二节　非关税贸易壁垒 ……………………………………………………（ 81 ）
　　第三节　鼓励出口和出口管制 ………………………………………………（ 89 ）
　　第四节　进口鼓励措施 ………………………………………………………（ 99 ）
　　第五节　贸易救济措施 ………………………………………………………（104）
第五章　世界贸易组织 ……………………………………………………………（118）
　　第一节　关税与贸易总协定GATT ……………………………………………（118）
　　第二节　世界贸易组织 ………………………………………………………（120）
　　第三节　中国与世界贸易组织 ………………………………………………（128）
　　第四节　WTO改革与中国的立场 ……………………………………………（132）
第六章　国际贸易术语 ……………………………………………………………（142）
　　第一节　国际贸易术语及国际惯例 …………………………………………（142）
　　第二节　INCOTERMS2020中的6种主要术语 ………………………………（146）
　　第三节　INCOTERMS2020中的其他术语 …………………………………（155）
第七章　商品的品名、品质、数量和包装 ………………………………………（162）
　　第一节　商品的品名 …………………………………………………………（162）
　　第二节　商品的品质 …………………………………………………………（164）
　　第三节　商品的数量 …………………………………………………………（168）

第四节　商品的包装 …………………………………………（172）
第八章　进出口商品的价格 ……………………………………………（181）
　　第一节　进出口商品作价原则与方法 ………………………………（181）
　　第二节　商品的价格换算与核算 ……………………………………（183）
　　第三节　合同中的价格条款 …………………………………………（190）
第九章　国际货物运输 …………………………………………………（194）
　　第一节　国际货物运输方式 …………………………………………（194）
　　第二节　国际货物的装运条款 ………………………………………（207）
　　第三节　国际货物运输单据 …………………………………………（212）
第十章　国际货物运输保险 ……………………………………………（223）
　　第一节　国际货物运输保险的基本原则 ……………………………（223）
　　第二节　海上货物运输保险保障的范围 ……………………………（225）
　　第三节　中国海洋运输货物保险 ……………………………………（231）
　　第四节　伦敦保险协会海运货物保险 ………………………………（236）
　　第五节　陆运、空运货物与邮包运输保险 …………………………（238）
　　第六节　国际货物买卖合同中的保险条款 …………………………（241）
第十一章　国际贸易货款的结算 ………………………………………（249）
　　第一节　结算工具 ……………………………………………………（250）
　　第二节　汇付 …………………………………………………………（257）
　　第三节　托收 …………………………………………………………（262）
　　第四节　信用证 ………………………………………………………（269）
第十二章　国际贸易争议的处理 ………………………………………（295）
　　第一节　商品的检验 …………………………………………………（296）
　　第二节　争议与索赔 …………………………………………………（299）
　　第三节　不可抗力 ……………………………………………………（302）
　　第四节　国际贸易争议与仲裁 ………………………………………（305）
第十三章　国际贸易合同的签订及履行 ………………………………（311）
　　第一节　国际货物交易的准备 ………………………………………（311）
　　第二节　国际贸易合同的签订 ………………………………………（315）
　　第三节　国际贸易合同及其履行 ……………………………………（321）
第十四章　国际贸易方式 ………………………………………………（329）
　　第一节　传统的国际贸易方式 ………………………………………（330）
　　第二节　新的国际贸易方式 …………………………………………（336）
　　第三节　跨境电子商务 ………………………………………………（341）

第一章 国际贸易基础知识

【教学目的】

通过本章的学习,引导学生从日常生活中认识国际贸易问题,了解和关心中国的对外贸易与经济发展;要求学生掌握有关国际贸易的基本概念与主要分类;学会阅读国际贸易的相关资料,能够运用所学知识分析国际贸易的相关数据和信息。

【导入案例1】郑和下西洋与地理大发现

1405~1433年,郑和受明朝皇帝派遣7次下西洋加强中国和其他国家的交往,但是并没有对中国的开放拓展和对外贸易乃至经济有实质性的推动。究其原因,远航的主要性质是"宣威异域"的"朝贡贸易",因为当时的中国仍是自给自足的农业经济和大陆型国家,资源比较丰富,贸易动机只是互通有无,对从事海外贸易获利兴趣不大,同时政府禁止私人出海贸易,极大地限制了中国的对外贸易,所以即便发现了通向他国的新航道也没有引发大规模的海外贸易。相反,15世纪末16世纪初西欧哥伦布、达伽马、麦哲伦等欧洲航海者的地理大发现极大地刺激了国际贸易和西欧经济的发展,背景是西欧各国大都资源短缺,急须对外扩张,进口本国所需的产品,于是在技术革命的背景下对外贸易迅猛发展。地理大发现是适应商品经济向外输出商品需要的探险行为,政府也极力借助新航道进行对外掠夺和殖民扩张。

【导入案例2】2021年中国的对外贸易

2021年,中国货物贸易进出口总额39.1万亿元,比2020年增长21.4%。其中,出口21.73万亿元,增长21.2%;进口17.37万亿元,增长21.5%。与2019年相比,我国外贸进出口、出口、进口分别增长23.9%、26.1%、21.2%。2021全年进出口、出口、进口规模均创历史新高,是全球第一大货物贸易国、第一大货物出口国和第二大货物进口国。2021年中国主要贸易伙伴位次发生变化,东盟首次超越欧盟成为我国第一大贸易伙伴。2021年,中国对东盟进出口5.67万亿元,增长19.7%,占进出口总额的14.5%;对欧盟进出口5.35万亿元,增长19.1%,占进出口总额的13.68%;对美国进出口4.88万亿元,增长20.2%,占进出口总额的12.48%。尤其需要关注的是,中国2021年对"一带一路"沿线国家进出口11.6万亿元,增长23.6%,高出整体增速2.1个百分点,占进出口总值29.7%,比2018年提升2个百分点。同时,2020年中国出口商品价格指数上涨1.6%,进口商品价格指数下降3.8%,贸易条件指数104.3,贸易条件有所改善。2021年中国跨境电商等外贸新业态继续保持蓬勃发展态势,跨境电商进出口1.98万亿元,增长15%;其中出口1.44万亿元,增长24.5%,贸易新动能显著增强。中国主动向世界开放市场,连续11年成为全球第二大进口市场,进口额占世界进口总额的10%以上。2008年国际金融危机以来,中国进口贡献全球进口增量的六分之一,是全球经济复苏的助推器和稳定器。

第一节 国际贸易的基本概念

一、国际贸易与对外贸易

(一)国际贸易

国际贸易(International Trade)是指世界各国或地区(仅限独立关税地区)之间所进行的商品、服务和要素的交换活动。作为世界各国或地区之间劳动分工和经济相互联系的主要表现形式,国际贸易由世界各国(地区)的对外贸易所构成,所以又被称为世界贸易(World Trade)、全球贸易(Global Trade)。

国际贸易的含义,可以从以下几个方面来理解:

(1) 国际贸易以剩余产品和国家的出现为前提,没有剩余产品、没有国家就不会有国际贸易。因此,国际贸易是一个历史范畴,是人类社会发展到一定历史阶段的产物。

(2) 国际贸易是不同国家(地区)之间的商品交换。只有不同国家(地区)的商品所有者之间发生的商品交易活动才是国际贸易活动。

(3) 国际贸易有广义和狭义之分。广义的国际贸易包括国际货物贸易、国际技术贸易和国际服务贸易,而狭义的国际贸易仅指国际货物贸易。本书采纳的是广义的概念。

【知识链接1-1】贸易"国际性"的判断标准

判断贸易"国际性"的标准主要包括营业地标准、国籍标准、交易行为标准等。其中,最常用的是营业地标准。《联合国国际货物销售合同公约》对货物贸易是否具有"国际性"采用的判断标准就是营业地标准,即以交易双方当事人营业地处于不同国家为标准。(《公约》第1条1款就明确规定:"本公约适用于营业地不在同国家的当事人之间所订立的货物销售合同。")我国也是采用营业地标准来判定贸易的"国际性"。

【知识链接1-2】独立关税区(Separate Customs Territory)

国际贸易中的"地区",指的是独立关税区。独立关税区,也称为单独关税区,是指具有一定的关税贸易自主权和对外交往权的"非国家实体"。根据其母国的国内法,这些地区具有一定的独立性并且在某些方面(主要是关税贸易领域)可以代表它自己从事对外交往活动的地区。单独关税区是属于主权国家的一个地区,它与作为独立国际法主体的国家有着本质的区别。有些国际组织允许独立关税区作为缔约方加入。如世界贸易组织(WTO)就接纳了我国香港、澳门、台湾地区作为独立关税区加入,欧洲联盟(EU)也属于独立关税区。

(二) 对外贸易

对外贸易(Foreign Trade)是指国际贸易活动中的一个国家(或地区)同其他国家(或地区)之间所进行商品、服务和要素的交换活动。对外贸易一般包括进口和出口,所以又称进出口贸易(Import and Export Trade),某些海岛国家如英国、日本等国和某些海岛地区如中国香港和台湾地区,常用"海外贸易"(Overseas Trade)来表示对外贸易。

与国际贸易一样,对外贸易同样有广义和狭义之分。广义的对外贸易包括货物贸易、技术贸易和服务贸易;狭义的对外贸易则只包含货物贸易。我们在本书中同样采用广义概念。

国际贸易与对外贸易都是跨越国界所进行的商品、服务和要素的交换活动,两者实质内容上是一致的,它们的主要区别在于视角不同:对外贸易是以一国(地区)为主体,它是从一个国家(地区)的角度来看商品、服务和要素的交换活动,是相对国内贸易(Domestic Trade)而言的;而国际贸易是从全世界角度来看待国(地区)与国(地区)之间的商品、服务和要素的交换活动。如中国与别国的贸易,就称为中国的对外贸易。但如果从整个世界范围来看,则把这种商品、服务和要素的交换活动称为国际贸易。

二、国际贸易额和对外贸易额

(一) 国际贸易额

国际贸易额(Value of International Trade)又称国际贸易值,是以货币表示的反映一定时期内世界贸易规模的指标,是指一定时期内世界各国(地区)出口贸易额的总和。统计国际贸易额,应把世界上所有国家(地区)的出口额按同一种货币单位换算后相加。

同时要特别注意:统计国家贸易额不能简单地把世界各国(地区)的进出口总额相加,而只能是把世界各国(地区)的出口额相加。这是因为,一个国家(地区)的出口就是另外一个国家(地区)的进口。所以,如果把世界各国(地区)的进出口额相加,就会造成重复计算。又因为,大多数国家(地区)统计出口额以 FOB 价格(Free on Board,船上交货价)计算,统计进口额以 CIF 价格(Cost Insurance and Freight,成本加保险费加运费)计算,而 CIF 价格比 FOB 价格多了运费和保险费,出口总额往往小于进口总额。所以,以世界各国(地区)的出口额相加,能更确切地反映国际贸易的实际规模。世界贸易组织发布的《全球贸易数据与展望》报告显示,2018 年世界商品出口总额为 19.475 万亿美元,世界商品进口总额约为 19.867 万亿美元,按照上述定义,则 2018 年的国际贸易额为 19.475 万亿美元。

(二) 对外贸易额

对外贸易额(Value of Foreign Trade),亦称对外贸易值,是一个国家(地区)在一定时期内(通常为一年)出口额和进口额的总和。这是用货币金额表示的一国(地区)在一定时期内的进出口规模的数量指标,是衡量一国(地区)对外贸易状况的重要经济指标。它由一国(地区)在一定时期内从境外进口的商品总额加上该国或地区同一时期向境外出口的商品总额构成。在计算时,依国际惯例,出口额要以 FOB 价格(Free on Board,船上交货价)计算,进口额要以 CIF(Cost Insurance and Freight,成本加保险费加运费)价格计算。2021 年中国货物贸易进出口总额首次突破 60 000 亿元,达到 60514.9 亿美元(全球占比超过 18%),同比增长 21.4%,比 1978 年增长 291 倍,连续两年居世界首位;服务进出口总额 8188.97 亿美元,比 1982 年增长 173 倍,由世界第四十位跃升至世界第二位。中国 2016~2021 年对外货物贸易额和对外服务贸易额情况如表 1-1 所示。

表 1-1 2016~2021 年中国对外贸易额(单位:亿美元)

指标	2016	2017	2018	2019	2020	2021
货物进出口总额	36 855.6	41 071.4	46 224.2	45 761.3	46 559.1	60 514.9
出口总额	20 976.3	22 633.5	24 866.8	24 990.3	25 899.5	33 639.67
进口总额	15 879.3	18 437.9	21 357.3	20 771.0	20 659.6	26 875.3
进出口差额	5097.1	4195.5	3509.5	4219.3	5239.9	6764.3
服务进出口总额	6616.3	6956.8	7918.8	7850.0	6617.2	8188.97
出口总额	2095.3	2280.9	2668.4	2836.0	2806.3	3931.2
进口总额	4521.0	4675.9	5250.4	5014.0	3810.9	4257.7
进出口差额	-2425.7	-2395.0	-2582.0	-2178.0	-1004.6	-326.57

资料来源:根据 2020 年中国统计年鉴及商务部、海关总署统计资料整理

三、国际贸易量和对外贸易量

国际贸易量(Quantum of International Trade)/对外贸易量(Quantum of Foreign Trade)是按不变价格计算的国际贸易额/对外贸易额。以货币金额所表示的国际贸易额/对外贸易额经常受到价格变动的影响,同时各国货币的币值也经常波动,因而不能准确地反映国际贸易和一国(地区)对外贸易的实际规模,更不能使用不同时期的国际贸易额/对外贸易额直接比较。如果用贸易量,即用进出口商品的数量、重量等来表示,则可以避免这种缺陷。就某一种商品来说,用计量单位表示十分容易,但就一个国家的全部进出口商品来说,就无法直接用计量单位表示,因商品不同,计量单位也不同,难以直接相加。因而,国际贸易量/对外贸易量是为了剔除价格变动的影响,并准确反映国际贸易规模和一国(地区)对外贸易的实际数量变化而制定的数量指标,同时也便于对不同时期进行比较。

具体计算是以某一年份为基期确定的价格指数去除报告期的进(出)口总额,得到的是相当于按不变价格计算的进(出)口额,称为报告期的对外贸易量,计算公式为:

进(出)口贸易量=进(出)口额÷进(出)口价格指数×100

【例 1-1】对外贸易量的计算

以 2018 年为基期,假定某国 2018 年的进口、出口和进出口价格指数均定为 100。2021 年该国进口贸易额为 11 800 亿美元,出口贸易额为 12 000 亿美元。2021 年该国出口

产品价格平均下跌5%,出口价格指数为95;进口产品价格平均上涨3%,则进口价格指数为103;进出口平均价格下跌2%,则进出口价格指数为98。

把这些数值代入上面的公式,便可得出该国2021年剔除了价格变动因素后的贸易额,即实际的进出口贸易量:

$$进口贸易量 = 11\,800 \div 103 \times 100 = 11\,456.3 \text{ 亿美元}$$

$$出口贸易量 = 12\,000 \div 95 \times 100 = 12\,631.6 \text{ 亿美元}$$

$$进出口贸易量 = (11\,800 + 12\,000) \div 98 \times 100 = 24\,285.7 \text{ 亿美元}$$

可见,该国2021年进口贸易额虽然达到11 800亿美元,但剔除价格变动因素后的实际进口贸易量只有11 456.3亿美元;2021年的出口贸易额虽然只有12 000亿美元,但剔除价格变动因素后的实际出口贸易量却达12 631.6亿美元。总体看,该国2021年的进出口贸易总额为23 800亿美元,但剔除价格变动因素后的实际进出口贸易量则达24 285.7亿美元。

四、贸易差额

贸易差额(Balance of Trade)是指一个国家(地区)在一定时期内(通常为一年)出口贸易总额与进口贸易总额的差额。它是衡量一个国家(地区)对外贸易状况和一国(地区)商品国际竞争力的重要指标。

贸易差额会出现三种情况:

(1) 贸易顺差。出口贸易总额大于进口贸易总额称为贸易顺差(Favorable Balance of Trade),也称为贸易盈余(Trade Surplus)或出超(Excess of Export over Import),通常用正数表示。

(2) 贸易逆差。如果出口贸易总额小于进口贸易总额,称为贸易逆差(Unfavorable Balance of Trade),又称为贸易赤字(Trade Deficits)或入超(Excess of Import over Export),通常用负数表示。

(3) 贸易平衡。当出口贸易总额与进口贸易总额相等时,称为贸易平衡(Trade Balance)。

一般说来,贸易顺差表明一国(地区)在对外贸易中处于有利地位,贸易逆差则表明一些国家(地区)在对外贸易收支上处于不利地位。不过,长期顺差不一定是好事,逆差也并非绝对是坏事。从长期趋势来看,一国的进出口贸易应基本保持平衡。一个国家(地区)在一定时期内的贸易差额表现为顺差还是逆差,主要取决于该国(地区)进出口的商品种类、数量、价格水平以及当时的国际经济形势等各种因素。2018年3月,美国就以对中国贸易逆差过大为借口单方面挑起了持续至今的中美贸易摩擦。中国1978~2021年的货物贸易差额如表1-2所示。

表1-2　1978~2021年中国的货物贸易差额　单位:亿美元

年份	进出口总额	出口总额	进口总额	贸易差额
1978	206.4	97.5	108.9	-11.5

续表

年份	进出口总额	出口总额	进口总额	贸易差额
1980	381.4	181.2	200.2	−19.0
1985	696.0	273.5	422.5	−149.0
1990	1154.4	620.9	533.5	87.5
1995	2808.6	1487.8	1320.8	167.0
2000	4743.0	2492.0	2250.9	241.1
2005	14 219.1	7619.5	6599.5	1020.0
2008	25 632.6	14 306.9	11 325.6	2981.3
2009	22 075.4	12 016.1	10 059.2	1956.9
2010	29 740.0	15 777.5	13 962.5	1815.1
2011	36 418.6	18 983.8	17 434.8	1549.0
2012	38 671.2	20 487.1	18 184.1	2303.1
2013	41 589.9	22 090.0	19 499.9	2590.2
2014	43 015.3	23 422.9	19 592.4	3830.6
2015	39 530.3	22 734.7	16 795.6	5939.0
2016	36 855.6	20 976.3	15 879.3	5097.1
2017	41 071.4	22 633.5	18 437.9	4195.5
2018	46 224.2	24 866.8	21 357.3	3509.5
2019	45 761.3	24 990.3	20 771.0	4219.3
2020	46 559.1	25 899.5	20 659.6	5239.9
2021	60 500	32 637.7	26 862.6	6775.1

资料来源:根据2020年中国统计年鉴及商务部、海关总署统计资料整理

五、国际贸易商品结构与对外贸易商品结构

贸易结构(Composition of Trade)是指各类商品贸易在整个贸易中所占的比重。有广义和狭义之分。广义的贸易结构,包括货物和服务,而狭义的贸易结构,仅包括货物,也即指货物贸易结构。此处我们采用狭义的贸易结构概念。贸易结构一般有两种,即国际贸易商品结构和对外贸易商品结构。

(一)国际贸易商品结构

国际贸易商品结构(Composition of International Trade),是指在一定时期内各类商品或某种商品在整个国际贸易中的构成,即各类货物或某种货物的贸易额在世界贸易额(出口额)中所占的比重。国际贸易商品结构可以反映出世界经济的发展水平、产业结构状况

和科技发展水平。为便于分析比较,世界各国均以《联合国国际贸易标准分类》(SITC)为依据公布国际贸易商品结构和对外贸易商品结构。

《联合国国际贸易标准分类》(SITC)通常把国际贸易中的商品分为两大类:一类为初级产品,即没有经过或很少经过加工的农、林、牧、渔、矿产品;另一类为工业制成品,即经过机器加工完成的产品。随着社会生产力的提高和科学技术的进步,国际贸易商品结构不断升级,初级产品所占比重越来越低,工业制成品所占比重日趋提高。20世纪50年代以前,初级产品在国际贸易商品结构中的比重一直高于工业制成品的比重。自1953年起,国际贸易商品结构中,工业制成品的比重开始超过初级产品的比重。当前,工业制成品在国际贸易商品结构中的比重已经超过三分之二。

(二)对外贸易商品结构

对外贸易商品结构(Composition of Foreign Trade),是指在一定时期内一国(地区)进出口贸易中各类商品的构成,即某大类商品或某种商品的进出口贸易额与整个国家(地区)进出口贸易总额之比。通常采用出口商品结构和进口商品结构来表示,表1-3显示的是中国对外贸易出口商品结构的变化情况,表1-4则是2020年中国进出口商品的总体情况。

一国(地区)的对外贸易商品结构取决于该国(地区)的国民经济发展状况、自然资源的丰裕程度、产业结构和对外经济贸易政策等因素。对外贸易商品结构可以反映出一国(地区)的科学技术发展水平、经济发展水平、产业结构状况及其在国际分工中的地位。

表1-3 中国对外贸易出口商品结构变化

项目 年份	工业制成品出口 占出口总额比重(%)	初级产品出口 占出口总额比重(%)
1978	46.5	53.5
1990	74.4	25.6
2000	89.8	10.2
2008	94.6	5.4
2018	94.6	5.4
2019	95.54	4.46

资料来源:根据中国统计年鉴2009~2021整理

表1-4 2020年中国进出口商品金额(按国际贸易标准SITC分类)

商品分类	出口		进口	
	亿元 人民币	亿美元	亿元 人民币	亿美元
总额	179 278.83	25 899.52	142 936.40	20 659.62
初级产品	8014.77	1156.29	47 560.57	6869.07

续表

商品分类	出口		进口	
	亿元人民币	亿美元	亿元人民币	亿美元
食品及活动物	4399.42	635.32	6804.56	982.54
饮料及烟类	175.31	25.28	428.75	62.04
非食用原料(燃料除外)	1101.53	159.17	20 878.40	3017.26
矿物燃料、润滑油及有关原料	2240.73	322.48	18 711.83	2700.69
动、植物油脂及蜡	97.76	14.05	737.04	106.55
工业制品	17 1264.06	24 743.22	95 375.82	13 790.54
化学成品及有关产品	11 717.89	1691.33	14 779.73	2134.64
按原料分类的制成品	30 094.22	4340.70	11 669.01	1686.57
机械及运输设备	87 009.73	12 578.91	57 288.09	8285.37
杂项制品	40 471.48	5846.79	10 092.27	1459.73
未分类的其他商品	1970.74	285.50	1546.72	223.23

资料来源:2021年中国统计年鉴及商务部、海关总署统计资料整理

六、国际贸易地理方向与对外贸易地理方向

(一)国际贸易地理方向

国际贸易地理方向(Direction of International Trade)亦称为国际贸易地理(地区)分布(International Trade by Region),是指一定时期(通常为一年)内各洲、各国(地区)或国家经济集团的对外贸易在整个国际贸易中所占的比重。它是反映国际贸易的国别分布、地区、洲别分布状况和商品流向的指标,也反映了各个国家(地区)或国家经济集团在国际贸易中所处的地位。

根据国际贸易额的大小,2018年,国际贸易的洲别分布次序是欧洲第一、亚洲第二、北美洲第三、拉美第四、非洲第五、大洋洲第六;国别分布顺序(前五名)是中国第一、美国第二、德国第三、日本第四、荷兰第五。由此可见,亚欧美仍然是全球贸易的重点地区。

据联合国贸易和发展会议(UNCTAD)发布的《全球贸易更新报告》统计的最新数字显示,2021年,全球贸易额达28.5万亿美元,创历史新高,较2020年和2019年分别增长25%和13%,但2022年全球贸易下行趋势明显。整体看,2021年全球货物贸易保持强劲,服务贸易最终恢复至疫前水平。2021年,中国货物贸易进出口总额约为6.05亿美元,是全球第一大货物贸易国;美国贸易进出口总额约为4.61万亿美元,是全球第二大货物贸易国;德国贸易总额约为2.8万亿美元,是全球第三大货物贸易国;日本贸易总额则约为1.4万亿美元,占全球贸易总额3.8%,是全球第四大货物贸易国;荷兰贸易总额则约为

1.37万亿美元,占全球贸易总额3.19%,是全球第五大货物贸易国。表1-5是2021世界十大货物贸易国排名情况。

表1-5 2021年世界十大货物贸易国

世界排名	进出口总额排名	出口额排名	进口进口额
1	中国	中国	美国
2	美国	美国	中国
3	德国	德国	德国
4	日本	日本	日本
5	荷兰	韩国	荷兰
6	法国	法国	法国
7	英国	荷兰	中国香港
8	韩国	意大利	英国
9	意大利	俄罗斯	韩国
10	墨西哥	英国	印度

资料来源:根据WTO《全球贸易数据与展望》整理

2001年,中国货物贸易进出口总额首次突破一万亿美元大关,成功超越日本,成为世界第三大贸易国,仅次于美国和德国;2009年货物贸易进出口总额超越德国,成为仅次于美国的世界第二大贸易国,同时中国出口额和进口额实现对德国的双重超越,成为世界第一大出口国和仅次于美国的第二大进口额国。2013年,中国货物进出口总额超越美国,成为世界第一大货物贸易国。2019年,中国继续保持世界第一大货物贸易国地位,同时连续11年出口世界第一,出口额占世界出口总额的13.2%;连续11年成为全球第二大进口市场,进口额占世界进口总额的10.8%。

(二) 对外贸易地理方向

对外贸易地理方向(Direction of Foreign Trade),也称为对外贸易的地理(地区)分布(Foreign Trade by Region),即一国(地区)对外贸易的国别和地区分布,是指一定时期内(通常为一年)各个国家(地区)或国家经济集团的商品或服务在某一个国家(地区)对外贸易中所占的地位,一般是以这些国家或地区的商品或服务在该国进出口贸易总额中所占的比重来表示。对外贸易地理方向表明一国(地区)出口商品或货物的去向与进口商品或服务的来源,反映出该国(地区)同世界各国(地区)的经济贸易联系程度,通常受经济互补性、国际分工的形式以及贸易政策等因素的影响。

根据对外贸易地理方向的定义,对中国而言,2008年的十大贸易伙伴依次为:欧盟(16.6%)、美国(13.0%)、日本(10.4%)、东盟(9.0%)、中国香港(8.0%)、韩国(7.3%)、中国台湾(5.0%)、澳大利亚(2.3%)、俄罗斯(2.2%)、印度(2.0%)。2011年,东盟首次超过日本成为中国第三大贸易伙伴,2012年中国香港地区首次超过日本成为中国第四大贸易伙伴,2017年日本反超中国香港地区再次成为中国第四大贸易伙伴。2018年,中国前十大贸易伙伴依次为：欧盟（14.8%）、美国（13.7%）、东盟（12.7%）、日本（7.1%）、韩国（6.8%）、中国香港（6.7%）、中国台湾（4.9%）、澳大利亚（3.3%）、巴西（2.4%）、俄罗斯（2.3%）。

2021年，东盟成为我国第一大贸易伙伴，占我国进出口总额比重达到14.51%。其中，对东盟出口额31 254.5亿元，增长17.7%，占出口比重14.38%；进口额25 488.5亿元，增长22.2%，占进口比重14.68%。我国对东盟的马来西亚、印度尼西亚、菲律宾的出口增速都非常高。欧盟是我国第二大贸易伙伴，占我国进出口比重达到13.69%。其中，对欧盟出口额33 483.4亿元，增长23.7%，占出口比重15.41%；进口额20 028.4亿元，增长12.1%，占进口比重为11.53%。美国降为我国第三大贸易伙伴，占我国进出口比重达到12.49%，但是从出口额来看，美国仍是我国第一大出口国。其中，对美国出口额37 224.4亿元，增长19%，占出口比重17.3%；进口额11 602.8亿元，增长24.2%，占进口比重为6.68%。此外，我国对韩国、俄罗斯、印度、非洲的出口增速均超过20%，对拉丁美洲出口增速超过40%。

尤其需要关注的是，2021年，我国与"一带一路"沿线国家货物贸易额达11.6万亿元，同比增长23.6%，创8年来新高，占我国外贸总额的比重达29.7%。"一带一路"倡议提出以来，我国与"一带一路"沿线国家贸易规模持续扩大。2014年至2019年，我国与"一带一路"沿线国家贸易值累计超过44万亿元，年均增长达到6.1%，我国已经成为沿线25个国家最大的贸易伙伴。2021年中国对主要国家和地区货物进出口金额、增长速度及其比重如表1-6所示。

表1-6　2021年中国对主要国家和地区货物进出口金额、增长速度及其比重

国家和地区	出口额（亿元）	比上年增长（%）	占全部出口（%）	进口额（亿元）	比上年增长（%）	占全部进口（%）
东盟	31 254.5	17.7	14.38	25 488.5	22.2	14.68
欧盟	33 483.4	23.7	15.41	20 028.4	12.1	11.53
美国	37 224.4	19	17.13	11 602.8	24.2	6.68
日本	10 721.7	8.5	4.93	13 298.0	10.1	7.66
中国香港	22 640.8	20.3	10.42	627.1	30.2	0.36
韩国	9616.7	23.5	4.42	13 790.8	15.1	7.94
中国台湾	5062.6	21.7	2.33	16 145.7	16.5	9.30
巴西	3464.4	43.4	1.59	7137.7	20.3	4.11
俄罗斯	4364.3	24.7	2.01	5122.3	28.2	2.95
印度	6302.3	36.6	2.90	1818.9	25.1	1.05
英国	5624.0	12	2.59	1656.9	20.3	0.95

资料来源：中华人民共和国2021年国民经济和社会发展统计公报

七、对外贸易依存度

对外贸易依存度(Ratio of Dependence on Foreign Trade),简称外贸依存度,又称对外贸易系数,是指一个国家(地区)在一定时期内(通常为1年)的对外贸易额与其国内生产总值(GDP)之比,传统计算公式为 $Z=(X+M)/GDP \times 100\%$,其中 Z 为对外贸易依存度,X 和 M 分别表示出口总额和进口总额。对外贸易依存度反映一国(地区)对外贸易在国民经济中的地位及其与其他国家经贸联系的密切程度,是衡量一个独立经济体对外开放程度及其参与国际分工和国际市场竞争程度的重要指标,具体又可细分为出口依存度($Z_X = X/GDP \times 100\%$)和进口依存度($Z_M = M/GDP \times 100\%$),前者表示内部经济与外部经济的联系程度和依赖程度,后者表示内部经济的对外开放度或利用国外资源的程度。

从定义看,影响对外贸易依存度的基本因素是进出口总额和国内生产总值,但其实际与一国(地区)的经济规模、经济发展水平与产业结构、经济发展战略以及所采取的对外贸易政策等诸多因素密切相关。在实际测算中,为了保持国际可比性,常常要将进出口总额和GDP按一定汇率折算成美元,因而汇率水平也是影响外贸依存度的重要因素。对于外贸依存度的高低应理性和科学看待,不能一概而论,更不是越高越好,而是应保持适度水平,若过高,国内经济发展易受外部经济尤其经济不景气的影响和冲击;若过低,则说明该国(地区)没有很好地利用国际分工和国际市场。中国2017~2021年的相关数据如表1-7所示。

表1-7 2017-2021年中国进出口总额、国内生产总值与外贸依存度

指标	2021年	2020年	2019年	2018年	2017年
进出口总额(亿元)	391 009	322 215.2	315 504.75	305 008.13	278 099.24
出口总额(亿元)	217 348	179 278.8	172 342.34	164 127.81	153 309.43
进口总额(亿元)	173 661	142 936.4	143 162.41	140 880.32	124 789.81
国内生产总值(亿元)	1143 670	1015 986.2	990 865.1	919 281.1	832 035.9
对外贸易依存度(%)	34.19%	31.71%	31.84%	33.18%	33.42%
出口依存度(%)	19.00%	17.65%	17.39%	17.85%	18.43%
进口依存度(%)	15.18%	14.07%	14.45%	15.33%	15.00%

资料来源:根据国家统计局年度统计数据整理

八、对外贸易条件

对外贸易条件(Terms of Foreign Trade),是指一个国家(地区)在一定时期内的出口商品价格与进口商品价格之间的比率,所以对外贸易条件又称"进出口交换比价"或"贸易比价"。对外贸易条件反映了一个国家(地区)的对外贸易状况和商品的国际竞争力水平,通常以贸易条件系数表示。其经济学含义是,随着出口商品相对于进口商品

价格的变化,出口每单位商品所能换回的进口商品的数量。

由于现实生活中一国(地区)进出口商品种类很多且价格受各种因素的影响经常变化,故贸易条件系数通常用一定时期内的出口价格指数与进口价格指数进行对比计算。相应的计算公式为:$N = P_X/P_M \times 100$,其中 N 为贸易条件指数,P_X 为出口价格指数,P_M 为进口价格指数。如果贸易条件指数 N 大于100,说明出口价格比进口价格相对上涨,出口同量商品能换回比原来更多的进口商品,表明贸易条件改善;如果贸易条件指数小于100,说明出口价格比进口价格相对下跌,出口同量商品能换回的进口商品比原来减少,即贸易条件恶化;如果贸易条件指数等于100,则表明贸易条件没有变化。

【例1-2】贸易条件指数计算

假定某国贸易条件以2010年为基期,其进出口价格指数均为100即贸易条件系数为100,若2018年时出口价格指数上涨5%,为105;进口价格指数下跌5%,为95,那么这个国家2018年的贸易条件指数为:

$$N = (105 \div 95) \times 100 = 110.53$$

这表明该国从2010年到2018年间,贸易条件从2010年的100上升到了2018年的110.53,2018年与2010年相比,贸易条件改善了10.53。当然,这种改善是相对而言的。

第二节　国际贸易的分类

国际贸易可以从不同角度进行分类。常见的分类有:

一、按照商品的移动方向分类

按照商品(含服务、要素)的移动方向不同,国际贸易可分为出口贸易、进口贸易和过境贸易。

(一) 出口贸易

出口贸易(Export Trade)是指将本国(地区)所生产或加工的商品(含服务、要素)输往国外市场进行销售的交换活动,又称为输出贸易。

(二) 进口贸易

进口贸易(Import Trade)是指购买外国(地区)生产或加工的商品(含服务、要素)并将其输入到本国(地区)市场进行销售的交换活动,亦称为输入贸易。

在对外贸易中,一笔交易对卖方来说是出口贸易,对买方而言又是进口贸易。通常情况下,一国(地区)在同类商品(含服务、要素)上往往是既有出口又有进口。在一定时期(通常为一年)内,如果一国(地区)的某类商品(含服务、要素)出口大于进口,其超出部分称为净出口(Net Export)。反之,如进口大于出口,其超出部分称为净进口(Net Import)。

净出口与净进口是以数量来反映的一国(地区)某类商品(含服务、要素)在国际贸易中所处的地位。

(三) 过境贸易

过境贸易(Transit Trade),又称通过贸易,是指贸易商品的生产国(地区)与消费国(地区)之间进行的商品买卖活动,其实物运输过程必须穿过第三国的国境,对第三国来讲就是过境贸易。第三国不参与商品生产国(地区)和消费国(地区)的买卖关系,但因为通过本国国境,故过境国要对此批货物进行海关监管,并把此类货物作为过境贸易额加以统计。

过境贸易又可分为直接过境贸易和间接过境贸易。直接过境贸易是指外国货物到达过境国口岸后,不在过境国海关保税仓库存放,直接在海关监管下,从一个港口通过国内航线装运到另一港口,或在同一港口内从一艘船转装到另一艘船,有时甚至不经过卸货装船仍由原船运输,然后离开国境。直接过境贸易下,承办过境的国家一般要收取一定的费用。间接过境贸易是指外国货物运到过境国国境后,先在海关保税仓库存放,然后未经加工改制,又从海关保税仓库提出运往其他国家销售。

二、按商品交易关系分类

以商品交易关系(即有无第三方参加)为标准,国际贸易可分为直接贸易、间接贸易和转口贸易。

(一) 直接贸易

直接贸易(Direct Trade),是指贸易商品在生产国(地区)和消费国(地区)不通过第三方而直接进行的贸易活动。生产国(地区)商品输出到消费国(地区),从生产国(地区)来讲,是直接出口;从消费国(地区)来讲,则是直接进口。

(二) 间接贸易

间接贸易(Indirect Trade)是直接贸易的对称,是指通过第三国(地区)把商品从生产国(地区)运销到消费国(地区)的贸易活动。一般是由于生产国(地区)销售渠道不畅、信息不灵或某些政治原因,而借助于第三国或其他中间环节,把商品从生产国(地区)运销到消费国(地区)。这种贸易活动对生产国(地区)来说是间接出口,对消费国(地区)来讲则是间接进口,对第三国(地区)来说,也可称为转口贸易。

(三) 转口贸易

转口贸易(Entrepot Trade),又称中转贸易或再输出贸易,是指国际贸易中进出口商品的买卖不是在商品生产国(地区)与商品消费国(地区)之间进行,而是通过第三国(地区)转手进行的交易。生产国(地区)与消费国(地区)之间并不发生贸易联系,而是由第三国(地区)作为中转国(地区)分别同生产国(地区)和消费国(地区)发生贸易。这种贸易活动对商品生产国(地区)和商品消费国(地区)是间接贸易,对于中间的第三国(地区)而言,就是转口贸易。第三国参与了买卖的商品价值转移活动,但不一定参与商品的实体运输活动,故即使商品直接由生产国(地区)运往消费国(地区),只要双方未直接发生交易关系,也属转口贸易。转口贸易属于复出口,是国际贸易的一部分。从事转口贸易的大多是地理位置优越、交通运输便利、结算方便、贸易限制较少的国家和地区,例如英国伦敦、荷兰鹿特丹、中国的香港和台湾地区,它们进口某种商品的目的不是以消费为目的,而是将它作为商品再向别国出口而盈利。需要注意的是,直接贸易和转口贸易是指贸易方式而不是运输方式,转口贸易可以直接运输,直接贸易也可以间接运输。

【知识链接1-3】复出口和复进口

从国外输入的商品没有在本国消费,又未经过加工就再出口,称作复出口(Re-export Trade),又称再出口或再输出。复出口在很大程度上同经营转口贸易有关。

本国商品出口后未经任何加工又输回本国,称作复进口(Re-import Trade),也称再进口或再输入。复进口多因偶然原因(如出口退货)所造成。

三、按进出口统计标准分类

根据划分进出口的统计标准(国境和关境)不同,国际贸易可分为总贸易和专门贸易。

(一) 总贸易

总贸易(General Trade)是指以国境为标准划分的进出口贸易。这种以国境为标准的进出口贸易统计方法称为总贸易体系(General Trade System),又称为一般贸易体系。凡是离开国境的外销商品一律列为出口,即总出口(General Export),包括本国生产商品的出口和进口商品的复出口;凡是进入国境的外购商品一律列为进口,即总进口(General Import),包括进口后供国内消费的商品和进口后成为转口或过境的商品。总贸易额在数量上等于总出口额与总进口额之和。目前,包括日本、英国、加拿大、美国、澳大利亚、俄罗斯及东欧一些国家采用该标准,我国采用的也是总贸易体系。

(二) 专门贸易

专门贸易(Special Trade)是指以关境为标准划分的进出口贸易。这种以关境为标准的进出口贸易统计方法称为专门贸易体系(Special Trade System),也称为特殊贸易体系。运出关境的本国商品以及进口后未经加工又运出关境的商品列为出口,即专门出口(Special Export);进入关境及从保税仓库提出进入关境的商品列为进口,即专门进口(Special Import)。按照这个标准,过境贸易由于商品不进入关境,不属于专门贸易。专门贸易额在数量上等于专门出口额与专门进口额之和。目前,包括德国、意大利、瑞士等国家采用此标准。

总贸易和专门贸易蕴含的经济意义不同,前者反映一国(地区)在国际商品流通中所处的地位和所起的作用;后者说明一国(地区)作为生产者和消费者在国际贸易中具有的意义。

【知识链接1-4】国境和关境

国境(Frontier, National Boundary Limits),是一个国家行使主权的领土范围。包括领陆、领水、领空和领海。

关境(Customs Territory),是一个国家(地区)海关法则全部生效的领域。

一般来说,一国(地区)的关境与国境是一致的,即关境等于国境。但也有例外,如设有自由港、自由贸易区或保税仓库的国家,其关境小于国境;建立了关税同盟的国家,如欧盟,其关境大于国境。多数国家的海关都设置在国境上。

四、按照交易对象的性质分类

按照交易对象的性质不同,国际贸易可分为有形商品贸易和无形商品贸易。

(一) 有形商品贸易

有形商品贸易(Tangible Goods Trade),简称有形贸易,是指传统的商品进出口,实际就是我们经常所说的货物贸易(Goods/Commodity Trade),因为货物具有看得见、摸得着的物质属性。海关对进出口的监管和征税措施针对的就是有形的货物贸易。

国际贸易中的货物种类繁多,为统计、比较等便利,有关国际组织对国际贸易中的货物进行了分类。现行国际货物贸易分类体系主要有三种:联合国《国际贸易标准分类》(Standard International Trade Classification,简称SITC)、欧洲关税同盟《关税合作理事会税则目录》(Customs Co-operation Council Nomenclature,简称CCCN)、海关合作理事会《商品名称及编码协调制度》(Harmonized Commodity Description and Coding System,简称HS)。我国的统计年鉴中货物贸易进出口采取的是联合国《国际贸易标准分类》,即SITC,它把国际货物贸易分为10大类,分别如下:

0. 类食品及活动物。
1. 类饮料及烟类。
2. 类非食用原料。
3. 类矿物燃料、润滑油及有关原料。
4. 类动、植物油脂及蜡。
5. 类化学品及有关产品。
6. 类按原料分类的制成品。
7. 类机械及运输设备。
8. 类杂项制品。
9. 类未分类的其他商品。

其中,0~4类商品称为初级产品,5~8类商品称为制成品。

(二) 无形商品贸易

无形商品贸易（Intangible Goods Trade），简称无形贸易，是指在国际贸易活动中所进行的没有物质形态的商品的交易，主要指劳务、技术、旅游、运输、金融、保险等，我们常说的服务贸易（Service Trade）是无形贸易的主要表现形式。世界贸易组织（WTO）的《服务贸易总协定》以行业为标准，将服务行业分为商业、通讯、建筑、销售、教育、环境、金融、卫生、旅游、娱乐、运输、其他等12个部门，具体又分为160多个分部门，同时将国际服务贸易方式归纳为过境交付、境外消费、商业存在、自然人流动4种类型。有形贸易和无形贸易的区别，如表1-8所示。

表1-8 有形贸易与无形贸易的区别

名称 项目	有形贸易	无形贸易
监管	接受海关监管，监管手段主要是关税、许可证等	不接受海关监管，监管手段主要是国家的相关法律法规等
是否列入海关统计	是	否
是否列入国际收支	是	是
价值和使用价值	不分离，同时转移	分离，不同时转移
生产、交易、消费	往往分离	往往不分离

资料来源：缪东玲.国际贸易理论与实务[M].北京：北京大学出版社，2017.

五、按货物运送方式分类

依照货物运送方式不同，国际贸易可分为陆路贸易、海路贸易、空运贸易和邮购贸易。

（一）陆路贸易

陆路贸易（Trade by Roadway），是指采用汽车、火车和管道等陆路运输方式进行的国际贸易。陆地相邻国家的贸易，通常采用陆路运送货物的方式。如中国与俄罗斯、美国与加拿大间一部分贸易就是通过陆路贸易实现的。目前陆路贸易占世界货物贸易总量的15%左右。

（二）海运贸易

海运贸易（Trade by Seaway），是指利用各种船舶通过海洋运输方式进行的国际贸易。由于海运具有运量大、运费低等优点，海运贸易占世界货物贸易量的比重最大，高达80%左右，如大宗商品基本都是通过海运贸易方式完成。

（三）空运贸易

空运贸易（Trade by Airway），是指利用飞机通过航空运送方式进行的国际贸易。空运贸易的对象多为体积小、重量轻、价格高、时间紧且需快速运输的商品，如贵重金银、药品、首饰、精密元件、鲜活商品等。由于航空运输运费较高，一般较少使用，目前约占世界货物贸易总量的5%左右。

（四）邮购贸易

邮购贸易（Trade by Mail Order）是指采用邮政包裹的方式寄送货物进行的国际贸易。采用邮购贸易的货物都是数量不多而又急需的商品。邮购贸易速度比空运慢，但费用较之低。

六、按照贸易政策分类

按照贸易政策不同，国际贸易可分为自由贸易、保护贸易、统制贸易和管理贸易。

（一）自由贸易

自由贸易（Free Trade）一般指政府不过多地干涉国与国之间的贸易往来，既不对进出口贸易活动设置种种障碍，也不对本国的出口商品活动给予各种优惠，而是鼓励和提倡市场交易活动的自由竞争。但自由贸易是相对"保护贸易"而言的，并不意味着政府完全放弃对进出口贸易的管理和关税制度，而是根据外贸法规即相关的贸易条约与协定，使国内外产品在市场上处于平等地位，展开自由竞争与贸易。因此，世界上不存在完全的自由贸易。

（二）保护贸易

保护贸易（Protect Trade）是指一些国家广泛地使用各种限制措施去保护本国的国内市场免受外国企业和商品的竞争，主要表现在限制外国商品的进口。同时，对本国的出口商所从事的出口本国商品的活动给予各种优惠甚至补贴，以鼓励本国出口商更多地从事出口贸易。

（三）统制贸易

统制贸易（Control Trade），又称外贸统制，是指对外贸易由国家统一管理、控制和调节，也被称为对外贸易国家垄断。统制贸易也就是由国家建立的集外贸经营与管理为一体，政企不分、统负盈亏的外贸管理体制，中央政府以指令性计划直接管理少数专业性贸易公司进行进出口贸易，目的是保持进出口贸易总体上达到平衡。

（四）管理贸易

管理贸易（Management Trade）是西方经济学家对美国克林顿政府时期经济政策特点

的一种概括。当时的美国政府一方面通过签订大量协定和条约来处理和协调国与国之间的贸易关系;另一方面又颁布大量的法律和法规来管理与约束本国商人的进出口贸易行为。这一政策特征被称为管理贸易政策。

七、按照清偿方式的不同分类

按照清偿方式的不同,国际贸易分为现汇贸易、协定贸易和易货贸易。

(一) 现汇贸易

现汇贸易(Spot Exchange Trade),又称自由结汇贸易(Free-Liquidation Trade)是指在国际贸易中以可自由兑换货币作为清偿工具的贸易。其特点是通过银行逐笔支付货款以结清债权债务。目前国际贸易主要的清偿支付工具货币主要有美元(USD)、欧元(EUR)、日元(JPY)、英镑(GBP)等。

(二) 协定贸易

协定贸易(Agreement Trade)是指两个国家(或地区)签订贸易协定,通过记账方式交易,而不是直接动用外汇,在一定时期内(通常为一年)进行结算。贸易差额结转到下一年的账户。

(三) 易货贸易

易货贸易(Barter Trade),又称换货贸易,是指经过计价以货物作为清偿工具的贸易。其特点是出口与进口直接联系,贸易双方互为进出口方,互换货物金额相等。以货易货可以使贸易双方在外汇不足的情况下达到交易的目的。

本章小结

本章从国际贸易与对外贸易的基本概念出发,重点介绍了国际(对外)贸易额、国际(对外)贸易量、贸易差额、国际(对外)贸易商品结构、国际(对外)贸易地理方向、对外贸易依存度和对外贸易条件等指标的含义,并用最新数据进行分析说明,进而阐述了国际贸易的七种分类,即按商品的移动方向分为出口、进口和过境贸易;按商品的交易关系分为直接、间接和转口贸易;按进出口统计标准分为总贸易和专门贸易;按商品交易的性质分为无形商品贸易和有形商品贸易;按货物运送方式分为陆路、海运、空运和邮购贸易;按对外贸易政策分为自由贸易、保护贸易、统制贸易和管理贸易;按照清偿方式分为现汇贸易、协定贸易和易货贸易。这些是我们学习国际贸易的基础知识。

本章重要概念

国际贸易与对外贸易　国际(对外)贸易额　国际(对外)贸易量　国际(对外)贸易

商品结构　国际(对外)贸易地理方向　对外贸易依存度　对外贸易条件　过境贸易　转口贸易　总贸易　专门贸易

本章推荐阅读材料

1. 国家统计局年度统计公告 http://www.stats.gov.cn/tjsj/tjgb/ndtjgb/
2. 中华人民共和国商务部官网 https://www.mofcom.gov.cn
3. 世界贸易组织官网 https://www.wto.org/
4. 中国国际贸易促进委员会 https://www.ccpit.org

本章思考题

一、选择题

1. 国际贸易额一般是指(　　)。
   A. 世界出口贸易额　　　　　　　　B. 世界进口贸易额
   C. 世界进出口贸易额　　　　　　　D. 对外贸易额

2. 能够准确反映一国(地区)对外贸易的实际规模并便于不同时期比较的指标是(　　)。
   A. 对外贸易额　　B. 贸易差额　　C. 对外贸易量　　D. 国际贸易量

3. 反映一定时期内一国(地区)进出口贸易中各类商品的构成的指标是(　　)。
   A. 对外贸易额　　　　　　　　　　B. 对外贸易地理方向
   C. 对外贸易商品结构　　　　　　　D. 对外贸易依存度

4. (　　)表明一国(地区)出口商品去向与进口商品来源。
   A. 国际贸易地理方向　　　　　　　B. 对外贸易地理方向
   C. 对外贸易商品结构　　　　　　　D. 国际贸易商品结构

5. 以货物通过国境作为统计进出口标准是(　　)。
   A. 总贸易　　B. 专门贸易　　C. 有形贸易　　D. 无形贸易

6. 设立经济特区的国家，其关境一般(　　)。
   A. 大于国境　　B. 小于国境　　C. 等于国境　　D. 不能确定

7. 下面不能列入专门进口的有(　　)。
   A. 为国内消费和使用直接进入的货物
   B. 进入保税仓库的货物
   C. 为供应国内市场而从保税仓库提出的货物
   D. 从自由贸易区进口的货物

8. 国际贸易中进出口商品的买卖必须通过第三国(地区)进行的交易是(　　)。
   A. 过境贸易　　B. 转口贸易　　C. 多边贸易　　D. 直接贸易

二、问答题

1. 解释一国对外贸易额和对外贸易量不一致的原因并举例说明。

2. 总贸易和专门贸易的区别是什么?
3. 过境贸易和转口贸易的区别是什么?
4. 查询资料分析2018年至今的中美贸易摩擦对中国对外贸易地理方向的影响。
5. 查询资料分析新冠肺炎疫情对2020年中国对外贸易商品结构的影响。

三、案例分析题

1. 中美贸易逆差与中美贸易摩擦

美国总统特朗普以美国对中国贸易逆差过大为借口于2018年悍然挑起中美贸易摩擦并不断加码,直接目的在于以中美贸易严重失衡迫使中国进一步对美开放市场,深层次目的在于试图重演20世纪80年代美日贸易战以遏制中国复兴,同时在美国国会中期选举前拉票。关于中美贸易逆差额,中国和美国官方统计结果一直存在差异。按照美方的统计,美国对华贸易自1983年起就出现逆差,其后不断扩大,2000年美国贸易逆差额高达1000.63亿美元;而按中方统计,在1992年以前,中国对美贸易一直是逆差,1993年起才转为顺差,并且2000年的顺差额为297.41亿美元。近年来,中美双方关于贸易逆差的统计数字出入越来越大。2017年,中国统计对美货物贸易顺差为2758亿美元,美国统计对华逆差接近3958亿美元,相差1000亿美元左右。由中美两国商务部相关专家组成的统计工作组,每年就中美贸易统计差异进行一次比较研究。根据该工作组测算,美国官方统计的对华贸易逆差每年都被高估20%左右。

查阅相关资料,分析中美贸易逆差形成的原因以及为什么中美双方的贸易差额统计结果差异巨大?

2. 中国对外贸易依存度的变化

根据中国商务部历年统计数据计算,2000年中国对外贸易依存度为39.2%,2002年为42.2%,2003年为51.3%,2004年上升至59.1%,2006年外贸依存度达到创纪录的64.9%,超出世界平均水平15个百分点。持续增长的外贸依存度反映了中国参与全球经济一体化进程的加速,也表明国外市场的需求已经成为中国经济增长的一个重要动力。而根据相关统计资料,同一时期,美国、日本等发达国家的外贸依存度大体稳定在14%~20%的范围内。于是有人认为中国的对外贸易依存度过高,担心会影响国家的经济安全。但2008年金融危机之后,随着世界经济形势和中国经济发展方式的转变,中国的外贸依存度开始呈现下降态势,从2008年的56.4%大幅下降到2009年的43.2%,2010年之后持续下降,2015年外贸依存度仅为35.6%,2019年更是只有31.8%,比2006年下降30个百分点。

请分析2000年至今中国对外贸易依存度分阶段变化的原因,同时思考如何理性看待一个国家或地区外贸依存度的高低?

本章主要参考文献

[1] 陈岩. 国际贸易理论与实务[M]. 北京:清华大学出版社,2018.

[2] 乔阳等. 国际贸易理论与实务[M]. 沈阳:东北大学出版社,2017.

[3] 金泽虎. 国际贸易学[M]. 北京:中国人民大学出版社,2019.

[4] 缪东玲.国际贸易理论与实务[M].北京:北京大学出版社,2017.

[5] 张建华.入世以来中国对外贸易依存度的变化趋势及其原因分析[J].价格月刊,2013.5.

[6] 国家统计局.中国统计年鉴2019[M].北京:中国统计出版社,2019.

第二章 国际贸易理论

【教学目的】

通过本章的学习,使学生能够了解自由贸易理论和保护贸易理论的产生背景,掌握两种理论发展的各个阶段的主要代表思想,并从整体上把握国际贸易理论的推进过程,进而能够从更广泛的视角来全面认识当代国际贸易发展的过程和规律。

【导入案例】

在美国东部住着皮尔先生和他的太太。一清早,他们被在中国生产的手机的闹铃叫醒。在皮尔先生家里,每天的早餐使用的是法国制造的咖啡壶,加拿大输送至美国的天然气,煮着来自印度尼西亚、巴西、哥伦比亚混合咖啡。此外,早餐还有瑞士生产的饼干和面包,夹着比利时生产的草莓酱,此刻,他正在考虑应该买一辆德国生产的车还是购买一辆日本生产的车。门铃响了,墨西哥保姆米娜来打扫卫生。这个平常的现象告诉我们,一个国家不仅能以具有"绝对成本"的产品进入国际分工体系,而且也能以具有"比较成本"的产品参加国际分工。但是,发达国家和发展中国家在国际分工和国际贸易中取得的利益是不同的,因此,我们应该全面科学地看待国际贸易理论。

第一节 自由贸易理论

一、绝对成本理论

亚当·斯密(Adam Smith,1723~1790)是资产阶级古典经济学的主要奠基人之一,也是国际分工和国际贸易理论的创始者。斯密认为,自由竞争和自由贸易是实现自由放任原则的主要内容。他通过对家庭和国家的对比分析来描述国际分工和贸易的必要性,由此提出他的国际分工与自由贸易的理论,并以此作为反对重商主义理论和保护贸易政策的重要武器,对国际分工和国际贸易理论做出了重要贡献。

(一)绝对成本理论的主要内容

在对其理论的论述中,斯密首先分析了分工的利益。他认为分工可以提高劳动生产率,其原因在于:分工能提高劳动的熟练程度;分工使每个人专门从事某项作业,节省从一个工序到另一个工序所损耗的时间;分工有利于发明创造和改进生产工具。

斯密认为,如果一件物品的购买成本小于自己生产的成本,那么就不应该自己生产。裁缝不需要自己做鞋子,只需要向鞋匠购买就可以了;鞋匠也不需要自己裁剪衣服,这一工作应留给裁缝,因为裁缝更擅长裁剪衣服,生产的成本更低。

在斯密看来,适用于一国内部的不同职业、不同工种之间的分工原则,也适用于各国之间。他认为,每一个国家都有其适宜于生产某些特定产品的绝对有利的生产条件,利用这一条件去进行专业化生产,然后彼此进行交换,对所有参与交换的国家都是有利的。

在斯密的国际分工和贸易理论中,进口还是出口都是市场上的一种自由交换行为,没有好坏、优劣之分,各方自由交换的结果是都能从交换中获得利益。

1. 斯密的理论假设

斯密的绝对成本理论与其他经济理论一样,在进行结论推导之前也给出一系列基本假定,包括:(1)只考虑两个国家和两种可贸易产品;(2)两种产品的生产只有一种要素(劳动)投入;(3)两国在生产不同产品上存在劳动生产率的绝对差异;(4)劳动要素供给给定,要素在国内部门间可以流动,在国家之间不能流动;(5)规模收益不变;(6)完全竞争市场;(7)无运输成本;(8)两国之间贸易平衡,进出持平。

2. 斯密的理论推导

在以上假定前提下,斯密认为,国际分工和贸易形成的原因或基础是各国存在的劳动生产率和生产成本的绝对差别。一国如果在某种产品生产上具有比别国高的劳动生产率,该国在该种产品生产上就具有绝对优势;相反,如果一国在某种产品生产上具有比别国低的劳动生产率,该国在该种产品生产上就具有绝对劣势。至于导致劳动生产率存在差异的原因,斯密归结为历史条件和一国地理环境、土壤、气候等因素构成的自然条件。斯密认为各国应集中生产并出口其具有劳动生产率和生产成本"绝对优势"的产品,进口其不具有"绝对优势"的产品,其结果要比没有依照"绝对优势"进行分工之前有利。

如表2-1所示,用两个国家生产两种产品的简要方法,分析依据斯密的绝对成本论进行国际分工所带来的贸易利益。

(1) 英国和葡萄牙进行国际分工之前,各自具有不同产品上的绝对优势。

分工之前,英国生产每单位葡萄酒需要120个劳动力,比葡萄牙多40个劳动力;而生产每单位毛呢需要70个劳动力,比葡萄牙少40个劳动力。按斯密的理论,英国在生产毛呢方面具有绝对优势,应该分工生产毛呢而放弃葡萄酒的生产;相反,葡萄牙在生产葡萄酒方面具有绝对优势,应该分工生产葡萄酒而放弃毛呢的生产。

表 2-1 按绝对成本理论进行国际分工的利益

国家		葡萄酒产量（单位）	所需劳动人数（人/年）	毛呢产量（单位）	所需劳动人数（人/年）
分工前	英国	1	120	1	70
	葡萄牙	1	80	1	110
	合计	2	200	2	180
分工后	英国	/	/	2.7	190
	葡萄牙	2.375	190	/	/
	合计	2.375	190	2.7	190
国际交换	英国	1	/	1.7	/
	葡萄牙	1.375	/	1	/

（2）英国和葡萄牙进行国际分工后，产品的总产量增加。

分工后，英葡两国投入的劳动总量未变，仍然是 380 个劳动力，但两种产品的产量却增加了。在分工之前，同样数量的劳动力，两国共生产 2 单位葡萄酒和 2 单位毛呢；分工后，同样数量的劳动力，葡萄酒增加了 0.375 单位，毛呢增加了 0.7 单位，总产量增加了。这就是分工所带来的利益。

（3）英葡进行产品交换，对双方都有利。

在分工生产的前提下，英葡两国进行产品的等价交换，即英国用 1 单位毛呢交换葡萄牙的 1 单位葡萄酒。英葡两国进行产品交换后，英国得 1 单位葡萄酒和 1.7 单位毛呢，比分工前多得 0.7 单位毛呢；葡萄牙得 1.375 单位葡萄酒和 1 单位毛呢，比分工前多得 0.375 单位葡萄酒。可见，在进行国际分工和国际贸易后，英葡两国的产品产量和消费水平都提高了。

（二）对绝对成本理论的评价

（1）亚当·斯密以绝对成本论为基础的自由贸易理论，在资本主义上升时期成为英国工业资产阶级反对封建残余发展资本主义的有力武器，在历史上起过进步作用。他指出了分工对于提高劳动生产率的巨大意义，各国之间根据各自的优势进行分工，通过国际贸易使各国都能得到利益，这也是十分正确的。

（2）斯密关于交换的倾向产生分工的观点是错误的，颠倒了分工和交换的关系。

（3）绝对成本理论有其局限性。它只说明具有绝对优势地位的国家参加国际分工和国际贸易才能获得利益，而对于那些在任何产品的生产中都不存在比别国具有绝对优势地位的国家是否应该参加国际分工和国际贸易？如果参加，它们能否从中获得利益？斯密的绝对成本理论却无法作出合理的解答。这是绝对成本理论的最主要的缺陷。

二、比较成本理论

比较成本理论是英国古典经济学代表人物之一大卫·李嘉图(David Ricardo,1772~1823)在代表英国工业资产阶级反对维护土地贵族阶级利益的《谷物法》,争取自由贸易的斗争中提出来的。1815年英国颁布了《谷物法》,引起粮价上涨,地租猛增,这对地主贵族有利,却严重损害了工业资产阶级的利益。围绕《谷物法》的存与废,双方展开论战。李嘉图发表了《论谷物低价对资本利润的影响》一文,主张实行谷物自由贸易,从而提出了比较成本论。

(一)比较成本理论的主要内容

大卫·李嘉图继承并更深一步地发展了斯密的经济思想。在国际贸易理论问题上,他赞同斯密关于国际分工可以极大地提高生产力水平的观点,修正和完善了斯密关于一个国家应以自己具有"绝对优势"的产品进入国际分工体系的论点,指出一个国家不仅能以具有"绝对优势"的产品进入国际分工体系,而且也能以具有"相对优势"的产品参加国际分工。这种"两优取其重,两劣择其轻"的思想,是李嘉图比较成本论的核心。依据这一思想进行国家间的分工和贸易,对各方都有利。

李嘉图认为,一国不仅可以在本国商品相对于别国同种商品处于绝对优势时出口该商品,在本国商品相对于别国同种商品处于绝对劣势时进口该商品,而且即使一个国家在生产上没有任何绝对优势,只要它与其他国家相比,生产各种商品的相对成本不同,那么,仍可以通过生产相对成本较低的产品并出口,来换取它自己生产中相对成本较高的产品,从而获得利益。如表2-2所示,他以英国和葡萄牙为例,论证了他的比较成本理论。

表2-2 按比较成本理论进行国际分工的利益

国	家	葡萄酒产量(单位)	所需劳动人数(人/年)	毛呢产量(单位)	所需劳动人数(人/年)
分工前	英国	1	120	1	100
	葡萄牙	1	80	1	90
	合计	2	200	2	190
分工后	英国	/	/	2.2	220
	葡萄牙	2.125	170	/	/
	合计	2.125	170	2.2	220
国际交换	英国	1	/	1.2	/
	葡萄牙	1.125	/	1	/

(1)英国和葡萄牙进行国际分工之前,各自具有不同产品上的相对优势。

葡萄牙生产每单位葡萄酒需要80个劳动力,生产每单位毛呢需要90个劳动力,分别比英国少需要40个和10个劳动力。这说明英国在这两种产品的生产上均没有绝对优势。按照斯密的绝对成本理论,英葡两国之间不会发生贸易。但是,李嘉图通过分析认为,两国仍能进行对双方都有利的国际分工和国际贸易。葡萄牙在两种产品的生产上虽然都比英国有绝对的成本优势,但优势的程度并不相同。英国虽然在两种产品的生产上都处于绝对劣势,但劣势的程度也不相同。

葡萄牙的毛呢成本为英国毛呢成本的90%,酒的成本为英国的67%,两种产品的绝对成本均比英国的要低。但相对而言,酒的成本更低,优势更大,所以葡萄牙应该分工生产酒,以酒交换英国的毛呢更为有利。英国两种产品的成本都处于绝对劣势,但毛呢的劣势较小一些,所以英国应分工生产毛呢,以毛呢交换葡萄牙的酒更为有利。依据"两利取其重,两害择其轻"思想进行国家间的分工和贸易,对各方都有利。

(2) 英葡两国进行国际分工后,产品的总产量增加。

英葡两国依据李嘉图的比较成本理论进行国际分工,英国分工生产毛呢,葡萄牙分工生产葡萄酒,所生产出的产品总量增加了。分工前,两国共投入390个劳动力,总共生产出2单位的葡萄酒和2单位的毛呢;分工后,两国仍投入同一数量的劳动力,却生产出2.125单位的葡萄酒和2.2单位的毛呢。英葡两国的劳动总量没有增加,仅仅由于进行了国际分工,就比以前多生产出0.125吨酒和0.2吨毛呢。

(3) 英葡两国进行产品交换,对双方都有利。

在分工的前提下,英葡两国进行产品的国际贸易。如果用1吨毛呢交换1吨葡萄酒,其结果是葡萄牙换得1吨毛呢后还有1.125吨的酒,相对于没有实行国际分工前,得到的比较利益是0.125吨的酒;英国换得1吨酒后还有1.2吨的毛呢,相对于没有实行国际分工前,得到的比较利益是0.2吨的毛呢。由此可见,按比较成本理论进行国际分工和国际贸易,无论参加国是发展中国家还是发达国家,都能从中受益。

(二) 对比较成本理论的评价

(1) 李嘉图的比较成本理论比斯密的绝对成本理论更具有普遍意义,在更广的范围里推动了国际分工和国际贸易的开展。这一理论证明,无论生产力水平高或者低,只要按照比较优势的原则参加分工和贸易,都可以得到实际利益,从而引导了更多的国家加入国际分工体系,促进了社会生产力的发展和社会财富的增加。

(2) 李嘉图的比较成本学说坚持了劳动价值论。认为劳动是商品价值的源泉,劳动时间是衡量商品价值量的尺度,这是科学的、合理的。

(3) 比较成本理论更明显地反映了发达国家向外实行经济扩张的要求。从某种意义上讲,比较成本理论是发达国家的分工和贸易理论。该理论宣称,国际分工和国际贸易能为各国带来实际利益,主张各国实行自由贸易政策,这实际上是要求发展中国家放弃对民族工业和民族利益的保护,为外国商品的输入提供条件。理论和实践都已经证明,发达国家和发展中国家在国际分工和国际贸易中取得的利益是不同的。因此,应该全面科学地看待比较成本理论。

三、要素禀赋理论

斯密和李嘉图的理论都假定劳动是构成生产的唯一要素,产生优势(无论是绝对的还是相对的)的唯一原因是各国之间劳动生产率的差异,但是,如果各国的劳动生产率相同,那么,国际贸易从何产生呢?20世纪30年代,瑞典经济学家赫克歇尔及其学生俄林提出了要素禀赋理论,用各国之间资源禀赋的差异来解释国际贸易产生的原因。

(一)要素禀赋理论的主要内容

要素禀赋理论(factor endowment theory),又称赫克歇尔-俄林模型,简称 H-O 理论,有狭义和广义之分。狭义的要素禀赋论也称为生产要素供给比例论,用生产要素丰缺来解释国际贸易的产生和一国的进出口贸易类型。广义的要素禀赋论包括狭义的要素禀赋论和要素价格均等化学说,也称为 H-O-S 定理。

1. 狭义的要素禀赋论(H-O 理论)

H-O 理论的假设条件如下:(1) 2×2×2 模型,即假设有两个国家(A 国与 B 国)、两种商品(商品 X 和商品 Y)和两种生产要素(劳动 L 和资本 K);(2)两国在同一种产品上的生产技术相同,即生产函数相同;(3)两国产品的要素密集度不同(假设商品 X 是劳动密集型产品,商品 Y 是资本密集型产品);(4)两国要素丰裕程度不同(设 A 国劳动丰裕,B 国资本丰裕);(5)两国两种产品的生产都是规模报酬不变;(6)两国需求偏好相同;(7)国内生产要素可自由流动,但国际间要素不能自由流动;(8)没有运输成本和交易费用;(9)两国商品市场和要素市场都是完全竞争市场,资源处于充分就业状态,贸易是平衡的;(10)两国在生产上实行不完全专业化分工。

该理论认为,在以上假设条件下,两国生产同一产品的价格差来自于产品的成本差,这种成本差来自于生产过程中所使用的生产要素的价格差,生产要素的价格差则取决于该国各种生产要素的相对丰裕程度。由于各种产品生产所要求的两种生产要素的比例不同,一国在生产密集使用本国比较丰裕的生产要素的产品时,成本就较低,而生产密集使用别国比较丰裕的生产要素的产品时,成本就比较高,从而形成各国生产和交换产品的价格优势,进而形成国际贸易和国际分工。因此,各国的相对要素丰裕度即要素禀赋,是国际贸易中各国形成比较优势的基础和决定因素。由此得出结论,一国应当生产和出口使用本国相对丰裕的生产要素生产的商品,而进口使用本国相对稀缺的生产要素生产的商品。

2. 要素价格均等化学说(H-O-S 定理)

要素价格均等化学说是对 H-O 理论的扩展和延伸,是俄林研究国际贸易对要素价格的影响而得出的著名结论。俄林认为,在开放经济中,国际间因生产要素自然禀赋不同而引起的生产要素价格差异将通过两条途径而逐步缩小,即要素价格将趋于均等。第一条途径是生产要素的国际移动,它导致要素价格的直接均等化;第二条途径是商品的国际移动,它导致要素价格的间接均等化。同时,俄林认为生产要素价格完全相同几乎是不可能的,这只是一种趋势。美国经济学家保罗·萨缪尔森对此理论进行了严格的论证,指出国际要素价格均等化不仅是一个趋势,而且还是一种必然,从而发展了这一学说。因此,该学说也被称为赫克歇尔-俄林-萨缪尔森定理,简称 H-O-S 定理。

(二)对要素禀赋理论的评价

(1)要素禀赋理论比李嘉图的比较优势论理论更为完整、全面地解释了各国参加国际分工,进行专业化生产的依据,正确地指出了生产要素拥有状况在各国对外贸易中的重要地位和作用。

(2)要素禀赋理论只能用来解释要素禀赋不同国家间的分工与贸易行为。按照他们的理论,国际贸易应发生在要素禀赋不同的工业国家与初级产品生产国之间,国家之间要素禀赋差异越大,贸易机会就越多,贸易利益越明显。但当代国际贸易的一个重要特点是,大量贸易发生在要素禀赋相似、需求格局接近的工业国之间,这一点显然是该理论所不能解答的,也正是该理论的主要缺陷。

四、里昂惕夫之谜

里昂惕夫之谜,又称里昂惕夫反论(The Leontief Paradox),是由美国经济学家华西里·里昂惕夫(Vassily W. Leontief)在 1953 年发表的《国内生产和对外贸易:美国资本状况再考察》一文中提出的。

(一)里昂惕夫之谜的主要内容

H-O 理论提出后,被西方经济学界广泛接受,里昂惕夫开始也对此深信不疑。根据该理论,一个国家拥有较多的资本,就应该生产和出口资本密集型产品,进口劳动密集型产品,这样才是比较合理的。本着验证 H-O 理论的目的,里昂惕夫利用投入-产出分析方法,对美国的对外贸易商品结构进行考证。他分别于 1947 年和 1951 年对美国 200 家企业的出口商品结构进行了验算。他把每种产品生产中的生产要素分为资本和劳动力两种,计算出每百万美元的出口商品和进口替代商品所使用的资本和劳动量,从而得出美国出口商品和进口替代商品中所含的资本和劳动的密集程度。结果发现,1947 年,美国进口替代产品的资本量与出口产品的资本量相比是 1.30(18184/13991),即高出 30%,1951 年的比例为 1.06(13726/12977),即高出 6%,如表 2-3 所示。尽管这两年的比率有所不同,但结论是相同的,即美国这两年的出口产品与进口替代产品相比,前者的劳动密集型程度更高。

表 2-3 美国出口产品和进口替代产品的生产要素投入量

出口和进口产品对要素的需求量	1947 年		1951 年	
	出口	进口替代	出口	进口替代
资本(美元)	2 550 780	3 091 339	2 256 800	2 303 400

续表

出口和进口产品对要素的需求量	1947年		1951年	
	出口	进口替代	出口	进口替代
劳动(人/年)	182.313	170.004	173.91	167.81
人均年资本量	13 991	18 184	12 977	13 726

据此,里昂惕夫认为美国出口产品具有劳动密集型特征,而进口替代产品则具有资本密集型特征。这个结论刚好与根据 H-O 理论推演出的结论(美国应该进口劳动密集型产品,而出口资本密集型产品)是相反的。因此,里昂惕夫的结论一时轰动西方学术界,被称为"要素稀少性定理中的里昂惕夫反论"。

(二) 对里昂惕夫之谜的解释

为解开里昂惕夫之谜,西方学术界纷纷提出了一些理论来进行解释,这些理论归纳起来主要有以下几种。

1. 劳动熟练说

劳动熟练说又称人类技能说(Human Skill Theory)和劳动效率说,最先是里昂惕夫自己提出,后来由美国经济学家基辛(D. B. Keesing)加以发展,用劳动效率和劳动熟练或技能的差异来解释里昂惕夫之谜和影响进出口商品结构的理论。

里昂惕夫认为,"谜"的产生可能是由于美国工人的劳动效率比其他国家工人高所造成的。他认为,美国工人的劳动生产率大约是其他国家工人的三倍。因此,在劳动以效率单位衡量的条件下,美国就成为劳动要素相对丰富、资本要素相对稀缺的国家。这是他本人对这个"谜"的解释。为什么美国工人的劳动效率比其他国家高呢?他说这是由于美国企业管理水平较高,工人所受的教育和培训较多、较好,以及美国工人进取精神较强的结果。这些论点,可以看作是熟练劳动或人类技能说的雏形。但是,一些人士认为里昂惕夫的解释过于武断,一些研究表明实际情况并非如此。例如,美国经济学家克雷宁(Krelnin)经过验证,认为美国工人的效率和欧洲工人相比,最多高出 1.2~1.5 倍,因此,他的这个论断,通常不为人们所接受。

后来,美国经济学家基辛对这个问题进一步加以研究。他利用美国 1960 年时人口普查资料,将美国企业职工区分为熟练劳动和非熟练劳动两大类。熟练劳动包括科学家、工程师、厂长或经理、技术员、制图员、机械工人、电工、办事员、推销员、其他专业人员和熟练的手工操作工人等。非熟练劳动指不熟练和半熟练工人。他还根据这两大分类对 14 个国家的进出口商品结构进行了分析,得出了资本较丰富的国家倾向于出口熟练劳动密集型商品,资本较缺乏的国家倾向于出口非熟练劳动密集型商品的结论。例如,在 14 个国家的出口商品中,美国的熟练劳动比重最高,非熟练劳动比重最低;印度的熟练劳动比重最低,非熟练劳动比重最高。在进口商品方面,正好相反,美国的熟练劳动比重最低,非熟练劳动比重最高;印度的熟练劳动比重最高,非熟练劳动比重最低。这表明发达国家在生产含有较多熟练劳动的商品方面具有比较优势,而发展中国家在生产含有较少熟练劳动的商品方面具有比较优势。因此,熟练劳动程度的不同是国际贸易发生和发展的重要因素之一。

2. 人力资本说

人力资本说是美国经济学者凯南(P. B. Kenen)等人提出的,用对人力投资的差异来解释美国对外贸易商品结构是符合H-O原理的学说。他们认为,劳动是不同质的,这种不同质表现在劳动效率的差异,这种差异主要是由劳动熟练程度所决定,而劳动熟练程度的高低,又取决于对劳动者进行培训、教育和其他有关的开支,即决定智力开支的投资。因此,高的熟练效率和熟练劳动,归根到底是一种投资的结果,是一种资本支出的产物。凯南认为,国际贸易商品生产所需的资本应包括有形资本和无形资本,即人力资本。人力资本主要是指一国用于职业教育、技术培训等方面投入的资本。人力资本投入,可提高劳动技能和专门知识水平,促进劳动生产率的提高。由于美国投入了较多的人力资本,而拥有更多的熟练技术劳动力,因此,美国出口产品含有较多的熟练技术劳动。如果把熟练技术劳动的收入高出简单劳动的部分算作资本并同有形资本相加,经过这样处理之后,美国仍然是出口资本密集型产品。这个结论是符合H-O原理的,从而把里昂惕夫之谜颠倒过来,这就是所谓人力资本说。

但是这种解释的困难在于,难以具体衡量人力资本的真正价值。但凯南将里昂惕夫和基辛的观点进行深化,对熟练劳动说起到了一定的补充解释的作用。

3. 技术差距说

技术差距说又称技术间隔说,是美国经济学家波斯纳(M. U. Posner)提出。格鲁伯(W. Gruber)和弗农(R. Vernon)等人进一步论证的关于技术领先的国家,具有较强开发新产品和新工艺的能力,形成或扩大了国际间的技术差距,而有可能暂时享有生产和出口某类高技术产品的比较优势的理论。

波斯纳认为,人力资本是过去对教育和培训进行投资的结果,因而可以将其作为一种资本或独立的生产要素,而技术是过去对研究与发展进行投资的结果,也可以作为一种资本或独立的生产要素。但是,由于各国对技术的投资和技术革新的进展不一致,因而存在着一定的技术差距。这样就使得技术资源相对丰裕的或者在技术发展中处于领先的国家,有可能享有生产和出口技术密集型产品的比较优势。

为了论证这个理论,格鲁伯和弗农等人对1962年美国19个产业的有关资料进行统计分析,其中5个具有高度技术水平的产业(运输、电器、工具、化学、机器制造)的科研和发展经费占19个产业全部科研和发展经费总数的89.4%;5个产业中的技术人员占19个产业总数的85.3%;5个产业的销售额占19个产业总销售额的39.1%;5个产业的出口量占19个产业总出口量的72%。这种实证研究表明,美国在上述5个技术密集型产品的生产和出口方面,确实处于比较优势。因此可以认为,出口科研和技术密集型产品的国家也就是资本要素相对丰裕的国家。根据上述统计分析,美国就是这种国家。从这个意义上说,技术差距论是完全可以与H-O原理相衔接的。

4. 要素密集度逆转说

在H-O理论中,曾假设,如果在某一要素价格比率下,商品X是劳动密集型的,Y是资本密集型的,那么在所有要素价格比率下,商品X总是劳动密集型的,Y总是资本密集型的。但在现实中,要素密集度可能发生逆转。要素密集度逆转是指一种给定的商品(如小麦)在劳动丰裕的国家是劳动密集型产品,而在资本丰裕的国家却是资本密集型产品。

如果产品要素密集度发生逆转,则 H-O 定理就会被颠覆。比如玩具在中国是劳动密集型的,如果要素密集度不逆转,则玩具在美国也应该是劳动密集型的,根据 H-O 定理中国应该出口玩具,美国应该进口玩具。但是,如果要素密集度逆转,即玩具在美国是资本密集型产品,在这种情况下,中国向美国出口玩具,对中国而言属于出口劳动密集型产品,而对美国而言则属于进口资本密集型产品。从而也就解释了所谓的"里昂惕夫之谜"。

(三) 对里昂惕夫之谜的评价

里昂惕夫之谜发表后,引发了西方经济学界对要素禀赋理论的重新思考和探讨的热潮,西方经济学者提出各种理论,来解释里昂惕夫之谜,在一定程度上对战后国际分工理论和国际贸易理论的发展起了极大的推动作用。

第二节 保护贸易理论

一、重商主义学说

(一) 重商主义学说产生的历史背景

从经济学说史上看,重商主义学说可追溯到 15 世纪至 16 世纪。在这个时期,西欧封建制度逐渐瓦解,经济上,商业资本的力量日益强大,资本主义原始积累为资本主义生产方式的确立准备了条件,资本主义因素在迅速发展。于是,一种代表商业资本利益的经济思想和政策体系应运而生。

(二) 重商主义学说的主要内容

重商主义分为早期重商主义和晚期重商主义。早期重商主义和晚期重商主义是重商主义学说发展的两个阶段。

1. 早期重商主义学说

早期重商主义者主张禁止货物进口,以防止贵金属外流,认为这是保留货币的有效手段。这种思想发展成为货币差额论,即重金主义学说体系。例如,当时的英国,为了不使外国人把出售商品得来的货币带出英国,颁布了两条法令,即消费法和侦探法。第一条法令规定外国人必须把自己在英国收到的汇款,完全用来购买英国的商品;第二条法令规定每个"外来的客人"都必须有一个"主人"或"侦探"把"外来客人"的交易行为统统记录下来,防止他们把货币运出英国。英国的威廉·斯塔福特(1554~1612)就是代表人物。

在下面的对话里,反映了威廉·斯塔福特关税保护的思想。他写道,"有一次我问书贾:为什么我们国内,不能像海外一样,制造白色的和灰色的写字纸。我听到的答复是:若干时期以前,曾经有一个人着手造纸。但是没过多久,他就把工厂关闭了,因为他看到目前造纸不能像外国那样便宜……书贾接着又说:但是我相信,如果能够禁止进口,或者课以较高的关税,那么在我们国内很快就可以使造纸成本低于国外。"显然,早期重商主义主张实行高关税以阻止进口。

2. 晚期重商主义学说

晚期重商主义者则要求发展对外贸易,出发点是对外贸易所吸引进来的货币多于出去的货币。这种思想发展成为贸易差额论,即狭义的重商主义学说体系。这一时期,商业已很发达,工场手工业已经产生,信用制度也随之发展起来,"资本原始积累"时期开始了。商业资产阶级对银行的追求变本加厉,然而对金银的态度已完全不同。因为他们懂得了货币只有在运动中才能成为资本,实现增值,因此就不能过分地去限制这种运动。

晚期重商主义者主张取消禁止货币输出的禁令,使本国的出口多于进口,即实行出超的对外贸易。托马斯·孟(1571~1641)是晚期重商主义学说的重要代表人物,其代表作是《英国在对外贸易中的宝库或对外贸易平衡》。他认为,"国外贸易是增进我们的财富和宝库的普通手段。在这个贸易中,我们应当永远遵守下列原则:每年我们所卖给外国人的货物总额,应当等于我们所消费的外国货物。"主张把货币投入到商品的流转中去。他说:"货币建立贸易,而贸易能增值货币。因此,投入流转的货币越多,事情就越好。"

托马斯·孟反对以任何措施去限制出口贸易,甚至主张降低出口关税。他认为转口贸易是最有利的事情,它可以产生最大的商业利润。斯塔福特总是企图把货币保留在国内;而托马斯·孟则希望把货币输出国外,以便更大量地输入货币。他还主张扩大农产品和工业品的出口,并且主张以低廉的价格去增加商品在国外市场上的竞争力。

无论是早期重商主义者还是晚期重商主义者,他们的研究对象都是流通,研究方法都是记述他们所观察到的现象,因而重商主义学说并不是一种科学的体系。

二、李斯特的贸易保护理论

李斯特(F.List.1789~1846)是德国著名经济学家,历史学派的先驱者。早年倡导自由主义,后来转为贸易主义。他于1841年出版了《政治经济学的国民体系》,系统地提出了保护贸易理论。基于李斯特主张保护的是幼稚工业,并且主要是通过关税保护,所以,人们把李斯特的保护贸易理论又称作幼稚工业保护论或关税保护贸易理论。

(一) 李斯特贸易保护理论产生的历史背景

按照斯密等古典经济学家的贸易理论,国际贸易对参与双方都有好处,如果一种商品,在别国的生产费用较低,就无须在本国生产,因为花钱向别国购买更为合算和有利。李斯特反对这种说法,他认为,经济落后国家参与国际分工和交换的目的是发展本国的生产力,这是最根本的。古典贸易理论只是强调落后国家可以花钱买到更便宜的商品,只是着眼于眼前使用价值的增加,而没有考虑到一个国家,尤其是经济落后国家生产力的进步。向别国购买廉价商品,虽然从表面上看要合算一些,但是这样做的结果,德国等落后国家的生产力就不能获得发展,德国将永远处于落后和从属于外国的地位。而保护性关税,起初虽然会使工业品的价格提高,但经过一定阶段,生产力提高了,商品价格和生产费用就会跌落下来,甚至会跌到外国商品以下。这就是说,为了生产力的发展,即使暂时牺牲一些使用价值,也是值得的。

李斯特认为,一个国家所具有的一切生产力中,没有一种比得上工业。在他看来,工业是资本和劳动岗位的创造者,一个国家,如果只从事农业生产,就好比一个人只用一只手进行工作。但在自由竞争的条件下,一个落后国家如果没有保护,要想成为新兴的工业国家是不可能的。因为这些国家的工业很多都是幼稚工业,还没有走向成熟,经不起先进国家廉价商品的冲击。只有对其中一些有前途的工业进行保护,才能使它们尽快地成熟起来,参与国际市场的激烈竞争,带动整个国家经济的发展。

(二) 李斯特贸易保护理论的主要内容

(1) 提出发展阶段论,批判比较成本理论忽视了各国历史和经济的特点。

李斯特认为,斯密和李嘉图的理论尽管有其长处,但却只是适合英国的情况,或者说只是从全世界共同发展出发的,而没有考虑到各国情况不同、利益各异,这不是一种普遍适用于各国的理论。

李斯特特别强调每个国家都有其发展的特殊道路,并且从历史学的观点,把各国的经济发展分为五个阶段:原始未开化时期、畜牧时期、农业时期、农工业时期、农工商业时期。他认为,各国在不同的发展阶段,应采取不同的贸易政策,在经济发展的前三个阶段必须实行自由贸易;当处于农工业时期时,必须将贸易政策转变为保护主义;而经济进入发展的最高阶段,即农工商业时期时,则应再次实行自由贸易政策。只有这样才可能有利于经济的发展,否则将不利于相对落后国家的经济发展。

李斯特认为,由于英国已进入农工商业时期,它实行自由贸易政策是正确的,但绝不能否认保护贸易政策在英国经济发展史上所起的重要作用。至于德国,由于它还处在农工业时期,所以必须采取保护贸易政策。

(2) 提倡生产力论,指出比较成本论不利于德国生产力的发展。

李斯特认为,生产力是创造财富的能力。一个国家的财富和力量来源于本国社会生产力的发展,提高生产力是国家强盛的基础。他提出:"财富的生产力,比之财富本身不晓得要重要多少倍。它不但可以使原有的和已经增加的财富获得保障,而且可以使已经消失的财富获得补偿。"李斯特正是从保护和发展生产力的角度出发,主张在农工业时期的国家必须采取保护贸易的政策。

李斯特认为,在当时,如果英国的自由贸易学说不加区别地应用于各国,就会使先进的英国商品充斥落后国家,包括李斯特的祖国——德国。从短期来看,落后国家可以买到一些廉价商品,似乎占了便宜,但从长远看,落后国家的工业却因此发展不起来,社会生产力得不到提高,就会长期居于落后地位和从属地位。反之,如果德国采取保护贸易政策,从短期看某些商品价格,特别是先进的工业品价格是高一些,但是为了培育自己的民族工业,就应当忍受暂时的牺牲。经过一段时期,民族工业发展起来了,原来依靠进口的商品——先进工业品,它的价格就会降下来。这样,看起来似乎开始时减少一些财富,但却通过保护贸易,发展了自己民族的生产力,即创造财富的能力,这才是真正的财富。李斯特说:"保护关税如果会使价值有所牺牲的话,它却使生产力有了增长,足以抵偿损失而有余。"

(3) 主张国家干预经济,反对古典学派的放任自由原则。

李斯特认为,要想发展生产力,必须借助国家力量,而不能听任经济自发地实现其转变和增长。他承认当时英国工商业的发展,但认为英国工商业的发展也是由于当初政府的扶植政策所造成的。德国正处于类似英国发展初期的状况,应实行在国家干预下的保护贸易政策。

李斯特主张通过保护关税政策发展生产力,特别是工业生产力。他认为,工业发展以后,农业自然跟着发展。因此,他提出的保护对象有几个条件:(1) 幼稚工业才需保护;(2) 在被保护的工业得到发展,其产品价格低于进口同类产品并能与外国竞争时,就无需再保护,或者被保护工业在适当时期(如 30 年)内还不能扶植起来时,也就不需再保护;(3) 一国工业虽然幼稚,但如果没有强有力的竞争者,也不需要保护;(4) 农业不需要保护。

(三) 对李斯特贸易保护理论的评价

(1) 在德国工业资本主义的发展进程中起过积极作用。

保护关税政策对于当时德国资产阶级是必要的,它使德国的大工业获得了巨大的发展,从而加强了资产阶级的力量,提高了他们在反对封建专制制度中的地位与作用。

(2) 李斯特贸易保护理论不是绝对的。

李斯特是从国家经济发展阶段提出采取不同的贸易政策,对国际分工和自由贸易的利益不是根本否定的。只是德国还没有到达这个阶段,所以采取有时间限度的保护幼稚工业的贸易政策。

(3) 李斯特贸易保护理论的缺陷。

这一理论,对生产力概念的理解并不科学,对经济发展阶段的划分也是不符合实际情况的。

三、凯恩斯主义超保护贸易理论

约翰·梅纳德·凯恩斯(John Maynard Keynes,1883~1946)是英国资产阶级经济学家,凯恩斯主义经济学的创始人。其代表作是《就业、利息和货币通论》,简称《通论》,该书于 1936 年出版。

(一) 凯恩斯主义超保护贸易理论产生的历史背景

自 19 世纪末 20 世纪初开始,资本主义经济发生了很大变化:一是垄断代替了自由竞争;二是国际经济制度和秩序发生了巨大变化;三是 1929~1933 年资本主义世界爆发了空前的经济危机,各国争夺资产的斗争进一步尖锐化。在这种情况下,超保护贸易政策盛行起来。于是各国经济学家提出了各种支持超保护贸易政策的理论根据,其中有重大影响的是凯恩斯主义的观点。

1929~1933年大危机之前,凯恩斯是一个自由贸易者,他反对贸易保护主义,认为贸易保护主义不会有利于国内经济繁荣与就业。大危机之后,凯恩斯改变了立场,转而推崇重商主义,认为重商主义保护贸易的政策的确能保证经济繁荣和促进就业。

凯恩斯没有专门系统的论述国际贸易的著作,但是他和他的学生们有关国际贸易方面的观点与论述却形成了颇具影响的超保护贸易理论。

(二) 凯恩斯主义超保护贸易理论的主要内容

1. 对古典自由贸易理论的批评

(1) 凯恩斯认为,古典贸易理论已经过时,因为它是建立在国内充分就业的前提之上的。而20世纪30年代的经济大危机使失业成为各国的普遍现象。

(2) 凯恩斯及其追随者批评自由贸易论关于"国际收支自动调节说"的理论,认为它忽视了贸易顺差、逆差调节均衡的过程对一国国民收入和就业产生的影响。凯恩斯认为,顺差能增加国民收入,扩大就业;而逆差则会减少国民收入,加重失业。因此,他赞成贸易顺差,反对贸易逆差。

2. 对外贸易乘数理论

对外贸易乘数理论是凯恩斯投资乘数在国际贸易方面的应用。为证明新增加投资对国民收入和就业的好处,凯恩斯提出了投资乘数理论。

凯恩斯认为,一国投资的增长对国民收入的扩大是乘数或倍数关系,故称为乘数或倍数理论。他认为新增加的投资会引起对生产资料需求的增加,从而引起从事生产资料生产的人们(工人、企业主)收入的增加,进而引起他们对消费品需求的增加,以至引起从事消费品生产的人们收入的增加。如此连锁发展,结果增加的国民收入总量会等于原增加投资量的若干倍。他还认为,国民收入增加的倍数取决于"边际消费倾向"。如果"边际消费倾向"为零,那么人们会把增加的收入全部用于储蓄,而一点儿也不消费,所以国民收入就不会增;如果"边际消费倾向"为1,那么人们会把增加的收入全部用于消费,而一点儿也不储蓄,所以国民收入增加的倍数为1+1+1+……直到无穷大;如果"边际消费倾向"介于0与1之间,那么人们会把增加的收入以1/2或1/3或1/4……用于消费,所以国民收入增加的倍数在1和无穷大之间。

乘数 K 的计算公式为

$$K = 1/(1-\text{边际消费倾向})$$

国民收入增加量(ΔY) = 乘数(K) * 投资的增加量(ΔI)

在国内投资乘数理论的基础上,凯恩斯的追随者引申出对外贸易乘数理论。这一理论认为,一国出口量的增加和国内投资一样,对国民收入的扩大也是乘数关系。而一国的进口则和国内储蓄一样,有减少国民收入的作用。当一国出口的商品和劳务增加时,会引起其他产业部门生产增加、就业增多、收入增加……如此循环往复,结果国民收入的增加量则是出口增加量的若干倍。当一国进口商品和劳务增加时,必然向国外支付更多的货币,引起国内收入减少,消费下降,与存储一样,成为国民收入中的漏洞。于是,他们得出结论:只有贸易为出超或国际收支为顺差时,对外贸易才能增加一国的就业量,提高国民收入,此时,国民收入的增加量将是贸易顺差的若干倍。这便是对外贸易乘数理论的含义。这一理论主张扩大出口,减少进口,认为贸易顺差越大,对一国经济发展和劳动就业越有好处。为了实现贸易顺差的目标,各国竞相使用超保护贸易措施,对外贸易乘数理论为超保护政策提供了理论依据。

(三) 对凯恩斯主义超保护贸易理论的评价

从局部看,这一理论推动了超保护贸易政策的实施,而超保护贸易政策的实施,对这些国家经济发展、扩大就业、增加国民收入产生了重大影响。但是,凯恩斯主义对外贸易乘数理论也具有明显的局限性,主要有以下两点:

1. 从整体看,存在自身的矛盾性

对外贸易乘数理论的核心是扩大出口,实现贸易顺差,以促进本国经济发展和就业。但是,超保护政策主张减少进口,如果各国都减少进口,那么一国出口量的增加就无法实现。也就是说,对外贸易乘数理论发生作用的条件是世界总进口量增加,超保护贸易政策又必然导致世界总进口量不会增加,这显然是自相矛盾的,它使对外贸易乘数理论失去了普遍发挥作用的条件。

2. 有碍国家贸易的发展

凯恩斯主义超保护贸易理论推动了超保护贸易政策的发展,如果各国为了追求贸易顺差,无节制地奖出限入,其结果必然导致关税高筑,非关税壁垒盛行,贸易战烽烟四起,阻碍各国经济和国际贸易的发展。

四、战略性贸易保护理论

20 世纪 70 年代以来,随着不完全竞争和规模经济被引入国际贸易分析框架内,战略性贸易政策逐渐成为主流。现实中,越是非完全竞争的行业,其非关税壁垒越明显,如汽车、钢铁以及半导体行业。20 世纪 80 年代兴起的战略性贸易理论逐渐成为新贸易保护的理论基石。战略性贸易理论是建立在不完全竞争和规模报酬递增的假设基础上的,即规模经济贸易学说。

(一) 战略性贸易保护理论的主要内容

战略性贸易理论主张政府在战略产业进行贸易干预,给予本国企业生产补贴,对外国竞争产品征收进口税或者实行配额,对本国消费者购买本国产品进行补贴等等,进而获取规模经济之外的战略收益,同时占领他国市场份额,并分享更多的工业利润。战略性贸易理论主要包括利润转移理论和本地市场效应理论两大核心体系。

1. 利润转移理论

与自由贸易理论的基础不同,战略性贸易理论建立在规模经济和不完全经济的框架下,垄断企业或寡头企业的商品价格不是市场给定的,而是企业根据市场需求量确定的。战略性贸易理论认为,政府可以通过征收关税来分享外国垄断企业的利润,以弥补本国消费者的损失,如图 2-1 所示。

假设外国垄断企业 A 在进口国 B 的市场上具有明显的市场力量。根据垄断竞争厂商利润最大化的原则，A 会根据 MR=MC 确定其在 B 国市场上的供给量，即图 2-1 中的点 Q_0，而价格则根据 B 国需求函数确定在高于 MC 的水平 P_0 上。此时，A 企业的垄断利润为 M'0(P_0-MC)。如果 B 国政府征收从价关税(t=100%)，A 的边际成本变为(MC+1)。在新的边际成本与边际收益相等的均衡条件下，A 的供给量会下降至 Q_1，价格上升至 P_1。但由于进口国 B 的需求曲线并非完全缺乏弹性，商品价格上升的幅度(P_1-P_0)小于边际成本提高的幅度(t)。也就是说，A 企业通过提高销售价格从 B 国消费者手中得到的额外收益会小于对关税的支付。从国家角度来看，关税收益(b)很有可能会大于消费者福利损失的部分，即 b 上方灰色梯形的面积。

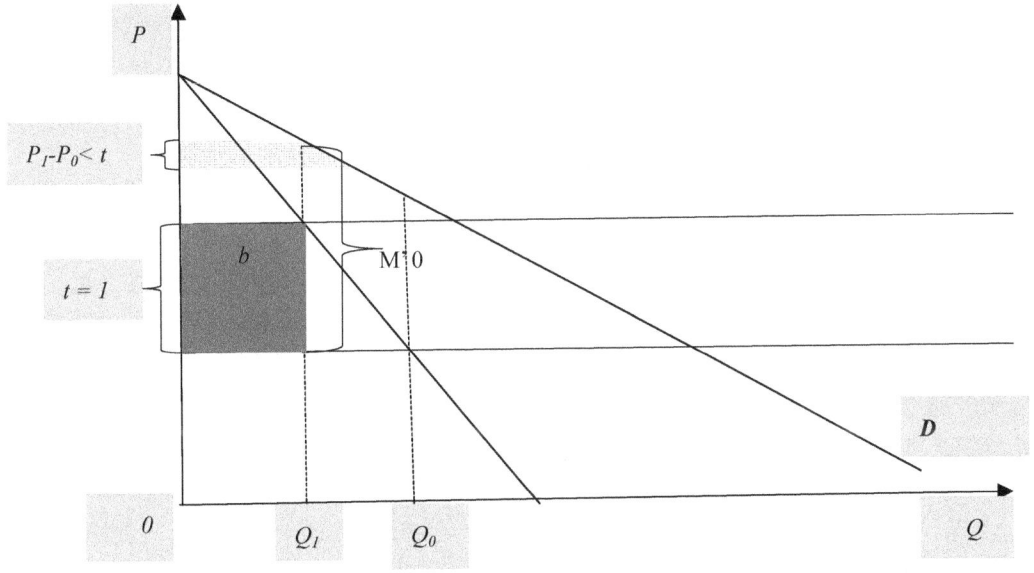

图 2-1　通过关税转移企业利润

表面看，通过征收关税可以将出口国垄断企业的利润转移至进口国，但从一国内部看，征收关税使得原本已经很高的垄断价格雪上加霜，最终仍是本国消费者承担，除非政府将所征收的关税用于补偿本国消费者。同时，战略性贸易保护理论还谈及通过补贴来加强国内厂商在国际市场上与外国对手竞争的战略地位。在具有规模经济的条件下，拥有较高市场份额的国家从国际市场上获得的超额利润就较多。因此，应对国内规模企业实施补贴，占领更多国际市场份额，以阻止国外竞争者进入该产业，确保本国企业获得更多的垄断利润。

2. **本地市场效应理论**

克鲁格曼在 1984 年提出，如果只允许某些厂商进入某一特定市场或该市场的一部分，就会有助于这些厂商在其他市场上改善业绩。克鲁格曼设定了一个最简单的规模经济的情形：假定只有一个本国厂商和一个外国厂商，在没有保护的情形下，即使生产完全一样的产品，两个厂商都会在所有市场上进行销售，如果本国市场对外国厂商是关闭的，本国厂商通常会增加其在国内市场上的产出。随着产出的上升，边际成本降低，国内厂商会发现自己可以毫不费力地扩大国外的市场份额并从中获利。

维纳布尔斯(Vernables)考察了另一种比较复杂的情况：假设本国厂商和外国厂商在各自的市场上竞争，也可能在别的市场上竞争，但此时不是仅有一个外国厂商和一个本国厂商的国际双寡头，而是假设市场足够大，能容纳相当多的厂商，自由进入时每个厂商只能获得"正常"水平的利润，边际成本也不是递减而是不变的，但固定成本相当大，这种成本结构使得平均成本随产量的增加而下降。这种情况下，进口关税和出口补贴都能改善国家福利。

上述两种理论体系的相似之处在于，二者都遵循这样的逻辑——对本国厂商而言，生产得越多越好，因为规模经济使其具有更低的平均成本或边际成本。二者主要差异在于，克鲁格曼的模型不允许新厂商进入，利益主要来自寡头所获得的超额利润；而维纳布尔斯的模型中，规模经济不太明显，进入自由，利润维持在自由竞争水平，利益主要来自国内消费者所享受的低价格。

(二) 对战略性贸易保护理论的评价

战略性贸易保护理论是新国际贸易理论在贸易政策领域的应用和体现。战略性贸易保护理论论证了一国在规模经济和不完全竞争条件，通过保护性干预，可以战略性地提高本国企业的国际竞争力和贸易福利。因其与幼稚产业保护理论具有类似的战略意义，因此也被称为新幼稚产业保护论。这一理论体系考虑了更加复杂的市场条件下，如何确保两国企业更加有效地参与国际竞争的政府策略，是产业内贸易大背景下的新型保护模式，为众多发达经济体和发展中经济体参与国际贸易并最大化获取贸易利益提供了有益的指导。但其本身也存在一定缺陷。

(1) 其对规模经济和不完全竞争的讨论是建立在国家利益与个人利益等价的基础上，忽略了国家贸易政策对于个人利益最大化可能存在的负面影响。而且，往往因为信息不对称的原因，被保护的企业与政府的策略并不一致，因此其结论具有片面性。

(2) 战略性贸易保护理论是建立在企业同质性的假设下，并没有涉及异质性企业的市场策略，其理论假设与现实仍存在一定的脱节。更为重要的是，这种所谓"战略性"，在很大程度上容易引起贸易伙伴"以牙还牙"的报复性反应。

本章小结

通过系统介绍绝对成本理论、比较成本理论、要素禀赋理论、贸易差额论、李斯特幼稚工业保护理论、凯恩斯超贸易保护理论等内容，我们了解了国际贸易理论的发展、变化的详细过程，清楚了各个历史时期有代表性的贸易学说的主要观点。这对于我们借鉴历史的经验，认识当代世界贸易活动，分析各国的经济政策和措施，制定适合我国国情的对外贸易政策有着十分重要的现实指导意义。

本章重要概念

绝对成本理论　比较成本理论　要素禀赋理论　里昂惕夫之谜

贸易差额论　超保护贸易理论　幼稚工业保护理论　战略性贸易保护理论

本章推荐阅读材料

1. 张二震,马野青.国际贸易学[M].南京:南京大学出版社,2015.
2. 王光艳.国际贸易理论与政策[M].北京:经济管理出版社,2013.
3. 托马斯·普格尔.国际贸易[M].北京:中国人民大学出版社,2018.

本章思考题

一、选择题

1. 绝对成本理论的代表人物是(　　)。
   A. 亚当·斯密　　　B. 大卫·李嘉图　　　C. 赫克歇尔　　　D. 俄林
2. 一国拥有的劳动要素充裕,所以他应该专门生产劳动密集型产品对外进行交换,这种说法来自(　　)。
   A. 比较成本说　　　B. 保护幼稚工业说　　C. 绝对成本说　　D. 要素禀赋论
3. 如果 A 国可用 1 个工时生产 3 单位的 X 产品或 3 单位的 Y 产品,B 国可用 1 个工时生产 1 单位的 X 产品或 1 单位的 Y 产品,假定劳动是唯一的投入,那么(　　)。
   A. A 国在两种产品的生产上均具有绝对优势
   B. B 国在两种产品的生产上均具有绝对优势
   C. A 国在两种产品的生产上均具有比较优势
   D. B 国在两种产品的生产上均具有比较优势
4. 主张自由贸易的学者有(　　)。
   A. 亚当·斯密　　　B. 凯恩斯　　　C. 李斯特　　　D. 托马斯·孟

二、问答题

1. 绝对成本理论的假设前提是什么？如何评价这一理论？
2. 比较成本理论的核心思想是什么？如何评价这一理论？
3. 李斯特贸易保护理论的主要内容是什么？如何评价这一理论？
4. 西方学术界曾提出了哪些理论来解释里昂惕夫之谜？

三、案例分析题

15~17 世纪,欧洲的船队出现在世界各处的海洋上,寻找着新的贸易路线和贸易伙伴,涌现出许多著名的航海家,如哥伦布、达·伽马、卡布拉尔、迪亚士、德莱昂、麦哲伦等。伴随着新航路的开辟,东西方之间的文化、贸易交流开始大量增加。有人说开辟新航路是西方对国际贸易的向往,向往获取香料、黄金和丝绸;有人说开辟新航路是为了掠夺殖民地,进行资本主义的血腥原始积累。

试从不同国际贸易理论出发,说明为什么要开展国际贸易,以及开展国际贸易对世界经济的发展和福利的影响。

本章主要参考文献

[1] 傅龙海.国际贸易理论与实务[M].北京:对外经济贸易大学出版社,2018.
[2] 姜辉,查伟华.国际贸易理论与政策[M].北京:中国质检出版社,2011.
[3] 陈岩.国际贸易理论与实务[M].北京:清华大学出版社,2018.

第三章 国际贸易政策

【教学目的】

通过本章的学习,使学生能够掌握国际贸易政策的基本概念、目的和构成,了解国际贸易政策的类型演变,熟悉各主要历史阶段的国际贸易政策的倾向与特点,进而能够理解中国对外贸易政策的演进与发展。

【导入案例】

2013年9月和10月,中国国家主席习近平在出访中亚和东南亚国家期间,先后提出共建"丝绸之路经济带"和"21世纪海上丝绸之路"的重大倡议,得到国际社会高度关注。"丝绸之路经济带"战略涵盖东南亚经济整合、涵盖东北亚经济整合,并最终融合在一起通向欧洲,形成欧亚大陆经济整合的大趋势。"21世纪海上丝绸之路"经济带战略从海上联通欧亚非三个大陆和"丝绸之路经济带"战略形成一个海上、陆地的闭环。

截至2018年,中国同"一带一路"国家贸易总额超过6万亿美元,对"一带一路"国家直接投资超过900亿美元,"六廊六路多国多港"的互联互通架构基本形成。中国同"一带一路"国家共建82个境外合作园区,上缴东道国税费20多亿美元,带动当地就业近30万人,为各国民众带来了更便利生活条件、更良好营商环境、更多样发展机遇。

第一节 国际贸易政策概述

国际贸易政策(International Trade Policy)是指世界各国和地区对外进行商品、服务和技术交换活动时所采取的政策。从单一国家或地区的角度出发,有关国际贸易的政策就是对外贸易政策。

一、对外贸易政策的目的和构成

(一)制定对外贸易政策的目的

国际贸易政策是各国在一定时期内对进口贸易和出口贸易所实行的政策。各国制定对外贸易政策的目的在于维护国家经济安全,具体表现在:

1. 促进经济发展与稳定

(1) 促进生产力的发展。其途径是：优化国内资源配置，提高生产要素效能；鼓励资本输入，提高生产力；鼓励国外先进的技术知识、管理经验、经营方法和生产技术的引进，提高管理水平；获取规模经济效益。

(2) 实现经济增长。通过对外贸易政策调整，一方面，增加国家财政收入，提高国家的经济福利；另一方面，调整和优化产业结构，提高企业的竞争力，实现利润最大化。

(3) 达到外部均衡。通过对外贸易政策的调整，维持国际收支平衡。

(4) 稳定经济，加强适应能力。

2. 完善经济体制

经济体制是一个社会国民经济的运作方式，可以分为市场经济和计划经济两种类型。经济体制不同，贸易政策也随之不同。经过实践检验，市场经济体制逐渐为世界各国认同。科学的对外贸易政策，能促进一个国家积极参与经济全球化，同时又能完善市场经济体制。

3. 获得良好的国际经济与政治环境

贸易政策在调整、改善、巩固国与国之间经济与政治关系方面起着重要作用。一国对外贸易政策的选择必须考虑国际环境，即国际贸易体制的发展与影响、联合国的各种决议的实施以及与贸易伙伴之间的经济和政治关系。

(二) 对外贸易政策的构成

1. 对外贸易总政策

对外贸易总政策包括货物和服务进口总政策和出口总政策。它是从整个国民经济出发，在一个较长的时期内实行的对外贸易政策。

2. 进出口货物与服务贸易政策

进出口货物与服务贸易政策是根据对外贸易总政策的经济结构、国内市场状况而分别制定的政策。

3. 对外贸易国别与地区政策

对外贸易国别与地区政策是根据对外贸易总政策，对外政治、经济关系而制定的国别和地区政策。

二、对外贸易政策的类型和演变

(一) 对外贸易政策的类型

1. 自由贸易政策

自由贸易政策是指国家对贸易活动不加以直接干涉，既不鼓励出口，也不限制进口，使商品和生产要素在国家之间自由流动，在国内外市场进行自由竞争。

自由贸易政策产生于18世纪初的英国，是18世纪新生资产阶级"自由放任"思想在对外经济关系上的延伸。采取自由贸易政策的国家基本上是竞争优势强大的经济贸易大国。但是，世界市场与国内市场存在很大的差别，对外贸易涉及国家、阶层和国民的各种利益，因此，完全意义上的自由贸易政策是不存在的。现实的自由贸易政策是指国家取消和减少对进出口贸易的限制和障碍，取消和减少对本国进出口商品的各种特权和优惠。而当今的贸易自由化则意味着降低政府对对外贸易（货物、服务与投资）的控制和直接干预，而代之以价格机制（如关税等）的调节，扩大服务市场的准入，取消对投资的限制。

自由贸易政策在19世纪到20世纪第一次世界大战以前，成为对外贸易政策的主流。两次世界大战期间，在1929~1933年经济大危机的冲击下，自由贸易政策被首先倡导的英国放弃。第二次世界大战以后，随着世界经济的恢复与发展，贸易自由化政策成为在发达国家起主导作用的贸易政策。随着1947年关税与贸易总协定的生效和1995年世界贸易组织的建立，以及经济全球化进程的加快，贸易自由化逐步成为世界各国对外贸易政策的主流。

2. 保护贸易政策

保护贸易政策是指政府广泛利用各种限制进口的措施，保护本国市场免受外国商品、服务和投资的竞争，并对本国商品、服务出口和对外投资给予优惠和补贴。保护贸易政策是一系列干预贸易行为的各种政策措施的组合。

保护贸易政策基本上是后进国家或竞争力弱的国家崇尚的贸易政策。它始自西欧资本原始积累时期的重商主义，在资本主义自由竞争时期出现了美国和德国发展幼稚工业的保护贸易政策，在1929~1933年大危机后，演变为流行的超保护贸易政策。

（二）对外贸易政策的演变

第二次世界大战以后，随着世界经济的恢复和发展，从20世纪50年代到70年代初，发达市场经济国家在美国主导下，1947年创建了关税与贸易总协定，推动了贸易自由化。20世纪70年代以后在经济衰退的影响下，发达国家出现了新贸易保护主义和战略贸易政策，抑制贸易自由化的进程。而发展中国家逐渐从保护幼稚工业贸易政策转向接受贸易自由化。原有的社会主义国家在20世纪80年代以前，推行的是国家高度垄断的贸易保护主义，逐步地，各国均从计划经济体制转向市场经济体制，对外贸易政策从封闭式的保护贸易政策转向开放型的贸易政策和自由贸易政策。整体而言，贸易自由化是贸易政策的主流，在经济发展不平衡和产业竞争力变化的情况下，不时出现的新贸易保护主义干扰了贸易自由化的进程。

从世界经济贸易发展史看，自由贸易政策和保护贸易政策受制于世界经济发展的周期和经济贸易大国竞争力的变化。因此，自由贸易政策和保护贸易政策在不同的历史时期，不同的国家在贸易政策的选择上并不一致，程度也不相同。在同一种政策下，根据产业竞争力的不同，自由化的程度和保护程度均有差异。可以说，自由贸易政策和保护贸易政策二者相互交织，不断变化，只是强弱程度有所不同。

三、对外贸易政策的制定和执行

（一）制定对外贸易政策应考虑的因素

对外贸易政策属于上层建筑，它既反映了经济基础和重要阶层的利益与要求，同时又反过来维护和促进经济基础的发展。各国在制定贸易政策的过程中，要考虑以下因素：本国经济结构与比较优势；本国产品在国际市场上的竞争能力；本国与别国经济和投资方面的合作情况；本国国内物价和就业状况；本国与他国的政治关系；本国在世界经济、贸易组织中享受的权利与承担的义务；各国政府领导人的经济思想与信奉的贸易理论；政治和社会因素等。

（二）对外贸易政策的制定

各国对外贸易政策的制定与修改是由国家立法机构进行的。最高立法机关在制定和修改对外贸易政策及有关规章制度前，征询各个经济集团的意见。各企业集团通过各种机构，如企业主联合会、商会的领导人经常协调、商定共同立场，向政府提出各种建议，直至派人参与制定或修改有关对外贸易政策的法律草案。

最高立法机关所颁布的各项对外贸易政策，即包括该较长时期内对外贸易政策的总方针和基本原则，又规定某些重要措施以及给予行政机构的特定权限。例如，美国国会往往授予美国总统在一定的范围内制定某些对外贸易法令、进行对外贸易谈判、签订贸易协定、增减关税和确定数量限额等权利。

（三）对外贸易政策的执行

（1）通过海关对进出口贸易进行管理。

海关是国家行政机关，是设置在对外开放口岸的进出口监督管理机关。它的主要职能是：对进出国境的货物和物品、运输工具进行实际的监督管理；稽征关税和代征法定的其他税费；查禁走私等。一切进出国境的货物和物品、运输工具，除国家法律有特别规定的以外，都要在进出国境时向海关申报，接受海关查验。

（2）国家广泛设立各种机构，负责促进出口和管理进口。

（3）国家政府出面参与各种国际经济贸易活动，进行国际经济贸易等方面的协调工作。

第二节 自由贸易政策

一、自由竞争时期的自由贸易政策

(一)自由贸易政策的产生与形成

18世纪70年代在英国开始的产业革命使生产力迅速发展,资本主义生产方式开始建立。随着西欧,尤其是英国资本主义的发展,对外贸易不断扩大,1820年英国工业生产在全球工业生产中所占比重为50%。新兴的工业资产阶级需要更广阔的国际市场,以销售其工业产品,而重商主义的保护贸易政策阻碍了国际贸易的发展和资本的自由竞争,成为新兴资产阶级的障碍。因此,工业资产阶级强烈要求实行自由贸易政策。为适应工业资产阶级的经济发展和对外贸易扩张的需要,一些资产阶级思想家开始探寻对外贸易与经济发展的内在联系,试图从理论上说明自由贸易对经济发展的好处,由此产生了自由贸易理论。

自由贸易理论最早是由法国的重农主义学者与英国学者休谟(D.Humo)提出的,完成于古典学派政治经济学,后来又不断加以丰富和发展。重农主义提倡商业的自由竞争,反对重商主义的贸易差额论,并反对课征高额的进出口关税。休谟主张自由贸易,并提出"物价与现金流出入机能"的理论,批驳了重商主义的贸易差额论。

古典政治经济学派代表亚当·斯密(A.Smith)在其名著《国民财富的性质和原因的研究》中,首先提出实行国际分工和自由贸易的理论。后来由大卫·李嘉图(D.Ricardo)继承并发展,此后一些经济学家如穆勒·马歇尔等人进一步对自由贸易理论加以阐述和演绎。

(二)自由贸易政策的特点

(1)自由贸易政策可以形成互相有利的国际分工。

在自由贸易下,各国可以按照自然条件(亚当·斯密)、比较利益(大卫·李嘉图)和要素丰缺(俄林)的状况,专心生产其最有利和有利较大或不利较小的产品,进行各国的专业化生产。这种国际分工可以带来下列利益:① 通过分工与专业化,增进各国各专业的特殊生产技能;② 通过分工使生产要素(土地、劳动与资本等)得到最优化的配置;③ 通过分工可以节省社会劳动时间;④ 通过分工可以促进发明和市场的发育。因此,各国参与分工的范围越广,市场就越大,生产要素配置就越合理,获取的利益就越多。

(2)自由贸易可以扩大国民收入。

自由贸易理论认为,在自由贸易环境下,每个国家都根据自己的条件发展最擅长的生产部门,劳动和资本就会得到合理的分配和利用,再通过贸易,以较少的花费换回较多的东西,就能使国民财富得以增加。

(3) 在自由贸易条件下,可进口廉价商品,减少国民消费开支。

(4) 自由贸易可以阻止垄断,加强竞争,提高经济效益。

独占或垄断对国民经济的发展不利,其原因是:独占或垄断可以抬高物价,使被保护的企业不求改进,生产效率降低;长期独占或垄断会造成产业或企业的停滞和落后,削弱竞争力。

(5) 自由贸易有利于提高利润率,促进资本积累。

李嘉图认为,随着社会的发展,工人的名义工资会不断上涨,这种上涨会引起利润率的降低。他认为,要避免这种情况,并维持资本积累和工业扩张的可能性,唯一的办法就是自由贸易。他指出:"如果由于对外贸易的扩张,或由于机器的改良,劳动者的食物和必需品能按降低的价格送上市场,利润就会提高。"

二、战后的贸易自由化政策

贸易自由化是指国家之间通过双边或多边的贸易条约与协定,削减关税壁垒,抑制非关税壁垒,取消国际贸易中的障碍与歧视,促进世界货物和服务的交换与生产。

(一) 战后贸易自由化的主要原因

第二次世界大战以后,随着美国经济实力的强大以及对外经济扩张的需要,日本和欧洲经济的恢复和发展,生产的国际化与资本的国际化,国际分工在广度与深度上的发展,跨国公司的迅速兴起,各国经济相互联系、相互依靠逐步加强,因此,出现了贸易自由化倾向。

(二) 第二次世界大战后贸易自由化的主要表现

1. 关税大幅度削减

(1) 在关税与贸易总协定成员国范围内大幅度地降低关税。1947年关税与贸易总协定缔约方通过八轮多边贸易谈判,使得各缔约国的平均进口关税税率已从50%下降到5%左右。

(2) 欧盟实行关税同盟,对内取消关税,对外通过谈判达成关税减让的协议,使关税大幅度下降。

(3) 通过普遍优惠制的实施,发达国家对来自发展中国家和地区的制成品和半制成品的进口给予普遍的、非歧视和非互惠的关税优惠。

(4) 一些经济集团给予周边国家和发展中国家以优惠关税待遇,如欧洲联盟与一些发展中国家通过《洛美协定》给予其优惠待遇。

2. 非关税壁垒的降低或撤销

(1) 发达国家主动放宽进口数量限制,增加自由进口的商品,放宽或取消外汇管制,实行货币自由兑换,扩大进口自由化,促进自由贸易的发展。

(2) 经济贸易集团内部逐步取消贸易壁垒,推行贸易与投资自由化。欧盟已基本实现除人员和农产品以外的所有商品、生产要素服务的自由化,并发行同一货币——欧元;北美自由贸易区已实现货物和大部分服务贸易的自由化。

3. 建立世界贸易组织

世界贸易组织的建立,成为多边贸易体制的组织和法律的基础,为全球性的贸易自由化奠定了良好的基础。

(三) 战后贸易自由化的主要特点

1. 贸易自由化的基础雄厚

与历史上的自由贸易政策相比,第二次世界大战后的贸易自由化具有如下特点:第一,美国成为战后贸易自由化倡导者与推动者;第二,经济与贸易的大发展。推动贸易自由化的力量,除去美国对外扩张,还有一些更重要的原因,诸如生产的国际化,资本的国际化,国际分工在深度与广度上的发展,西欧和日本经济的迅速恢复与发展等。这些因素反映了世界经济和生产力发展的内在要求,而历史上的自由贸易反映了英国工业资产阶级资本自由扩张的利益与要求;第三,跨国公司的要求。战后贸易自由化是在跨国公司巨大发展的背景下发展起来的,它反映了大企业的利益与要求,而历史上的自由贸易则代表了资本主义自由竞争时期英国工业资产阶级的利益与要求;第四,关税与贸易总协定等的推动。战后贸易自由化主要是通过多边贸易条约与协定在世界范围内进行的。此外,区域性关税同盟、自由贸易区、共同市场等地区性经济合作,也均以促进国际商品的自由流通,扩展自由贸易为宗旨,而历史上自由贸易政策是以英国为主推动的。

2. 贸易自由化发展很不平衡

随着世界经济发展不平衡,同时社会主义国家和发展中国家的兴起,以发达国家为主的贸易自由化发展很不平衡。第一,发达国家之间的贸易自由化超过他们对发展中国家和社会主义国家的贸易自由化。发达国家根据《关税与贸易总协定》等国际多边协议的规定,较大幅度降低彼此之间关税和放宽相互之间的数量限制,但对于发展中国家的一些商品,特别是劳动密集型产品却征收较高的关税,并实行其他的进口限制。同时发达国家对社会主义国家的关税壁垒、非关税壁垒都高于和多于对发展中国家的关税壁垒和非关税壁垒,发达国家对社会主义国家还实行出口管制;第二,区域性经济集团内部的贸易自由化超过集团对外的贸易自由化;第三,货物上的贸易自由化程度也不一致。工业制成品上的贸易自由化超过农产品上的贸易自由化,机器设备的贸易自由化超过了工业消费品的贸易自由化。

第三节　保护贸易政策

一、重商主义的对外贸易政策

重商主义的对外贸易政策是资本主义生产方式准备时期西欧国家所普遍实行的一种保护贸易政策。它产生于15世纪,16~17世纪达到鼎盛时期,18世纪后走向衰落。重商主义可分为早期的重商主义和晚期的重商主义。早期重商主义以"货币差额论"为中心,实为"重金主义",其代表人物为英国的威廉·斯塔福(W.Staffor,1554~1612);晚期重商主义以"贸易差额论"为中心,成为名副其实的重商主义,其代表人物可推英国的托马斯·孟(T.Mun,1571~1641),其主要著作是《英国得自对外贸易的财富》。

货币差额论和贸易差额论在政策上都主张实行保护主义的对外贸易政策,即国家必须干预对外贸易,重商主义保护政策主要有以下几种:

1. 货币政策

货币差额论的货币政策不是主张严禁金银出口,想方设法吸收外国金银,而是把对货币的追求放于对贸易顺差的追求中。

2. 对外贸易垄断政策

葡萄牙和西班牙在16世纪实行对外贸易垄断,葡萄牙国王直接掌握并垄断对东方的贸易,西班牙则垄断它和美洲殖民地的贸易,不许外国人插手经营。通过贸易垄断,西欧国家在其殖民地取得廉价的原料,运回本国加工成制成品,高价向殖民地或其他国家出售。

3. 奖出限入政策

阻止原料或半制成品的出口,奖励制成品的出口,并且认为输出廉价原料,再用高价购买制成品是一种不理智的行为。在英国,如果本国货物在外国或国内不能和外国货物竞争时,可以退还其原来对原料征收的税款,必要时国家给予补贴。另外,国家还用现金奖励在国外市场上出售本国产品的商人。

4. 保护关税政策

贸易差额论者则把保护关税作为扩大出口、限制进口的一种手段。对进口货几乎都要征收重税,其赋税往往高到使人不能购买的地步。同时,对出口的制成品减免关税,或退回进口原料时征收的关税。

5. 发展本国航运业政策

贸易差额论者认为,建立一支强大的商船队和鱼船队是一个国家经济力量的重要组成部分,因此,应禁止外国船只从事本国沿海航运和殖民地之间的航运。

6. 发展本国工业政策

为了实现贸易顺差,必须多卖商品。因此,应该发展本国工业,使本国产品在世界市场上有竞争能力,保持出口优势。为此,各国都制订鼓励本国工业发展的政策,如有的国家高薪聘请外国工匠,禁止熟练技术工人外流和机器设备输出,给工场手工业者发放贷款和提供各种优惠条件。

重商主义的对外贸易政策,加速了当时西欧各国货币资本的积累,促进了资本主义工场手工业生产的发展,在一定的历史时期内起到了进步作用。但是,它仅仅从理论上考察了流通领域,而没有进入生产领域,到自由竞争资本主义时期它就成了资本主义经济进一步发展的障碍,从而为自由贸易政策所代替。

二、资本主义自由竞争时期的保护贸易政策

19世纪70年代以后,美国和西欧的一些国家纷纷从自由贸易政策转向保护贸易政策。其主要原因在于这些国家的工业发展水平不高,经济实力和商品竞争力都无法与英国抗衡,需要采取强有力的政策措施(主要是保护关税措施)来保护本国新兴的产业,即幼稚工业,以免遭英国商品的竞争。

(一)美国与德国保护贸易政策的实施

美国建国后,第一任财政部长汉密尔顿(A.Hamilton,1757~1804)代表独立发展美国经济的资产阶级的要求,在1791年12月提出的《制造业报告》(Report Manufacture)中指出,为使美国经济自立,应当保护美国的幼稚工业,其主要的方式是提高进口商品的关税。

德国在19世纪70年代以后,为使新兴的产业避免外国工业品的竞争,使之能充分发展,便不断要求实施保护贸易措施。1879年,俾斯麦改革关税,对钢铁、纺织品、化学品、谷物等征收进口关税,并不断提高关税率,并与法国、奥地利、俄国等进行关税竞争。1898年,又通过修正关税法,成为欧洲高度保护贸易国家之一。

(二)保护贸易政策的理论依据

保护贸易的理论,就其影响而言,李斯特保护幼稚工业的理论最具代表性。李斯特是德国历史学派的先驱者,自1825年出使美国以后,受到汉密尔顿的影响,并亲眼看见美国实施保护贸易政策的成效,转而提倡贸易保护主义。他在1841年出版的《政治经济学的国民体系》一书中,系统地提出了保护幼稚工业的学说。

三、两次世界大战期间的超保护贸易政策

第一次世界大战与第二次世界大战期间,资本主义处于垄断阶段,垄断代替了自由竞争成为一切社会经济生活的基础。此时,西方各国普遍完成了产业革命,工业得到迅速发展,各国争夺市场的斗争逐渐加剧。1929~1933年的世界性经济危机,就使市场问题进一步尖锐化。资本主义各国的垄断资产阶级为了垄断国内市场和争夺国际市场,纷纷实行超保护贸易政策。

与资本主义自由竞争时期的保护贸易政策相比,超保护贸易政策具有以下特点:

（1）保护的对象不仅是幼稚工业，而且更多的是已高度发展的或出现衰落的垄断工业。

（2）保护的目的不再是培养自由竞争的能力，而是巩固和加强对国内外市场的垄断。

（3）保护的措施不只限于关税和贸易条约，还有各种非关税壁垒和其他奖出限入措施。

（4）保护不是防御性地限制进口，而是在垄断国内市场的基础上对国外市场进行进攻性的扩张。

（5）保护的阶级利益从一般的工业资产阶级利益转向大垄断资产阶级利益。

四、新贸易保护主义政策

20世纪70年代初期开始的世界性通货膨胀曾一度促进了各经济发达国家贸易自由化的发展，但1974~1975年的世界经济危机使之又趋于停顿，市场问题相对紧张，出现了新贸易保护主义。"9·11"事件以后，世界经济出现衰退，美国、日本和欧盟经济滞涨甚至出现下滑，就业压力增加。为了保护本国市场，各国都加大了对国外产品的歧视力度。美国政府宣布，自2002年3月21日开始，限制钢铁进口的"301条款"正式启动。这一措施涉及欧盟以及日本、韩国、中国、俄罗斯等国钢铁产品的对美出口。这表明，新贸易保护主义正在重新抬头，我们须引起高度重视。

（一）新贸易保护主义的主要特点

1. 限制进口的措施重点从关税壁垒转向非关税壁垒

（1）非关税措施的项目日益复杂。20世纪60年代末，发达国家实行的非关税壁垒措施共计850多项，到20世纪80年代末，这一数字已达到3000多项，如进口限额制、"自动"出口限额制、有秩序的销售安排、进口许可证制、歧视性政府采购政策等，名目及数量都越来越多。

（2）非关税措施的利用范围日益扩大。世界贸易受非关税措施限制的部分从1974年的40%扩大到1980年的48%，1980年以后，这种限制进口的范围进一步扩大，涉及从手套到针织内衣，从钢材到汽车等各类商品。

（3）非关税措施的歧视性增长。许多经济发达国家往往根据与不同国家的政治经济关系，采取不同的非关税措施。

虽然战后许多经济发达国家的关税较以前大幅度地下降，但必须指出，关税仍然是这些国家限制某些商品进口的重要手段，它们对于某些"敏感性"商品继续维持较高的关税。

2. "奖出限入"措施的重点由限制进口转向鼓励出口

在经济方面，各个发达国家加大出口信贷、出口信贷国家担保制、出口补贴、外汇倾销等措施，向出口厂商提供各种财政上的优惠待遇，以鼓励出口。为了扩大成套设备、船舶等商品出口，发达国家一般都采取出口信贷方式，设立专门银行办理出口信贷业务，实行放宽条件、增加信贷金额、延长信贷期限、降低信贷利息等措施。

在组织方面,发达国家广泛设立或改组各种促进出口的行政机构,协助本国出口厂商对国外市场扩张。1979 年,美国对出口机构进行改组,成立总统贸易委员会,加强对外贸易的领导工作。

在精神奖励方面,许多发达国家制定了各种评奖制度,对扩大出口成绩卓著的出口厂商给予奖励。例如,法国设立了"奥斯卡"出口奖,表彰在出口方面作出显著成绩的企业,从精神上鼓励出口厂商扩大出口。

3. 欧盟的贸易壁垒由国家壁垒转向区域性壁垒

欧洲联盟(European Union)作为一个排他性的经济集团,在推行经济一体化方面,对内实行商品自由流通,对外共同联合建立贸易壁垒以排挤集团以外的商品输入,从而导致了这些国家从国家贸易壁垒转向区域性贸易壁垒。这对于加强其成员国垄断资本的实力地位,排挤和打击集团外的竞争者,对抗美国、苏联的强权政治和霸权主义起到了重要作用。

关税同盟是欧盟实行经济一体化和建立区域性贸易壁垒的一个重要的对外贸易措施。根据统一对外关税,工业原料免税或低税进口,半制成品进口一般比原料征收稍高的关税,制成品的关税最高。另外,欧盟基于共同农业政策,对成员国的农产品出口给予补贴,鼓励农产品出口,这支持了其农产品在国外市场上同美国、加拿大等国的农产品进行竞争。因此,新贸易保护主义也使发达国家付出了代价。

4. 广大发展中国家受到了伤害

发展中国家受到的非关税壁垒的影响程度超过发达国家,发展中国家的出口受到影响,债务负担增加。由于出口减少,发展中国家债务占出口比重从 20 世纪 70 年代的 15%～16%上升到 1982～1983 年的 24%。新贸易保护主义不仅使发达国家国内生产总值下降,而且同样使发展中国家生产总值下降。

(二) 新贸易保护主义不断加强的原因

随着世界经济相互依靠的加强,贸易政策的连锁反应也更敏感。美国采取了许多贸易保护措施,但它反过来又遭到其他国家或明或暗的报复,使得新贸易保护主义蔓延与扩张。与此同时,高失业率、工会力量的强大、党派的斗争和维护政府形象,为加强贸易保护主义提供了政治上的依据。此外,汇率长期失调也影响国际贸易的发展,汇率的过高与过低均易产生贸易保护主义的压力。

第四节　中国的对外贸易政策

一、中国对外贸易政策的演进

（一）1949~1957 年：国家计划经济体制下保护贸易政策的建立

1949 年 9 月，《中国人民政治协商会议共同纲领》明确了新中国"实行对外贸易的管制，并采用保护贸易政策"，1950 年 12 月，《对外贸易管理暂行条例》和《对外贸易管理暂行条例实施细则》颁布，随后《进出口厂商申请营业登记办法》《易货贸易管理暂行办法》等一系列涉及经营主体、贸易方式、商品许可、外汇结算等事务的外贸管理法律陆续出台，全国统一的对外贸易政策体系逐渐成形。

新中国成立后的保护贸易政策是在特定的历史条件下形成的。当时经济建设百废待兴，对外贸易必须为国民经济发展服务，因此由国家统一计划整合优势资源进行出口创汇，进口社会主义工业化所必需的机器设备、原料等，严格管理外汇使用，对消费品设置高关税，对国内不能生产的设备、原料等设置低关税或免税。这是进口替代贸易战略的典型模式。

（二）1958~1977 年：国家计划经济体制下保护贸易政策的演进

从整体看，自 20 世纪 50 年代到改革开放前，中国继续坚持保护贸易体制和进口替代贸易战略，同时依据国内外政治经济环境的复杂变化而在具体实施措施上有所调整。进入 70 年代，中国利用中美关系正常化和国内对"极左"进行反思带来的契机，进口了一批较先进的成套设备，带动了新中国成立以来中国对外贸易发展的第二次高潮。

（三）1978~1991 年：兼顾进口保护和出口鼓励的开放贸易政策

1978 年的改革开放使中国对外贸易政策发生了历史性的变化。第一，打破国家计划经济体制下的外贸体系，逐步下放外贸经营权到地方和生产企业，减少和简化指令性计划，鼓励开展工贸结合和进出口代理制，推行对外贸易承包经营责任制，实行外汇"双轨制"，有效激发了外贸企业的积极性和竞争意识。第二，建立经济特区，通过实施外资、税收、土地、外汇等一系列优惠政策，吸引了一大批外资企业进驻园区，为学习利用国外先进技术和管理经验、发展工业和对外贸易提供了良好的机遇。第三，开放沿海城市，1984 年率先开放大连、秦皇岛、天津、烟台、青岛等 14 个沿海城市和海南岛，1988 年进一步将杭州、南京、沈阳等 140 个市县划入沿海经济开放区。1990 年开发开放上海浦东，设立中国第一个海关特殊监管区——上海外高桥保税区。随后还在一些沿海、沿江和省会城市设立经济技术开发区，发展现代制造业和高新技术产业，促进了东部沿海地区对外贸易的迅速增长。

1979年国务院颁布《进养出试行办法》和《开展对外加工装配和中小型补偿贸易办法》，海关总署等外贸部门据此制定了有关实施细则，进一步明确了加工贸易在资格审批、外汇使用、征税纳税、保税监管等方面的优惠。

改革开放后中国在推行出口鼓励政策的同时，为了保护国内工业发展而继续坚持进口替代保护政策，几次关税制度调整基本调低了国内不能生产或短缺的设备、零部件、原料等的关税，同时调高了国内已经具备生产能力的制成品、机械设备等的关税。

（四）1992~2000年：出口导向的贸易自由化政策

党的十四大拉开了中国建设社会主义市场经济的序幕，外贸领域的市场化改革由此开始加速推进。在外贸经营主体方面，私营企业、外资企业和科研院所陆续获得自营进出口权，按照现代企业制度逐步改组国营外贸企业，实现自主经营、自负盈亏，逐步取消出口财政补贴，取消进出口指令性计划。在外贸法制建设方面，采用国际通用标准修订实施新的进出口税则，颁布《中华人民共和国对外贸易法》（1994年），首次对外贸经营者、货物与技术进出口、服务贸易、贸易促进、贸易救济等进行系统性的法律法规规定。在出口鼓励措施方面，专门成立中国进出口银行，为进出口贸易提供政策性金融支持；利用财政资金设立基金或协会，资助扶持中小出口企业开拓国际市场；进一步完善出口退税政策、加工贸易政策和出口商品管理制度等，更有效而规范地提高中国出口竞争力。在外汇制度方面，1994年实现人民币汇率并轨，建立了以市场供求为基础的、单一的、有管理的浮动汇率制度，取消外汇留成，建立全国统一的银行间外汇交易市场。

这期间，为加快对内市场化与对外开放（尤其是入世和参与APEC）进程，中国进行了持续的大幅度进口贸易自由化改革。一方面，削减关税，从1992年1月开始取消全部进口调节税，实施大幅度自主关税减让，到1996年中国的简单平均最惠国进口关税率从42.1%降至23.7%，加权平均最惠国进口关税率从32.2%降至19.8%。1997年重点降低高新技术产品进口关税，1998年开始连续4年按照《中美纺织品与服装协定》减让相关产品关税，1999年重点降低在APEC内承诺的玩具和林产品关税，到2000年中国的简单平均关税率已降至17.0%，加权平均关税率已降至14.7%，减让幅度分别达到60%和54%，均高于乌拉圭回合设定的所有参加方关税平均减让33%的谈判目标。另一方面，中国加快规范和削减非关税措施，通过出台《一般商品进口配额管理暂行办法》《进口商品经营管理暂行办法》等制度，大幅度减少配额、许可证管理商品，简化、优化进口程序，并使贸易管制的透明度有很大提高。

（五）2001~2007年：履行入世承诺的贸易自由化政策

入世后中国开始全面融入多边贸易体制和世界市场，切实履行入世承诺，对外贸易政策对标国际规则继续推进贸易自由化。

（1）在外贸经营主体方面，2004年修订的《对外贸易法》将外贸经营权的审批制改为备案登记制，所有企业和个人均可依法获得外贸经营权。仅对少数重点商品实行国营贸易，还提高了国营贸易进出口程序的透明度。

（2）在外贸法律法规体系方面，入世前3年根据WTO规则和入世承诺集中清理修改了2300多项法律法规，废除了其中800多项；公布所有与外贸有关的法律法规，设立中国政府WTO通报咨询局（现为商务部WTO司），使贸易政策进一步公开透明；2004年修订《反倾销条例》《反补贴条例》《保障措施条例》，形成更符合WTO规则的贸易救济体制。

（3）在知识产权保护方面，根据WTO的《与贸易有关的知识产权（TRIPs）协定》，对《专利法》《商标法》《著作权法》等有关的知识产权法规进行修订，新颁布实施《计算机软件保护条例》等专门性保护法规，基本形成了与国际惯例接轨、体系完整、符合中国国情的保护知识产权法律法规体系。

同时，中国货物贸易自由化的成果也十分显著。中国进口商品的简单平均最惠国关税率从2001年的15.9%降至2007年的9.9%，加权平均最惠国关税率从2001年的14.1%降至2007年的5.5%，已经低于一些重要的发展中国家（如巴西、印度和墨西哥等）。尤其是制成品关税的减让幅度达37%以上，无论是简单平均关税率还是加权平均关税率，到2007年均低于巴西、印度和墨西哥。初级产品关税也大大低于印度和墨西哥。中国入世时关于汽车与零部件、纺织品与服装、信息技术产品等的关税减让承诺已经全部履行完毕。与此同时，中国自2005年起取消了进口配额、进口许可和特定招标等非关税措施，根据WTO规则，仅对涉及环境保护和生命安全的产品实施进口限制。

在服务贸易自由化方面，中国的入世承诺涵盖了WTO《服务贸易总协定》（GATS）列表中12个大项160多个部门中的9项100多个部门，开放程度大大高于发展中国家的平均水平。在金融、保险、电信等服务业部门中设置的地域限制、股权比例限制、经营范围限制等按照承诺到2006年基本取消，大大降低了国外服务提供者的市场准入门槛。

（六）2008～2012年：应对金融危机冲击的调整政策

面对2008年全球金融危机的冲击，中国迅速调整了对外贸易政策，重点针对稳定与扩大出口。出口激励措施主要体现在加大出口信用保险和出口信贷力度，清理出口各环节收费，取消或降低包括农产品、化肥、钢铁等商品的出口税，调高出口退税率，支持企业"走出去"以带动出口，促进以海关通关服务为主的贸易便利化，积极培育跨境电子商务等对外贸易新业态等。与此同时，也采取了一些临时性的进口保护措施，如取消部分商品的临时优惠关税率、增加自动许可的商品清单等。但总的来说，中国的贸易自由化进程并没有因危机而停止，尤其是在服务贸易开放方面，在市场准入和业务范围上进一步履行了入世承诺。

这期间，在制定"稳外需、保市场、保份额"外贸措施的基础上，中国对外贸易政策更加注重调整结构和纠正失衡。2012年4月商务部印发《对外贸易发展"十二五"规划》，明确"十二五"期间（2011～2015年）中国外贸发展以"稳增长、调结构、促平衡"为重点，为提高中国对外贸易发展的质量和效益、推动贸易强国进程指明了方向。随后，国务院颁布《关于扩大进口促进对外贸易平衡的指导意见》和《关于促进外贸稳定增长的若干意见》，提出将积极扩大先进技术设备、关键零部件和能源原材料进口作为外贸发展的一个基本任务。总的来说，后危机时代的中国对外贸易政策响应了转变经济发展方式的要求，更加强调外贸发展的协调性、科学性和可持续性。

(七) 2013年至今:以高质量发展为导向的高水平、全方位开放政策

2013年11月《中共中央关于全面深化改革若干重大问题的决定》提出,实施新一轮高水平对外开放,构建开放型经济新体制和全方位对外开放新格局,重点举措包括:深化贸易与投资自由化、创立与建设自由贸易试验区、形成面向全球的高标准自贸区网络、参与国际贸易与投资新规则与新议题谈判等。2015年5月《中共中央、国务院关于构建开放型经济新体制的若干意见》明确了构建开放型经济新体制的具体目标与内容,随后《中华人民共和国国民经济和社会发展第十三个五年规划纲要》(2015年10月)勾勒出构建开放型经济新体制的蓝图和愿景。2017年10月党的十九大报告提出"全面开放"的新思想、新理念与新战略,为中国迈向更高层次开放型经济发展的指导方针和路线构建了一个比较完备的政策框架与体系。

第一,积极主动扩大货物进口。2012年中央经济工作会议明确提出要"积极增加进口",2014年国务院又发布《关于加强进口的若干意见》,2017年习近平主席在"一带一路"国际合作高峰论坛上宣布从2018年起举办中国国际进口博览会,2018年中国的简单平均关税率已降至7.5%。这些都表明,中国贸易开放的重心进一步转向主动扩大进口、推动进出口平衡发展、促进经济高质量增长成为全面开放的重要目标。通过进口低成本、高质量和多元化的投入品,企业能够显著提升生产率,降低生产成本,改善产品质量,促进产品创新,更好地融入全球或区域价值链。

第二,在服务贸易自由化方面,不仅有根据WTO电子支付服务争端的裁决结果,开放国内银行卡清算服务市场的"倒逼"式开放,更有在自由贸易试验区通过投资与服务贸易负面清单实施的先行先试的"主动式"开放。

第三,在投资自由化方面,出台《中华人民共和国外商投资法》(2019年),对外资全面实行准入前国民待遇加负面清单管理制度,加强对外资的促进和保护。

第四,在开放模式方面,已分批建立19个自由贸易试验区,更多的对外开放、简政放权、优化营商环境的创新政策将在自由贸易试验区试点成熟后向全国复制、推广,同时加快建设海南自由贸易港和粤港澳大湾区,探索更高层次的贸易开放。

第五,在区域贸易合作方面,区域全面经济伙伴关系(RECP)、中日韩自贸区等是中国构建高标准FTAS网络的重要组成部分,2013年习近平主席提出的"一带一路"倡议更是中国引领国际新型经贸合作的重大经贸举措,至此中国形成了以"一带一路"建设为重点,坚持"引进来"和"走出去"并重,遵循共商、共建、共享原则,加强创新能力开放合作,陆海内外联动、东西双向互济的开放新格局。

当前,中国的对外贸易政策更加注重贸易质量的提升。2012年《对外贸易发展"十二五"规划》将"巩固大国地位,推动贸易强国进程"写进指导思想,2016年《政府工作报告》明确提出要"从贸易大国迈向贸易强国",而十九大指出中国经济进入高质量发展阶段,实际上也要求对外贸易的高质量发展。利用"一带一路"开展国际产能合作,拓展第三方市场合作,促使出口结构转型升级;鼓励先进技术设备和关键零部件等进口;鼓励外资来华设立研发中心;鼓励企业引进先进技术,全力提升中国企业生产技术水平;修订《中华人民共和国标准化法》,强化质量意识,提高商品和服务质量。同时,"十四五"规划纲要也

指出:"坚持实施更大范围、更宽领域、更深层次对外开放,依托我国超大规模市场优势,促进国际合作,实现互利共赢,推动共建'一带一路'行稳致远,推动构建人类命运共同体",并设置专章对建设更高水平开放型经济新体制作出部署。这为我们全面提高对外开放水平、构建更高水平开放型经济新体制指明了方向。

二、我国外贸发展战略转型的政策内涵

我国外贸顺差规模过大蕴含了国内经济运行风险,为了我国经济贸易的长远发展,在世界贸易格局正在发生深刻变化的时期,我国对外贸易发展战略也需要进行调整。加快转变外贸增长方式,提高对外贸易发展的质量和效益,是今后对外贸易发展中的重大课题。

(一) 千方百计扩大出口让位于贸易平衡发展

进入 21 世纪,我国成为名副其实的贸易大国,对世界和贸易伙伴的影响巨大。在国际市场上,不仅我国纺织、服装等传统劳动密集型产品出口量居世界第一,彩电、手机、计算机等新兴 IT 产品出口量也居世界第一。但是我国从对外贸易中获得的实际利益与贸易规模并不相符,竞争优势地位与发达国家还有很大差距。我国贸易的不平衡,导致了贸易伙伴的反倾销、贸易限制、WTO 贸易争端等各种贸易摩擦。无论是发达国家还是发展中国家都存在"贸易威胁论""资源环境威胁论"等,宣称中国争夺了太多的市场、资金、资源,破坏了环境。明显的贸易顺差也加重了人民币升值的压力,增加了国内经济运行风险。

提高对外开放水平,关键是转变外贸增长方式,在战略导向上要向质量效益型转变。从政府层面,就是要支持高附加值、高科技含量的产品出口,从扩大消费品出口向机械设备等资本品出口突破上转变,减少高能耗和高污染性产品出口。从出口管理上,要从根本上制止企业间的恶性竞争,坚决杜绝国内企业因恶性竞争不仅没有占领市场,反而丢掉市场的情况。从出口的效益看,要大幅度减少从企业角度、从局部利益看有利,从全局、从长远看有害的出口,这种出口增加了我国的出口规模,损失的却是实在的利益。无论是一般贸易还是加工贸易,都要避免单纯追求出口规模的现象,从根本上缓解贸易顺差问题。

(二) 从出口导向转变为进出口结合

我国没有明确实行出口导向的政策,但实际上重出口、轻进口的倾向长期存在。在经济全球化不断加深的国际背景下,国际市场竞争国内化,国内市场竞争国际化的特点日益突出。特别是我国加入世界贸易组织后,对外开放进一步扩大,进口在对外关系和经济发展中的重要性越发突出。我国对外交往的一个有力砝码就是强劲的进口需求。当前全球市场主要呈现的是供过于求的状态,进口国在国际市场上处于主动地位,具有主动权,出口国处于被动地位,日益增加的进口为我国赢得了有利地位。国民经济发展要求更加重视进口,对进口必须给予同出口一样的重视程度。外贸进口要从传统的调剂余缺模式转变为满足国内产业升级和需求变化,通过大量进口国内急需的先进设备和半成品、原材料

支持国内经济的快速增长。特别是我国人均能源、资源拥有量低,安全形势不容乐观,构建多元化、稳定、可靠的境外供应基地已成为当务之急。加强企业、协会、商会的协调机制建设,统一对外谈判,提高议价能力,强化我国在国际能源资源市场上的话语权,构筑战略性买家优势,保障我国能源、资源安全,已经是对外贸易战略的重要内容。

(三) 数量扩张转变为品牌战略

我国对外贸易取得了举世瞩目的成就,但总体仍然没有改变数量扩张型的粗放增长方式,我国货物贸易出口的层次较低,发挥着世界加工厂的作用,但是所获得的实际利益十分有限。我国相继提出在扩大出口中实施以质取胜战略和科技兴贸战略,加大高科技含量产品出口。但是,我国货物贸易出口的近60%是以加工贸易的方式实现的,高新技术产品出口中85%以上是由外资企业完成的,自主知识产权和自主品牌出口商品所占的比重不大。

品牌战略已经成为跨国公司重要的经营策略和竞争战略。企业不断调整产品结构,提高产品的档次和科技含量,也是应对技术壁垒的根本途径。如何提高企业核心竞争力和创立国际品牌已经成为摆在我们面前的一个重要课题。因此,要继续深入实施"科技兴贸"和"以质取胜"战略,调整产品结构,加大支持自主核心技术开发,提高装备制造业的现代化水平,提高加工制造业产品中自主知识产权的比例,培育这些行业的比较优势和国际竞争力,形成出口优势行业,改善一般贸易的出口产品结构。企业要培育自主品牌,引进、消化国外先进技术,提高营销能力,重点要提升企业和产品的品牌竞争力。实施品牌战略还要鼓励企业走出去,通过对外投资渗透到国际生产分工的各个环节,更直接地参与国际市场竞争,这是培育国际知名品牌的重要途径。

(四) 从单纯的双边贸易转向参加区域性合作

我国对外贸易发展经历了两次飞跃,第一次开始于1988年的外贸体制改革,逐步放开外贸经营,更多类型的企业直接参与外贸活动;第二次开始于20世纪90年代中期,外商投资企业大规模兴起。这两次飞跃激发了我国参与国际贸易的活力,但本质上仍属于双边性的贸易发展。目前经济全球化深入发展,贸易特征已经开始转向区域化发展战略。2005年向WTO通报的各种区域贸易安排已有300多个,绝大多数WTO成员参加了一个或多个区域贸易安排,发达国家通过建立区域组织占据了有利地位,增强了左右市场的力量,发展中国家通过参加区域组织提高了自己参与国际竞争的能力。我国内地建立区域经济合作组织的网络框架已经具备雏形,与港、澳的紧密关系安排逐步深入,与东盟的自由贸易区进入了实施阶段,与海合会、RCEP的自贸区谈判进展良好,与韩国、秘鲁的自贸区谈判开始涉及实质问题。通过谈判建设自贸区,对方承诺不使用特殊保障措施和纺织品限制措施等歧视性条款,改善了我国的对外贸易环境。

(五) 后危机时代的贸易强国战略

改革开放以来,中国的对外贸易战略政策在实践中不断演进,尽管带有明显的时代烙印以及各种不足之处,但对外贸易的跨越式发展取得的辉煌成就仍是举世瞩目,为中国经济社会发展和国际地位的提升发挥了重要作用。但早在金融危机爆发前,中国就已经认识到以出口和投资主导的经济发展模式给中国经济带来了国际收支不平衡、投资过热、资源环境压力过大等经济发展难以解决的深层次问题,革新突变的发展思路开始推进。基于当今世界经济和中国经济社会发展现状及趋向,中国提出了迈向贸易强国的发展战略,具体内容包括开放型发展、包容性发展、平衡发展和可持续发展四个基本原则。

1. 开放型发展

对外开放成就了中国的世界经济贸易大国地位,继续实行对外开放,进一步提高开放型经济水平,不仅是国民经济和对外贸易发展的需要,也是中国社会主义市场经济制度的必然要求。因此,不断拓展开放的广度和深度,广泛参与国际分工和合作,充分利用国际要素资源,将有助于中国产业结构转型升级,有助于贸易结构的优化,有助于提高"中国制造"的国际竞争力,有助于提升"中国创造"的水平,有助于发挥市场经济在资源配置中的作用。

2. 包容性发展

包容性是联合国千年发展目标中提出的观念之一。在国际贸易领域,包容性发展就是要使国际贸易带来的利益惠及所有贸易伙伴,实现互利共赢,特别是要惠及欠发达国家,要转变经济发展方式,实现经济增长与资源环境的协调和谐发展,使经济增长产生的福利惠及所有人群,尤其是弱势群体。

3. 平衡发展

许多经济矛盾和冲突大都源于发展的不协调和不平衡,要解决这些矛盾与问题,必须把握和处理好发展与平衡的关系。主要包括:外需与内需平衡发展;出口与进口平衡发展;货物贸易与服务贸易平衡发展;对外贸易区域布局平衡发展;双边、多边和区域贸易合作平衡发展。

4. 可持续发展

由于中国正处在工业化和城镇化加速发展阶段,传统的高消耗、高排放、低效率的粗放型经济增长方式尚未根本转变,导致国家整体资源和环境形势不断恶化,经济发展受到极大的制约,维持经济增长和环境保护之间的平衡面临巨大挑战。尽管中国在扩大出口规模上取得了空前的成功,但贸易发展仍以数量扩张的粗放型增长方式为主,效益不高,竞争不强,对外部能源、原材料市场依赖不断增加,面临的国际市场价格风险、供应风险越来越大。因此,转变贸易增长方式,大力发展低碳贸易、绿色贸易,建立贸易可持续发展机制,是中国实现贸易强国的必由之路。

三、"一带一路"倡议

"一带一路"(The Belt and Road,缩写 B&R)是"丝绸之路经济带"和"21世纪海上丝绸之路"的简称,2013年9月和10月由中国国家主席习近平分别提出建设"新丝绸之路经济带"和"21世纪海上丝绸之路"的合作倡议。依靠中国与有关国家既有的双多边机制,借助既有的、行之有效的区域合作平台,"一带一路"旨在借用古代丝绸之路的历史符号,高举和平发展的旗帜,积极发展与沿线国家的经济合作伙伴关系,共同打造政治互信、经济融合、文化包容的利益共同体、命运共同体和责任共同体。

"一带一路"发端于中国,贯通中亚、东南亚、南亚、西亚乃至欧洲部分区域,东牵亚太经济圈,西系欧洲经济圈,覆盖约44亿人口,经济总量约21万亿美元,人口和经济总量分别占全球的63%和29%。2013~2019年,中国与沿线国家货物贸易累计总额超过7.8万亿美元,对沿线国家直接投资超过1100亿美元,新签承包工程合同额近8000亿美元,一大批重大项目和产业园区相继落地见效,有力促进了互利共赢、共同发展。

(一)"一带一路"提出的时代背景

当今世界正发生复杂深刻的变化,国际金融危机深层次影响继续显现,世界经济缓慢复苏、发展分化,国际投资贸易格局和多边投资贸易规则酝酿深刻调整,各国面临的发展问题依然严峻。共建"一带一路"顺应世界多极化、经济全球化、文化多样化、社会信息化的潮流,秉持开放的区域合作精神,致力于维护全球自由贸易体系和开放型世界经济。共建"一带一路"旨在促进经济要素有序自由流动、资源高效配置和市场深度融合,推动沿线各国实现经济政策协调,开展更大范围、更高水平、更深层次的区域合作,共同打造开放、包容、均衡、普惠的区域经济合作架构。共建"一带一路"符合国际社会的根本利益,彰显人类社会共同理想和美好追求,是国际合作以及全球治理新模式的积极探索,将为世界和平发展增添新的正能量。

当前,中国经济和世界经济高度关联,中国将坚持对外开放的基本国策,构建全方位开放新格局,深度融入世界经济体系。推进"一带一路"建设既是中国扩大和深化对外开放的需要,也是加强和亚欧非及世界各国互利合作的需要。

(二)"一带一路"的框架思路

"一带一路"是促进共同发展、实现共同繁荣的合作共赢之路,是增进理解信任、加强全方位交流的和平友谊之路。中国政府倡议,秉持和平合作、开放包容、互学互鉴、互利共赢的理念,全方位推进务实合作,打造政治互信、经济融合、文化包容的利益共同体、命运共同体和责任共同体。

"一带一路"贯穿亚欧非大陆,一头是活跃的东亚经济圈,一头是发达的欧洲经济圈,中间广大腹地国家经济发展潜力巨大。丝绸之路经济带重点畅通中国经中亚、俄罗斯至欧洲(波罗的海);中国经中亚、西亚至波斯湾、地中海;中国至东南亚、南亚、印度洋。21世纪海上丝绸之路重点方向是从中国沿海港口过南海到印度洋,延伸至欧洲;从中国沿海港口过南海到南太平洋。

根据"一带一路"走向,陆上依托国际大通道,以沿线中心城市为支撑,以重点经贸产业园区为合作平台,共同打造新亚欧大陆桥、中蒙俄、中国——中亚——西亚、中国——中南半岛等国际经济合作走廊;海上以重点港口为节点,共同建设通畅安全高效的运输大通道。中巴、孟中印缅两个经济走廊与推进"一带一路"建设关联紧密,要进一步推动合作,取得更大进展。

"一带一路"建设是沿线各国开放合作的宏大经济愿景,需各国携手努力,朝着互利互惠、共同安全的目标相向而行。努力实现区域基础设施更加完善,安全高效的陆海空通道网络基本形成,互联互通达到新水平;投资贸易便利化水平进一步提升,高标准自由贸易区网络基本形成,经济联系更加紧密,政治互信更加深入;人文交流更加广泛深入,不同文明互鉴共荣,各国人民相知相交、和平友好。

(三)"一带一路"的基本内涵

(1)"一带一路"是开放性、包容性区域合作倡议,而非排他性、封闭性的中国"小圈子"。"一带一路"倡议就是要把世界的机遇转变为中国的机遇,把中国的机遇转变为世界的机遇。正是基于这种认知与愿景,"一带一路"以开放为导向,通过加强交通、能源和网络等基础设施的互联互通建设,促进经济要素有序自由流动、资源高效配置和市场深度融合,开展更大范围、更高水平、更深层次的区域合作,打造开放、包容、均衡、普惠的区域经济合作架构,以此来解决经济增长和平衡问题。

(2)"一带一路"是务实合作平台,而非中国的地缘政治工具。"和平合作、开放包容、互学互鉴、互利共赢"的丝路精神成为人类共有的历史财富,"一带一路"就是秉承这一精神与原则提出的现时代重要倡议。通过加强相关国家间的全方位多层面交流合作,充分发掘与发挥各国的发展潜力与比较优势,彼此形成了互利共赢的区域利益共同体、命运共同体和责任共同体。在这一机制中,各国是平等的参与者、贡献者、受益者。

(3)"一带一路"是共商、共建、共享的联动发展倡议,而非中国的对外援助计划。"一带一路"建设是双边或多边联动基础上通过具体项目加以推进的,是在进行充分政策沟通、战略对接以及市场运作后形成的发展倡议与规划。"一带一路"建设的核心主体与支撑力量并不在政府,而是企业,根本方法是遵循市场规律,并通过市场化运作模式来实现参与各方的利益诉求,政府在其中发挥构建平台、创立机制、政策引导等指向性、服务性功能。

(4)"一带一路"是和现有机制的对接与互补,而非替代。"一带一路"建设的相关国家要素禀赋各异,比较优势差异明显,互补性很强。"一带一路"的核心内容就是要促进基础设施建设和互联互通,对接各国政策和发展战略,以便深化务实合作,促进协调联动发展,实现共同繁荣。它不是对现有地区合作机制的替代,而是与现有机制互为助力、相互补充。

(5)"一带一路"建设是促进人文交流的桥梁,而非触发文明冲突的引线。"一带一路"跨越不同区域、不同文化、不同宗教信仰,但它带来的不是文明冲突,而是各文明间的交流互鉴。"一带一路"在推进基础设施建设,加强产能合作与发展战略对接的同时,也将"民心相通"作为工作重心之一。通过弘扬丝绸之路精神,开展智力丝绸之路、健康丝绸之路等建设,在科学、教育、文化、卫生、民间交往等各领域广泛开展合作,"一带一路"建设民意基础更为坚实,社会根基更加牢固。

(四)"一带一路"的国际意义

"一带一路"合作范围不断扩大,合作领域更为广阔。它不仅给参与各方带来了实实在在的合作红利,也为世界贡献了应对挑战、创造机遇、强化信心的智慧与力量。

(1)"一带一路"为全球治理提供了新的路径与方向。当今世界,挑战频发、风险日益增多,这充分说明现有的全球治理体系出现了结构性问题,亟须找到新的破题之策与应对方略。面对新挑战新问题新情况,中国给出的全球治理方案是:构建人类命运共同体,实现共赢共享,而"一带一路"正是朝着这个目标努力的具体实践。"一带一路"强调各国的平等参与、包容普惠,主张携手应对世界经济面临的挑战,开创发展新机遇,谋求发展新动力,拓展发展新空间,共同朝着人类命运共同体方向迈进。

(2)"一带一路"为新时期世界走向共赢带来了中国方案。不同性质、不同发展阶段的国家,其具体的战略诉求与优先方向不尽相同,但各国都希望获得发展与繁荣,这便找到了各国共同利益的最大公约数。如何将一国的发展规划与他国的战略设计相对接,实现优势互补便成为各国实现双赢多赢的重要前提。"一带一路"正是在各国寻求发展机遇的需求之下,同时尊重各自发展道路选择基础之上所形成的合作平台。因为立足于平等互利、相互尊重的基本国际关系准则,聚焦于各国发展实际与现实需要,着力于和各国发展战略对接,"一带一路"的建设给相关国家带来了实实在在的利益,给世界带来了走向普惠、均衡、可持续繁荣的信心。

(3)"一带一路"为全球均衡可持续发展增添了新动力,提供了新平台。"一带一路"涵盖了发展中国家与发达国家,实现了"南南合作"与"南北合作"的统一,有助于推动全球均衡可持续发展。"一带一路"以基础设施建设为着眼点,促进经济要素有序自由流动,推动中国与相关国家的宏观政策协调。对于参与"一带一路"建设的发展中国家来说,这是一次搭中国经济发展"快车""便车",实现自身工业化、现代化的历史性机遇,有力推动南南合作的广泛展开,同时也有助于增进南北对话,促进南北合作的深度发展。同时,"一带一路"倡议的理念和方向,同联合国《2030年可持续发展议程》高度契合,完全能够加强对接,实现相互促进。

(五)《"十四五"商务发展规划》中关于深化"一带一路"经贸合作的论述

1. 提升"一带一路"贸易畅通水平

完善贸易畅通网络,促进与共建"一带一路"国家贸易自由化、便利化。加强贸易合作,顺应共建"一带一路"国家经济发展和产业升级需求,扩大高技术、高附加值大型成套设备产品及技术、标准、服务出口,拓展共建"一带一路"国家进口,支持地方建设"一带一路"进出口商品集散中心,深化服务贸易领域合作。畅通贸易通道,拓展中欧班列进出口货源,引导和促进在中欧班列沿线国家建设海外仓,打造国际陆海贸易新通道,高水平推进中新(重庆)战略性互联互通示范项目,推动国际陆运贸易规则制定,加快形成内外联通、安全高效的贸易大通道。积极发展丝路电商,创新发展丝路电商双边合作框架,与共建"一带一路"国家电子商务集聚区、产业园区等开展对接合作,建设"一带一路"电子商务大市场。

2. 提高"一带一路"投资合作质量

坚持政府引导、企业主体、市场化运作原则,结合东道国资源禀赋、市场特点、实际需求和具体条件,深化与共建"一带一路"国家在陆海天网建设和相关产业投资合作。做优做精合作项目,建设更多高质量、可持续、抗风险、价格合理、包容可及的基础设施项目,促进更多惠民生项目落地。优化在共建"一带一路"国家产业布局,积极建设与当地和国内产业发展相互促进的境外经贸合作区。支持地方建设中国-上合组织地方经贸合作示范区以及中国-印尼、中国-马来西亚"两国双园"等"一带一路"合作示范区。拓展第三方市场合作，推进与法国、英国、德国、意大利、西班牙、荷兰、比利时、葡萄牙、奥地利、瑞士、日本、韩国、新加坡等相关国家开展第三方市场合作。

3. 拓展"一带一路"平台机制功能

打造多元化平台，发掘更多互动交流相通点、深化合作着力点、共同发展交汇点。拓展双边经贸机制，在双边经贸联（混）委会框架下，商建贸易畅通工作组、投资合作工作组、服务贸易国际合作机制和电子商务合作机制。建设高水平合作平台，创新发展中国-东盟博览会、中国-东北亚博览会、中国-南亚博览会、中国-亚欧博览会、中国-中东欧国家博览会、中国-非洲经贸博览会、中国-阿拉伯国家博览会、中国-俄罗斯博览会、中国-蒙古国博览会等展会，发挥好中国-加勒比经贸合作论坛、中国-太平洋岛国经济发展合作论坛、中拉基础设施合作论坛等平台作用。深化与联合国等国际机构合作，高质量执行"一带一路"国际合作项目，推动更多公共卫生和社会民生项目落地。讲好"一带一路"故事，积极传播人类命运共同体理念，宣传共建"一带一路"成果，营造良好舆论氛围。

四、中国的自由贸易区战略

党的十八大以来，以习近平同志为核心的党中央高瞻远瞩，准确判断我国经济发展面临的国际国内新形势，结合我国经济发展的实际，站在新的历史起点上，加快实施自由贸易区战略，以全球视野和战略高度系统谋划我国自由贸易区的建设，在逐渐形成具有中国特色的自由贸易区理论体系的基础上，进一步拓展了自由贸易区建设的实践。

《"十四五"商务发展规划》提出，要实施自由贸易区提升战略。加快推进自由贸易区建设，构建面向全球的高标准自由贸易区网络。优化自由贸易区布局，推动商签更多高标准自由贸易协定，做好全面与进步跨太平洋伙伴关系协定有关工作，加快中日韩自由贸易协定谈判进程，稳步推进亚太自贸区建设，积极推进与挪威、韩国（二阶段）、新加坡（升级后续）、以色列、海合会、秘鲁（升级）、斯里兰卡、巴勒斯坦、摩尔多瓦、白俄罗斯等自贸协定谈判，务实推动与共建"一带一路"国家自贸区建设。提升自由贸易区建设水平，进一步提高货物贸易自由化程度，加大以负面清单方式开展服务贸易和投资谈判力度，全面深入参与规则领域各议题谈判。用好自由贸易协定成果，推动区域全面经济伙伴关系协定生效实施，全面加强自由贸易协定宣传、推广与实施，帮助企业用足用好相关优惠政策，持续释放"自贸红利"。

（一）自由贸易区的涵义

自由贸易区（Free Trade Area）一般是指两个以上的国家或地区，通过签订自由贸易协定，在WTO最惠国待遇基础上，相互进一步开放市场，分阶段取消绝大部分货物的关税和非关税壁垒，在服务业领域改善市场准入条件，开放投资，促进商品、服务、资本、技术、人员等生产要素的自由流动，实现贸易和投资的自由化，实现优势互补，促进共同发展，从而形成涵盖所有成员的一种特殊的功能区域。

(二) 加快实施自由贸易区战略的意义

加快实施自由贸易区战略,是我国新一轮对外开放的重要内容。党的十七大把自由贸易区建设上升为国家战略,党的十八大提出要加快实施自由贸易区战略,党的十八届三中全会提出要以周边为基础加快实施自由贸易区战略,形成面向全球的高标准自由贸易区网络。

加快实施自由贸易区战略,是适应经济全球化新趋势的客观要求,是全面深化改革、构建开放型经济新体制的必然选择,也是我国积极运筹对外关系、实现对外战略目标的重要手段。我们要加快实施自由贸易区战略,发挥自由贸易区对贸易投资的促进作用,更好帮助我国企业开拓国际市场,为我国经济发展注入新动力、增添新活力、拓展新空间。加快实施自由贸易区战略,是我国积极参与国际经贸规则制定、争取全球经济治理制度性权力的重要平台,我们不能当旁观者、跟随者,而是要做参与者、引领者,善于通过自由贸易区建设增强我国国际竞争力,在国际规则制定中发出更多中国声音、注入更多中国元素,维护和拓展我国发展利益。

(三) 中国自由贸易区建设的基本情况

1. 我国已签订协议的自由贸易区

目前,我国已与二十多个国家和地区签署了自由贸易协定,自贸伙伴遍及亚洲、拉美、大洋洲、欧洲和非洲,如表3-1所示。2019年,我国与新西兰结束了自贸协定升级谈判,推动了与巴基斯坦自贸协定第二阶段议定书的签署并生效,与东盟、新加坡、智利的自贸区升级议定书也顺利生效。2020年10月,我国与柬埔寨正式签署《中柬自由贸易协定》,协定的签署标志着双方全面战略合作伙伴关系、共建中柬命运共同体和"一带一路"合作进入新时期,是双边经贸关系发展中新的里程碑。同年11月,我国与东盟十国及中、日、韩、澳、新西兰共同签署了《区域全面经济伙伴关系协定》(RCEP)。《区域全面经济伙伴关系协定》是东盟于2012年发起的全球大型自贸区谈判,它的签署,有利于进一步整合本地区产业链,提升区域经济发展信心,促进疫后经济强劲增长,同时也标志着当前世界上人口最多、经贸规模最大、最具发展潜力的自由贸易区正式启航。

表3-1 我国已签订协议的自由贸易区

·已签订协议的自由贸易区	
《区域全面经济伙伴关系协定》(RCEP)	中国——柬埔寨
中国——毛里求斯	中国——马尔代夫
中国——格鲁吉亚	中国——澳大利亚
中国——韩国	中国——瑞士
中国——冰岛	中国——哥斯达黎加
中国——秘鲁	中国——新西兰(含升级)

续表

·已签订协议的自由贸易区	
中国——新加坡	中国——新加坡升级
中国——智利	中国——智利升级
中国——巴基斯坦	中国——巴基斯坦第二阶段
中国——东盟	中国——东盟("10+1")升级
内地与港澳更紧密经贸关系安排	

资料来源：根据2022年中国自由贸易区服务网资料整理

2. 我国正在谈判的自由贸易区

目前，我国正在谈判的自贸区涉及10个，如表3-2所示。其中，我国首次采取"负面清单"方式开展中韩自贸区服务投资二阶段谈判和中日韩自贸区谈判，自贸区建设开始迈入高标准的"负面清单"时代。

表3-2 我国正在谈判的自由贸易区

·正在谈判的自由贸易区	
中国——海合会	中日韩
中国——以色列	中国——斯里兰卡
中国——巴拿马	中国——挪威
中国——巴勒斯坦	中国——摩尔多瓦
中国——秘鲁自贸协定升级谈判	中国——韩国自贸协定第二阶段谈判

资料来源：根据2022年中国自由贸易区服务网资料整理

3. 我国正在研究的自由贸易区

目前，尚有8个自贸协定处于可行性研究阶段，它们是中国与蒙古国、加拿大、巴布亚新几内亚、尼泊尔、哥伦比亚、斐济、孟加拉国的自贸协定，以及中国与瑞士自贸区升级联合研究工作，如表3-3所示。各方将围绕在货物贸易、服务贸易、金融服务、投资、原产地规则以及贸易经济合作等方面进行可行性研究。对自贸区可行性的探讨，将有利于进一步扩大中国与贸易伙伴的贸易和投资往来，为双方经贸关系注入新活力。

表3-3 我国正在研究的自由贸易区

·正在研究的自由贸易区	
中国——哥伦比亚	中国——斐济
中国——尼泊尔	中国——巴新
中国——加拿大	中国——孟加拉国
中国——蒙古国	中国——瑞士自贸协定升级联合研究

资料来源：根据2021年中国自由贸易区服务网资料整理

(四) 中国——东盟自由贸易区(CAFTA)

中国——东盟自由贸易区是我国对外商谈的第一个自由贸易区。2002年双方签署《全面经济合作框架协议》启动自贸区建设,后陆续签署货物、服务、投资等协议,至2010年全面建成。2015年双方签署的升级《议定书》是我国完成的第一个自贸区升级协议,是对原有中国——东盟自贸区系列协定的丰富、完善、补充和提升,体现了双方深化和拓展经贸合作的共同愿望。

自中国——东盟自贸区建立以来,双方的经济互补性正在不断加强。在新冠疫情的背景下,本地区经济合作日益加深。据中国海关总署数据,2020年前5个月,我国与东盟进出口总额达1.7万亿元,同比增长4.2%,占中国外贸总值的14.7%。其中,我国对东盟出口9366.2亿元,增长2.8%;自东盟进口7598.6亿元,增长6%,均高于同期我国外贸进出口整体增速。2019年,东盟成为中国第二大贸易伙伴,2020年上半年,尽管受到疫情的冲击,东盟超过欧盟,历史性地成为中国第一大贸易伙伴。

1. 中国——东盟自由贸易区建设进程

2000年11月,在新加坡举行的第四次东盟——中国领导人会议上,朱镕基同志提出了构建中国——东盟自由贸易区的设想。

2001年11月,在文莱举行的第五次东盟——中国领导人会议上,东盟10国领导人与中国领导人一致同意在10年内建成中国——东盟自由贸易区。

2002年11月,在柬埔寨首都金边举行的第六次东盟——中国领导人会议上,朱镕基同志与东盟10国领导人签署了《中国——东盟全面经济合作框架协议》,标志着世界上最大的自由贸易区计划的正式启动。

2003年10月,在印尼巴厘岛举行的第七次中国——东盟领导人会议上,签署了框架协议的修改议定书。同期,中国和泰国根据框架协议中的"早期收获方案",率先对180种农产品实行了零关税自由贸易,中国——东盟自贸区之间的经济合作迈出实质性一步。

2004年,双方谈判人员就中国——东盟自贸区框架下货物贸易中的降税模式、敏感产品、争端解决机制等重大问题达成一致。在2004年11月29日举行的中国——东盟领导人会议期间,双方正式签署了《中国——东盟全面经济合作框架协议货物贸易协议》和《中国——东盟全面经济合作框架协议争端解决机制协议》。两个协议的签署,标志着中国——东盟自贸区建设进程的全面启动。

2005年7月20日,货物贸易协议中的降税计划开始实施,7000种产品开始降低关税。

2009年8月15日,《中国——东盟自由贸易区投资协议》签署,标志着中国——东盟自贸区协议的主要谈判工作结束,预示着中国——东盟自贸区将如期在2010年全面建成。

2010年1月1日,拥有19亿人口、GDP接近6万亿美元、世界最大的自由贸易区——中国——东盟自由贸易区正式建立。

2. 中国——东盟自由贸易区的主要内容

中国和东盟11国领导人签署的《中国——东盟全面经济合作框架协议》,标志着中国与东盟的经贸合作进入了一个新的历史阶段。框架是中国——东盟自由贸易区的法律基础,共有16个条款,总体确定了自由贸易区的基本框架。中国——东盟自贸区涵盖货物贸易、服务贸易、投资以及其他领域的合作,以促进相互之间贸易和投资的自由化,扩大市场规模,促进资源有效配置,提高企业和产业竞争能力。

(1)货物贸易。区内货物贸易自由化措施包括关税的减让和非关税措施。

① 关税的减让。由于中国和东盟成员国经济发展水平差距较大,合作的目标和承受的能力也各不相同,加上各国的社会制度不同,因此,各成员国根据本国的经济发展水平,提出不同的关税减让时间表。

② 逐步取消非关税壁垒。框架规定尽量削减非关税措施或制定原则,确保非关税措施不成为自由贸易的障碍。非关税措施的实施原则是简单、透明和便于有效管理实施贸易便捷化措施,包括简化和协调关税程序、交通运输便捷化和相互认证等措施,但仍可保留各自对非成员国的有关贸易保护政策。

(2)服务贸易。中国——东盟自贸区服务业自由化的基本原则是在世贸组织《服务贸易总协议》规范的基础上,进一步加强彼此间服务业合作,减少服务业贸易限制,在服务业自由化的深度与广度方面有所拓展。

(3)直接投资。在增加投资规则和管理的透明度、建立投资制度等方面,中国和东盟将加强合作,从而促进区域内资本流动和增强对区外投资的吸引力。区域内还为技术流动、资本流动和专业技术人才流动提供便利。

除了货物贸易、服务贸易、投资自由化外,中国与东盟还扩大了其他领域的合作。根据中国——东盟经贸合作专家组的建议,中国与东盟将双方的经贸合作扩大到金融、旅游、投资、农业、人力资源开发、中小企业、产业合作、知识产权、环境保护、林业及其产品、能源、石油等领域。

3. 建立中国——东盟自由贸易区的意义和前景

建立中国——东盟自由贸易区,对中国与东盟都有着积极的意义。中国——东盟自由贸易区的建立,一方面有利于巩固和加强中国与东盟之间的友好合作关系,有利于中国与发展中国家、周边国家的团结合作,也有利于东盟在国际事务上提高地位、发挥作用;另一方面,有利于进一步促进了中国和东盟各自的经济发展,扩大双方贸易和投资规模,促进区域内各国之间的物流、资金流和信息流,促进区域市场的发展,创造更多的财富,提高该地区的整体竞争能力,为区域内各国人民谋求福利。与此同时,中国——东盟自贸区的建立,有利于推动东盟经济一体化,对世界经济增长也有积极作用。

当然,中国——东盟自贸区的发展目前也面临着国际、区域环境变化所带来的诸多挑战。跨太平洋战略伙伴关系协定(TPP)、区域全面经济合作伙伴关系协定(RCEP)、中日韩自贸区的不断推进,主要大国在东盟的角力不断加强,中国——东盟自贸区的优势也在面临挑战,迫切需要在服务贸易与投资开放等多个领域,进一步提升自由化水平,以适应新形势的变化,稳固中国——东盟自贸区的领先优势。

在这一挑战下,中国与东盟国家提出将共同打造中国——东盟自由贸易区"升级版"。中国与东盟将本着互利共赢、共同发展的原则,更新和扩充中国——东盟自贸区协定的内容与范围。在贸易方面,双方将深入讨论进一步降低关税,削减非关税措施,积极开展新一批服务贸易承诺谈判。在投资方面,双方将从准入条件、人员往来等方面进一步推动投资领域的实质性开放,提升贸易和投资自由化和便利化水平。展望未来,随着中国——东盟战略伙伴关系协定的不断巩固与深化,以及中国——东盟自贸区"升级版"各项政策措施的有效落实,中国——东盟自贸区将迈向更高水平的一体化,实现新的跨越发展。

(五)《区域全面经济伙伴关系协定》(RCEP)

《区域全面经济伙伴关系协定》(RCEP)是 2012 年由东盟发起,历时八年,由包括中国、日本、韩国、澳大利亚、新西兰和东盟十国共 15 方成员制定的协定。

2020 年 11 月 15 日,《区域全面经济伙伴关系协定》(RCEP)第四次领导人会议期间,在国务院总理李克强和其他与会领导人集体见证下,商务部部长钟山代表中国政府与东盟十国及中、日、韩、澳、新西兰的贸易部长共同签署《区域全面经济伙伴关系协定》,于 2022 年 1 月 1 日对中国正式生效。

从文本看,RCEP 协定由序言、20 个章节、4 个市场准入承诺表附件等三部分组成。其中,20 个章节主要包括初始条款、一般定义、货物贸易、原产地原则、海关程序和贸易便利化、卫生和植物卫生措施、标准、技术法规和合格评定程序、贸易救济、服务贸易、自然人临时流动、投资、知识产权、电子商务、竞争、中小企业、经济技术合作、政府采购、一般条款和例外、机构条款、争端解决、最终条款章节;4 个市场准入承诺表附件则包括关税承诺表、服务具体承诺表、投资保留及不符措施承诺表、自然人临时流动具体承诺表。

RCEP 协定是一份全面、现代、高质量、互惠的自贸协定。货物贸易整体自由化水平达到 90%以上;服务贸易承诺显著高于原有的"10+1"自贸协定水平,投资采用负面清单模式做出市场开放承诺,规则领域纳入了较高水平的贸易便利化、知识产权、电子商务、竞争政策、政府采购等内容。RCEP 协定还充分考虑了成员间经济规模和发展水平差异,专门设置了中小企业和经济技术合作等章节,以帮助发展中成员、特别是最不发达成员充分共享 RCEP 成果。

RCEP 的签署标志着全球最大的自由贸易区成功启航,是东亚区域经济一体化新的里程碑。RCEP 现有 15 个成员国总人口、经济体量、贸易总额均占全球总量约 30%,意味着全球约三分之一的经济体量形成一体化大市场。这将有力支持自由贸易和多边贸易体制,促进国际抗疫合作,稳定区域产业链供应链,助推区域和世界经济恢复发展。

五、"双循环"新发展格局的构建

2020 年 5 月 14 日,中共中央政治局常委会会议首次提出"构建国内国际双循环相互促进的新发展格局"。今年两会期间,习近平总书记再次强调要"逐步形成以国内大循环为主体、国内国际双循环相互促进的新发展格局"。构建基于"双循环"的新发展格局是党中央在国内外环境发生显著变化的大背景下,推动我国开放型经济向更高层次发展的重大战略部署。这也是我国在即将全面建成小康社会,进而开启全面建设社会主义现代化国家新征程的历史节点,面对世界"百年未有之变局",面对国家发展优势和现实约束提出的发展新战略,是关系我国发展前途的重大谋划,为"十四五"规划乃至更长远的发展提供了方向性的引领。

(一)"双循环"新发展格局的提出背景

改革开放初期,我国依托丰富劳动力等要素禀赋大力发展出口导向型对外贸易,逐步融入全球价值链。在改革开放这一基本国策的指引下,我国经济增长迅速,国际竞争力快速提升,至今已连续多年成为世界第一大货物贸易国,在全球价值链中居于重要地位。当前,全球正处于百年未有之大变局,新冠肺炎疫情暴发并在全球快速蔓延,叠加中美贸易摩擦、世贸组织面临自成立以来最大危机等多重不利因素,使得国际环境不确定性陡增,第三次全球化浪潮步入深度调整阶段。在国内经济高质量发展的总体要求下,我国未来的经济发展需要更强的内生动力,传统的要素成本优势已不可持续。在此背景下,党中央审时度势,提出构建以国内大循环为主体、国内国际双循环相互促进的新发展格局这一重大战略构想。

(二)"双循环"新发展格局构建的必要性

我国经济社会发展新阶段需要以国内经济循环为主,以更好地满足国内消费和发展作为落脚点之一。这是国家发展战略的转变,经济发展要更加关注人民生活水平的提高。目前我国人均GDP已经达到1万美元,从美国、日本、德国等这些大国经济发展的规律来看,一旦发展到了一定阶段,必须要逐步从外向型的发展模式转变为以内循环为主的发展模式。十多年前这一规律开始显现,我国的外贸依存度已经从2006年的超过60%下降到2020年的31.5%,这与全面建成小康社会的经济配置要求大体一致。

过去,我们利用国际国内两个市场、两种资源,参与国际经济分工与合作,大幅提高了人民生活水平。现在,我国城镇化率超过60%,总体上进入向全面建设社会主义现代化强国迈进的新阶段。靠原有发展模式无法实现新的目标,必须更好地利用国内超大规模市场优势,把满足国内需求作为发展的出发点和落脚点,构建新的双循环发展格局,让发展成果更好地为全体人民所共享,真正体现以人民为中心的发展思想。

加快构建国内国际双循环相互促进的新发展格局,是满足人民对美好生活的向往特别是消费升级换代的迫切需要。我们拥有全球最完整、规模最大的工业体系,正处于新型工业化、信息化、城镇化、农业现代化快速发展阶段,经济增长的动力强劲,投资需求潜力巨大。加快形成世界最大的消费市场,形成国内大循环是可行的。重要的是,我们的基本经济制度将在构建新发展格局中发挥作用。公有制为主体、多种所有制经济共同发展,按劳分配为主体、多种分配方式并存,社会主义市场经济体制,既有利于激发各类市场主体活力、解放和发展社会生产力,又有利于促进效率和公平有机统一、不断实现共同富裕。

(三)"双循环"新发展格局的实施

我国经济具有潜力足、韧性强、回旋空间大的特点,不仅是"全球工厂",也正在发展成为全球最大的市场。以国内大循环为主体旨在充分利用我国完备的工业体系,发挥我国巨大的市场优势和创新潜能,稳住产业链和经济运行,有效对冲日益增长的国际风险。国内国际相互促进的新发展格局旨在有机统筹国内国际两个大局、两个市场,两种资源的协同将为我国经济发展和产业升级提供更大的空间,也是为我国发展创造一个相对良好的外部环境的需要。

首先,扩内需、稳运行、完善国内大循环体系。在扩大内需方面,在促进传统消费的同时,积极培育新型消费,着力解决国内市场分割问题,建设统一大市场。据统计,截至2020年3月,我国网络购物的用户规模达7.1亿,网络支付的用户规模达7.68亿。可搭建社交电商等服务平台,构建云消费生态体系,将云消费作为创造消费增量的重要支点。在优化稳定国内产业链方面,在积极学习国外先进技术的同时积极加强自主创新,补齐核心技术短板,支持关键产业链及其核心环节和链主企业在我国的布局和发展,提升国内区域价值链水平以防范国际风险。利用好我国东中西部地区不同的比较优势,综合施策推动产业链在区域间的合理布局与协同,既为中高端产业在经济发达地区的发展腾挪更多空间,也可推动相对落后地区实现经济和社会可持续发展。

其次,促开放、优环境、促进双循环良性互动。当前全球经济已经高度融合,我们应继续扩大对外开放,发挥好外资企业的桥梁纽带作用,积极利用自贸区(港)做好先行先试工作,对接高标准国际经贸规则。同时,应继续完善我国高标准自贸区网络,通过高质量推进"一带一路"建设,全方位加强互联互通,打造国际经贸合作的新标杆,推动国内和国际双循环在更高层面和更广空间实现良性互动。

最后,促创新、赋动能、构建立体化产业链体系。应坚持科技强国战略,着力打造高层次人才队伍,完善创新体制机制,加快推进5G、人工智能、大数据、工业互联网等新型基础设施建设,为"双循环"赋予新动能。通过创新推动传统产业升级,助力新兴产业发展。在努力稳住我国在全球价值链中重要地位的同时,积极构建以我为主的全球产业布局,在综合考虑竞争力、成本和安全等因素的基础上,构建涵盖本地、区域和全球的多层次、立体化的产业链体系。着力夯实以我国为核心平台的亚洲生产网络,加强和"一带一路"沿线国家的产业融合,注重发达国家价值链和发展中国家价值链的共建互融,反哺国内经济高质量发展。

《"十四五"商务发展规划》中提出,积极促进内需和外需、进口和出口、引进外资和对外投资协调发展,加快培育参与国际合作和竞争新优势。稳住外贸外资基本盘,充分发挥外贸外资在国内国际双循环中的重要作用,加强政策协同,完善长效机制。推动进出口协同发展,优化货物贸易结构,提升出口质量,增加优质产品进口,创新发展服务贸易。提高双向投资水平,高效利用全球资源要素和市场空间,加强双向投资相互促进,推动高质量引进来和高水平走出去。完善内外贸一体化调控体系,促进内外贸法律法规、监管体制、经营资质、质量标准等相衔接。培育内外贸一体化平台,拓宽出口转内销渠道。鼓励内外贸资源整合,支持发展同线同标同质产品,推动适用范围扩大至一般消费品、工业品领域。促进产业链供应链畅通运转,强化贸易和双向投资联动发展,推动产业链供应链多元化,助力提升产业链供应链现代化水平。

本章小结

对外贸易政策是各国在一定时期内对进出口贸易所实行的政策,它包括对外贸易总政策、进出口货物与服务贸易政策和对外贸易国别与地区政策。本章系统地介绍了对外贸易政策的目的、构成、类型和演变,以及自由贸易政策、保护贸易政策的演变,重点分析了我国对外贸易政策领域的发展变化。

本章重要概念

对外贸易政策　自由贸易政策　保护贸易政策　"一带一路"倡议
自由贸易区　中国——东盟自由贸易区(CAFTA)　《区域全面经济伙伴关系协定》(RCEP)

本章推荐阅读材料

1. 关嘉麟.转型时期中国对外贸易政策研究[M].北京:人民出版社,2015.
2. 金泽虎.中国对外经济贸易政策分析[M].北京:中国人民大学出版社,2016.
3. 中华人民共和国商务部官网 https://www.mofcom.gov.cn
4. 中国国际贸易促进委员会 https://www.ccpit.org
5. 中国自由贸易区服务网 http://fta.mofcom.gov.cn

本章思考题

一、问答题
1. 试述对外贸易政策的目的和构成。
2. 对外贸易政策的制定需要考虑哪些因素?
3. 自由竞争时期的自由贸易政策具有哪些特点?
4. 新贸易保护主义的主要特点有哪些?
5. 我国外贸发展战略转型的政策内涵有哪些?
6. 试述"一带一路"的基本内涵。

二、案例分析题

1997年亚洲金融危机后,韩国为走出泥潭、振兴经济,进行了全面市场化改革,自由化程度大大提高,经济得到恢复。在快速的自由化背后,带来的隐患也值得关注。韩国在金融危机后,快速自由化政策的推手并不是政府,而是国际货币基金组织(IMF)。由于韩国外汇储备仅剩30亿美元,政府向IMF申请经济援助。而通过贷款的附加条件,IMF直接介入了韩国的经济内政,要求开放一直封闭保护的金融业与农业。这一做法极具危险,除了对韩国内政的干涉之外,IMF开出的"新自由主义"的处方使得韩国国内的劳工受到致命打击,工会团体地位大大降低,社会稳定受到威胁。危机解决后的韩国,也感受到了"区域化"的趋势,韩国快速跟进这一趋势,迅速与多个国家签订FTA协定。尤其在卢武铉上台后,韩国推动"发达贸易国家论",在10年的时间里,韩国先后与智利、美国、欧盟等45个国家签订了9个FTA协定,其"经济领土"扩展到全球第二,速度惊人。

试分析韩国在亚洲金融危机后调整对外贸易政策的原因以及由此带来的机遇与挑战。

本章主要参考文献

[1] 陈岩.国际贸易理论与实务[M].北京:清华大学出版社,2018.

[2] 张海波,李汉君,陈忠等.国际贸易理论与政策[M].北京:清华大学出版社,2017.

[3] 黄晓玲.中国对外贸易概论[M].北京:对外经济贸易大学出版社,2018.

[4] 曲如晓,杨修,曾燕萍等.中国对外贸易可持续发展报告——一带一路篇[M].北京:经济科学出版社,2017.

[5] 盛斌,魏方.新中国对外贸易发展70年:回顾与展望[J].财贸经济,2019,10.

[6] 洪俊杰."双循环"相互促进,高质量发展可期[N].光明日报,2020-07-09(02).

第四章　国际贸易措施

【教学目的】

通过本章学习,学生应当掌握:国际贸易措施(政策)的含义、构成和类型;关税的作用、特点和种类;非关税措施的特点和种类;鼓励出口与出口管制的主要措施;我国进口鼓励措施;贸易救济措施。

【导入案例】美国对中国正式启动"301调查"

美国当地时间2017年8月18日,美国贸易代表莱特希泽宣布将对中国正式启动"301调查"。此次为"特别301调查",调查内容是中国政府在技术转让、知识产权、创新方面的行为、政策、实践是否不正当或具有歧视性,从而限制了美国商业或对其造成负担。此前,美国总统特朗普14日在白宫签署行政备忘录,指示美国贸易代表莱特希泽针对所谓"中国不公平贸易行为"发起调查,以确保美国知识产权和技术得到保护。

"301条款"是美国《1974年贸易法》第301条的俗称。一般而言,"301条款"是美国贸易法中有关对外国立法或行政上违反协定、损害美国利益的行为采取单边行动的立法授权条款。

该条款主要包含"一般301条款""特别301条款""超级301条款"和具体配套措施,以及"306条款监督制度"。"一般301条款"是美国贸易制裁措施的概括性表述,"特别301条款""超级301条款"和配套条款等是针对贸易具体领域做出的具体规定,构成了美国"301条款"法律制度的主要内容和适用体系。"特别301条款"是针对知识产权保护和知识产权市场准入等方面的规定;"超级301条款"是针对外国贸易障碍和扩大美国对外贸易的规定;配套措施主要是针对电信贸易中市场障碍的"电信301条款"及针对外国政府机构对外采购中的歧视性和不公正做法的"外国政府采购办法",而且其范围有逐渐扩大的趋势。从当前披露的情况看,此次美国对中国实施的是"特别301条款"调查。

思考:"301条款"属于那种贸易措施?美国为什么要对我国启动"301调查"?

第一节　关税措施

一、关税的概述

(一) 关税的特点

关税(Customs Duties;Tariff)是指进出口货物经过一国关境时,由政府设置的海关向本国进出口商课征的一种税收。

关税是国家税收的一种,一方面具有和其他税赋相同的特点,即强制性、无偿性和预定性等;另一方面,关税又有其自身的特点。

1. 关税是一种间接税

关税的纳税人虽然是进出口企业,但是进出口商垫付税款作为成本计入货价,关税负担最后便转嫁给买方或者消费者承担。

2. 关税的税收主体和税收客体

税收主体是本国进出口商(即关税的纳税人),税收客体是进出口商品。

3. 关税的征收范围是以关境为界,关税的征收机构是海关

海关是设立在关境上的国际行政管理机关,对进出口金银、行李、邮件和运输工具等进行监督管理、征收关税、稽查走私、临时保管通关货物和编制进出口统计等。海关执行海关法令规章、行使管辖权、征收关税的领域称为关境(Customs Territory; Customs Frontier),亦称税境或关税领域。货物只有在进出关境时才被视为进出口货物而征收关税。

一般情况下,一国关境与国境重合,但也有不一致的情况。自由港、出口加工区、保税区等经济特区虽在国境之内,但却在关境之外,因此,设有经济特区的国家关境小于国境。另一种情况,当几个国家结成关税同盟(如欧盟),对内取消一切贸易限制,对外建立统一的关税制度,则这些国家的关境大于国境。

(二) 关税的作用

征收关税的作用主要有两个方面。

1. 增加本国财政收入

以此目的而征收的关税称为财政关税(Revenue Tariff)。财政关税的征收对象一般是针对国内有大量消费者,进口数量大的商品,而且税率要适中,如果税率过高,会阻碍进口,达不到增加财政收入的目的。目前发展中国家的关税收入则占政府收入的较大比例。但很少有发达国家的财政预算来自于关税的收入,如美国和日本的关税收入只占其政府收入的1%左右。

2. 保护本国的产业和国内市场

以此为目的而征收的关税称为保护关税(Protective Tariff)。保护关税是为了保护国内经济发展,对有损于本国经济利益的进出口商品征收的限制性关税。它一般适用于进口商品,规定较高税率,以削弱其在国内市场的竞争能力。有些国家为确保国内生产需要,对某些原材料也征收较高税率的出口税。

二、关税的种类

关税种类繁多,主要可分为以下几类:

(一) 进口税(Import Duties)

进口税(Import Duties)是指进口商品进入一国关境时或者从自由港、出口加工区、保税仓库进入国内市场时,由该国海关根据海关税则对本国进口商所征收的一种关税。进口税又称正常关税(Normal Tariff)或进口正税。

进口税是保护关税的主要手段。通常所说的关税壁垒,实际上就是对进口商品征收高额关税,以此提高其成本,进而削弱其竞争力,起到限制进口的作用。关税壁垒是一国推行保护贸易政策所实施的一项重要措施。

各国进口税税率的制定要考虑多方面的因素。从有效保护和经济发展出发,应对不同商品制定不同的税率。一般地说,进口税税率随着进口商品加工程度的提高而提高,即工业制成品税率最高,半制成品次之,原料等初级产品税率最低甚至免税。进口国也可以根据对商品的需求程度对不同商品实行差别税率,对于国内紧缺而又急需的生活必需品和机器设备予以低关税或免税,而对国内能大量生产的商品或奢侈品则征收高关税。另外,进口国也可以结合政治经济关系的需要,对来自不同国家的同一种商品实行不同的税率。

一般说来,进口税税率可分为普通税率、最惠国税率、特惠税率和普惠制税率四种。

1. 普通税率

如果进口国未与该进口商品的来源国签订任何关税互惠贸易条约,则对该进口商品按普通税率征税。普通税率通常为一国税则中的最高税率,一般比优惠税率高1~5倍,少数商品甚至高达10倍、20倍。目前仅有个别国家对极少数(一般是非建交)国家的出口商品实行这种税率,大多数只是将其作为其他优惠税率减税的基础。因此,普通税率并不是被普遍实施的税率。

2. 最惠国税率

最惠国税率是一种优惠税率,往往和双边或多边最惠国待遇相关。所谓最惠国待遇(Most-favoured-nation Treatment—MFNT),是指缔约国各方实行互惠,凡缔约国一方现在和将来给予任何第三方的一切特权、优惠和豁免,也同样给予对方。最惠国待遇的内容很广,但主要是关税待遇。最惠国税率是互惠的且比普通税率低,有时甚至差别很大。

例如,美国对进口玩具征税的普通税率为70%,而最惠国税率仅为6.8%。由于世界上大多数国家都加入了签订有多边最惠国待遇条约的关贸总协定(现由世界贸易组织继承其协定),或者通过个别谈判签订了双边最惠国待遇条约,因而这种关税税率实际上已成为正常的关税税率。

最惠国税率并非是最低税率。在最惠国待遇中往往规定有例外条款,如在缔结关税同盟、自由贸易区或有特殊关系的国家之间规定更优惠的关税待遇时,最惠国待遇并不适用。

3. 特惠税率

特惠税(Preferential duties)又称优惠税,是对来自特定国家或地区的进口商品给予特别优惠的低关税或免税待遇。使用特惠税的目的是为了增进与受惠国之间的友好贸易往来。特惠税有的是互惠的,有的是非互惠的,税率一般低于最惠国税率和协定税率。

特惠税最早开始于宗主国与其殖民地及附属国之间的贸易。目前仍在起作用的且最有影响的是2000年6月23日欧盟15国与非洲、加勒比海及太平洋地区77国(简称非加太集团)签订的《科托努协定》(前身为《洛美协定》)的特惠税,它是欧共体向参加协定的非洲、加勒比海和太平洋地区的发展中国家单方面提供的特惠关税。根据协定,在协定的8年过渡期中,非加太国家97%的产品可免税进入欧盟市场。

4. 普惠制税率

普惠制是普遍优惠制(Generalized System of Preferences—GSP)的简称,是发达国家给予发展中国家出口的制成品和半制成品(包括某些初级产品)普遍的、非歧视的、非互惠的一种关税优惠制度,税率一般比最惠国税率低约三分之一。普惠制的目的是通过给惠国对受惠国的受惠商品给予减、免关税优惠待遇,使发展中的受惠国增加出口收益,促进其工业化水平的提高,加速国民经济的增长。

普遍性、非歧视性和非互惠性是普惠制的三项基本原则。普遍性是指发达国家对所有发展中国家出口的制成品和半制成品给予普遍的关税优惠待遇;非歧视性是指应使所有发展中国家都无歧视、无例外地享受普惠制待遇;非互惠性即非对等性,是指发达国家应单方面给予发展中国家作出特殊的关税减让而不要求发展中国家对发达国家给予对等待遇。

普遍优惠制是发展中国家在联合国贸易与发展会议上长期斗争的成果。目前,全世界已有190多个发展中国家和地区享受普惠制待遇,给惠国则达到39个。

给惠国为实施普惠制而制定的具体执行方法体现在普惠制方案之中。各发达国家(即给惠国)分别制定了各自的普惠制实施方案,而欧盟作为一个国家集团给出共同的普惠制方案。从具体内容看,各方案不尽一致,但大多数方案在提供关税优惠待遇的同时,又规定了种种限制措施,主要内容大致包括以下几个方面:

(1) 给惠产品范围。一般而言,农产品的给惠商品较少,工业制成品或半制成品只有列入普惠制方案的给惠商品清单,才能享受普惠制待遇。一些敏感性商品,如纺织品、服装、鞋类以及某些皮制品、石油制品等常被排除在给惠商品之外或受到一定限额的限制。

(2) 受惠国家和地区。发展中国家能否成为普惠制方案的受惠国由给惠国单方面确定。因此,各普惠制方案大都有违普惠制的三项基本原则。各给惠国从各自的政治、经济利益出发,制定了不同的标准要求,限制受惠国家和地区的范围。例如,美国就曾以我国不是关贸总协定成员为由拒绝把普惠制待遇给予我国的出口产品。

(3) 给惠商品的关税削减幅度。给惠商品的减税幅度取决于最惠国税率与普惠制税率之间的差额,即:

$$普惠制减税幅度 = 最惠国税率 - 普惠制税率$$

此外,减税幅度与给惠商品的敏感度密切相关。一般说来,农产品减税幅度小,工业品减税幅度大,甚至免税。

(4) 保护措施。各给惠国为了保护本国产业和国内市场,从自身利益出发,均在各自的普惠制方案中制定了程度不同的保护措施。保护措施主要表现在例外条款、预定限额及毕业条款三个方面。

① 例外条款(Escape Clause),是指当给惠国认为从受惠国优惠进口的某项产品的数量增加到对本国同类产品或有竞争关系的商品的生产者造成或将造成严重损害时,给惠国保留对该产品完全取消或部分取消关税优惠待遇的权利。给惠国常常引用例外条款对农产品进行保护。

② 预定限额(Prior Limitation),是指给惠国根据本国和受惠国的经济发展水平及贸易状况,预先规定一定时期内(通常为一年)某项产品的关税优惠进口限额,达到这个额度后,就停止或取消给予的关税优惠待遇,而按最惠国税率征税。给惠国通常引用预定限额对工业产品的进口进行控制。

③ 毕业条款(Graduation Clause),是指给惠国以某些发展中国家或地区由于经济发展,其产品已能适应国际竞争而不再需要给予优惠待遇和帮助为由,单方面取消这些国家或产品的普惠制待遇。毕业标准可分为国家毕业和产品毕业两种,由各给惠国自行具体确定。例如,美国规定,一国人均收入超过 8500 美元或某项产品出口占美国进口的 50% 即为毕业。

(5) 原产地规则(Rules of Origin)。原产地规则是普惠制的主要组成部分和核心。为了确保普惠制待遇只给予发展中国家和地区生产和制造的产品,各给惠国制定了详细和严格的原产地规则。原产地规则是衡量受惠国出口产品能否享受给惠国给予减免关税待遇的标准。原产地规则一般包括三个部分:原产地标准、直接运输规则和书面证明书。

① 原产地标准(Origincriteria),是指只有完全由受惠国生产或制造的产品,或者进口原料或部件在受惠国经过实质性改变而成为另一种不同性质的商品,才能作为受惠国的原产品享受普惠制待遇。

② 直接运输规则(Rule of Direct consignment),是指受惠国原产品必须从出口受惠国直接运至进口给惠国。制定这项规则的主要目的是为了避免在运输途中可能进行的再加工或换包。但由于地理或运输等原因确实不可能直接运输时,允许货物经过他国领土转运,条件是货物必须始终处于过境国海关的监管下,未投入当地市场销售或再加工。

③ 书面证明书(Documentary Evidence),是指受惠国必须向给惠国提供由出口受惠国政府授权的签证机构签发的普惠制原产地证书,作为享受普惠制减免关税优惠待遇的有效凭证。

(6) 普惠制的有效期。普惠制的实施期限为 10 年,经联合国贸易发展会议全面审议后可延长。1971 年至 1981 年为第一阶段,1981 年至 1991 年为第二阶段,1991 年后为第三阶段。普惠制在实施期间,确实对发展中国家的出口起了一定的积极作用。但由于各给惠国在提供关税优惠的同时,又制定了种种繁琐的规定和严厉的限制措施,使得建立普惠制的预期目标还没有真正达到,广大发展中国家尚须为此继续斗争。

(二) 出口税(Export Duties)

出口税(Export Duties)是出口国家的海关在本国产品输往国外时对出口商所征收的关税。目前大多数国家对绝大部分出口商品都不征收出口税,因为征收出口税会抬高出口商品的成本和国外售价,削弱其在国外市场的竞争力,不利于扩大出口。但目前世界上仍有少数国家(特别是经济落后的发展中国家)征收出口税。

我国历来采用鼓励出口的政策,但为了控制一些商品的出口流量,采用了对极少数商品征出口税的办法。被征出口税的商品主要有生丝、有色金属、铁合金、绸缎等。

(三) 过境税(Transit Duties)

过境税又称通过税或转口税,是一国海关对通过其关境再转运第三国的外国货物所征收的关税。其主要目的是增加国家财政收入。过境税在重商主义时期盛行于欧洲各国。随着资本主义的发展,交通运输事业的发达,各国在货运方面的竞争激烈,同时,过境货物对本国生产和市场没有产生影响,到19世纪后半期,各国相继废除了过境税。二战后,关贸总协定规定了"自由过境"的原则。目前,大多数国家对过境货物只征收少量的签证费、印花费、登记费、统计费等。

(四) 进口附加税(Import Surtaxes)

进口附加税是指进口国海关对进口的外国商品在征收进口正税之外,出于某种特定的目的而额外加征的关税。进口附加税不同于进口税,在一国《海关税则》中并不能找到,也不像进口税那样受到关贸总协定的严格约束而只能降不能升,其税率的高低往往视征收的具体目的而定。

进口附加税通常是一种临时性的特定措施,又称特别关税。其目的主要有:应付国际收支危机、维持进出口平衡、防止外国产品低价倾销、对某个国家实行歧视或报复等。

进口附加税是限制商品进口的重要手段,在特定时期有较大的作用。一般来说,对所有进口商品征收进口附加税的情况较少,大多数情况是针对个别国家和个别商品征收进口附加税。这类进口附加税主要有反倾销税、反补贴税、紧急关税、惩罚关税和报复关税五种。

1. 反倾销税

反倾销税(Anti-dumping Duties)是指对实行倾销的进口货物所征收的一种临时性进口附加税。征收反倾销税的目的在于抵制商品倾销,保护本国产品的国内市场。因此,反倾销税税额一般按倾销差额征收,由此抵消低价倾销商品价格与该商品正常价格之间的差额。而且,征收反倾销税的期限也不得超过为抵消倾销所造成的损害必须的期限。一旦损害得到弥补,进口国应立即停止征收反倾销税。另外,若被指控倾销其产品的出口商愿作出"价格承诺"(Price Undertaking),即愿意修改其产品的出口价格或停止低价出口倾销的做法,进口国有关部门在认为这种方法足以消除其倾销行为所造成的损害时,可以暂停或终止对该产品的反倾销调查,不采取临时反倾销措施或者不予以征收反倾销税。

2. 反补贴税

反补贴税(Counter Vailing Duties)又称反津贴税、抵消税或补偿税,是指进口国为了抵消某种进口商品在生产、制造、加工、买卖、输出过程中所接受的直接或间接的任何奖金或补贴而征收的一种进口附加税。征收反补贴税的目的在于增加进口商品的价格,抵消其所享受的补贴金额,削弱其竞争能力,使其不能在进口国的国内市场上进行低价竞争或倾销。

3. 紧急关税

紧急关税(Emergency Tariff)是为消除外国商品在短期内大量进口对国内同类产品生产造成重大损害或产生重大威胁而征收的一种进口附加税。当短期内外国商品大量涌入时,一般正常关税已难以起到有效保护作用,因此需借助税率较高的特别关税来限制进口,保护国内生产。由于紧急关税是在紧急情况下征收的,是一种临时性关税,因此,当紧急情况缓解后,紧急关税必须撤除,否则会受到别国的关税报复。

4. 惩罚关税

惩罚关税(Penalty Tariff)是指出口国某商品违反了与进口国之间的协议,或者未按进口国海关规定办理进口手续时,由进口国海关向该进口商征收的一种临时性的进口附加税。这种特别关税具有惩罚或罚款性质。

另外,惩罚关税有时还被用作贸易谈判的手段。例如,美国在与别国进行贸易谈判时,就经常扬言若谈判破裂就要向对方课征高额惩罚关税,以此逼迫对方让步。这一手段在美国经济政治实力鼎盛时期是非常有效的,然而,随着世界经济多极化、国际化等趋势的加强,这一手段日渐乏力,且越来越容易招致别国的报复。

5. 报复关税

报复关税(Retaliatory Tariff)是指一国为报复他国对本国商品、船舶、企业、投资或知识产权等方面的不公正待遇,对从该国进口的商品所课征的进口附加税。通常在对方取消不公正待遇时,报复关税也会相应取消。然而,报复关税也像惩罚关税一样易引起他国的反报复,最终导致关税战。

(五) 差价税(Variable Levy)

差价税又称差额税,是当本国生产的某种产品的国内价格高于同类进口商品的价格时,为削弱进口商品的竞争力,保护本国生产和国内市场,按国内价格与进口价格之间的差额征收的关税。征收差价税的目的是使该种进口商品的税后价格保持在一个预定的价格标准上,以稳定进口国内该种商品的市场价格。

对于征收差价税的商品,有的规定按价格差额征收,有的规定在征收一般关税以外另行征收,这种差价税实际上属于进口附加税。差价税没有固定的税率和税额,而是随着国内外价格差额的变动而变动,因此是一种滑动关税(Sliding Duty)。

三、关税的征收

关税的征收标准又称征收方法,一般来说,可分为从量税、从价税、复合税、选择税和滑准税五种。

(一) 从量税

从量税(Specific Duties)是以进口货物的重量、数量、长度、容量和面积等计量单位为标准计征的关税。其中,重量单位是最常用的从量税计量单位。例如,美国对薄荷脑的进口征收从量税,普通税率为每磅50美分,最惠国税率为每磅17美分。

从量税的计算公式如下:

$$应纳税额 = 商品的数量 \times 每单位从量税$$

以重量为单位征收从量税必须注意,在实际应用中各国计算重量的标准各不相同,一般采用毛重、净重和净净重。毛重(Gross Weight)指商品本身的重量加内外包装材料在内的总重量。净重(Net Weight)指商品总重量扣除外包装后的重量,包括部分内包装材料的重量。净净重(Net Net Weight)则指商品本身的重量,不包括内外包装材料的重量。

采用从量税计征关税有以下特点:

1. 手续简便

不须审定货物的规格、品质、价格,便于计算,可以节省大量征收费用。

2. 税负并不合理

同一税目的货物,不管质量好坏、价格高低,均按同一税率征税,税负相同。因而对质劣价廉进口物品的抑制作用比较大,不利于低档商品的进口,对防止外国商品低价倾销或低报进口价格有积极作用;对于质优价高的商品,税负相对减轻,关税的保护与财政收入作用相对减弱。

3. 不能随价格变动作出调整

当国内物价上涨时,税额不能随之变动,使税收相对减少,保护作用削弱;物价回落时,税负又相对增高,不仅影响财政收入,而且影响关税的调控作用。

4. 难以普遍采用

征收对象一般是谷物、棉花等大宗产品和标准产品,对某些商品如艺术品及贵重物品(古玩、字画、雕刻、宝石等)不便使用。

(二) 从价税

从价税(Ad Valorem Duties)是以货物价格作为征收标准的关税。从价税的税率表现为货物价格的百分值。例如,美国规定对羽毛制品的进口,普通税率为60%,最惠国税率为4.7%。

$$从价税税额 = 完税价格 \times 进口从价税率$$

完税价格,是指经海关审定的作为计征关税依据的货物价格,货物按此价格照章完税。

征收从价税有以下特点：

（1）税负合理。同类商品质高价高，税额也高；质次价低，税额也低。加工程度高的商品和奢侈品价高，税额较高，相应的保护作用较大。

（2）物价上涨时，税款相应增加，财政收入和保护作用均不受影响。但在商品价格下跌或者别国蓄意对进口国进行低价倾销时，财政收入就会减少，保护作用也会明显减弱。

（3）各种商品均可适用。

（4）从价税率按百分数表示，便于与别国进行比较。

（5）完税价格不易掌握，征税手续复杂，大大增加了海关的工作负荷。

（三）复合税

复合税（Mixed Duty），又称混合税，是在税则的同一税目中订有从量税和从价税两种税率，征税时混合使用两种税率计征。

复合税按从量、从价的主次不同又可分为两种情况：一种是以从量税为主加征从价税，即在对每单位进口商品征税的基础上，再按其价格加征一定比例的从价税。例如，美国进口小提琴每把征税1.25美元，另加征35%的从价税。另一种是以从价税为主加征从量税，即在按进口商品的价格征税的基础上，再按其数量单位加征一定数额的从量税。

（四）选择税

选择税（Alternative Duties）是指对某种商品同时定有从量和从价两种税率，征税时由海关选择其中一种征税，作为该种商品的应征关税额。一般是选择税额较高的一种税率征收，在物价上涨时使用从价税，物价下跌时使用从量税。有时，为了鼓励某种商品的进口，或给某出口国以优惠待遇，也有选择税额较低的一种税率征收关税的。

由于混合税结合使用了从量税和从价税，扬长避短，哪一种方法更有利，就使用哪一种方法或以其为主征收关税，因而无论进口商品价格高低，都可起到一定的保护作用。目前世界上大多数国家都使用混合税，如主要发达国家美国、欧盟、加拿大、澳大利亚、日本等，以及一些发展中国家如印度、巴拿马等。

（五）滑准税

滑准税（Slide Duties）亦称滑动税，是对进口税则中的同一种商品按其市场价格标准分别制定不同价格档次的税率而征收的一种进口关税。其高档商品价格的税率低或不征税，低档商品价格的税率高。征收这种关税的目的是使该种进口商品不论其进口价格高低，其税后价格保持在一个预定的价格标准上，以稳定进口国内该种商品的市场价格。

四、海关税则

各国征收关税的依据是海关税则（Customs Tariff），又称关税税则，是一国对进出口商品计征关税的规章和对进出口应税与免税商品加以系统分类的一览表。海关税则是关税制度的重要内容，是国家关税政策的具体体现。

海关税则一般包括两个部分:一部分是海关课征关税的规章条例及说明。另一部分是关税税率表。其中,关税税率表主要包括税则号列(Tariff No. 或 Heading No. 或 Tariff Item,简称税号)、商品分类目录(Description of Goods)及税率(Rate of Duty)三部分。

如何对海关税则中的商品进行系统分类,是海关税则制定中的重要问题。系统分类的目的是为了便于征、纳税、统计和查找。为了协调各国在海关税则商品分类方法上的差异,世界海关组织与1988年1月1日正式实施了《商品名称及编码协调制度》,简称《协调制度(Harmonized System—HS)》。这是一套新型的、系统的和多用途的国际贸易商品分类体系。

商品分类目录的分类原则是按商品的原料组成为主,结合商品的加工程度,制造阶段和商品的最终用途来划分。

海关税则中的同一商品,可以一种税率征税,也可以两种或两种以上税率征税。

按照税率表的栏数,可将海关税则分为单式税则和复式税则两类。

单式税则(Single Tariff)又称一栏税则,是指一个税目只有一个税率,即对来自任何国家的商品均以同一税率征税,没有差别待遇。目前只有少数发展中国家如委内瑞拉、巴拿马、冈比亚等仍实行单式税则。

复式税则(Complex Tariff)又称多栏税则,是指同一税目下设有两个或两个以上的税率,对来自不同国家的进口商品按不同的税率征税,实行差别待遇。其中,普通税率是最高税率,特惠税率是最低税率,在两者之间,还有最惠国税率、协定税率、普惠制税率等。目前大多数国家都采用复式税则。这种税则有二栏、三栏、四栏不等。我国目前采用二栏税则,美国、加拿大等国实行三栏税则,而欧盟等国实行四栏税则。

在单式税则或复式税则中,依据制订税则的权限又可分为自主税则或国定税则和协定税则。前者是指一国立法机构根据关税自主原则单独制定而不受对外签订的贸易条约或协定约束的一种税率;后者则指一国与其他国家或地区通过贸易与关税谈判,以贸易条约或协定的方式确定的关税率。协定税则是在本国原有的国定税则以外,通过与他国进行关税减让谈判而另行规定的一种税率,因此要比国定税率低。

第二节　非关税贸易壁垒

一、非关税壁垒概述

(一)非关税壁垒的含义

非关税壁垒(Non-Tariff Barriers—NTBs),是指除关税措施以外的一切限制进口的措施,它和关税壁垒一起充当政府干预贸易的政策工具。在WTO规则体系中,主要包括反倾销、反补贴、进口配额、自动出口限制、技术性贸易壁垒和保障措施等。

(二) 非关税壁垒的特点

非关税壁垒虽然与关税壁垒一样可以限制外国商品进口，却有其自身显著的特点。

1. 灵活性和针对性

一般来说，各国关税税率的制定必须通过立法程序，并要求具有一定的连续性，所以调整或更改税率的随意性有限。同时关税税率的调整直接受到 GATT/WTO 的约束（非成员国也会受到最惠国待遇条款约束），各国海关不能随意提高以应付紧急限制进口的需要，因此关税壁垒的灵活性很弱。而制定和实施非关税壁垒措施通常采用行政手段，制定、改变或调整都更为迅速、简单，伸缩性大，在限制进口方面表现出更大的灵活性和时效性。同时能根据实际情况，变换限制进口措施，达到限制进口的目的。

2. 有效性

关税壁垒的实施旨在通过征收高额关税提高进口商品的成本，它对商品进口的限制是相对的。当面对国际贸易中越来越普遍出现的商品倾销和出口补贴等鼓励出口措施，关税就会显得作用乏力。同时，外国商品凭借生产成本的降低（如节省原材料、提高生产效率、甚至降低利润率等），也能冲破高关税的障碍而进入对方国家。而有些非关税壁垒对进口的限制是绝对的，比如用进口配额等预先规定进口的数量和金额，超过限额就禁止进口。这种方法在限制进口方面更直接、更严厉，因而也更有效。

3. 隐蔽性和歧视性

要通过关税壁垒限制进口，唯一途径就是提高关税税率，而关税税率必须在《海关税则》中公布，毫无隐蔽性可言。非关税壁垒则完全不同，其措施往往不公开，或者规定极为繁琐复杂的标准和手续，使出口商难以对付和适应。它既能以正常的海关检验要求的名义出现，也可借用进口国的有关行政规定和法令条例，使之巧妙地隐藏在具体执行过程中而无须作公开的规定。因为一国只有一部关税税则，因而关税壁垒像堤坝一样同等程度地限制了所有国家的进出口。而非关税壁垒可以针对某个国家或某种商品相应制定，因而更具歧视性。

综上所述，非关税壁垒在限制进口方面比关税壁垒更有效、更隐蔽、更灵活和更有歧视性。正由于这些特点，非关税壁垒取代关税壁垒成为贸易保护主义的主要手段，有其客观必然性。

二、非关税壁垒的主要种类

非关税壁垒名目繁多，内容复杂，下面介绍最常见的几种。

（一）进口配额制

进口配额（Import Quota）又称进口限额，是一国政府对一定时期内（通常为 1 年）进口的某些商品的数量或金额加以直接限制。在规定的期限内，配额以内的货物可以进口，超过配额不准进口或者征收较高关税后才能进口。因此，进口配额制是限制进口数量的重要手段之一。

进口配额制主要有绝对配额和关税配额两种形式。

1. 绝对配额

绝对配额(Absolute Quota),即在一定时期内,对某些商品的进口数量或金额规定一个最高限额,达到这个限额后,便不准进口。绝对配额按照其实施方式的不同,又有全球配额、国别配额和进口商配额三种形式。

(1) 全球配额(Global Quota;Unallocated Quota),即对某种商品的进口规定一个总的限额,对来自任何国家或地区的商品一律适用。主管当局通常按进口商的申请先后或过去某一时期内的进口实际额发放配额,直至总配额发完为止,超过总配额就不准进口。

由于全球配额不限定进口国别或地区,因而进口商取得配额后可从任何国家或地区进口。这样,邻近国家或地区因地理位置接近、交通便捷、到货迅速,处于有利地位。这种情况使进口国家在限额的分配和利用上难以贯彻国别政策,因而不少国家转而采用国别配额。

(2) 国别配额(Country Quota),即政府不仅规定了一定时期内的进口总配额,而且将总配额在各出口国家和地区之间进行分配。因此,按国别配额进口时,进口商必须提供进口商品的原产地证明书。与全球配额不同的是,实行国别配额可以很方便地贯彻国别政策,具有很强的选择性和歧视性。进口国往往根据其与有关国家或地区的政治经济关系分别给予不同的额度。

一般地,按照配额的分配由单边决定还是多边协商,国别配额可以进一步分为自主配额和协议配额。

① 自主配额(Autonomous Quota),又称单方面配额(Unilateral Quota),是由进口国自主地、单方面强制规定在一定时期内从某个国家或地区进口某种商品的配额,而不需征求输出国家的同意。自主配额的确定一般参照某国过去一定时期内的出口实际,按一定比例确定新的进口数量或金额。例如,美国就是采用自主配额来决定每年的纺织品配额。

自主配额由进口国家自行制定,往往带有不公正性和歧视性。由于分配额度差异,易引起某些出口国家或地区的不满或报复,因而更多的国家趋于采用协议配额,以缓和进出口国之间的矛盾。

② 协议配额(Agreement Quota),又称双边配额(Bilateral Quota),是由进口和出口两国政府或民间团体之间通过协议来确定配额。协议配额如果是通过双方政府协议达成,一般须将配额在进口商或出口商中进行分配,如果是双边的民间团体达成的,应事先获得政府许可方可执行。由于协议配额是双方协商决定的,因而较易执行。

(3) 进口商配额(Importer Quota),是对某些商品进口商实行的配额。进口国将某些商品的进口配额在少数进口厂商之间进行分配。比如日本食用肉的进口配额就是在29家大商社间分配的。

2. 关税配额

关税配额(tariff quota),即对商品进口的绝对数额不加限制,而对在一定时期内,在规定配额以内的进口商品,给予低税、减税或免税待遇,对超过配额的进口商品则征收较高的关税,或征收附加税甚至罚款。

关税配额按征收关税的优惠性质,可分为优惠性关税配额和非优惠性关税配额。

（1）优惠性关税配额，是对关税配额内进口的商品给予较大幅度的关税减让，甚至免税，超过配额的进口商品即征收原来的最惠国税率。欧共体（欧盟）在普惠制实施中所采取的关税配额就属此类。

（2）非优惠性关税配额，是对关税配额内进口的商品征收原来正常的进口税，一般按最惠国税率征收，对超过关税配额的部分征收较高的进口附加税或罚款。例如，1974年12月澳大利亚曾规定对除男衬衫、睡衣以外的各种服装，凡是超过配额的部分加征175%的进口附加税。如此高额的进口附加税，实际上起到禁止超过配额的商品进口的作用。

关税配额与绝对配额的不同之处在于，绝对配额规定一个最高进口额度，超过就不准进口，而关税配额在商品进口超过规定的最高额度后，仍允许进口，只是超过部分被课以较高关税。

（二）"自愿"出口配额制

"自愿"出口配额（Voluntary Export Quota），又称"自愿"出口限制（Voluntary Export Restrains），是指出口国家或地区在进口国的要求或压力下，"自愿"规定某一时期内（一般为3年）某些商品对该国的出口限额，在该限额内自行控制出口，超过限额即禁止出口。

"自愿"出口配额制和进口配额制虽然从实质上来说都是通过数量限制来限制进口，但仍有许多不同之处。这表现在：第一，从配额的控制方面看，进口配额制由进口国直接控制进口配额来限制商品的进口，而"自愿"出口配额制则由出口国直接控制配额，限制一些商品对指定进口国家的出口，因此是一种由出口国家实施的为保护进口国生产者而设计的贸易政策措施。第二，从配额表现形式看，"自愿"出口配额制表面上好像是出口国自愿采取措施控制出口，而实际上是在进口国的强大压力下才采取的措施，并非真正出于出口国的自愿。进口国往往以某些商品的大量进口威胁到其国内某些工业，即所谓的"市场混乱"（Market Disruption）为借口，要求出口国实行"有秩序增长（Orderly Growth）"，"自愿"限制出口数量，否则将采取报复性贸易措施。第三，从配额的影响范围看，进口配额制通常应用于一国大多数供给者的进口，而"自愿"出口配额制仅应用于几个甚至一个特定的出口者，具有明显的选择性。那些未包括在"自愿"出口配额制协定中的出口者，可以向该国继续增加出口。第四，从配额适用时限看，进口配额制适用时限相对较短，往往为1年，而"自愿"出口配额制较长，往往为3~5年。

"自愿"出口配额制主要有两种形式：

1. 非协定的"自愿"出口配额

它是指出口国政府并未受到国际协定的约束，自愿单方面规定对有关国家的出口限额，出口商必须向政府主管部门申请配额，在领取出口授权书或出口许可证后才能出口。也有的是出口厂商在政府的督导下，"自愿"控制出口。

2. 协定的"自愿"出口配额

它是指进出口双方通过谈判签订"自限协定"（Self-restriction Agreement）或"有秩序销售协定"（Orderly Marketing Agreement），规定一定时期内某些商品的出口配额。出口国据此配额发放出口许可证或实行出口配额签证制（Export Visa），自愿限制商品出口，进口国则根据海关统计进行监督检查。目前，"自愿"出口配额大多属于这一种。

(三) 进口许可证制

进口许可证制(Import License System),是指一国政府规定某些商品的进口必须申领许可证,否则一律不准进口的制度。它实际上是进口国管理其进口贸易和控制进口的一种重要措施。

进口许可证按照其与进口配额的关系,可分为两种:

1. 有定额的进口许可证

即进口国预先规定有关商品的进口配额,然后在配额的限度内,根据进口商的申请对每笔进口货物发给一定数量或金额的进口许可证,配额用完即停止发放。可见,这是一种将进口配额与进口许可证相结合的管理进口的方法,通过进口许可证分配进口配额。若为"自动"出口限制,则由出口国颁发出口许可证来实施。例如,德国对纺织品的进口便是通过有定额的许可证进行管理的。德国有关当局每年分三期公布配额数量,然后据此配额数量发放许可证,直到进口配额用完为止。

2. 无定额的进口许可证

这种许可证不与进口配额相结合,即预先不公布进口配额,只是在个别考虑的基础上颁发有关商品的进口许可证。由于这种许可证的发放权完全由进口国主管部门掌握,没有公开的标准,因此更具有隐蔽性,给正常的国际贸易带来困难。

进口许可证按照进口商品的许可程度又可以分为两种:

(1) 公开一般许可证(Open General License—OGL),又称公开进口许可证、一般许可证或自动进口许可证。它对进口国别或地区没有限制,凡列明属于公开一般许可证的商品,进口商只要填写公开一般许可证后,即可获准进口。因此,这一类商品实际上是可"自由进口"的商品。填写许可证的目的不在于限制商品进口,而在于管理进口。比如海关凭许可证可直接对商品进行分类统计。

(2) 特种商品进口许可证(Specific License—SL),又称非自动进口许可证。对于特种许可证下的商品,如烟、酒、军火武器、麻醉品或某些禁止进口的商品,进口商必须向政府有关当局提出申请,经政府有关当局逐笔审查批准后方能进口。特种进口许可证往往都指定商品的进口国别或地区。

(四) 外汇管制

外汇管制(Foreign Exchange Control)也称外汇管理,是指一国政府通过法令对国际结算和外汇买卖加以限制,以平衡国际收支和维持本国货币汇价的一种制度。负责外汇管理的机构一般都是政府授权的中央银行(如英国的英格兰银行),但也有些国家另设机构,如法国设立外汇管理局担负此任。

一般说来,实行外汇管制的国家,大都规定出口商须将其出口所得外汇收入按官方汇率(Official Exchange Rate)结售给外汇管理机构,而进口商也必须向外汇管理机构申请进口用汇。此外,外汇在该国禁止自由买卖,本国货币的携出入境也受到严格的限制。这样,政府就可以通过确定官方汇率、集中外汇收入、控制外汇支出、实行外汇分配等办法来控制进口商品的数量、品种和国别。例如,日本在分配外汇时趋向于鼓励进口高、精、尖产品和发明技术,而不是鼓励进口消费品。

(五) 进口押金制

进口押金制(Advanced Deposit),又称进口存款制或进口担保金制,是指进口商在进口商品前,必须预先按进口金额的一定比率和规定的时间,在指定的银行无息存储一笔现金的制度。这种制度无疑加重了进口商的资金负担,起到了限制进口的作用。它同外汇管制操作所遵循的理论如出一辙,即设法控制或减少进口者手中的可用外汇,来达到限制进口的目的。例如,意大利政府曾对400多种进口商品实行进口押金制度。它规定,凡项下商品进口,进口商都必须预先向中央银行交纳相当于货值一半的现款押金,无息冻结半年。据估计,这项措施相当于征收5%以上的进口附加税。

进口押金制对进口的限制有很大的局限性。如果进口商以押款收据作担保,在货币市场上获得优惠利率贷款,或者国外出口商为了保证销路而愿意为进口商分担押金金额时,这种制度对进口的限制作用就微乎其微了。

(六) 最低限价制和禁止进口

最低限价制(Minimum Price),是指一国政府规定某种进口商品的最低价格,凡进口商品的价格低于这个标准,就加征进口附加税或禁止进口。这样,一国便可有效地抵制低价商品进口或以此削弱进口商品的竞争力,保护本国市场。

禁止进口(Prohibitive Import)是进口限制的极端措施。当一国政府认为一般的限制已不足以解救国内市场受冲击的困境时,便直接颁布法令,公开禁止某些商品进口。一般而言,在正常的经贸活动中,禁止进口的极端措施不宜贸然采用,因为这极可能引发对方国家的相应报复,从而酿成越演越烈的贸易战,这对双方的贸易发展都无好处。

(七) 国内税

国内税(Internal Taxes)是指一国政府对本国境内生产、销售、使用或消费的商品所征收的各种税收,如周转税、零售税、消费税、销售税、营业税等等。任何国家对进口商品不仅要征收关税,还要征收各种国内税。

在征收国内税时,可以对国内外产品实行不同的征税方法和税率,以增加进口商品的纳税负担,削弱其与国内产品竞争的能力,从而达到限制进口的目的。办法之一是对国内产品和进口产品征收差距很大的消费税。例如,美国、日本和瑞士对进口酒精饮料的消费税都大于本国制品。

国内税的制定和执行完全属于一国政府,有时甚至是地方政府的权限,通常不受贸易条约与协定的约束,因此,把国内税用作贸易限制的壁垒,会比关税更灵活和更隐蔽。

(八) 进出口的国家垄断

进出口的国家垄断(State Monopoly),也称国营贸易(State Trade),是指对外贸易中,某些商品的进出口由国家直接经营,或者把这些商品的经营权给予某些垄断组织。经营这些受国家专控类垄断的商品的企业,称为国营贸易企业(State Trading Enterprises)。国营贸易企业一般为政府所有,但也有政府委托私人企业代办。

各国国家垄断的进出口商品主要有四大类:(1)烟酒。由于可以从烟酒进出口垄断中取得巨大财政收入,各国一般都实行烟酒专卖。(2)农产品。对农产品实行垄断经营,往往是一国农业政策的一部分,这在欧美国家最为突出。如美国农产品信贷公司,是世界上最大的农产品贸易垄断企业,对美国农产品国内市场价格能保持较高水平起了重要作用。当农产品价格低于支持价格时,该公司就按支持价格大量收购农产品,以维持价格水平,然后,以低价向国外市场大量倾销,或者"援助"缺粮国家。(3)武器。它关系到国家安全与世界和平,自然要受到国家专控。(4)石油。它是一国的经济命脉,因此,不仅出口国家,而且主要的石油进口国都设立国营石油公司,对石油贸易进行垄断经营。

(九)歧视性政府采购政策

歧视性政府采购政策(Discriminatory Government Procurement Policy),是指国家通过法令和政策明文规定政府机构在采购商品时必须优先购买本国货。有的国家虽未明文规定,但优先采购本国产品已成惯例。这种政策实际上是歧视外国产品,起到了限制进口的作用。

美国从1933年实行,并于1954年和1962年两次修改的《购买美国货物法案》是最为典型的政府采购政策。该法案规定,凡是美国联邦政府采购的货物,都应该是美国制造的,或是用美国原料制造的,商品的成分有50%以上是本国生产的。以后又作了修改,规定只有在美国自己生产数量不够或国内价格过高,或不买外国货有损美国利益的情况下,才可以购买外国货。显然,这是一种歧视外国产品的贸易保护主义措施。该法案直到关贸总协定的"东京回合",美国政府签订了政府采购协议后才废除。英国、日本等国家也有类似的制度。

(十)海关程序

海关程序(Customs Procedures)是指进口货物通过海关的程序,一般包括申报、征税、查验及放行四个环节。海关程序本来是正常的进口货物通关程序,但通过滥用却可以起到歧视和限制进口的作用,从而成为一种有效的、隐蔽的非关税壁垒措施,这可以体现在以下几个方面:

(1)海关对申报表格和单证作出严格要求。比如要求进口商出示商业发票、原产地证书、货运提单、保险单、进出口许可证、托运人报关清单等,缺少任何一种单证,或者任何一种单证不规范,都会使进口货物不能顺利通关。更有甚者,有些国家故意在表格、单证上做文章。比如法国强行规定所提交的单据必须是法文,有意给进口商制造麻烦,以此阻碍进口。

(2)通过商品归类提高税率。即海关武断地把进口商品分类在税率高的税则项下,以增加进口商品关税负担,从而限制进口。

(3)通过海关估价制度限制进口。海关估价制度(Customs Valuation System)原本是海关为了征收关税而确定进口商品价格的制度,但在实践中它经常被用作一种限制进口的非关税壁垒措施。进口商品的价格可以有许多种确定办法,如成交价,即货物出售给进口国后经调整的实付或应付价格;外国价,即进口商品在其出口国国内销售时的批发价;估算价,即由成本加利润推算出的价格等等。不同计价方法得出的进口商品价格高低不同,有的还相距甚远。海关可以采用高估的方法进行估价,然后用征从价税的办法征收关税。这样一来,就可提高进口商品的应税税额,增加其关税负担,达到限制进口的目的。

(4) 从进口商品查验上限制进口。海关查验货物主要有两个目的:一是看单据是否相符,即报关单是否与合同批文、进口许可证、发票、装箱单等单证相符;二是看单货是否相符,即报关所报内容是否与实际进口货物相符。为了限制进口,查验的过程可以变得十分复杂。一些进口国家甚至改变进口关道,即让进口商品在海关人员少、仓库狭小、商品检验能力差的海关进口,拖长商品过关时间。

(十一) 技术性贸易壁垒

技术性贸易壁垒(Technical Barriers to Trade),是指一国以维护生产、消费安全以及人民健康为理由,制定一些苛刻繁杂的规定,使外国产品难以适应,从而起到限制外国商品进口的作用。

1. 技术标准

技术标准(Technical Standard)主要适用于工业制成品。发达国家普遍规定了严格、繁杂的技术标准,不符合标准的商品不得进口。例如,法国严禁含有红霉素的糖果进口,从而把英国糖果拒之门外;美国则对进口的儿童玩具规定了严格的安全标准等等。

2. 卫生检疫标准

卫生检疫标准(Health and Sanitary Regulation)主要适用于农副产品及其制品。各国在卫生检疫方面的规定越来越严,对要求卫生检疫的商品也越来越多。如美国规定其他国家或地区输往美国的食品、饮料、药品及化妆品,必须符合美国"联邦食品、药品及化妆品法(The Federal Food, Drug and Cosmetic Act)"的规定。其条文还规定,进口货物通过海关时,均须经美国食品药物管理署(Food and Drug Administration—FDA)检验,如发现与规定不符,海关将予以扣留,有权进行销毁,或按规定日期装运再出口。

3. 商品包装和标签的规定

商品包装和标签的规定(Packing and Labelling Regulation)适用范围很广。许多国家对在本国市场销售的商品订立了种种包装和标签的条例,这些规定内容繁杂、手续麻烦,出口商为了符合这些规定,不得不按规定重新包装和改换标签,费时费工,增加商品的成本,削弱了商品的竞争力。

(十二) 绿色贸易壁垒

绿色壁垒(Green Barriers)是一种新兴的非关税壁垒措施,是指一国以保护有限资源、生态环境和人类健康为名,通过制定苛刻的环境保护标准,来限制国外产品的进口。绿色壁垒以其外表的合理性及内在的隐蔽性成为继关税之后,国际上广泛采用的一种国际贸易壁垒。

绿色壁垒的内容较为广泛,主要包括:

1. 绿色技术标准

例如欧盟启动的 ISO14000 环境管理系统,要求欧盟国家的产品从生产前到制造、销售、使用以及最后的处理阶段都要达到某些技术标准。这一系统提供了以预防为主,减少或消除环境污染的办法。

2. 绿色环境标志制度

即由政府管理部门或民间团体按严格的程序和环境标准颁发"绿色通行证",并要求复印于产品包装上,以向消费者表明,该产品从研制开发到生产使用,直至回收利用的整个过程均符合生态环境要求。例如,德国的"蓝色天使"、加拿大的"环境选择"、日本的"生态标志"、欧盟的"欧洲环保标志"等,要将产品出口到这些国家,必须经审查合格并拿到"绿色通行证"。

3. 绿色包装制度

要求包装必须节约资源,减少废弃物,使用后利于回收再利用或易于自然分解。如德国的《德国包装物废弃物处理法令》、日本的《回收条例》和《废弃物清除条件修正案》等。又如,丹麦要求所有进口啤酒、矿泉水、软饮料一律使用可再灌装容器。

4. 绿色卫生检疫制度

国家有关部门对产品是否含有毒素、污染物及添加剂等进行全面的卫生检查,防止超标产品进入国内市场。例如,日本对进口蔬菜中农药残留量规定不得超过 30.5‰;日本、英国、加拿大等国要求进口花生中黄曲霉素含量不得超过 2‰;法国禁止含有红霉素的糖果进口等等。

5. 绿色补贴制度

即国家对生产绿色产品,将资源、环境成本内在化的企业给予财政补贴,鼓励出口。

绿色贸易壁垒一经出现便在全球范围迅速蔓延。发达国家依仗其较高的科技水平和先进设备,制定极其苛刻的环境标准,使发展中国家的产品难以"达标"而被拒于发达国家的国门之外。目前,绿色壁垒已成了我国出口贸易的"拦路虎",其影响程度已超过了"反倾销"案件对我国外贸出口的影响。

第三节 鼓励出口和出口管制

一、鼓励出口措施

鼓励出口的措施是指出口国政府通过经济、行政和组织等方面的措施,促进本国商品的出口,开拓和扩大国外市场。

(一) 出口信贷

出口信贷(Export Credit)是一个国家的银行为了鼓励商品出口,加强商品的竞争能力,对本国出口厂商或外国进口厂商提供的贷款。这是一国的出口厂商利用本国银行的贷款扩大商品出口,特别是金额较大、期限较长,如成套设备、船舶等出口的一种重要手段。出口信贷利率一般低于相同条件资金贷放的市场利率,利差由国家补贴,并与国家信贷担保相结合。

出口信贷按借贷关系可以分为卖方信贷和买方信贷两种。

1. 卖方信贷(Supplier's Credit)

所谓卖方信贷,是指出口方银行向出口商(即卖方)提供的贷款。其贷款合同由出口商与银行签订。卖方信贷通常用于那些金额大、期限长的项目。因为这类商品的购进需用很多资金,进口商一般要求延期付款,而出口商为了加速资金周转,往往需要取得银行的贷款。卖方信贷正是银行直接资助出口商向外国进口商提供延期付款,以促进商品出口的一种方式。

2. 买方信贷(Buyer's Credit)

所谓买方信贷,是指出口方银行直接向进口商(即买方)或进口方银行提供的贷款,其附加条件就是贷款必须用于购买债权国的商品,这就是所谓约束性贷款(Tied Loan)。买方信贷由于具有约束性而能达到扩大出口的目的。

在出口信贷中,利用买方信贷较卖方信贷为多。主要因为:以进口银行为中介提供的买方信贷,对出口方银行而言风险较小。银行提供买方信贷,既能帮助出口商推销商品,又可以加强银行对企业的控制,并为银行开辟国外市场提供一个机会。买方信贷使出口商较快地得到货款和减少风险。

出口信贷的主要特点如下:出口信贷必须关联出口项目,即贷款必须全部或大部分用于购买提供贷款国家的出口商品。出口信贷利率低于国际金融市场贷款的利率,其利差由出口国政府给予补贴。出口信贷的贷款金额,通常只占买卖合同金额的85%左右,其余15%由进口厂商先支付现汇。出口信贷的发放与出口信贷担保相结合,以避免或减少信贷风险。

由于出口信贷能有力地扩大和促进出口,因此西方国家一般都设立专门银行来办理此项业务,如美国进出口银行、日本输出入银行、法国对外贸易银行、加拿大出口开发公司等。这些专门银行除对成套设备、大型交通工具的出口提供出口信贷外,还向本国私人商业银行提供低利率贷款或给予贷款补贴,以资助这些商业银行的出口信贷业务。

我国也于1994年7月1日正式成立了中国进出口银行。这是一家政策性银行,其资金来源除国家财政拨付外,主要是中国银行的再贷款、境内发行的金融债券和境外发行的有价证券,以及向外国金融机构筹措的资金等。其任务主要是对国内机电产品及成套设备等资本品货物的进出口给予必要的政策性金融支持,从根本上改善我国出口商品结构,以促进出口商品结构的升级换代。

(二) 出口信贷国家担保制

出口信贷国家担保制(Export Credit Guarantee System)就是国家为了扩大出口,对于本国出口商或商业银行向国外进口商银行提供的信贷,由国家设立的专门机构出面担保。当外国债务人不能按期付款时,这个国家机构即按照承保的数额给予补偿。这项措施是国家替代出口商承担风险,扩大出口和争夺国外市场的一个重要手段。

以英国出口信贷担保署(The Export Credit Guarantee Department)为例,该署对商业银行向出口商提供的某些信贷提供担保,一旦出现贷款过期未能清偿付款时,该署可给予商业银行100%的偿付,而不问清未付的原因,但保留对出口商要求偿付的追索权。如果出口商不付款的原因超过其所承保风险之外,该署可要求出口商偿还。

可见,出口信贷国家担保制能使银行减少或避免贷款不能收回而蒙受的损失,有利于银行扩大出口信贷业务,促进商品输出。这是一种提高商品非价格竞争力的重要手段。

出口信贷国家担保制的担保对象主要有两种:

1. 对出口厂商的担保

出口厂商输出商品时所需的短期或中长期信贷均可向国家担保机构申请担保。有些国家的担保机构本身不向出口厂商提供出口信贷,但可为出口厂商取得出口信贷提供有利条件。

2. 对银行的直接担保

通常银行所提供的出口信贷均可申请担保。这种担保是担保机构直接对供款银行承担的一种责任。有些国家为了鼓励出口信贷业务的开展和提供贷款安全保障,往往给银行更为优厚的待遇。

对出口信贷进行担保往往要承担很大的风险。由于该措施旨在为扩大出口提供服务,收费并不高,以免加重出口商和银行的负担,因此,往往会因保险费收入总额不抵偿付总额而发生亏损。严重的亏损情况使得私人保险公司不愿也无力经营,所以,对出口信贷进行担保只能由政府来经营和承担经济责任。目前,世界上有的发达国家和许多发展中国家都设立了国家担保机构,专门办理出口信贷保险业务。我国的中国进出口银行除了办理出口信贷业务外,也办理出口信用保险和信贷担保业务。

(三) 出口补贴

出口补贴(Export Subsidy)又称出口津贴,是一国政府为了降低出口商品的价格,增强其在国外市场的竞争力,在出口某商品时给予出口商的现金补贴或财政上的优惠待遇。

政府对出口商品可以提供补贴的范围非常广泛,但不外乎两种基本方式。

1. 直接补贴(Direct Subsidy)

即政府在商品出口时,直接付给出口商的现金补贴,主要来自财政拨款。其目的是为了弥补出口商品国内价格高于国际市场价格所带来的亏损,或者补偿出口商所获利润率低于国内利润率所造成的损失。有时候,补贴金额还可能大大超过实际的差价或利差,这已包含出口奖励的意味,同一般的出口补助已不可同日而语了。这种补贴方式以欧盟对农产品的出口补贴最为典型。

2. 间接补贴(Indirect Subsidy)

即政府对某些商品的出口给予财政上的优惠。如退还或减免出口商品所缴纳的销售税、消费税、增值税、所得税等国内税,对进口原料或半制成品加工再出口给予暂时免税或退还已缴纳的进口税,免征出口税,对出口商品实行延期付税、减低运费、提供低息贷款,以及对企业开拓出口市场提供补贴等。其目的仍然在于降低商品价格,以便更有效地打进国际市场。

"乌拉圭回合"把名目繁多的补贴措施分为三大类。

(1) 被禁止使用的补贴措施,即对进口替代品或出口品在生产、销售环节,直接、间接提供的补贴。它直接扭曲进出口贸易,或严重损害别国经济利益。

(2) 允许使用,但可提出反对申诉的补贴措施。它可在一定范围实施,但如在实施中对其他缔约国贸易利益造成严重损害,或产生严重歧视性影响时,受损的缔约方可以向实施补贴的缔约方提出反对,或提起申诉。

(3) 不可申诉的补贴措施。它一般具有普遍适应性和发展经济的必要性,不会受到其他缔约方的反对或引起反措施。

(四) 商品倾销

商品倾销(Dumping)是指商品以明显低于公平价格的价格,在国外市场上大量抛售,以打击竞争对手,占领或巩固国外市场。商品倾销通常由私营垄断企业进行,但随着贸易战的加剧,一些国家设立专门机构直接对外倾销商品。

实行商品倾销的具体目的在不同情况下有所不同。有时是为了打击或摧毁竞争对手,以扩大和垄断其产品销路;有时是为了建立新的销售市场;有时是为了阻碍当地同种产品或类似产品的生产和发展,以继续维持其在当地市场上的垄断地位;有时是为了推销过剩产品,转嫁经济危机;有时是为了打击发展中国家的民族经济,以达到经济上、政治上控制的目的。

按照倾销的具体目的,商品倾销可分为三种。

(1) 偶然性倾销(Sporadic Dumping)。这种倾销通常是因为销售旺季已过,或因公司改营其他业务,在国内市场上不能售出"剩余货物",而以较低的价格在国外市场上抛售。

(2) 间歇性或掠夺性倾销(intermittent or Predatory Dumping)。这种倾销是以低于国内价格甚至低于生产成本的价格在国外市场销售商品,挤垮竞争对手后再以垄断力量提高价格,以获取高额利润。

(3) 持续性倾销(Persistent Dumping),又称长期性倾销(Long—Run Dumping)。这种倾销是无限期地、持续地以低于国内市场的价格在国外市场销售商品。

商品倾销由于实行低价策略,必然会导致出口商利润减少甚至亏损。这一损失一般可通过以下途径得到补偿:

(1) 采用关税壁垒和非关税壁垒措施控制外国商品进口,防止对外倾销商品倒流,以维持国内市场上的垄断高价。

(2) 出口国政府对倾销商品的出口商给予出口补贴,以补偿其在对外倾销商品中的经济损失,保证外汇收入。

(3) 出口国政府设立专门机构,对内高价收购,对外低价倾销,由政府负担亏损。如美国政府设立的农产品信贷公司,在国内高价收购农产品,而按低于国内价格一半的价格长期向国外倾销。由此引起的农产品信贷公司的亏损则由政府财政给予差额补贴。

(4) 出口商在以倾销手段挤垮竞争对手、垄断国外市场后,再抬高价格,以获得的垄断利润来弥补以前商品倾销的损失。实际上,采取上述措施,往往不仅能够弥补损失,而且还会带来较高利润。

(五) 外汇倾销

外汇倾销(Exchange Dumping),是指一国降低本国货币对外国货币的汇价,使本国货币对外贬值,从而达到提高出口商品价格竞争力和扩大出口的目的。外汇倾销是向外倾销商品和争夺国外市场的一种特殊手段。

以美元对日元的汇率变化为例,从1985年2月26日至1995年10月10日,美元与日元的比价从原来的1美元合264日元,跌至100.43日元,1995年4~5月间还跌破80日元,美元贬值62%。这意味着,一件100美元的美国商品1985年在日本的售价为26 400日元,而1995年仅为10043日元,而一件26 400日元的日本商品1985年在美国的售价为100美元,1995年则为263美元。

由此可见,一国的货币(如美元)贬值即汇率下跌后,出口商品用外国货币(如日元)表示的价格降低,这就提高了该国(如美国)商品的价格竞争能力,从而有利于扩大出口。而同时,进入该国的外国商品(如日本货)以该国货币(如美元)表示的商品价格就会上涨,削弱了该外国商品的价格竞争力,从而又会限制进口。因此,实行外汇倾销会同时起到扩大出口和限制进口的双重作用。

然而,外汇倾销不能无限制和无条件地进行,必须具备一定的条件才能起到扩大出口和限制进口的作用:(1)本国货币对外贬值的幅度大于国内物价上涨的程度。(2)其他国家不同时实行同等程度的货币贬值和采取其他报复性措施。换言之,外汇倾销措施必须在国际社会认可或不反对的情况下方能奏效。(3)不宜在国内通货膨胀严重的背景下贸然采用。一国货币的对内价值与对外价值是互为联系、彼此影响的。一国货币汇价下跌(即对外价值下跌)迟早会推动其对内价值的下降,从而给已经严重的通货膨胀局面火上加油。

最后,必须注意实行外汇倾销的代价十分昂贵。外汇倾销可以推动商品出口大量增加,并不等于出口额必然随之增加。另外它有时甚至会引起国内经济的混乱,出现得不偿失的结果。

(六) 促进出口的组织措施

世界各国在制定一系列的鼓励出口政策的同时,还不断加强出口组织措施。这些措施主要有:

(1)成立专门组织,研究与制定出口战略。例如,美国1960年成立了"扩大出口全国委员会",其任务是向美国总统和商务部长提供有关改进和鼓励出口的各项措施的建议和资料;1978年成立了"出口委员会"和"跨部门的出口扩张委员会",附属于总统国际政策委员会;1979年成立了"总统贸易委员会",集中统一领导美国对外贸易工作;1992年成立了国会的"贸易促进协调委员会";1994年1月又成立了第一批"美国出口援助中心"等等。日本、欧盟国家也有类似的组织。

(2)建立商业情报网,加强国外市场情报工作,及时向出口商提供商业信息和资料。例如,英国的海外贸易委员会在1970年就设立出口信息服务部,向有关出口厂商提供信息,以促进商品出口。又如日本政府出资设立的日本贸易振兴会(其前身是 1951 年设立的"海外市场调查部"),就是一个从事海外市场调查并向企业提供信息服务的机构。

(3) 设立贸易中心,组织贸易博览会,以推销本国商品。贸易中心是永久性设施,可提供商品陈列展览场所、办公地点和咨询服务等,而贸易博览会是流动性的展出,这些工作可以使外国进口商更好地了解本国商品,从而起到促销的作用。例如,意大利对外贸易委员会对由其发起的展出支付 80%的费用,对参加其他国际贸易展览会的公司也给予其费用 30%~35%的补贴。

(4) 组织贸易代表团出访和接待来访,以加强国际经贸联系。许多国家为了推动和发展对外贸易,组织贸易代表团出访,其费用大部分由政府支付,加拿大就是一例。此外,许多国家还设立专门机构接待来访团体。例如,英国海外贸易委员会设立接待处,专门接待官方代表团,并协助本国公司、社会团体接待来访的外国工商界人士,以促进贸易。

(5) 组织出口厂商的评奖活动,以形成出口光荣的社会风气。例如,英国从 1919 年起开始实行"女王陛下表彰出口有功企业的制度",并规定受表彰的企业在五年之内可使用带有女王名字的奖状来对自己的产品进行宣传。又比如,有的国家对有突出贡献的出口商颁发总统奖章或授予荣誉称号,或者由总理亲笔写感谢信,这样都能较有力地推动本国对外贸易的发展。

鼓励出口还有许多其他措施。比如通过资本输出带动本国商品输出;采用外汇分成方式,即政府允许出口商从其所得的外汇收入中提取一定百分比自由支配,鼓励出口商的出口积极性;采取进出口连锁制,将进口与出口挂钩,要获得一定的进口权利就必须履行一定的出口义务,以出带进,或以进带出,达到扩大出口的目的。

(七) 经济特区

经济特区(Economic Zone),是指一个国家或地区在其管辖的地域内划出一定非关境的地理范围,实行特殊的经济政策,以吸引外商从事贸易和出口加工等业务活动。其目的是为了促进对外贸易的发展,鼓励转口贸易和出口加工贸易,繁荣本地区和邻近地区的经济,增加财政收入和外汇收入。因此,建立经济特区是一国实行对外开放政策和鼓励扩大出口的一项重要政策。

各国或地区设置的经济特区名目繁多,规模不一,主要有以下几种:

1. 自由港和自由贸易区

自由港(Free Port)又称自由口岸,是世界性经济特区的最早形式,是指全部或绝大多数外国商品可以豁免关税自由进出口的港口。自由港在经济和贸易方面的基本特征是"自由",具体表现为贸易自由、金融自由、投资自由、运输自由。自由港一般具有优越的地理位置和港口条件,其开发目标和营运功能与港口本身的集散作用密切结合,以吸引外国商品扩大转口。目前如德国的汉堡、不来梅、丹麦的哥本哈根、意大利的热那亚和里雅斯特、法国的敦刻尔克、葡萄牙的波尔以及新加坡和我国香港特区都是世界著名的自由港。

自由贸易区(Free Trade Zone)由自由港发展而来,它是以自由港为依托,将范围扩大到自由港的邻近地区。自由贸易区与自由港的功能基本相似,以促进对外贸易为主,也发展出口导向的加工业和工商业、金融业、旅游和其他服务业。自由贸易区一般分两种：一种是包括了港口及其所在的城市，例如香港。另一种是仅包括港口或其所在城市的一部分，有人称之为"自由港区"，如德国汉堡自由贸易区是汉堡市的一部分，占地仅5.6平方英里。

自由港和自由贸易区都是划在一国关境以外，外国商品除了进港口时免缴关税外，一般还可在港区内进行改装、加工、挑选、分类、长期储存或销售。外国商品只是在进入所在国海关管辖区时才纳税。

设立自由港和自由贸易区的主要目的是为了方便转口和对进口货物进行简单加工，主要面向商业，并以转口邻近国家和地区为主要对象，多设在经济发达国家或地区。自由港以欧洲为最多，自由贸易区以美洲为最多。

2. 保税区

保税区（Bonded Area）又称保税仓库区（Bonded Warehouse），是由海关设置的或经海关批准设置的特定地区和仓库。外国商品可以免税进出保税区，在保税区内还可对商品进行储存、改装、分类、混合、展览、加工和制造等。但是，商品若从保税区内进入本国市场，则必须办理报关手续，交纳进口税。保税区制度是一些资本主义国家（如日本、荷兰）在没有设立自由港或自由贸易区的情况下设立的，它实际上起到了类似自由港和自由贸易区的作用，只是其地理范围一般相对较小。

3. 出口加工区

出口加工区（Export Processing Zone）是指一个国家或地区在其港口、机场附近交通便利的地方，划出一定区域范围，新建和扩建码头、车站、道路、仓库和厂房等基础设施，并提供减免关税和国内税等优惠待遇，鼓励外商在区内投资设厂，生产以出口为主的制成品。

出口加工区是20世纪60、70年代，在一些发展中国家和地区建立和发展起来的，其分布以非洲和亚洲为最多。出口加工区与自由贸易区相比，其主要特点是面向工业，以发展出口加工工业为主，而不是面向商业。出口加工区既提供了自由贸易区的某些优惠待遇，又提供了发展工业生产所必需的基础设施，是自由贸易区与工业区的一种结合体，即兼有工业生产与出口贸易两种功能的工业-贸易型经济特区。东道国设置出口加工区的主要目的是吸引外国投资，引进先进技术和设备，扩大出口加工工业和加工品的出口，增加外汇收入，促进本地区外向型经济的发展。

4. 科学工业园区

科学工业园区（Science—Based Industrial Park）又称工业科学园、科研工业区、高技术园区（hi—tech park）等，是一种科技型经济特区，是以加速新技术研制及其成果应用，服务于本国或本地区工业的现代化，并便于开拓国际市场为目的，通过多种优惠措施和方便条件，将智力、资金高度集中用于高新技术研究、试验和生产。

科学工业园区最早形成于20世纪50年代末、60年代初的美国，70年代逐渐在世界范围内兴起，80年代以后进入发展期，90年代进入高峰期。科学工业园区主要分布在发达国家和新兴工业化国家，以美洲为最多。世界知名的科学工业园区有：美国的"硅谷"，英国的"剑桥科学园区"，新加坡的"肯特岗科学工业园区"，日本的"筑波科学城"，我国台湾的"新竹科学工业园区"等。

科学工业园区的主要特点是：有充足的科技和教育设施及高校、研究机构，以一系列企业组成的专业性企业群为依托，区内企业设施先进、资本雄厚、技术密集程度高、信息渠道畅通、交通发达、政策优惠，鼓励外商在区内进行高科技产业的开发，吸引和培养高级技术人才，研究和发展尖端技术和产品。与出口加工区侧重于扩大制成品加工出口不同，科学工业园区旨在扩大科技产品的出口和扶持本国技术的发展。

科学工业园区有自主型和引进型两类。前者主要靠自有先进技术、充裕资金及高级人才来促进本国高新技术产业的发展，发达国家所设园区多属此类；后者则采取引进外资、技术、信息和人才的办法来进行合作研究与开发，发展中国家和地区所设园区多属此类。

5. 自由边境区和过境区

自由边境区(Free Perimeter)也称自由贸易区域(Free Trade Area)，指设在本国省市地区的某一地段，按照自由贸易区或出口加工区的优惠措施，对区内使用的机器、设备、原料和消费品，实行减税或免税，以吸引国内外厂商投资。与出口加工区不同，外国商品在自由边境区内加工制造后主要用于区内使用，仅少数用于出口。因此，设立自由边境区的目的是吸引投资开发边境地区的经济。有些国家因而对优惠待遇规定了期限，或在边境地区生产能力发展后，就逐渐取消某些优惠待遇，甚至废除自由边境区。自由边境区现不常用，仅见于拉丁美洲少数国家。

过境区(Transit Zone)又称中转贸易区，指某些沿海国家为方便内陆邻国的进出口货运，根据双边协定，开辟某些海港、河港或边境城市作为过境货物的自由中转区，对过境货物简化海关手续，免征关税或只征收小额的过境费。过境区与自由港的明显区别在于，过境货物在过境区内可短期储存或重新包装，但不得加工制造。过境区一般都提供保税仓库设施。泰国的曼谷、印度的加尔各答、阿根廷的布宜诺斯艾利斯等，都是这种以中转贸易为主的过境区。

6. 综合型经济特区

随着国际经济关系，特别是国际贸易、金融和经济技术交流的发展，经济特区以各种不同形式发展，并出现向综合化发展的趋势。综合型经济特区是一种多行业、多功能的特殊经济区域，其主要特点是：特区规模大，经营范围广，它不仅重视出口工业和对外贸易，同时也经营农牧业、旅游业、金融服务业、交通运输业、邮电通讯业以及其他一些行业，对区域经济的发展具有重要的意义。

二、出口管制措施

出口管制(Export Control)，是指国家通过法令和行政措施，对本国出口贸易实行管理和控制。一般而言，世界各国都会努力扩大商品出口，积极参与国际贸易活动。然而，出于某些政治、军事和经济上的考虑，各国都有可能限制和禁止某些战略性商品和其他重要商品输往国外，于是就要实行出口管制。

(一) 出口管制的对象

需要实行出口管制的商品主要有以下几类:

(1) 战略物资及其有关的尖端技术和先进技术资料,如军事设备、武器、军舰、飞机,先进的电子计算机和通信设备等。各国尤其是发达国家控制这类物资出口的措施十分严厉,主要是从所谓的"国家安全"和"军事防务"的需要出发,防止它们流入政治制度对立或政治关系紧张的国家。

(2) 国内的紧缺物资,即国内生产紧迫需要的原材料和半制成品,以及国内供应明显不足的商品。如西方各国往往对石油、煤炭等能源实行出口管制。这些商品在国内本来就比较稀缺,倘若允许自由流往国外,只能加剧国内的供给不足和市场失衡,严重阻碍经济发展。

(3) 历史文物和艺术珍品。

(4) 需要"自愿"限制出口的商品。这是为了缓和与进口国的贸易摩擦,在进口国的要求下或迫于对方的压力,不得不对某些具有很强国际竞争力的商品实行出口管制。如根据纺织品"自限协定",出口国必须自行管理本国的纺织品出口。与上述几种情况不同,一旦对方的压力有所减缓或者基本放弃,本国政府自然会相应地放松管制措施。

(5) 本国在国际市场上占主导地位的重要商品和出口额大的商品。如欧佩克(OPEC)对成员国的石油产量和出口量进行控制,以稳定石油价格。

(6) 跨国公司的某些产品。跨国公司在发展中国家的大量投资,虽然会促进东道国经济的发展,但同时也可能利用国际贸易活动损害后者的对外贸易和经济利益。例如,跨国公司实施"转移定价"策略,就是一个典型的例子。因此,发展中国家有必要利用出口管制手段来制约跨国公司的这类行为,以维护自己的正当权益。

(二) 出口管制的形式

出口管制的形式主要有单方面出口管制和多边出口管制两种。

1. 单方面出口管制

一国根据本国的出口管制法案,设立专门的执行机构,对本国某些商品的出口进行审批和颁发出口许可证,实行出口管制。例如,美国长期以来就推行这种出口管制战略。早在1917年,美国国会就通过了《1917年与敌对国家贸易法案》,以禁止所有私人与美国敌人及其同盟者在战时或国家紧急时期进行财政金融和商业贸易上的交易。二战结束后,为了对当时存在的社会主义国家(如苏联)进行禁运,又于1949年通过了《出口管制法案》,以禁止和削减全部商品和技术资料经由贸易渠道出口。这个法案以后几经修改,直至《1969年出口管理法》出台才被取代。以后美国国会又颁布了《1979年出口管理法》《出口管理法1985年修正案》等,这些法案或修正案一次比一次宽松,但主要规定不变。

2. 多边出口管制

几个国家政府,出于共同的政治和经济目的,通过一定的方式建立国际性的多边出口管制机构,商讨和编制多边出口管制货单和出口管制国别,规定出口管制的办法等,以协调彼此的出口管制政策和措施,然后由各参加国依据上述精神,自行办理出口商品的具体管制和出口申报手续。例如,过去的巴黎统筹委员会就是这样一个典型的国际性多边出口管制机构。

(三) 出口管制的手段

出口管制的手段包括直接的数量管制和间接的税率调节,既可以通过发放出口许可证来控制出口商品的品种和数量,也可以通过征收出口关税或对出口工业企业的生产增加税收来减少出口。

1. 出口许可证

一般而言,一国放出口许可证一般先由其有关机构根据出口管制的有关法案制定出口管制货单(Commodity Control List)和输往国别分组管制表(Export Control Country Group),而列入出口管制的商品,必须办理出口申报手续,获取出口许可证后方可出口。

对出口受管制的商品,出口商必须向贸易管理局申领出口许可证。出口许可证分为:

(1) 一般许可证(General License),也称普通许可证。这种许可证的管理十分松动。一般而言,出口这类商品时,出口商在出口报关表上填清管制货单上这类商品的普通许可证编号,再经海关核实就算办妥出口许可证。

(2) 出口配额许可证,指国家政府用以分配某种商品出口计划配额、主动配额而使用的许可证。

(3) 特种许可证(Validated License)。这种许可证必须向有关机构专门申请。出口商在许可证上要填清商品的名称、数量、管制编号以及输出用途,再附上有关交易的证明书和说明书,呈送有关机构审批,获准后才能出口商品。如武器、核物资等。

2. 出口关税

与进口关税正好相反,出口关税是针对某些特殊商品出口征收的税赋。出口关税限制产品出口,但同时会对本国的生产、消费和社会福利带来影响,其影响也会因各国在世界市场上地位的不同而不同。

3. 出口配额

实行出口配额是政府限制出口的又一种政策,即控制出口商品的数量。有些出口配额是本国政府主动设立的,也有的配额是应进口国政府要求而设立的,即"自愿出口限制"。如中国输往欧美的纺织品出口配额就是在欧美政府的要求下设置的,因此也叫被动配额。

4. 出口行业的生产税

如果政府不用贸易政策限制出口,既不征出口税也不使用出口配额,允许商品自由出口,但对单位产品生产征收与单位出口商品所征关税相同的生产税。

5. 禁止出口与贸易禁运

禁止出口一般是一国对其战略物资或急需的国内短缺物资进行严格控制的主要手段。而贸易禁运(Trade Embargo)则是一些国家为了制裁其敌对国家而实行的贸易控制措施。前者往往针对所有或多数贸易伙伴,禁止只涉及本国出口,并不限制进口。而贸易禁运往往只针对某个或某些目标国家,所禁止的不仅是出口,同时还禁止从这些国家进口。

第四节 进口鼓励措施

一、进口鼓励政策的含义

进口鼓励政策是指进口国政府通过有关经济的和行政的办法和措施鼓励外国商品进口的行为总称。进口鼓励政策有长期的和短期的两种类型。

长期的进口鼓励政策一般适用于进口国长期短缺的商品的进口。这类政策一经制定就相对稳定,以保持国外货源的正常供应。比如日本对许多原料的进口都长期实行进口鼓励政策。

短期的进口鼓励政策一般适用于进口国暂时短缺前商品的进口。这种政策往往具有临时性,政府随时都可能宣布废除。比如灾年政府制定一系列的鼓励粮食进口的政策措施,一旦进口量满足需求,这些鼓励进口措施将被取消。

进口鼓励政策实施的商品对象通常有以下几类:

一是国内紧缺的生产性原材料。为了维持国内生产供给的正常化,政府将对国内稀缺的原材料的进口实行鼓励政策。

二是国内急需的各种先进的生产技术和设备。发展中国家为了加快本国工业化进程,促进产业升级换代,需要对这类产品的进口实行鼓励政策。

三是国内生产极少或根本不生产的某些产品。由于技术水平、资源禀赋状况各国存在差异,每个国家都有一些不能生产或即使生产成本也很高的不具有比较优势的商品。对于这类商品的进口也可实行鼓励政策以满足国内生产需求或消费需求。

四是某些特殊的具有战略安全意义的商品。

二、进口鼓励政策的类型

(一) 关税政策

政府对鼓励进口的商品实行特殊的关税优惠政策,视不同情况采取降低关税直至全部免除关税的措施。比如许多发达国家都对进口的原材料实行关税减免。此外,进口鼓励的关税政策往往还和出口鼓励的关税政策结合起来使用。比如,用进口原材料生产的出口产品的退税政策就是如此。这种退税政策鼓励了出口,但同时也鼓励了用进口原材料生产出口品,实际上也等于鼓励原材料进口。

(二) 非关税政策

非关税政策通常是用来限制进口的。但是,如果一国需要鼓励某些商品进口,就可以通过降低非关税措施的保护程度达到鼓励的目的。由于非关税措施具有极大的灵活性，它特别能够适应政府对外贸政策的各种变化。比如政府可以通过放松对进口许可证的申领的管制程度有选择地鼓励某些商品进口，也可以通过对进口配额的控制，进口商品的检验等环节有针对性地鼓励某些商品的进口。

（三）国家专营

政府通过国家对某些商品的进口专营直接控制进口规模，在需要实行进口鼓励政策的情况下，政府可以比较容易地扩大有关商品的进口规模。

三、进口鼓励措施

（一）优化进口关税结构

中国降低进口关税是兑现持续扩大开放承诺的有力举措，不仅有助于满足国内消费升级需求、促进提升市场竞争环境，还将让全球更多企业有更多机会走进中国。

2001年我国加入世界贸易组织后，我国严格履行入世关税减让义务。2010年1月1日，我国货物降税承诺全部履行完毕，关税总水平由2001年的15.3%降至9.8%。其中，工业品平均税率由14.8%降至8.9%；农产品平均税率由23.2%降至15.2%，约为世界农产品平均关税水平的四分之一。入世以来，税则税目设置更加科学化、精细化，关税结构不断优化，基本实现了从"高税率、窄税基"向"低税率、宽税基"的转变。关税促进了贸易持续快速增长，拉动我国经济高质量发展。入世以后，我国进出口规模不断扩大，2013年即成为世界第一大货物贸易国。

近年来我国继续主动扩大开放，进一步降低了关税总水平。2018年4月10日，习近平总书记在博鳌亚洲论坛2018年年会开幕式主旨演讲中宣布将相当幅度降低汽车进口关税，同时降低部分其他产品进口关税。

其后，我国又陆续出台了一系列自主降低关税的新措施。一是高度重视人民健康与福祉，全面降低药品关税。将包括抗癌药品在内的所有普通药品和具有抗癌作用的生物碱类药品、有实际进口的中成药等共28个税目的进口关税调整为零。二是对218个税目的汽车及零部件降税，降税后我国汽车整车税率已低于发展中国家的平均水平，符合我国汽车产业实际。三是对1449个税目的日用消费品降税，平均降税幅度达55.9%。四是为适应产业升级、降低企业成本，对1585个税目的机电设备、零部件及原材料等工业品实施降税。以自主降低关税的新措施使我国的关税总水平降至7.5%。调整后的关税总水平略高于欧盟，低于大多数发展中国家，处于中等偏低水平，与我国发展中国家地位和发展阶段基本匹配。

2019年，习近平总书记宣布我国将进一步降低关税水平，消除各种非关税壁垒，不断开大中国市场大门。2020年1月1日起，中国调整了部分商品的进口关税，850余项商品实施低于最惠国税率的进口暂定税率。

此次关税调整方案的税率调整方式体现出多样性，主要包括四种：

一是实行暂定税率。暂定税率指在一定期限内实施的进出口关税税率。根据方案,自2020年1月1日起实行进口暂定税率的商品共850余项,与去年同期相比增长超过20%。同时,2020年出口暂定税率保持不变。

二是实行协定税率。协定税率是指按照签署的贸易协定或优惠贸易安排实行的关税税率。2020年中国继续对16个协定、23个国家或地区实行协定税率。

三是实行特惠税率。特惠税率是指单方面给予最不发达国家的特殊优惠关税待遇而适用的税率。2020年,除赤道几内亚从最不发达国家中"毕业"满3年停止享受特惠待遇外,其他与中国建交并完成换文手续的最不发达国家继续享受特惠零关税待遇。

四是降低最惠国税率。按照世贸组织框架下扩大信息技术协定产品范围的谈判成果,2020年7月1日,中国对176项信息技术产品的最惠国税率实施第五步降税。

通过降低关税,中国经济将进一步实现贸易自由化、便利化、市场化,国外企业将获得更多中国市场红利,国内企业尽管面临更多竞争,但同时也将收获更多产业合作的机遇。

(二) 提高贸易便利化水平

贸易便利化是指通过程序和手续的简化、适用法律和规定的协调、基础设施的标准化和改善,为国际贸易交易创造一个协调的、透明的、可预见的环境。客观地说,加入世贸组织至今,中国的贸易便利化水平有了惊人的提升,具体而言,可以概括为以下几个方面:

(1) 海关的政务公开、信息透明进步显著。

(2) 自动化、无纸化以及单一窗口应用范围大幅度扩展。

(3) 海关监管制度通过改革,特别是通关一体化改革,管理方法更加科学合理,流程不断简化,效率不断提高。

(4) 通关时间不断缩短,通关行政成本不断降低。

(5) 包括AEO、关税担保、提前申报、风险管理、后续稽查、主动披露等一系列先进管理制度和管理方式得到采用和推广,管理效能得到显著优化。

(6) 国际及国内边境管理机构合作不断加强。

特别是近年来,中国的贸易便利化水平提升速度不断加快。2018年,中国陆续推出了一系列有利于贸易便利化的措施,《优化口岸营商环境促进跨境贸易便利化工作方案》《关于加快提升通关便利化水平的通知》《进一步推进中国(上海)自由贸易试验区外汇管理改革试点实施细则(4.0版)》等先后印发。2019年8月26日,国务院印发《中国(山东)、(江苏)、(广西)、(河北)、(云南)、(黑龙江)自由贸易试验区总体方案》,自贸试验区扩围,进一步提升了贸易便利化水平。

《中国贸易便利化年度报告(2020)》显示,中国贸易便利化指数持续提升,2019年这一指数的总分为76.93,相比2017年提高了5.31个百分点。2017年启动的中国国际贸易"单一窗口"标准版的建设与推广及2018年"关检融合"是近年来中国贸易便利化水平提升的突出动力。单一窗口的建设和推广,关检融合的实施与深化以及进出口单证的简化,使中国的贸易便利化水平大大提高。

海关总署统计数据显示,2019年,我国进口、出口整体通关时间比2018年分别压缩42.3%、42.4%,时间是41.4小时和4小时,比2018年大幅度压缩。提前两年完成国务院提出的通关时间相比 2017 年压缩一半的目标任务。世界银行发布的《2020 年营商环境报告》显示,由于大力推进改革议程,中国连续两年跻身全球营商环境改善最大的经济体。

(三) 完善进口促进体系

我国近年来通过一系列措施完善进口促进体系,包括:加大对进口贴息、进口信贷、进口信用保险等政策的实施力度;加大政策性进口信贷的支持力度,重点支持能源、资源和先进技术设备进口,扩大服务民生的医药产品和消费品、促进节能环保的产品进口;利用自贸区、零关税优惠、贸易投资促进等平台等,提高从重点国家的进口规模;提升广交会、中国—东盟博览会、中国国际进口博览会等展会进口功能,在各类重要的展会上配套增加进口展,进一步支持先进技术设备进口的常年展,在重要的中心城市提供海外产品的展示中心,加大优质展会的推介宣传和咨询信息服务;完善外商投资相关管理体制,优化境内投资环境;加快推进签订高水平的投资协定,提高对外投资便利化水平;加快复制推广跨境电子商务综合试验区成熟经验做法,加快推进汽车平行进口试点。

四、中国国际进口博览会

中国国际进口博览会(英文名称:China International Import Expo,简称 CIIE 或进博会)由中华人民共和国商务部、上海市人民政府主办,是世界上第一个以进口为主题的大型国家级展会,旨在坚定支持贸易自由化和经济全球化,主动向世界开放市场。举办中国国际进口博览会是中国政府坚定支持贸易自由化和经济全球化,主动向世界开放市场的重大举措,有利于促进世界各国加强经贸交流合作,促进全球贸易和世界经济增长,推动开放型世界经济发展。

(一) 中国国际进口博览会举办背景

1. 进一步融入全球市场的要求

中国正处在产业升级阶段,需要淘汰落后产业,开拓新的产业,在国际分工中寻找自己的位置,在做好出口国际化的同时,也要做好进口的国际化。要想让高端产品走出国际,首先得打开自己的大门,让自己真正有竞争力的产品走出去,也能够在国际分工中更好的寻找自己的定位,融入国际化的大潮。

2. 减小与贸易国的矛盾的要求

中国出口体量较大,一些国家在与中国的贸易中出现逆差。中国和一些国家,特别是一些发达国家的经济结构存在差异,中国的出口产品大量集中于普通民用产品,而一些国家出于自利的原因,对中国的出口设置"关卡"导致了贸易失衡。通过中国国际进口博览会的召开来扩大进口更有利于减少与贸易交往国的矛盾。

3. 国内消费升级的要求

从经济发展规律来看,当前我国进入高质量发展阶段,主动扩大进口有助于满足居民不断增长的高品质消费需求。

（二）中国国际进口博览会成果

2018年11月5日至10日，第一届中国国际进口博览会在国家会展中心（上海）举行，中国国家主席习近平出席开幕式并发表重要讲话。首届进博会包括展会和论坛。展会由国家贸易投资综合展和企业商业展组成。国家展主要展示各国形象和发展成就，只展示不成交；企业展分为七大展区，既有货物贸易，也有服务贸易。来自五大洲的172个国家、地区和国际组织参会，参展企业3617家，80多万人进馆洽谈采购、参观体验，成交额达578亿美元。虹桥国际经贸论坛由主论坛、三场平行论坛及国际财经媒体和智库论坛组成，4500多名各界嘉宾出席。首届进博会广受国内外关注，吸引了近4000名中外记者与会报道。

第二届中国国际进口博览会于2019年11月5日至10日在中国上海国家会展中心举行。在为期6天的展期中，累计进场超过91万人次，其中包括7000多位境外采购商，大大超过首届，采购商国际化程度进一步提高。采购商专业性更强，其中，境内企业中来自制造业的占32%，来自批发和零售业的占25%。交易采购成果丰硕，按一年计，累计意向成交711.3亿美元，比首届增长23%。各国政府高度重视，共有126个外国政府团组参会，境外副部级以上嘉宾超过200人。第二届进博会国家展参展国分布广泛，各国展台特色鲜明，活动丰富多彩，促进了各国间的沟通交流，中国馆彰显中国特色，以新中国成立70周年为主题，展示中国新发展理念和高质量发展成就。企业商业展规模、质量、布展水平，与首届相比，均实现了新突破。据进博局初步统计，全球或中国大陆首发新产品、新技术或服务391件，高于首届。进博会正逐步成为各行业新产品、新技术发布和交易采购的首选平台。

第三届中国国际进口博览会于2020年11月5日至10日在中国上海举办。第三届进口博览会首次设置公共卫生、非银行金融等新题材，同时，首次开启"边招展、边对接"模式，帮助全球参展商和采购商更好对接。本届进博会设置食品及农产品、汽车、技术装备、消费品、医疗器械及医药保健以及服务贸易展区6大展区，新设公共卫生防疫、节能环保、智慧出行和体育用品及赛事4大专区。第三届进博会克服不利影响，统筹疫情防控和办展工作，取得丰硕成果，674家参展商、1351家采购商共达成合作意向861项，累计意向成交726.2亿美元，比上届增长2.1%。

（三）中国国际进口博览会意义

中国国际进口博览会的举办向世界宣告了我国继续扩大开放的坚定态度。我国经过改革开放40年的持续发展，已经成为世界第二大经济体，是全球经济增长的重要支撑力量。然而，中国的崛起却引起了包括美国在内的一些国家的抵触情绪，它们不承认中国市场经济地位，指责中国市场开放程度不高。对于这些指责，我国一方面据理力争，另一方面加快了对外开放的步伐。举办国际进口博览会，就是一个极具针对性的举措。

进博会对国内企业而言，是"史无前例"的商机、难能可贵的体验。从长远看，在供给侧结构性改革的发展背景下，国内一些企业对先进技术装备和技术具有庞大需求，在生产流程设计、软件编程优化等方面存在实际困难。举办进博会，就是通过引进全世界的新产品、新技术、新服务、新模式、新业态,让国内企业了解行业前沿,借鉴发展经验,从而进一步倒逼改革,提升服务水平,提高生产效率,增强创新能力。同时进博会为国内消费者提供了一个与世界一流产品和服务直接接触的机会,更为享受国内企业提供同等品质供给创造了可能。

第五节 贸易救济措施

一、贸易救济概述

贸易救济是指当外国进口对一国国内产业造成负面影响时,该国政府所采取的减轻乃至消除该类负面影响的措施。

在 WTO 框架内,贸易救济包括三种形式:反倾销、反补贴和保障措施。

一般而言,采取的贸易救济措施表现为:经过国内产业或其代表申请或者经一国主管当局认为有必要而自行发起之后,主管当局发起一项反倾销、反补贴或者保障措施调查,最终确定对外国进口加征关税或者实行配额管理(保障措施中可能二者并用)。

二、反倾销

倾销是产品以低于其正常价值的价格出口到另一国家(地区)的行为。若出口方的经济为市场经济,则可用其国内销售价、向第三方的出口价等为依据确定正常价值;若出口方的经济被认定为非市场经济,则要以替代国价格、相似产品在进口国的销售价格等为依据确定被指控产品的正常价值。当进口国发现出口国进行商品倾销并给本国造成巨大损害时,往往采取各种措施来抵消或减弱倾销带来的冲击,这就是反倾销的行为。

(一)反倾销的内容

1. 倾销的确定

倾销的确定是反倾销措施的必备要件之一。判定倾销的标准有三个:

(1)产品以低于正常价值或公平价值的价格销售。

(2)这种低价销售的行为给进口国产业造成损害,包括实质性损害、实质性威胁和实质性阻碍。

(3)损害是由低价销售造成的,二者之间存在因果关系。

2. 倾销幅度的确定

倾销幅度即为出口价格低于正常价格的差额。因此,确定倾销幅度,关键是确定出口价格、正常价格和两者之间的比较规则。

倾销幅度的确定可以分为三个步骤:

（1）确定出口产品的正常价值。根据WTO《反倾销协议》第二条的规定，出口产品的正常价值是在正常贸易过程中（in the ordinary course of trade）出口国供国内消费的同类产品的可比价格（Comparable Price）。用以计算正常价值的可比价格包括三种：① 出口国国内市场价格；② 出口到第三国同类产品的可比价格；③ 推算价格（Constructed Price）。当使用出口国国内市场价格和出口到第三国同类产品的可比价格均无法确定倾销产品的国内销售价格时，可以采用推算价格来确定。推算价格是指被指控倾销产品的生产成本加合理的管理费用、销售费用和一般费用以及利润作为出口产品的价格。

因此，理论上，确定出口产品的正常价值并不困难，但由于反倾销的保护主义本质，正常价值的计算方法经常成为保护主义滥用的首要突破口，从而使正常价值的计算变得十分复杂。

（2）确定出口产品的出口价格。出口价格是出口商将产品出口到进口国国内实际支付或应当支付的价格，通常根据出口商提供的账簿资料确定。但是，如通过这种方法无法确定出口价格（如易货贸易）或确定的价格不可靠（如关联交易），按进口商品首次转售给独立购买人的推定价格计算。我国《反倾销条例》也作了类似的规定。

（3）合理比较正常价值与出口价格。确定了产品的正常价值和出口价格之后，必须对影响价格的因素进行调整，使两者在同一贸易水平上进行公正比较，即具有可比性。

3. 损害的确定

对某一项产品进行反倾销的第二个必要条件是"存在对进口国国内产业的损害"。损害应根据确凿的证据确定，并主要从两方面进行考察：一是倾销进口产品的数量和倾销进口产品对国内市场同类产品价格的影响；二是这些进口产品随之对此类产品国内生产者产生的影响。

（1）实质性损害的确定。实质损害是指被提起反倾销调查的产品的进口量较以前有大量增加、市场占有率明显上升、进口国国内相似产品的价格大幅度下降或在需求大量增长的情况下严重抑制了价格的上涨等，这种损害是实质性的。主要考虑三个方面的因素：一是倾销产品的数量是否构成了急剧增长——无论是绝对数量还是相对于进口国的生产或消费而言；二是该产品是否对进口国相同或类似产品的价格产生影响及其影响程度；三是该产品对进口国国内产业相同或类似产品的生产商产生的影响和后续冲击程度，包括生产产量、销售、库存、市场份额、价格、利润、生产率、投资回收率、现金流动、设备利用能力、就业等诸多因素。

（2）实质性损害威胁的确定。实质性损害威胁是指进口国的有关产业虽尚未受到实质损害，但倾销的事实将会导致这种损害发生。并且这个事实是迫近的、可以预见的，而不是假设的、遥远的。确定实质性损害威胁时要考虑这几个因素：一是倾销进口产品进入国内市场的大幅增长率，表明进口实质增加的可能性；二是出口商可充分自由使用的或即将实质增加的能力，表明倾销出口产品进入进口成员市场实质增加的可能性，同时考虑吸收任何额外出口的其他出口市场的可能性；三是进口产品是否以将对国内价格产生大幅度抑制或压低影响的价格进入，是否会增加对更多进口产品的需求；四是被调查产品的库存情况。

（3）对产业新建实质阻碍的确定。对产业新建实质阻碍是指倾销产品未对进口国的国内产业造成实质性损害或构成实质性损害的威胁,但如果严重阻碍了进口国生产该同类产品的一个新产业的建立,也可被认为存在着损害。严重阻碍某一产业的新建,应该是一个新产业的新建在实际建立过程中严重受阻,不能理解为是倾销的产品阻碍了建立一个新产业的设想或计划,而且必要时要有充分的证据。

(4) 国内产业的确定。从前面三点可以看出,在确定损害时,必须要对进口国的国内产业进行确定。根据《反倾销协定》的规定,"国内产业"是指出口国国内生产同类产品的生产者全体,或虽不构成全体,但其国内生产同类产品产业的大部分生产者。在符合特定条件下,"国内产业"也可以以一个地区为范围构成,其条件是这个地区就该国其他地域而言,形成了一个相对独立的竞争市场,即该市场中的生产者在该市场中出售他们生产的全部或几乎全部所涉产品。该市场中的需求在很大程度上不是由位于该领土内其他地方的所涉产品生产者供应的。在这种情况下,即使全部国内产业的主要部分未受损害,只要倾销进口产品集中进入该孤立市场,且只要倾销产品正在对该市场中全部或几乎全部产品的生产者造成损害,就可认为存在损害。但这种情况下反倾销税只能对供该地区最终消费的所涉产品征收。

(二) 反倾销调查

反倾销调查(Anti-dumping investigation)是指进口国依法对造成进口国产业损害的倾销行为采取征收反倾销税等的调查,是以反倾销法为依据,立足于进口国产业及其生产者的利益,维护正常国际贸易秩序和国内市场公平的一种行为。反倾销调查的程序如下:

1. 申请和立案

反倾销调查的启动一般应由进口方受到损害的行业或其代表向有关当局提交书面申请,这是反倾销调查的必要条件。一般情况下,进口方当局不会主动发起反倾销调查。进口方受到损害的行业或其代表向有关当局提交的申诉书应包括以下内容:申请人的身份、产品产量与价值、被指控产品所属国家及相关企业名称、被指控方产品在其国内的价格等。在特殊情况下,进口国当局也可以主动开展倾销调查。

进口方当局在确认申诉材料真实可靠,决定立案后,就要通知其产品遭到调查的成员方和调查当局所知道的有利害关系的各方,并予以公告。向被调查方发出的通知应当列明应诉材料的送达地点及时限等。

2. 调查

当局在一定的期限内,对被告方的产品倾销幅度、对国内行业的损害以及两者之间的因果关系进行调查核实。一般情况下,反倾销调查应在1年内结束,无论何种情况不得超过从调查开始之后的18个月。

3. 裁定

裁定包括初裁与终裁。初裁是指在完全结束调查之前,调查当局如果初步肯定或否定有关倾销或损害的事实,可以对相关产品采取临时措施(临时措施只能在反倾销调查开始之日起60天后才能采取,实施期限一般不超过4个月,最长不超过9个月)。终裁是指调查当局最终确认进口产品倾销并造成损害,从而对其征收反倾销税。如果征收反倾销税,数额不得超过倾销幅度,可以征收反倾销税直至抵消倾销损害,但最长不超过5年。

反倾销税一般不能追诉征收。但是，为了防止出口方在调查期间抢在进口方采取措施前大量出口倾销产品，反倾销守则也规定了在确实发生上述情况时，进口方当局可以对那些临时措施生效前 90 天内进入消费领域的产品追诉征收最终反倾销税。

3. 行政复审

反倾销税实行一段合理时间后，对于是否继续征税，进口方当局可以主动或应当事人的要求进行行政复审，以确定是否继续或中止征收反倾销税或价格承诺。在进口方当局初步确认存在倾销、损害及其因果关系后，如果出口商主动承诺提高有关商品的出口价格或者停止以倾销价格出口，并且得到进口方当局的同意，那么反倾销调查程序可以暂时中止或终止。

（三）反倾销的具体措施

反倾销措施包括临时措施、价格承诺和征收反倾销税。

1. 临时措施

《反倾销协议》第 7 条规定，在初步认为存在倾销、国内工业损害及因果关系后，调查当局可以采取临时反倾销措施，以防在调查期间有关工业受到更加严重的损害。临时措施的种类包括：① 征收临时反倾销税；② 采用担保方式，支付现金或保证金。

2. 价格承诺

价格承诺是指进口国调查当局与出口商或出口国政府就提高倾销产品价格或停止以倾销价格向进口国出口以便消除损害影响而达成的一种协议。其中，以提高倾销产品价格形式做出的价格承诺，其价格提高不得超过经初步裁定已确认的倾销幅度。

3. 征收反倾销税

反倾销税是最主要的一种反倾销措施，它是在反倾销调查当局在最终裁定中作出肯定性的倾销和损害存在的结论时所征收的税项。

征收反倾销税应遵循以下原则：① 征收额度应低于或等于倾销幅度。如果以较少的征税就能足以消除对国内产业造成的损害，最好征税额小于倾销幅度。② 多退少不补。如果最终确定的反倾销税额高于临时反倾销税，则差额部分不能要求出口商补交；反之，如果最终确定的反倾销税额低于临时反倾销税，则出口商多交的部分税款应当退还，并且退款应在作出决定后 90 天内进行。③ 非歧视原则。反倾销税的征收应一视同仁，其税率不能因国别不同而有差异。

一般情况下，反倾销税的征收效力发生于最终裁定做出之后。但在特殊情况下，调查当局也可以对临时措施适用之前 90 天进入进口国消费领域的产品追溯征收反倾销税。根据《反倾销协议》第 10 条的规定，追溯征收反倾销税的条件包括：① 倾销产品有对国内产业造成损害的倾销历史，或者倾销产品的进口商知道或应当知道产品的出口商在倾销产品，并且倾销将对国内产业造成损害；② 倾销产品在短期内大量进口，并且已对国内产业造成损害。

（四）反规避措施

所谓规避，是指一种出口产品在被另一国实施反倾销措施的情况下，出口商通过各种形式减少或避免出口产品被征收反倾销税或被适用其他形式的反倾销措施的行为。

反规避措施是指进口国为限制国外出口倾销商采用各种方法排除进口国反倾销税的适用而对该种行为采取相应救济的法律行为,即由实施反倾销措施的国家针对反倾销中的规避行为所采取的反规避措施。

反规避措施应涵盖下列规避行为:

(1) 进口国零配件组装规避行为。这是一种早期的典型的规避情形,指出口商为了故意避免其制成品在进口国被征收反倾销税,而将该产品的零配件或组装件出口到进口国,并在进口国组装后就地销售的行为。这种行为利用制成品与零配件在各国海关税则分类上不属于同一税则,规避反倾销税的征收。

(2) 第三国制成品组装规避行为。是指出口商因其产品被进口国征收反倾销税,为绕开反倾销税,将产品的制成阶段转移到第三国进行,然后从第三国将产品以第三国产品的身份再向进口国出口,而且该产品未达到起码的增值要求或较高阶段。

(3) 轻微改变的产品。轻微改变的产品是指一项出口产品在遭受反倾销措施制裁的情况下,出口商对该产品进行非功能性的改变,再出口到该国以规避反倾销税的行为。这种细小的改变不会导致产品的最终用途、物理特征及消费者购买的选择发生相应的改变。

(4) 后续改进的产品。前期产品被征收反倾销税后,出口商在前期产品的基础上发展制造了新一代产品,即后续改进产品。针对后续改进的产品的反规避措施源于日本向美倾销手提打字机一案。

(5) 对下游产品的监督,即针对本已被征收反倾销税的零配件、配件或原材料,由于进口商改变做法将上述零配件等加工成半成品或成品向进口国出口,进口国所采取的对此下游产品进行监督,并决定是否进行新的反倾销调查和征收反倾销税的规避措施。

(6) 虚构的正常价值,按照美国反倾销法的有关规定,只要出口商在反倾销令发布以后到美国的产品之正常价值发生了不同变化,并因此降低了倾销幅度,则美国商务部即可以将它作为建立虚假的正常价值的依据,决定不使用这一价格作为公平价格标准,改用该产品的结构价格来确定其正常价值,从而达到阻止出口商规避反倾销税的目的。

随着反规避行为更加隐蔽以及贸易保护主义趋势的加强,反规避措施的范围也将不断扩大。如欧盟已将作错误的原产地申报、进口拆散的成套配件等纳入反规避的范围之内。

二、反补贴

反补贴是指进口国主管当局根据其国内相关产业的申请,为了保护受损的国内产业,恢复公平竞争,调查补贴进口,并通过征收反补贴税或价格承诺抵消进口产品享受的补贴。反补贴是补贴的伴随,也是进口国反击出口补贴国家的行为。

(一) 反补贴的特点

(1) 反补贴的应诉主体为政府。补贴是政府行为,反补贴的调查对象是政府的政策措施。反倾销和保障措施的威胁主要针对企业和特定行业,而反补贴则会影响被调查国的贸易和产业政策、宏观经济政策甚至总体经济战略。

（2）反补贴的调查范围更广泛。反倾销和保障措施仅涉及特定企业或产品,而反补贴的涉及面更加广泛,调查范围可能接受政府补贴对象的下游企业甚至整个产业链,危害更大。

（3）反补贴的影响时间较长。相对于反倾销和保障措施,反补贴对一国经济的影响更加广泛和持久。为应对反补贴调查,一国政府必须逐步调整相应的贸易和产业政策,这种调整将在长时间内对一国经济、政治、社会发展产生巨大影响。

（4）反补贴具有更强的连锁效应。在一成员方反补贴调查中被认定的补贴措施,可以直接被其他成员在反补贴调查中援引。

（二）反补贴措施的种类与实施

1. 临时措施

临时措施是为顺利进行继续调查而采取的预防性措施,也是进口国调查机关决定是否最终征收反补贴税的前序性非正式措施。调查机关采取临时性措施,表明其对补贴的存在和补贴进口产品给国内产业造成的损害已经有了初步肯定性的结论,但采取临时措施并不表明一定要采取最终的反补贴措施。

2. 承诺

承诺主体包括产品的原产国政府或出口国政府,自愿承诺的情形一旦出现,则可以中止或终止调查,而不采取临时措施或征收反补贴税。反补贴调查中承诺的形式不仅限于价格上的承诺,还包括补贴的取消或限制等情况。

3. 反补贴税征收

反补贴税征收是指调查机关在仲裁时最终确定征收反补贴税。如果反补贴调查最终裁定存在补贴和产业损害,调查机关便可决定对手补贴进口产品征收反补贴税,反补贴税不得超过经确认而存在的补贴额。反补贴税的执行期限只能以抵消补贴所造成的损害所必需的时间为准,执行期限不得长于5年。如调查机关通过调查确认有充分理由,可适当延长期限。

【案例5-1】 美国初步裁定对来自巴林等四国的铝板进口加收反补贴税

2020年8月10日,美国商务部宣布初步裁定,从巴林、巴西、印度和土耳其进口的普通合金铝板受益于不公平的政府补贴,因此,美国商务部将指示美国海关与边境保护局（CBP）,要求美国进口商对来自这4个国家的某些普通合金铝板在进口时缴纳估算的反补贴税。

美国铝业协会主席兼首席执行官Tom Dobbins表示,"美国铝业协会及其成员对美国商务部的初步调查结果感到满意,这将有助于为美国板材生产商提供公平的竞争环境,特别是在这个充满挑战的时期。美国普通合金铝板生产商是世界上最具竞争力的生产商之一,但他们不应与受到外国政府不公平补贴的产品竞争。"

美国商务部做出上述决定之前,美国商务部于2020年3月30日开始对来自18个国家的进口普通合金铝板发起反倾销和反补贴税调查,对从巴林、巴西、印度和土耳其进口的产品进行反补贴税调查。

根据迄今收集到的信息,美国商务部计算了初步的补贴幅度如下:巴林:9.49%;巴西:0.76%至1.32%;印度:4.55%对34.84%;土耳其:0.07%至3.15%

这项贸易行动的下一步举措,将是美国商务部发布初步反倾销裁定,该裁定定于2020年10月7日(星期三)公布。如果美国商务部作出肯定的初步反倾销裁定,美国进口商将被要求对来自18个受调查国家的所有进口普通合金铝板按初步倾销幅度的数额缴纳保证金。此外,美国进口商还将按美国商务部宣布的初步补贴决定,缴存估计的进口关税。

美国商务部调查的普通合金铝板,由1XXX、3XXX或5XXX系列合金制成,厚度等于或小于6.3 mm,但大于0.2 mm,为平轧制铝制品,卷制或切割成一定长度,不考虑宽度。被调查的铝板既包括未包覆铝板,也包括多合金覆层铝板。被调查产品的常见用途包括排水沟和落水管、建筑立面、街道标志和车牌、电器箱、厨房电器和卡车拖车。调查范围不包括适用于制造铝制饮料罐、盖子或拉环的铝罐坯料。

(资料来源:中国有色网)

三、特别保障措施

(一)特别保障措施概述

特别保障措施是世界贸易组织(WTO)成员利用特定产品过渡性保障机制(Transitional Product-specific Safeguard Mechanism)针对来自特定成员的进口产品采取的措施,即在WTO体制下,在特定的过渡期内,进口国政府为防止来源于特定成员国的进口产品对本国相关产业造成损害而实施的限制性保障措施。

最早的特别保障措施适用于日本。1953年日本申请加入关税与贸易总协定(GATT)时,一些GATT缔约国担心日本的纺织品进口可能对本国相关产业造成损害,决定在日本加入GATT之后其他成员国可以对日本适用特别保障条款,即GATT缔约国在发现原产于日本的纺织品进口数量增加从而对本国构成市场扰乱时,可以单方面针对日本的纺织品采取保障措施,以抵消或减少对国内产业的冲击。

特别保障措施有以下几个特点:(1)适用对象的选择性和歧视性。(2)适用条件的模糊性和随意性。(3)适用报复措施救济的有限性。(4)适用期限具有过渡性。

(二)针对中国的特别保障措施

针对中国的特别保障措施实际上是"发达国家把中国当作非市场经济国家对待的产物"。我国是GATT1947创始缔约国,但由于历史的原因,长期游离于GATT之外。1986年,我国正式提出恢复GATT席位的申请,但是因为种种原因未能在1994年底前结束谈判,1995年WTO成立后,又开始加入漫长的谈判。以美国为代表的一些西方国家对中国要价太高,"一致要求中国接受特别保障措施条款",谈判十分艰难。经过多次反复,我国政府权衡利弊,采取务实和灵活的态度,最终于1999年与美国达成包含了特别保障措施条款的关于中国"入世"的双边协议,2001年我国"入世"时被确定为《中华人民共和国加入议定书》的正式条款。因此,在某种程度上,特别保障措施是美国贸易利益的直接体现,是中美双方利益均衡和政治妥协的结果。

针对中国的特别保障措施主要包含在《中华人民共和国加入议定书》(以下简称《议定书》)第16条和《中国加入工作组报告书》(以下简称《报告书》)第242、245段到250段中。根据《议定书》第16条规定,在中国加入WTO之日起的12年内,如果原产于中国的产品在进口至任何WTO成员领土时,其增长的数量或所依据的条件对生产同类产品或直接竞争产品的国内生产者造成或威胁造成市场扰乱,该WTO成员可请求与中国进行磋商,包括该成员是否应根据《保障措施协议》采取措施。如果磋商未能使中国与有关WTO成员在收到磋商请求后60天内达成协议,该WTO成员有权在防止或补救此种市场扰乱所必需的限度内,对此类产品撤销减让或限制进口。根据《报告书》第242段规定,在2008年12月31日前,WTO成员可以对来自中国的纺织品采取特别保障措施;第245段到250段中则规定实施特别保障措施的基本程序。附件7还列举了部分WTO成员可以采取特别保障措施的中国产品名称和具体措施。

(三) 特别保障措施对我国的影响

1. 积极影响

(1) 促进我国改革贸易体制,调整贸易政策。经过四十多年的改革开放,我国已经初步建立了市场经济体制,对外贸易在国民经济中占有十分重要的地位。但是,我国经济的外贸依存度也大幅提高,这就孕育了一定的风险,任何国际经济波动都会影响我国的经济稳定。特别保障措施条款在一定程度上起到警示作用。

(2) 促使我国加快产业结构调整的步伐。我国经济正处于结构调整时期,产业升级的外在需求和博取短期贸易利益的内在冲动在较长时间内广泛存在,而且不断表现出剧烈的冲突和尖锐的矛盾。对于产业结构调整而言,由于存在其他WTO成员对我国实施包括特别保障措施在内的贸易救济措施的可能性,我国政府和企业存在一定的压力,有利于形成加快产业结构调整的主动性和推动力。

(3) 促使企业加速技术改造,提升产品的技术含量。长期以来,我国出口产品偏重依靠劳动力成本优势,技术含量少,附加值低,出口竞争力差,价格战成为企业惯用的出口竞争策略,这使我国不断受到反倾销指控。因此,在这个意义上,特别保障措施条款的存在会不断警示我国政府和企业,企业也应该利用这一契机革新技术,提高出口产品附加值和技术含量,提高出口效益。

2. 消极影响

(1) 冲击甚至损害我国的国内产业。作为歧视性很强的特别保障措施的实施目的在于保护进口国(实施国)的国内产业,在另一方面就会直接损害中国的出口产业,因为特别保障措施的实施在事实上会使中国的相关产业的出口市场份额下降,进而产量下滑,形成连锁反应,危及产业发展。

(2) 相关产品出口受阻,企业利润减少。特别保障措施实施的直接后果就是中国的产品出口受到限制,企业的出口产品数量减少,企业利润下降,企业要么放弃对该国的产品出口,要么应对特别保障措施,要么重新开拓新的出口市场,要么提高产品的技术含量和附加值。

(3) 破坏公平竞争,阻滞经济良性运行。贸易自由与公平竞争已被公认为国际贸易的基本原则。特别保障措施是对这两个原则的违背和破坏,不利于建立公平竞争的国际贸易环境。由于特别保障措施针对我国产品出口,对我国的出口导向型经济会产生负面影响,不利于我国经济的稳定和健康发展,并随我国经济在世界经济中比重的增加而影响世界经济的稳定和发展。

(四) 应对特别保障措施的措施

应该承认,特别保障措施是一个对中国很不公平的条款,在某种意义上,"它完全是美国贸易法406条款的移植",违反了自由和公平的贸易原则。但是,它也是"中国在权衡利弊的前提下的一种选择",而且,中国寻求加入WTO(包括GATT)的努力也是建立在长期的战略考虑基础上的。简单地以特别保障条款是"在紧迫、意志受限的情况下做出的承诺"为理由,主张"撤销或使其无效",似乎有点偏颇。作为政治大国和上升中的经济大国,我国应当树立"信守承诺,遵守条约"的国际形象。在此前提下,我国应采取对策,力争使WTO成员减少适用和防止其滥用这一条款,积极维护我国的贸易利益。比如:

(1) 国家应完善立法,改革贸易体制,调整外贸政策。经过多年的实践和探索,我国已经初步建立了符合WTO规则和适合我国基本国情的贸易法律框架和贸易体制。但是,还有不少具体规则有待完善。我国应该通过立法手段完善出口退税制度和外汇管理制度,减低经济的外贸依存度,改变我国出口导向型的经济发展模式,而代之以资本、投资、出口协调发展的综合导向型经济增长模式,规范贸易企业出口行为,增加经济发展的内涵。

(2) 培育和完善机制,鼓励企业积极应诉。由于外贸体制的原因,在相当长的时期内,我国的产品出口主体包括享有进出口经营权的生产企业、独立经营的专业外贸企业和外贸代理企业。在有关WTO成员针对我国产品提起"两反一保"的指控时,往往因为贸易利益均衡与冲突的问题导致生产企业和外贸代理企业之间、生产企业之间、外贸企业之间缺乏内在协调与合作,疏于、惰于甚至放弃应诉,以致在大多数案件中我国被迫承担不利后果,这在另一方面又诱使更多的WTO成员对我国适用贸易救济措施。目前,对我国提起特别保障措施得以实现的案例还不多,但是,我们并不能掉以轻心,应加快建立应诉机制,确立"谁应诉谁受益,谁逃避谁负责"的原则,鼓励企业合作应对包括特别保障措施在内的贸易救济措施的适用。

(3) 加大经济外交力度,加快区域经济合作。一方面我国应积极开展经济外交,争取更多发展中国家和其他友好国家承认我国的市场经济地位,减少特别保障措施条款的适用;另一方面,我国应加强与周边国家的经济合作,建立关税联盟和自由贸易区,以规避特别保障措施的适用。

(4) 运用WTO争端解决机制,积极磋商,妥善解决争端。在WTO成员针对我国产品适用特别保障措施条款,我国不应消极回避,应尽量利用磋商机制,化解矛盾,解决争端,必要时诉诸WTO争端解决机制。任何懈怠和侥幸心理都会导致严重的不利后果,损害我国的贸易利益。

(5) 建立和完善行业协会制度，充分发挥行业协会的作用。我国的行业协会很不发达，有限的协会也是脱胎于政府机构，"衙门"作风并未完全褪去，有时还很严重，这很不利于政府的职能转变，也不利于发挥行业协会应有的作用。因此，国家应该简政放权，通过立法等手段促进行业协会健康发展，并发挥其在解决特别保障措施申诉中的独特作用。

本章小结

本章首先介绍了关税的相关知识。关税是一国政府针对进出本国关境的商品向其经营者即进出口商所征收的一种税收，它是一国调节进出口贸易和实施本国贸易政策的重要手段。关税的作用主要有两个方面：一是增加本国财政收入；二是保护本国的产业和国内市场。

除关税措施以外的一切限制进口的措施称作非关税壁垒，它和关税壁垒一起充当政府干预贸易的政策工具。非关税壁垒措施的种类十分繁多，常见的有进口配额制、"自愿"出口限制、反倾销、歧视性政府采购、进出口贸易的国家垄断、进口许可证制度、技术性贸易壁垒等等。

对一国而言作用于出口的贸易政策，大体上可以分为鼓励出口的贸易政策、出口限制或管制方面的贸易政策。

鼓励出口的政策措施主要有出口补贴、生产补贴、出口信贷、出口信贷国家担保制、外汇倾销、促进出口的组织措施，其中以出口补贴政策为各国广泛采用。另外，设立经济特区也是政府促进出口的政策之一。

进口鼓励政策是指进口国政府通过有关经济的和行政的办法和措施鼓励外国商品进口的行为总称。进口鼓励政策的具体内容一般包括关税政策、非关税政策和国家专营。近年来我国通过完善进口促进体系、提高贸易便利化水平和优化进口关税结构等手段鼓励进口。

中国国际进口博览会的举办向世界宣告了我国继续扩大开放的坚定态度。对国内企业和消费者有深远而积极的影响。

贸易救济是指当外国进口对一国国内产业造成负面影响时，该国政府所采取的减轻乃至消除该类负面影响的措施。在 WTO 框架内，贸易救济包括三种形式：反倾销、反补贴和保障措施。

本章重要概念

关税(Customs Duties；Tariff)；关境(Customs Territory；Customs Frontier)；财政关税(Revenue Tariff)

保护关税(Protective Tariff)；进口税(Import Duties)；普惠制税率；最惠国税率；原产地规则(Rules of Origin)；出口税(Export Duties)；过境税(Transit Duties)；反倾销税(Anti-dumping Duties)；反补贴税(Counter Vailing Duties)；从量税(Specific Duties)；非关税壁垒(Non-Tariff Barriers——NTBs)

进口配额(Import Quota);"自愿"出口配额(Voluntary Export Quota);关税配额(tariff quota)

本章推荐阅读材料

1. http://cacs.mofcom.gov.cn/ 中国贸易救济信息网
2. https://www.ciie.org/zbh/index.html 中国国际进口博览会
3. http://www.china-shftz.gov.cn/Homepage.aspx 中国(上海)自由贸易试验区

本章思考题

一、单选题

1. 自由贸易区是划在( )以外,准许外国货物自由免税进入的地区。
   A. 保税区　　　　　B. 国境　　　　　C. 关境　　　　　D. 出口加工区
2. 在下列( )种情况下,本国可对外国进行外汇倾销以扩大出口。
   A. 本国货币贬值8%,国内物价上涨10%　　B. 本国货币贬值8%,外国货币贬值5%
   C. 本国货币贬值8%,国内物价上涨8%　　　D. 本国货币贬值8%,外国货币贬值20%
3. 由进口国家单方面强制规定在一定时期内从某个国家进口某种商品的配额称为( )。
   A. 全球配额　　　B. "自动"出口配额　C. 协议配额　　　D. 国别配额
4. 日本政府曾对茶叶的农药残留量规定不得超过百万分之0.2~0.6,这种规定属于( )。
   A. 技术性贸易壁垒　B. 歧视性国内税　　C. 蓝色贸易壁垒　　D. 包装标签规定
5. 普惠制的主要原则之一"普遍的",其含义是( )。
   A. 发展中国家对发达国家出口的初级产品给予普遍的优惠待遇
   B. 发达国家应对其他发达国家出口的制成品和半制成品给予普遍的优惠待遇
   C. 发达国家应对发展中国家出口的初级产品给予普遍的优惠待遇
   D. 发达国家应对发展中国家出口的制成品和半制成品给予普遍的优惠待遇
6. 以占领垄断和掠夺国外市场,获取高额利润为目的商品倾销方式是( )。
   A. 偶然性倾销　　　B. 长期性倾销　　　C. 持续性倾销　　　D. 掠夺性倾销
7. 以保护本国工业或农业发展为目的而征收的关税是( )。
   A. 过境税　　　　　B. 出口税　　　　　C. 财政关税　　　　D. 保护关税
8. 征收关税的机构是( )。
   A. 海关　　　　　　B. 工商管理部门　　C. 税务机构　　　　D. 公安部门
9. 一般地说,进口税税率随着进口商品加工程度的提高而提高,即工业制成品税率最高,半制成品次之,原料等初级产品税率最低甚至免税,这称为( )。
   A. 关税升级　　　　B. 关税壁垒　　　　C. 优惠关税　　　　D. 保护关税
10. 某国规定2014年进口纺织品2万立方米,对不超过2万立方米的按最惠国税率征税,对超过部分加征 100%的关税。这属于( )。

A. 全球配额 B. 国别配额 C. 绝对配额 D. 关税配额

二、多选题

1. 按倾销的具体目的和时间的不同,商品倾销的种类有( )。

A. 偶然性倾销 B. 持续性倾销 C. 外汇倾销 D. 掠夺性倾销

2. 在下列( )种情况下,本国可通过外汇倾销方式促进出口。

A. 本国货币贬值 10%,国内物价上涨 8%
B. 本国货币贬值 8%,外国货币贬值 8%
C. 本国货币贬值 15%,国内物价上涨 12%
D. 本国货币贬值 15%,外国货币贬值 20%

3. 需要实行出口管制的商品主要有( )。

A. 军事设备 B. 武器 C. 纺织品服装 D. 工业制成品

4. 日本在进口我国的奶酪、肉类等食品时规定进口商必须先向日本国内有关部门申请进口许可,而且所进口的商品上的标签必须注明有关化学合成添加剂和非化学合成添加剂的成分,这些限制进口的措施属于( )。

A. 关税壁垒 B. 政府歧视性采购 C. 进口许可证 D. 技术壁垒

5. 出口信贷的主要形式分为( )。

A. 卖方信贷 B. 买方信贷 C. 无息贷款 D 短期贷款

6. 关税的征收标准可以分为( )。

A. 复合税 B. 从量税 C. 选择税 D. 从价税

7. 用来限制进口的非关税贸易壁垒有( )。

A. 进口配额   B. "自动"出口配额
C. 进口许可证   D. 外汇管制

8. 进口国通常把征收进口附加税作为限制外国商品输入的一种临时性措施,其主要目的是( )。

A. 应付国际收支危机,维持进出口平衡   B. 防止外国商品低价倾销
C. 对某一国家实行歧视或报复   D. 增加关税收入

9. 进口附加税不包括( )。

A. 反补贴税 B. 从量税 C. 反倾销税 D. 从价税

10. 出口信贷是一种促进商品出口的方式,其中买方信贷( )。

A. 进口商所在地银行贷款给出口商
B. 出口商所在地银行贷款给进口商
C. 出口商所在地银行贷款给进口商
D. 出口商所在地银行贷款给出口商

三、判断题

1. 进口附加税是进口国家在对进口商品征收正常进口税后,还会出于某种目的,再加征部分进口税,加征的进口税部分,就是进口附加税。进口附加税与进口税一样都是体现在一国的海关税则中。( )

2. 进口国预先规定有关商品的进口配额,然后在配额的限度内,根据进口商的申请对每笔进口货物发给一定数量或金额的进口许可证,配额用完即停止发放,这称为有定额的进口许可证。(　　)

3. 一般地说,进口税税率随着进口商品加工程度的提高而提高,即工业制成品税率最高,半制成品次之,原料等初级产品税率最低甚至免税,这称为关税升级。(　　)

4. 进口税是指进口商品进入一国的自由港、出口加工区、保税仓库时,由该国海关根据海关税则对本国进口商所征收的一种关税。(　　)

5. 出口间接补贴是指政府对某些商品的出口给予财政上的优惠。其目的在于降低商品成本,提高国际竞争力。(　　)

6. 反倾销是指对外国商品在本国市场上的倾销所采取的抵制措施。一般是对倾销的外国商品除征收一般进口税外,再增收附加税,使其不能廉价出售,此种附加税称为"反倾销税"。(　　)

7. 当几个国家结成关税同盟(如欧盟),对内取消一切贸易限制,对外建立统一的关税制度,则这些国家的国境大于关境。(　　)

8. 出口信贷是一国政府为了降低出口商品的价格,增加其在国际市场的竞争力,在出口该商品时给予出口商的现金补贴或财政上的优惠待遇。(　　)

9. 关税壁垒的实施旨在通过征收高额关税提高进口商品的成本,它比非关税壁垒对进口的限制更直接、更严厉,因而也更加有效。(　　)

10. 关税配额与绝对配额的不同之处在于,绝对配额规定一个最高进口额度,超过就不准进口,而关税配额在商品进口超过规定的最高额度后,仍允许进口,只是超过部分被课以较高关税。(　　)

四、问答题

1. 什么是出口信贷?可分为哪两种?试比较二者的异同。
2. 什么是倾销?
3. 什么是出口补贴?
4. 倾销商品的企业如何弥补倾销商品时的亏损。
5. 试论述一国的货币贬值对进出口的作用。

五、案例分析题

日本取消对华普惠待遇

自2014年以来,中国相继从欧盟、加拿大等国的普惠制名单中"毕业"。2016年美国、欧盟和日本高调宣布,未来将继续不承认中国的"市场经济地位"。

日本财务省早在2016年11月就正式宣布重新调整"特惠关税"制度的对象国。新标准将中国、墨西哥、巴西、泰国和马来西亚5个国家从发展中国家关税减免名单中剔除。

而日本从2019年4月1日起全面终结对我国的普惠制政策。

日本取消给予中国普惠制关税优惠后,我国原产有机化学品、塑料制品等传统优势产品将不再享受日本普惠制待遇。由于之前日本给予的关税优惠平均约为3%,这就意味着每年出口日本商品的关税平均税率整体上浮约3个百分点,部分产品甚至上浮高达10余个百分点。将一定程度削弱我国出口产品在日本市场的竞争力。

我国将如何应对相关发达国家终结对我国的普惠制待遇?

本章主要参考文献

[1] 海闻,林德特,王新奎.国际贸易[M].上海:格致出版社,2012
[2] 黎孝先.国际贸易实务(第五版)[M].北京:对外经济贸易大学出版社,2011.
[3] 吴兴光.国际商法[M].广州:中山大学出版社,2003.
[4] 陈岩.国际贸易理论与实务(第四版)[M].北京:清华大学出版社,2018.
[5] 张二震,马野青.国际贸易学(第五版)[M].南京:南京大学出版社,2015.

第五章 世界贸易组织

【教学目的】

通过本章学习,使学生了解掌握 GATT 与 WTO 的产生与发展、WTO 的运行机制、中国与 WTO 以及 WTO 改革等内容。通过学习,学生应该了解 WTO 产生的背景,知悉 WTO 的原则与职能,掌握中国加入 WTO 的权利与义务,理解掌握 WTO 改革与中国的立场。

【导入案例】中国外交官谴责美禁止企业使用相关公司的电信设备

2020 年 6 月 11 日,在 WTO 日内瓦总部举行的闭门多边会谈上,中国常驻 WTO 代表团一名外交官,谴责美国通过行政令,禁止企业使用相关公司制造的电信设备,称这将破坏全球科技行业供应链。

这名外交官表示,想知道美国将如何确保不会滥用 WTO 国家安全例外条款并且符合 WTO 规则,不过,他没有表明中国是否会发起正式争端裁决请求。

WTO 争端裁决机制,是一种贸易争端解决机制,也是 WTO 不可缺少的一部分,是多边贸易机制的支柱,在经济全球化发展中颇具特色,但当前却面临严重危机。

思考:什么是 WTO? WTO 在国际贸易中充当了什么样的角色?

第一节 关税与贸易总协定 GATT

一、关税与贸易总协定的产生

关税及贸易总协定(General Agreement on Tariffs and Trade, GATT)是一个政府间缔结的有关关税和贸易规则的多边国际协定,简称关贸总协定。它的宗旨是通过削减关税和其他贸易壁垒,消除国际贸易中的差别待遇,促进国际贸易自由化,以充分利用世界资源,扩大商品的生产与流通。

关贸总协定于 1947 年 10 月 30 日在日内瓦签订,并于 1948 年 1 月 1 日开始临时适用。

20 世纪 30~40 年代,世界贸易保护主义盛行。国际贸易的相互限制是造成世界经济萧条的一个重要原因。二次大战结束后,解决复杂的国际经济问题,特别是制定国际贸易政策,成为战后各国所面临的重要任务。

1946年2月,联合国经社理事会举行第一次会议,会议呼吁召开联合国贸易与就业问题会议,起草国际贸易组织宪章,进行世界性削减关税的谈判。随后,经社理事会设立了一个筹备委员会。

1946年10月,筹备委员会召开第一次会议,审查美国提交的国际贸易组织宪章草案。参加筹备委员会的与会各国同意在"国际贸易组织"成立之前,先就削减关税和其他贸易限制等问题进行谈判,并起草"国际贸易组织宪章"。

1947年4月至7月,筹备委员会在日内瓦召开第二次全体大会,就关税问题进行谈判,讨论并修改"国际贸易组织宪章"草案。经过多次谈判,美国等23个国家于1947年10月30日在日内瓦签订了"关税及贸易总协定"。

按照原来的计划,关贸总协定只是在国际贸易组织成立前的一个过渡性步骤,它的大部分条款将在"国际贸易组织宪章"被各国通过后纳入其中。

但是,鉴于各国对外经济政策方面的分歧以及多数国家政府在批准"国际贸易组织宪章"这样范围广泛、具有严密组织性和国际条约所遇到的法律困难,该宪章在短期内难以被通过。

因此,关贸总协定的23个发起国于1947年底签订了《临时议定书》,承诺在今后的国际贸易中遵循关贸总协定的规定。该议定书于1948年1月1日生效。

此后,关贸总协定的有效期一再延长,并为适应情况的不断变化,多次加以修订。于是,"关税及贸易总协定"便成为各国共同遵守的贸易准则,协调国际贸易与各国经济政策的唯一的多边国际协定。

二、GATT 的主要谈判过程

在关税及贸易总协定组织主持下,从1947年迄今已举行了8次多边贸易谈判。

第一次于1947年4~10月在日内瓦举行,使占资本主义国家进口值54%的商品平均降低关税35%。

第二次于1949年4~10月在法国安纳西举行,使占应征税进口值56%的商品平均降低关税35%。

第三次于1950年9月至1951年4月在英国托基举行,使占进口值11.7%的商品平均降低关税26%。

第四次于1956年1~5月在日内瓦举行,使占进口值16%的商品平均降低关税15%。

第五次于1960年9月至1961年7月在日内瓦举行,被称为"迪龙回合",使占进口值20%的商品平均降低关税20%。

第六次于1964年5月至1967年6月在日内瓦举行,被称为"肯尼迪回合",使关税税率平均水平下降35%。

第七次于1973年9月至1979年4月在日内瓦举行,被称为"东京回合"。这次谈判的重心已从关税转移到非关税壁垒上,并达成七个非关税壁垒方面的守则。这七个守则,在法律上独立于总协定,它们仅对在守则上签字的成员国具有法律效力。

第八次于1986年9月开始,被称为"乌拉圭回合"。谈判涉及货物贸易,并首次将劳务贸易列入多边贸易谈判范围。除了货物贸易外,还将知识产权和投资问题列入了谈判内容。1990年12月,各谈判组都形成了框架协议,但是在布鲁塞尔部长级会议上讨论的一揽子最后文件,因美国和欧洲共同体对农产品价格补贴问题的谈判破裂,未能如期完成。

三、GATT 的局限性

由于关税与贸易总协定不是一个正式的国际组织,这使它在体制上和规则上有着多方面的局限性。

(1)总协定的有些规则缺乏法律约束,也无必要的检查和监督手段。例如,规定一国以低于"正常价值"的办法,将产品输入另一国市场并给其工业造成"实质性损害和实质性威胁"就是倾销。而"正常价值""实质性损害和实质性威胁"难以界定和量化,这很容易被一些国家加以歪曲和用来征收反倾销税。

(2)总协定中存在着"灰色区域",致使许多规则难以很好地落实。所谓"灰色区域"是指缔约国为绕开总协定的某些规定,所采取的在总协定法律规则和规定的边缘或之外的歧视性贸易政策措施。这种"灰色区域"的存在,损害了关贸总协定的权威性。

(3)总协定的条款中对不同的社会经济制度带有歧视色彩。例如,对"中央计划经济国家"进入关贸总协定设置了较多的障碍。

(4)总协定解决争端的机制不够健全。虽然关贸总协定为解决国际商业争端建立了一套制度,但由于总协定解决争端的手段主要是调解,缺乏强制性,容易使争端久拖不决。

(5)允许纺织品配额和农产品补贴长期存在,损害了总协定的自由贸易原则。

正是由于关税与贸易总协定的上述种种局限性,这个临时性准国际贸易组织最终被世界贸易组织(WTO)所取代。

第二节 世界贸易组织

一、世界贸易组织的产生

世界贸易组织(World Trade Organization,简称 WTO)是当今世界涉及面最广、影响最大的国际经济组织之一,它为国际贸易提供了一整套系列的规则和行为规范。世界贸易组织是在经历了近50年的曲折后才真正问世的,这期间经历了从《哈瓦那宪章》的流产到关贸总协定《临时性议定书》的过渡,最终在1995年才正式成立并运行。

半个多世纪以前的二次世界大战给当时各国带来了不同的命运。美国大发战争横财,国力比任何时候都强大,它的工业生产力已大大超过其国内市场的需要,黄金储备也占了当时世界总量的1/3。而其他资本主义国家则在战争中元气大伤,有的几近成废墟。

各国在战争渐近尾声之时,都十分关心世界经济的重建。在此背景之下,于1944年7月召开了对战后世界经济影响巨大的布雷顿森林会议。当时会议曾设想在成立国际货币基金组织和世界银行的同时,成立一个国际性贸易组织,从而使他们成为二次大战后左右世界经济的"货币—金融—贸易"三位一体的机构。1947年11月21日到1948年3月24日在哈瓦那举行了联合国贸易及就业会议,经过讨论和磋商,各国就建立国际贸易组织(ITO)问题基本上达成一致意见,并起草了有53个国家签署的《哈瓦那宪章》。但是,由于后来美国国会担心其经济政策会受到一个超国家机构的干预,结果未予批准,致使《哈瓦那宪章》成为一纸空文。

1947年,在商讨成立国际贸易组织的同时,美国发起拟订了关贸总协定(GATT),作为推行贸易自由化的临时契约。在《哈瓦那宪章》失败后,关贸总协定便一直成为实际上负责国际贸易多边谈判的场所。在总协定的主持下,关于关税减让、非关税壁垒、知识产权和服务贸易等问题的多边贸易谈判共进行了八轮,历经数十年,取得了一定的积极成果。

但是,由于总协定毕竟只是一项"临时性"的多边协定,存在许多先天的不足。它缺乏适当的组织框架,法律地位不明确,缺乏维护或推动国际多边合作的权威性。20世纪80年代以来,随着国际贸易内涵的发展和分工的加深,以欧盟为代表的西方发达国家对多边贸易体制的职能和协调功能表示出了越来越多的忧虑。从东京回合达成的各项原则的执行情况来看,各项协议同关贸总协定都相对独立,它们只对签字国生效。这些原则不仅未能加强世界多边贸易体系的职能,相反却肢解和分化了原关贸总协定的多边协调职能,扩大了各成员方之间权利与义务的非相关性。为避免乌拉圭回合的谈判结果,尤其是服务贸易,与贸易有关的知识产权以及与贸易有关的投资措施三项新议题的最终协议进一步分化多边贸易体制的职能,必须建立一个更加完善的、强有力的组织对谈判结果的执行进行管理和监督。由于乌拉圭回合谈判涉及的领域颇为广泛,几乎与《哈瓦那宪章》关于国际贸易组织的设想一致,因此,建立国际贸易组织的问题引起了普遍关注,各缔约方普遍认为有必要在关贸总协定基础上建立一个正式的国际经贸组织来协调、监督、执行乌拉圭回合的成果。

1990年初,欧共体轮值主席国意大利提出建立多边贸易组织的倡议。7月9日,欧共体把这一倡议以12个成员国的名义向乌拉圭回合谈判体制职能谈判小组正式提出。同年4月加拿大也非正式地提出过建立一个体制机构。瑞士与美国也分别于1990年5月17日和10月18日,分别向关贸总协定体制职能谈判小组正式提出过提案。这些设想从各自不同的角度提出未来国际贸易组织机构的职责及性质。经过磋商,1990年12月,在乌拉圭回合布鲁塞尔部长级会议上,贸易谈判委员会提议起草一个组织性协议。为此,"建立多边贸易组织协定"成为1992年12月的乌拉圭回合最终协议草案的一个有机组成部分。经过两年多的修改和各谈判方的讨价还价后,1993年11月,乌拉圭回合谈判结束前,各方原则上形成了"建立多边贸易组织协定"。在美国代表的提议下,决定将"多边贸易组织"易名为"世界贸易组织"(WTO)。1993年12月15日,乌拉圭回合谈判胜利结束。1994年4月15日,在摩洛哥的马拉喀什召开的关贸总协定部长会议上,乌拉圭回合谈判的各项议题的协议均获通过,并采取"一揽子"方式(无保留例外)加以接受。经104个参加方政府代表签署,1995年1月1日正式生效。至此,根据其中的规定,1995年1月1日WTO正式成立。截至2020年7月,WTO共有164个成员国。

二、世界贸易组织的宗旨与原则

世界贸易组织的宗旨和目标概括在《建立世界贸易组织协定》的序言中,这一部分规定了全体成员国在处理贸易和经济事业的关系方面,应以提高生活水平、保证充分就业、保证实际收入和有效需求的巨大持续增长、扩大世界资源的充分利用以及发展商品的生产与贸易为目的。必须积极努力,确保发展中国家在国际贸易增长中得到与其经济发展相适应的份额。通过签订旨在大幅削减关税与其他贸易壁垒和在国际贸易关系中取消这些歧视待遇的议定书和互惠安排,为这些目标做出贡献。维护关贸总协定的基本原则和进一步完成关贸总协定的目标,发展一个综合性的、更加有活力的、持久的多边贸易制度,包括经过修改过的关贸总协定和它主持下达成的所有守则和协议,以及乌拉圭回合多边贸易谈判的全部成果。概言之,世界贸易组织旨在建立一个按照市场经济机制运作的,有序的、互惠的国际贸易环境,以推动世界贸易自由发展。

世界贸易组织协定的条款主要包括以下八个基本原则。

(一) 无歧视待遇原则

这是WTO组织的基石,也是最基本的原则之一。它是指成员国给予任何一个国家(不管是否为成员国)的优惠待遇都应无条件地自动给予其他成员国。它包括两个基本方面:一是无条件地、互惠地、一视同仁地享受最惠国待遇。二是外国商品经由合法途径进口后,应享受国民待遇。这种最惠国待遇既包括关税减让,也包括非关税数量限制和海关估价等方面的优惠。所谓国民待遇,是指进口商品与同类的国产货在国内课税、销售条件等市场准入方面,原则上受到同样对待。

(二) 关税稳定减让原则

关贸总协定在设立之初,国际贸易面临的主要障碍就是高关税。为了促进国际贸易的自由发展,在互惠的条件下,各缔约方通过关税约束和减让的谈判,逐步降低关税且达成约束税率。所达成的这种税率,一般来说只许不断降低而不能回复或提升。关税约束可分为三种情况:一是现行水平约束,即一国在加入WTO组织时,其进口关税固定在当时的现有水平上,这种情况并不常见。二是高水平约束,即将现行关税提高到一定程度后,再加以约束,这种情况更不常见。三是低水平约束,即将现行关税降低到一定的水平上进行固定,这是最常见的情况。

然而,在关税约束递减原则中也有一些例外,例如被认为敏感性产品(如纺织品、鞋类和部分农产品)对于关税减让有一定的调整空间。另外,发展中国家根据自身实际情况及以《关贸总协定》第四部分作为其法律依据而提出的非对等的、更优惠的待遇(包括关税减让),也是一种合法的、合理的例外。

(三) 取消数量限制原则

它是指成员国原则上不能规定进口限额。关贸总协定第11条规定,缔约国除征收税捐或其他费用外,不得设立或维护配额、进出口许可证或其他措施以限制或禁止其他缔约国的产品输入。但这条原则在实际执行时,具有一定的灵活性,也就是说,在特定的情况下,缔约方可以采取限制进口数量的措施。

这些特定的例外主要是:缔约方为了稳定本国农产品市场,可以对农、渔产品的进口实行数量限制措施;为了改善本国的国际收支情况(通常以国际收支平衡的困难程度达到国际货币基金组织认可为标准),可以在短期内对进口实行必要的限制;为了保护发展中国家的金融地位,保证有一定的储备以满足实施经济发展计划的需要,可以限制外国商品进入发展中国家的数量或价值,来控制进口的一般水平;为了加速发展中国家某一特定工业的建立,或对现有工业进行重大改建或对只能少量供应国内需要的现有工业进行重大扩建时,可以采用政府援助形式的数量限制。

(四) 保障措施原则

它是指当成员国的某一特定产业因受到突然大量增加的进口产品的冲击,造成其经济严重损害或威胁时,该国可以暂停所承担的义务,或者可以撤销和修改所作的关税减让,还有权进行报复。

(五) 透明度原则

贸易自由化、稳定化和透明化是WTO组织的三个主要目标。透明度原则是指有关成员国政府实施有关货物入境和流动的法律和规章时,必须公布于众,使各贸易伙伴了解它们的内容。透明度原则也有一定的适用范围。总协定第十条规定了透明度原则的例外,允许各缔约方保守某些秘密,不予公开。该条款指出,透明度原则并不要求缔约方公开那些会妨碍法令贯彻执行、会违反公共利益或会损害公司商业利益的机密资料。

(六) 给予发展中国家优惠待遇原则

它是指那些收入低、工业水平较低的发展中国家所实施的关税制度可以有更大的弹性,不必对发达国家给予对等的贸易减让,允许进行有限的出口补贴、允许在发展中国家之间而不对发达国家进行相互关税减让等等。发展中国家可以享受普遍优惠制待遇是其中最突出的体现。

(七) 公平贸易原则

WTO组织倡导的是公平贸易、自由竞争、反对出口补贴和商品倾销。它规定,进口国如因外国商品倾销而导致国内相关行业受到重大损害,可以对倾销或享受补贴的产品征收一定数量的反倾销或反补贴税。它规定,倾销就是将一国产品以低于正常价格的办法挤入另一国市场的行为。这里所涉及的正常价格,一般是从出口国国内价格、第三国价格和成本构成价格的比较分析中确定是否属于倾销价格。WTO组织规定,各成员国征收反倾销税前,应对倾销的进口产品对国内市场的同类产品及其生产者的影响进行客观地审查,在符合倾销的存在,倾销对国内行业造成严重损害或威胁,严重损害是倾销所致等条件时,才能征收反倾销税。所以各国在具体执行时,灵活性很大。

一般说,补贴是一种政府性措施,分生产补贴和出口补贴。由于进行补贴的国家提高了其产品的竞争能力,违背公平竞争的原则,所以,WTO组织协议规定,如果一成员国的补贴对另一个进口国的某一行业造成重大损害或产生重大威胁时,允许这一进口国对相关产品的进口征收反补贴税。这是为了抵消商品在制造、生产或出口时直接或间接得到资助或补贴而征收的一种特殊关税,其税金不得超过该进口产品的补贴额。征收反补贴税必须先得到全体成员国的批准,但在特殊情况下,进口国也可先采取措施,后通知成员国全体,若未被批准,则应立即撤销这种措施。

反倾销税和反补贴税的征收对于WTO组织的成员国而言,原则上要严格遵守"损害检验标准",而对非其成员国则只需按照进口国的国内法规执行即可。毫无疑问,按照本国立法,总能比较容易地对进口产品采取反倾销和反补贴的措施。

(八)经济政策统一性原则

WTO要求以市场经济为基础,自由竞争为基本原则,价格由市场供求关系来决定。这就要求由统一的市场体制及其运作来加以保证。对于任一具体国家而言,要形成统一的大市场,就必须推行统一的经济制度和政策,否则,整个国家的市场必然是分割的。因此,WTO要求一国国内也必须实现贸易政策法规的统一性。

三、世界贸易组织的机构设置和加入程序

(一)WTO机构设置

WTO是一个政府间国际组织,其产生的基础为国家间的国际条约和协议,其权力的来源是各成员国的授权。在客观实在的角度,WTO是一个国家间的协调人和仲裁人。这个协调人或仲裁人自身,具有严密和高效的组织形式,以此来保证其职能的实现。

WTO主要由九个机构组成。其中,最高决策机构为部长会议,由世界贸易组织全体成员方组成。部长会议一般由成员国派遣部长级官员出席,会议至少每两年举行一次,对重大问题予以决策。部长会议之下,是总理事会,该机构是部长级会议领导的常设决策机构。由于部长会议由各国部长或相当于部长级别的高级官员组成,而该级别的官员又不可能常驻瑞士WTO总部开展工作,因此,设立由各成员国派遣的官员组成的常设决策机构便成为一种有效的机制。总理事会在部长会议休会期间,代理行使部长会议的职权。

WTO作为一个国家之间的协调人和仲裁人,必须设立一个解决各国纠纷的仲裁机构。这一争端解决机构由所有成员的代表组成,在争端解决机构下设立常设上诉机构,由7名专家组成。这7名专家负责对上诉案件进行裁判。贸易政策审议机构是WTO监督职能的执行机构,其主要工作为告知政策法规与监察活动。货物贸易理事会是负责监督关贸总协定实施的机构,由12个委员会和工作组构成。专门委员会是部长会议下,处理

特定的贸易以及其他有关事宜的机构。服务贸易理事会是总理事会下设办事机构,主要负责处理与 GATS 相关的各种事务。此外,负责处理知识产权问题的与贸易有关的知识产权理事会也是 WTO 的重要组成部分。除了上述八个职能机构以外,负责 WTO 日常行政工作的秘书处与总干事,是整个 WTO 机构运作的枢纽,领导 WTO 的各项具体工作。

任何一个组织总是按照其职能设置其机构。WTO 的本质决定了其机构的设立。WTO 的机构设置严密而完善,各部门各司其职,对有关贸易的案件予以协调、指导或仲裁。

(二) WTO 的加入程序

一国或地区要加入世界贸易组织,必须经过提出申请、贸易体制的审议、双边谈判、完成加入条件、通过加入 5 个步骤。

(1) 提出申请。申请加入国或单独关税区政府,应首先向世贸组织提出正式申请。在提出申请时,必须以备忘录的形式对其与《世界贸易组织协定》有关的贸易和经济政策情况加以全面说明。如果世贸组织对其备忘录中的情况有疑问,申请者还必须进行解释和答疑。

(2) 贸易体制的审议。由处理该国或单独关税区申请的工作组对申请者的贸易体制进行审议,以确定申请者的贸易体制是否符合世贸组织的基本原则与规则。在此期间,如果申请者的贸易体制发生大的变化,申请者必须作出补充说明,工作组再就有关内容加以审议。

(3) 双边谈判。当工作组在原则和政策方面取得足够进展时,申请加入世界贸易组织者与世界贸易组织成员方之间进行一对一的谈判,即双边谈判。这里的世贸组织成员方从理论上讲包括世贸组织所有成员方,但往往有许多国家不与申请者进行谈判,而无条件地同意后者加入世贸组织。申请者与世贸组织成员方双边谈判的内容涉及到关税、具体的市场准入承诺、货物与服务等其他政策。在任何双边谈判中达成的内容,将根据非歧视原则自动地适用到其他世界贸易组织成员方,其中当然也包括那些不要求与申请者进行谈判的成员方。

(4) 完成加入条件。当工作组完成了对申请者贸易体制的审议,并且双边谈判结束后,工作组便可以进入最终完成加入条件阶段。在这一阶段,工作组将审议贸易体制的结果和双边谈判达成的协议列在工作组报告、加入议定书以及减让表中。

(5) 通过加入。将工作组报告、加入议定书和减让表组成的最后一揽子文件提交世界贸易总理事会或部长级会议审议。如果世界贸易组织成员方的三分之二多数投票同意,申请者即可签署议定书,加入世界贸易组织,成为正式的成员方。

四、世界贸易组织的特点

作为当今管辖世界贸易活动的权威性国际机构,世界贸易组织与它的前身——关贸总协定是一脉相承的。它们都具有广泛的代表性,拥有上百个成员;都崇尚自由贸易精神,为消除种种贸易壁垒而在努力奋斗;都对世界贸易的顺利进行发挥着十分积极的作用,可谓世界经济的擎天柱。因此,WTO 组织基本上承袭了关贸总协定的根本宗旨和所有重要条款。然而,世界贸易组织不是关贸总协定的简单延伸,与后者相比有着自己的众多特点。

(一) WTO 是一个具有有限优先权力的正式组织

它不再像原关贸总协定那样,完全凭借一个秘书处实现或帮助实现缔约方的意图,而可以就世界贸易发展提出新的建议和修改政策,直接为各成员方充当智囊和提呈经济问题,并为了世界多边贸易体制的发展对国家、地区及个人提出忠告和建议。

(二) WTO 所辖内容更广泛

它不仅包括已有的和经乌拉圭回合修订的货物贸易方面的规则,而且还管理如服务贸易、投资与知识产权等新制订的各种贸易的"交通规则"。其协调与监督的范围远远大于原关贸总协定的管辖范围,从而强化了世界多边贸易体系的职能作用,使之同国际货币基金组织和世界银行共同构成真正支撑世界经济增长的三大支柱,为全球经济贸易决策产生强大的向心力。

(三) WTO 具有全球统一性

它是一个统一完整的世界多边贸易体系,要求各成员方必须是"一揽子"接受《乌拉圭回合最终文件》的国家和地区。它首次设立定期审议其成员方贸易政策的机制,对各成员方的贸易体制进行多边监督,还建构了较完整的,适用于所有协议的综合性贸易、投资与知识产权争端解决机制。在此基础上,各成员方可运用交叉机制把三项新议题同市场准入问题联系起来,以市场准入条件的改善与否为砝码来约束各成员方承担执行三项新议题谈判成果的义务。

(四) WTO 具有法律制度上的正式性

由于历史的原因,原关贸总协定仅是一项多边"契约",它在各缔约方之间一直是临时适用。即使已达成协议的新议题,也只适用于签字方,对非签字国并没有约束力。而WTO 则对所有成员方都具有法律约束力。它为众多新议题的谈判结果永久地纳入多边体系纪律框架中创立了一个牢固的法律基础,进而为知识产权拥有者和投资者创造更多的权利,使跨国公司行为不受约束,达到限制东道国政府干预跨国公司活动能力的目的。这一组织不仅一改原关贸总协定临时适用为正式适用,而且还建立一整套组织机构,下设权力机构、行政执行机构、"司法"机构和政策监督机构等。作为正式的国际组织,WTO 是国际法主体,这一组织的职员及成员代表均享有联合国大会 1947 年通过的《联合国专门机构之特权与豁免公约》所规定的特权与豁免。但它不同于国际货币基金组织与世界银行,也不隶属于联合国体系,而是完全独立于联合国并与其同时存在的"经济联合国"。联合国主管世界和平、人权与社会问题,而 WTO 则统辖和处理世界经济贸易事务,是支撑世界经济增长的三大支柱中最重要的一极。

五、世界贸易组织的职能

WTO 的职权远超过原 GATT,延伸于若干新的贸易领域。其主要功能是组织实施各项多边贸易协定;为成员方提供多边贸易谈判场所;解决成员之间发生的贸易争端与摩擦;对各成员的贸易政策实行定期审议;为各国商界营造一个可预见的国际贸易环境;协调与国际货币基金组织和世界银行的关系,以保障全球经济决策具有充分的一致性。在组织机构方面,WTO 完全取代原关贸总协定,成为永久性的世界多边贸易体系。其最高权力机构是部长级会议,它包括所有参加方的代表,通常每两年召开一次。部长会议有权就 WTO 管辖的各项多边贸易协议的一切问题作出决定。在部长会议休会期间,由全体成员方代表组成的总理事会代行其职能。总理事会可视情况需要随时召集会议,自行拟定议事规则与程序,以履行其解决贸易争端和审议成员方贸易政策的职责。

六、世界贸易组织的局限性

WTO 机构及其协议是主权国家以及自主经济体之间通过谈判达成的一种制度安排,其经济作用是降低国际经贸往来的交易成本,明确国际经贸合作剩余的分配规则,增进国际经贸合作剩余的产生。但是,根据近几年来 WTO 的管理实践,不难看出 WTO 存在着难以克服的局限性。

WTO 的局限性主要通过两个方面表现出来:其一是立法的不容易;其二是执法的更困难。所谓"立法的不容易"是指,WTO 及其前身 GATT(关贸总协定)的每一项谈判内容的选择和确定、每一项协定或条款的达成,都是经过无数次争执和讨价还价才大致取得缔约成员方认同的,其间总是贯穿着谈判的破裂或协议的失败。尽管如此,各成员方认同的协定或条款中还是存在着无数的例外附则或条款。所以,一些有经验的国际经济谈判家,甚至宁愿把 WTO 及其前身 GATT 视作一个有关国际经贸问题的论坛,而不是一个关于国际经贸关系的立法机构。1999 年年底在西雅图召开的 WTO 部长级会议之所以失败,主要原因是部长们对新一轮谈判的谈判内容无法达成妥协。

而"执法的更困难"则是说,WTO 的协定或条款对于不同缔约成员的约束力有显著差异,特别是对于大国、强国缺乏约束力。如果没有双边协定,对 WTO 的争端裁决居不利的一方就有可能不遵守裁决。如在美国与欧盟之间的香蕉出口争端中,美欧双方都利用了 WTO 组织执法能力弱的缺陷。事情缘起于 1995 年 9 月美国向 WTO 控告欧盟通过进口补贴的方法歧视美国公司经营的拉美香蕉进口。WTO 两年后作出裁决,确认欧盟行为违规,要求欧盟在 15 个月中执行裁决。就在 15 个月期限到来时,欧盟对香蕉进口规则作了一点小修正。尽管人们都能看出,欧盟其实没有服从 WTO 的判决,但是在对欧盟的修正做评估期间内,谁也不能说欧盟的行动没有达到 WTO 组织的要求。对于欧盟的一系列逃避 WTO 裁决的行为,美国宣布对欧盟实行单方面制裁。由此引发一场"香蕉大战"。美国的行动正是利用了 WTO 无力干预美国单边行动的缺陷,使自己凌驾于 WTO 组织之上。

造成 WTO 内在难以克服的局限性的主要原因有两个:第一,WTO 机构和协议作为国际间的一种制度安排,同其他任何制度安排一样,是非中立性的。第二,大国主权和利益高于 WTO 机构和协议。

WTO 作为一种制度安排,它的作用在于降低国际经贸往来的交易成本,明确国际经贸合作剩余的分配规则。然而,由于这种制度安排是通过国际经贸关系的"行为主体"们的谈判达成的,而这些"行为主体"作为主权国家或自主经济体,在理论原则上是平等的,但在实际的谈判地位上则是完全不平等的。因此,WTO 作为不平等谈判主体达成的制度安排,特别是作为国际经贸合作剩余的分配规则,对于各国的利益平衡显然是非中立性的。这种制度的非中立性是造成 WTO 组织"立法的不容易"的根本原因。根据新制度经济学的"霍布斯定理",WTO 在国际经贸关系中的法律地位是超越所有缔约行为主体的第三方,它的组织性质是法制和契约的权力机构。假如 WTO 的这种法律地位和组织性质对各成员方能够像一个主权国家对自己的国民那样有效行使的话,即使存在着"制度的非中立性",国际经贸合作收益和国际经贸关系的稳定性也会大大增加。但是,WTO 的各成员方是主权国家或自主经济体,它们的主权性质决定了它们只会以自身的实力来对待"第三方"的制度干预。于是,WTO 对弱国、小国就有较大的约束力,而对于大国、强国则暴露出软弱无力的一面。

第三节 中国与世界贸易组织

一、中国加入世界贸易组织的历程

中国是《关税与贸易总协定》23 个创始缔约国之一。1948 年 4 月 21 日,当时的中国政府签署了《临时适用议定书》,同年 5 月 21 日,中国成为关贸总协定缔约方。新中国建立以后,在未获得中国唯一合法政府——中华人民共和国政府授权的情况下,台湾当局擅自于 1950 年 3 月通知联合国秘书长,决定退出关贸总协定。显然,这一退出决定是无效的。但是受当时国内外政治、经济环境的制约,我国未能及时提出恢复关贸总协定缔约国地位的申请。1978 年我国开始实行改革开放政策,经济发展与世界经济联系日益紧密。从加快实行改革开放政策、进一步发展国民经济的需要出发,中央于 1986 年作出了申请恢复我关贸总协定缔约国地位的决定。1986 年 7 月 10 日,中国驻日内瓦代表团大使钱嘉东代表中国政府正式提出恢复中国在关贸总协定中的缔约方地位的申请。

从 1986 年 7 月 11 日中国正式向 WTO 的前身——GATT 递交"复关"申请到中国最终加入 WTO,历时 15 年。中国的"复关"与"入世"是 GATT/WTO 的所有多边谈判中最漫长和最艰苦的一次谈判过程。这个谈判大致可分四个阶段:

第一阶段:从 20 世纪 80 年代初到 1986 年 7 月,主要是酝酿和准备"复关"事宜。

第二阶段:从 1987 年 2 月到 1992 年 10 月,主要是审议中国经贸体制。

第三阶段:从 1992 年 10 月到 2001 年 9 月,主要是"复关"/"入世"议定书内容的实质性谈判,即双边市场准入谈判。

第四阶段:从 2001 年 9 月到 2001 年 11 月,主要是中国"入世"法律文件的起草、审议和批准。

2001 年 11 月 10 日,WTO 第四届部长级会议一致通过中国加入 WTO 的决议。中国的立法机构——全国人大常委会批准了这些报告和议定书并由中国政府代表将批准书交存了 WTO 总干事。2001 年 12 月 11 日,中国正式成为 WTO 第 143 个成员国。

二、中国加入 WTO 后的权利与义务

(一) 基本权利

1. 全面参与世界贸易体制

加入 WTO 前,中国作为观察员参与世界贸易体制,所能发挥的作用受到诸多限制,加入 WTO 后,中国能充分享受正式成员的权利,其中包括:全面参与 WTO 各理事会和委员会的所有正式和非正式会议;全面参与贸易政策审议;在其他 WTO 成员对中国采取反倾销、反补贴和保障措施时,可以在多边框架体制下进行双边磋商;充分利用 WTO 争端解决机制解决双边贸易争端;全面参与新一轮多边贸易谈判,参与制定多边贸易规则;对于现在或将来与中国有重要贸易关系的申请加入方,将要求与其进行双边谈判,并通过多边谈判解决一些双边贸易问题,从而为中国产品和服务扩大出口创造更多的机会。

2. 享受非歧视待遇

中国加入 WTO 后,能充分享受多边无条件的最惠国待遇和国民待遇,即非歧视待遇。加入前在双边贸易中受到的一些不公正的待遇被取消或逐步取消。其中包括:美国国会通过永久正常贸易关系(PNTR)法案,结束对华正常贸易关系的年度审议;根据 WTO《纺织品与服装协议》的规定,发达国家的纺织品配额在 2005 年 1 月 1 日取消,中国充分享受 WTO 纺织品一体化的成果;美国、欧盟等在反倾销问题上对中国使用的"非市场经济国家"标准在规定(15 年)期限内予以取消等。

3. 享受发展中国家权利

除一般 WTO 成员所能享受的权利外,中国作为发展中国家能还享受 WTO 各项协定规定的特殊和差别待遇。其中包括:中国经过谈判,获得了对农业提供占农业生产总值 8.5%"黄箱补贴"的权利,补贴的基期采用相关年份,而不是固定年份,使中国今后的农业国内支持有继续增长的空间;在涉及补贴与反补贴措施、保障措施等问题时,享有协定规定的发展中国家待遇;在争端解决中,有权要求 WTO 秘书处提供法律援助等。

4. 获得市场开放和法规修改的过渡期

为了使中国相关产业在加入 WTO 后获得调整和适应的时间和缓冲期,并对有关的法律和法规进行必要的调整,经过谈判,中国在市场开放和遵守规则方面获得了过渡期。例如:在放开贸易权的问题上,享有三年的过渡期;关税减让的实施期最长可到 2008 年;逐步取消 400 多项产品的数量限制,最迟可在 2005 年 1 月 1 日取消;服务贸易的市场开放在加入后一年至六年内逐步实施等。

5. 保留国营贸易体制

WTO 允许通过谈判保留进口国营贸易。为使中国在加入 WTO 后保留对进口的合法调控手段,中国在谈判中要求对重要商品的进口继续实行国营贸易管理。经过谈判,中国保留了粮食、棉花、植物油、食糖、原油、成品油、化肥和烟草等八种关系国计民生的大宗产品的进口实行国营贸易管理(即由中国政府指定的少数公司专营)。保留了对茶、大米、玉米、大豆、钨及钨制品、煤炭、原油、成品油、丝、棉花等的出口实行国营贸易管理的权利。同时,参照中国目前实际进出口情况,对非国营贸易企业进出口的比例作了规定。

6. 对国内产业提供必要的支持

其中包括:地方预算提供给某些亏损国有企业的补贴;经济特区的优惠政策;经济技术开发区的优惠政策;上海浦东经济特区的优惠政策;外资企业优惠政策;国家政策性银行贷款;用于扶贫的财政补贴;技术革新和研发基金;用于水利和防洪项目的基础设施基金;出口产品的关税和国内税退税;进口税减免等。

7. 维持国家定价

保留了对重要产品及服务实行政府定价和政府指导价的权利。其中包括:对烟草、食盐、药品等产品,民用煤气、自来水、电力、热力、灌溉用水等公用事业以及邮电、旅游景点门票、教育等服务保留政府定价的权利等。

8. 保留征收出口税的权利

保留对鳗鱼苗、铅、锌、锑、锰铁、铬铁、铜、镍等共 84 个税号的资源性产品征收出口税的权利。

9. 保留对进出口商品进行法定检验的权利

10. 有条件、有步骤地开放服务贸易领域并进行管理和审批

(二) 基本义务

1. 遵守非歧视原则

中国承诺在进口货物、关税、国内税等方面,给予外国产品的待遇不低于给予国产同类产品的待遇,并对目前仍在实施的与国民待遇原则不符的做法和政策进行必要的修改和调整。

2. 贸易政策统一实施

承诺在整个中国关境内,包括民族自治地方、经济特区、沿海开放城市以及经济技术开发区等统一实施贸易政策。WTO 成员的个人和企业可以就贸易政策未统一实施的情况提请中国中央政府注意,有关情况将迅速反映给主管机关,如反映的问题属实,主管机关将依据我国法律可获得的补救,对此迅速予以处理,处理情况将书面通知有关当事人。

3. 确保贸易政策透明度

承诺公布所有涉外经贸法律和部门规章,未经公布的不予执行。加入 WTO 后设立"WTO 咨询点"。在对外经贸法律、法规及其他措施实施前提供草案,并允许提出意见。咨询点对有关成员咨询的答复应该完整,并代表中国政府的权威观点,对企业和个人也将提供准确、可靠的贸易政策信息。

4. 为当事人提供司法审议的机会

承诺在与中国《行政诉讼法》不冲突的情况下,在有关法律、法规、司法决定和行政决定方面,为当事人提供司法审查的机会。包括最初向行政机关提出上诉的当事人有向司法机关上诉的选择权。

5. 逐步放开外贸经营权

承诺在加入 WTO 后三年内取消外贸经营审批权。在中国的所有企业在登记后都有权经营除国营贸易产品外的所有产品。同时中国还承诺,在加入 WTO 后三年内,已享有部分进出口权的外资企业将逐步享有完全的贸易权。

6. 逐步取消非关税措施

加入 WTO 后,将已有对 400 多项产品实施的非关税措施(配额、许可证、机电产品特定招标)2005 年 1 月 1 日之前取消,并承诺今后除非符合 WTO 规定,否则不再增加或实施任何新的非关税措施。

7. 不再实行出口补贴

中国承诺遵照 WTO《补贴与反补贴措施协议》的规定,取消协议禁止的出口补贴,通知协议允许的其他补贴项目。

8. 实施《与贸易有关的投资措施协议》

中国承诺加入 WTO 后实施《与贸易有关的投资措施协议》,取消贸易和外汇平衡要求、当地含量要求、技术转让要求等与贸易有关的投资措施。根据大多数 WTO 成员的通行做法,承诺在法律、法规和部门规章中不强制规定出口实绩要求和技术转让要求,由投资双方通过谈判议定。

9. 以折衷方式处理反倾销反补贴条款可比价格

在中国加入 WTO 后 15 年内,在采取可比价格时,如中国企业能明确证明该产品是在市场经济条件下生产的,可以该产品的国内价格作为依据,否则,将找替代价格作为可比价格。该规定也适用于反补贴措施。

10. 接受特殊保障条款

中国加入 WTO 后 12 年内,如中国出口产品激增对 WTO 成员国内市场造成市场紊乱,双方应磋商解决,在磋商中,双方一致认为应采取必要行动时,中国应采取补救行动。如磋商未果,该 WTO 成员只能在补救冲击所必需的范围内,对中方撤销减让或限制进口。

11. 接受过渡性审议

中国加入 WTO 后八年内,WTO 相关委员会将对中国和成员履行 WTO 义务和实施加入 WTO 谈判所作承诺的情况进行年度审议,然后在第十年完全终止审议。中方有权就其他成员履行义务的情况向委员会提出质疑,要求 WTO 成员履行承诺。

(三) 基本承诺

1. 逐步降低关税

中国自 1992 年以来,经过几次大幅度自主降税,2001 年的总体关税水平为 1.4%。根据加入 WTO 承诺,2002 年降至 1.2%,并根据承诺在 2005 年下降至 1.0% 左右。

2. 逐步开放服务市场

开放服务市场的承诺主要涉及电信、银行、保险、证券、音像、分销等部门,主要承诺如下:

(1) 电信:承诺逐步允许外资进入,但在增值和寻呼方面,外方最终股比不超过 50%,不承诺外商拥有管理控制权;在基础电信中的固定电话和移动电话服务方面,外方最终股比不得超过 49%。

(2) 银行:承诺在加入两年后允许外资银行在已开放的城市内向中国企业提供本币服务,加入五年后允许其向所有中国个人提供本币服务。

(3) 保险:在寿险方面,承诺允许外资进入,但坚持外资股比不超过 50%,不承诺外资拥有管理控制权,承诺三年内逐步放开地域限制。

(4) 证券:A 股和 B 股不合并,不开放 A 股市场(即不开放资本市场)。

(5) 音像:承诺开放录音和音像制品的分销,但不包括出版和制作,电影院的建设不允许外资控股,音像领域只允许根据中国的法律规定设立中外合作企业,同时音像制品的输入和分销必须按中国国内法律法规进行审查。

(6) 电影:承诺加入后每年允许进口 20 部分账电影。

3. 对知识产权的保护

根据《与贸易有关的知识产权协定》对知识产权进行保护。

第四节 WTO 改革与中国的立场

一、WTO 在全球经济治理体系中的重要作用

2019 年 5 月 13 日,中国向世界贸易组织正式提交了《中国关于 WTO 组织改革的建议文件》。《文件》提出国际贸易是促进全球经济增长的重要引擎,以 WTO 组织为核心的多边贸易体制是经济全球化和自由贸易的基石。作为全球经济治理体系的重要支柱,WTO 组织成立以来,在推动全球贸易发展、保障充分就业、促进经济增长和提高生活水平等方面作出了重要贡献。WTO 组织成立 24 年来,成员数量不断增加,目前涵盖全球 98%的贸易额,充分显示了多边贸易体制的代表性和对成员的吸引力。全球货物出口从 1994 年的 4.3 万亿美元增加到 2017 年的 17.7 万亿美元,帮助全球数以亿计的民众摆脱贫困,相关国家和地区民众的生活水平得到显著提升。

在贸易自由化、便利化方面,WTO 组织取得多项重要成果:一是达成《贸易便利化协定》并推动协定生效,相关条款完全实施将使全球贸易成本减少 14%,每年增长 1 万亿美元出口;二是全面取消农产品出口补贴,有助于创造更加公平的农产品贸易环境;三是取消信息技术产品关税,相关产品出口从 1996 年的 5490 亿美元扩大到 2015 年的 1.7 万亿美元。

这些成果有力地推动了全球经济的复苏与增长。在争端解决方面,截至2018年底,574起案件提交争端解决机制,为解决国际贸易争端、平衡成员在WTO组织协定下的权利与义务、保障多边贸易体制的可靠性和可预见性发挥了重要作用。

在贸易政策审议和监督方面,WTO组织成立以来,截至2018年底,贸易政策审议机构进行了430多次贸易政策审议,覆盖WTO组织164个成员中的155个,极大地提高了成员贸易政策透明度,增进了对彼此贸易政策的理解。

二、WTO的主要危机或困境

当前,单边主义和保护主义做法日益严重,多边主义和自由贸易体制受到冲击:阻挠上诉机构成员遴选程序启动的做法导致上诉机构面临陷入瘫痪的风险,严重影响争端解决机制的有效运行。滥用国家安全例外的措施、不符合WTO组织规则的单边措施以及对现有贸易救济措施的误用和滥用,破坏了以规则为基础,自由、开放的国际贸易秩序,影响了WTO组织成员特别是发展中成员的利益。上述做法损害了WTO组织的权威性和有效性,导致WTO组织面临前所未有的生存危机。

同时,WTO组织并不完美,尚未完全实现《马拉喀什建立世界贸易组织协定》确定的目标:谈判功能方面,多哈回合谈判启动已逾17年,但在农业、发展和规则等议题上进展缓慢,反映21世纪国际经济贸易现实的电子商务、投资便利化等新议题没有得到及时处理。同时,全球双边和区域贸易协定在推进贸易自由化、便利化上进展和成果显著。审议和监督功能方面,贸易政策透明度有待加强,WTO组织机构运行效率亟待提高。

在此背景下,部分WTO组织成员已经认识到WTO组织改革的紧迫性和必要性。2018年二十国集团(G20)布宜诺斯艾利斯峰会支持对WTO组织进行必要改革,帮助其更好发挥作用。

三、世界主要经济体对WTO改革的立场

世界贸易组织(WTO)正面临前所未有的生存危机,改革已经成为共识。但关于WTO改革的基本原则、具体内容和优先顺序,各方立场和意见则不尽相同,阵营划分也难以一概而论。综合现有的主要改革方案,大体而言,在谈判机制方面主张增加谈判机制灵活性,打破"协商一致"造成的多边谈判僵局;在实体规则方面主张制定贸易新规,强化贸易公平,消除投资障碍;在纪律约束方面主张更好发挥WTO的审查和监督功能,加强对成员方遵守透明度和通报义务的约束;在争端解决方面主张尽快修改相关协定,打破上诉机构法官遴选僵局,确保WTO正常运转。

从当前各主要成员方的态度来看,对于WTO的"生存"问题存在共识,即均承认以WTO为核心的多边贸易体系的重要性并希望加以维持。即便是执意要让上诉机构"停摆"的美国,也并未全面否定WTO的存在价值,而且其在争端解决机制方面的强硬态度未始没有将之作为谈判筹码,迫使贸易伙伴在实体规则领域作出更多让步的考虑。而在"发展"问题上,成员方的态度和认识则不尽相同:一方面,各方均赞同对WTO进行改革,以期

打破僵局重拾活力;另一方面,对于改革的原则、内容和优先顺序,则各有偏好和侧重。目前各方已经发布或提交的主要文本包括:2018年9月18日欧盟发布的《WTO的现代化概念文件》,2018年10月25日加拿大主办的关于WTO改革的渥太华贸易部长会议发布的《WTO改革联合公报》,2018年11月1日美国、欧盟、日本等联合提交的《增强WTO协定下透明度和通报要求的程序》,以及2018年11月26日欧盟、中国、加拿大、印度等国联合提交的关于打破目前上诉机构法官遴选僵局的两份方案(其中,欧盟、中国、加拿大、印度等12国联合提交了一份方案,欧盟、中国和印度三国联合提交了另一份方案,以下分别简称《联合方案》和《欧中印方案》)。

各方提出的文本议题主要集中在谈判机制、实体规则、纪律约束和争端解决四个方面。

(一) 谈判机制问题

《欧盟方案》提出,以部分成员方参与的"诸边谈判"(plurilateral negotiations)方式来打破受制于协商一致原则的"多边谈判"(multilateral negotiations)僵局。具言之,一方面在可能的情况下继续支持全面的多边谈判;另一方面在无法达成多边一致的领域推动进行诸边谈判,并对愿意加入的成员方随时保持开放,谈判成果基于最惠国原则而适用。这一立场得到《渥太华公报》的应和,后者明确指出:"应对当代经贸问题、完成悬而未决的未竟工作,对于确保WTO的存在价值具有关键意义,这就要求采取灵活开放的谈判方法来取得多边成果。"值得一提的是,参加渥太华贸易部长会议的13个成员方包括澳大利亚、巴西、加拿大、智利、欧盟、日本、肯尼亚、韩国、墨西哥、新西兰、挪威、新加坡和瑞士,基本囊括了除中国和美国以外的世界主要经济体,可以说具有相当程度的代表性,反映了WTO成员改革决策机制、推进规则创制的迫切愿望。

(二) 实体规则问题

2018年5月31日,美欧日贸易部长发布联合声明(以下简称《5月联合声明》),强调"以市场为导向的条件对于公平互利的全球贸易体系不可或缺",并表示将共同致力于应对"导致严重产能过剩、对我们的工人和企业造成不公平竞争的非市场导向的政策和实践"。2018年9月25日,美欧日三方联合声明(以下简称《9月联合声明》)重申了上述关切,并表示正在着手拟订"关于产业补贴和国有企业的新规则,以便为工人和企业创造更加公平的竞争环境"和应对"第三方将国有企业发展为国家龙头企业(national champions)并放入全球市场所带来的挑战"。

《欧盟方案》对增强WTO规则公平性问题有更具体的说明,其核心关切是国有企业以及与之相关的补贴问题。具体来说,一是要更好地约束(capture)国有企业,包括更清晰地界定"公共机构"的构成要件以确定某个国有企业是否在履行政府职能或者促进政府政策,以及阐明如何评判特定成员是否在对相关企业实施"有意义的控制"(meaningful control);二是更有效地约束那些对贸易扭曲程度最高的补贴,如导致严重产能过剩的国内补贴,包括将之列为禁止性补贴〔目前《补贴与反补贴措施协定》(以下简称《补贴协定》)规定的禁止性补贴只包括出口补贴和进口替代补贴〕,或者推定存在可诉性补贴所要求的严重侵害(serious prejudice)等。概而言之,就是要拓展谈判议程,制定贸易新规,重新实现体系平衡,营造公平竞争环境。

(三) 纪律约束问题

就纪律约束而言,目前较为集中的关切是 WTO 的监测和监督功能发挥不足,对于成员方遵守透明度和通报义务情况的追踪和约束不力。补贴领域是一个突出的例子。《5月联合声明》称:"……很多 WTO 成员完全不通报或者不通报大部分在其境内授予或维持的补贴,使得其他 WTO 成员无法评估贸易效果,也无法理解被通报了的补贴项目的运作情况。"《欧盟方案》更加直截了当地指出:"对成员方提供的补贴缺乏全面信息是当前体制运行中的最大短板之一。尽管《补贴协定》已经要求成员方通报其补贴,但遵守状况不佳且近年来有所恶化,以致截止到 2018 年 3 月有半数成员方(90 个)未作任何通报。补贴没有透明度,成员方就无法审查彼此的行动,从而在寻求规则执行上面临重大障碍。这大大削弱了实体纪律的价值。"《渥太华公报》秉持近似态度,但以更为宽泛的视角指出:"我们应当加强对成员方贸易政策的监督及政策透明度,这在确保 WTO 成员及时了解其贸易伙伴所采取的政策行动方面发挥核心作用。我们对 WTO 成员遵守通报义务的总体记录感到担忧……"在此背景下,美欧日三方在《9月联合声明》中同意联合提交一份关于透明度和通报问题的方案,供货物贸易理事会考虑。这就是 11 月提交的《美欧日方案》。

《美欧日方案》从正反两方面为 WTO 成员遵守相关通报义务提供了激励和约束。就更具实质意义的惩罚措施而言,是一套包括限制成员权利、附加额外义务和给予声誉惩戒("点名羞辱")在内的"组合拳"。与此同时,该方案也规定有关成员特别是发展中成员可以向 WTO 有关机构寻求协助和支持,其具体内容限于篇幅不再详述。尽管该方案就强化 WTO 纪律约束而言不无价值,但其"惩罚性"(punitive)本质和对"有意违约"与"无力守约"不加区分也遭到了批评。中国明确反对《美欧日方案》所采取的惩罚性方法,认为其将造成更多的负面影响,应当以积极的激励手段来取而代之;必须正视发展中国家普遍缺乏履行通报义务的能力这一现实,将解决能力问题作为根本之道;反通报的做法不可靠,并会给相关成员方造成额外负担。

(四) 争端解决问题

关于争端解决问题,《欧中印方案》提出了激进的建议。《欧中印方案》的核心提议有三:(1) 将上诉机构法官人数由 7 人增加到 9 人;(2) 将法官任期由 4 年(但可连任一次)延长为 6 年或 8 年(但不得连任);(3) 明确新任法官的遴选程序在不迟于离任法官任期结束前一定期限内(如 6 个月)自动启动。在这三项提议中,第三项是为了解决迫在眉睫的危机,为当前的遴选僵局"破局";前两项更加着眼于长远,旨在增强上诉机构及其成员的独立性,提高和增强其工作效率和能力。

四、中国对 WTO 改革的立场

2018 年 11 月 23 日,中国商务部发布《中国关于 WTO 组织改革的立场文件》(以下简称《立场文件》),阐明了中国关于 WTO 改革的三项原则和五点主张。

《立场文件》提出以 WTO 组织为核心、以规则为基础的多边贸易体制是经济全球化和自由贸易的基石,为推动全球贸易发展、促进经济增长和可持续发展作出了重要贡献。加入 WTO 组织以来,中国始终坚定支持多边贸易体制,旗帜鲜明反对保护主义,推动 WTO 组织在全球经济治理中发挥更大作用。

为此,中方提出关于 WTO 组织改革的三个基本原则和五点主张。

(一) 三个基本原则

第一,WTO 组织改革应维护多边贸易体制的核心价值。中方认为,非歧视和开放是 WTO 组织最重要的核心价值,也是 WTO 组织成员在多边规则框架下处理与其他成员经贸关系的遵循。非歧视涉及最惠国待遇和国民待遇,核心是确保任何成员不得在进出口方面针对某一成员采取歧视性做法。开放涉及关税约束和禁止数量限制,核心是确保任何成员不得随意将进口关税提高到超过其约束水平,不得随意对某一成员产品设立数量限制。改革应维护多边贸易体制的规则基础,为国际贸易创造稳定和可预见的竞争环境。

第二,WTO 组织改革应保障发展中成员的发展利益。发展是 WTO 组织工作的核心。WTO 组织明确规定发展中成员可以享受特殊与差别待遇,包括比发达成员更小的市场开放程度、更长的开放过渡期、保留政策空间的灵活性以及接受技术援助等。中方认为,改革应解决发展中成员在融入经济全球化方面的困难,赋予发展中成员实现其经济发展所需的灵活性和政策空间,帮助达成联合国 2030 年可持续发展目标,缩小南北差距。

第三,WTO 组织改革应遵循协商一致的决策机制。规则应该由国际社会共同制定。改革关系到多边贸易体制的未来发展方向,改革的议题选择、工作时间表和最终结果都应由 WTO 组织广大成员在相互尊重、平等对话的基础上,通过协商一致的方式作出。磋商进程应保证所有成员特别是发展中成员的共同参与,不能由少数成员说了算,也不能搞小圈子。

(二) 五点主张

第一,WTO 组织改革应维护多边贸易体制的主渠道地位。中方反对个别成员以新概念和新表述"偷换概念""另起炉灶",混淆并否定多边贸易体制的权威性。改革应维护多边贸易体制在全球贸易自由化、便利化进程中的主渠道地位。

第二,WTO 组织改革应优先处理危及 WTO 组织生存的关键问题。目前,个别成员阻挠启动上诉机构成员遴选程序,滥用国家安全例外条款采取征税措施,并以国内法为由采取单边主义措施,冲击多边贸易体制的规则基础。中方认为,改革应尽快解决上诉机构成员遴选问题,并将违反 WTO 组织规则的单边主义和保护主义做法关进制度的笼子,确保 WTO 组织各项功能的正常运转。

第三，WTO组织改革应解决贸易规则的公平问题并回应时代需要。中方反对有些成员滥用现有规则漏洞行贸易保护主义之实。改革应解决发达成员过度农业补贴对国际农产品贸易造成的长期严重扭曲，纠正贸易救济措施滥用特别是反倾销调查中的"替代国"做法对正常国际贸易秩序的严重干扰。同时，改革应推动WTO组织规则与时俱进，涵盖反映21世纪经济现实的议题，例如投资便利化、中小微企业等议题。

第四，WTO组织改革应保证发展中成员的特殊与差别待遇。发展中成员在经济社会发展阶段、产业结构和竞争力、区域发展层次、教育文化水平、社会保障体系、参与国际治理能力等方面与发达成员存在全方位差距，不能简单地用经济总量来衡量。中方反对有些成员借WTO组织改革质疑甚至剥夺一些发展中成员享受特殊与差别待遇的权利。中国是世界上最大的发展中国家，愿意在WTO组织中承担与自身发展水平和能力相适应的义务，但绝不允许任何成员剥夺中国理应享受的发展中成员特殊与差别待遇。

第五，WTO组织改革应尊重成员各自的发展模式。目前，有些成员否认发展模式的多样性，一方面指责其他成员的国有企业、产业补贴等正常的发展模式和政策措施，另一方面限制正常的科技创新成果交流，实际上就是希望维护自身的垄断地位，限制其他成员的发展空间，中方对此坚决反对。改革应取消一些成员在投资安全审查和反垄断审查中对特定国家企业的歧视，纠正发达成员滥用出口管制措施、阻挠正常技术合作的做法。中方反对借WTO组织改革对国有企业设立特殊的、歧视性纪律，也不同意将没有事实依据的指责列为WTO组织改革议题。创造稳定和可预见的竞争环境。

关于争端解决机制的改革是中国迄今为止对WTO改革最为积极也最具实质性的参与。这也符合《立场文件》关于"WTO组织改革应优先处理危及WTO组织生存的关键问题……尽快解决上诉机构成员遴选问题"的主张。从提案方特别是《联合方案》提案方的范围来看——欧盟、中国、加拿大、印度、挪威、新西兰、瑞士、澳大利亚、韩国、冰岛、新加坡、墨西哥，可以说上述改革方案已经凝聚了相当广泛的共识，更是中国与WTO其他主要成员尤其是西方发达经济体在当前改革进程中不多的交集之一。尽管美国对于上述方案无动于衷的态度令其前景堪忧，但中国无疑仍应继续同其他成员方通力合作，积极予以推进。

本章小结

世界贸易组织与联合国、世界银行是当今管理世界事务最重要的三大组织。世界贸易组织是经济联合国，它有明确的目标和宗旨。为了实现这些目标，它有一套规范的法律规则。世界贸易组织的前身关贸总协定共进行了八个回合的多边贸易谈判。前几个回合的谈判主要集中在关税方面。从20世纪60年代的狄龙回合开始，非关税贸易壁垒也纳入了谈判的范围。东京回合扩大了非关税谈判的范围。1994年结束的乌拉圭回合谈判在关税、各种非关税壁垒、纺织品、农产品、服务贸易与知识产权以及贸易相关的投资措施等许多领域达成了协议，取得了重大的进展。

世界贸易组织的决策机制与关贸总协定相似，都以意见一致为基础。世界贸易组织的基本原则主要有非歧视原则、互惠原则、市场准入原则及公平竞争原则等。同时，也存在一些例外,主要例外为国际收支、区域经济一体化、特定关税优惠、倾销、纺织品、农业、服务贸易等方面。

我国 2001 年 12 月 11 日正式成为 WTO 第 143 个成员国。在加入 WTO 后,我国既享有相应的权利,也需要履行相关义务。

WTO 及其代表的国际贸易体制正面临空前危机,包括 WTO 以及国际上主要贸易体在内的国际社会对 WTO 改革的必要性及其急迫性已有充分认知。然而各主要贸易体之间对 WTO 改革存在着巨大争论。中国认为 WTO 改革是完全必要的,但在改革过程中应遵循协商一致的决策机制,维护 WTO 体制所奉行的基本宗旨和原则。

本章重要概念

GATT　WTO　最惠国待遇　乌拉圭谈判　多边谈判　多哈回合　非歧视　国民待遇　普惠制

本章推荐阅读材料

1. https://www.wto.org/
2. 中国"入世"承诺表(全文)(《财经》杂志 2001 年 11 月 20 日)

本章思考题

一、选择题

1. 世界贸易组织确立的理论基础是(　　)。
   A. 自由贸易理论　　　B. 比较优势理论　　　C. 有节制的自由贸易理论和政策
2. 世界贸易组织确立的经济体制是(　　)。
   A. 自由贸易体制　　　B. 市场经济体制　　　C. 公平竞争机制
3. GATT 的基本目标和 WTO 所追求的最终目标是(　　)。
   A. 贸易适度保护　　B. 关税稳定　　C. 贸易自由化　　D. 贸易公平
4. 关贸总协定中最为重要的原则是(　　)。
   A. 非歧视原则　　　　　　　　　B. 关税保护和关税减让原则
   C. 一般取消数量限制原则　　　　D. 磋商调解原则　　　E. "安全例外"
5. 关税与贸易总协定签署的时间与地点是(　　)。
   A. 1946 年 1 月,伦敦　　　　　　B. 1947 年 4 月,纽约
   C. 1947 年 10 月,日内瓦　　　　D. 1948 年 1 月,日内瓦
6. "乌拉圭回合"是关贸总协定的(　　)。
   A. 第五轮谈判　　B. 第六轮谈判　　C. 第七轮谈判　　D. 第八轮谈判
7. 关贸总协定各项基本法律原则的实际执行载体是(　　)。
   A. 互惠原则　　B. 国民待遇原则　　C. 非歧视待遇原则　　D. 关税减让原则

8. 决定成立 WTO 组织的时间与地点是( )。
A. 1994 年 4 月 15 日,摩洛哥的马拉喀什 B. 1947 年 10 月 30 日,日内瓦
C. 1994 年 4 月 15 日,乌拉圭   D. 2001 年 11 月 9 日,多哈
9. 乌拉圭回合谈判后,发达国家成员关税率下降为( )。
A. 6.3%   B. 3.8%   C. 6.8%
10. 世界贸易组织的常设机构是( )。
A. 总理事会   B. 专门贸易理事会   C. 秘书处及总干事
11. 关贸总协定 1948 年创始缔约方有( )。
A. 22 个   B. 23 个   C. 24 个   D. 25 个
12. 世界贸易组织的最高权力机构是( )。
A. 部长会议   B. 缔约方全体大会   C. 总理事会   D. 理事会
13. 维护世界经济运行的三大支柱( )。
A. WTO、世界银行和联合国贸易和发展会议
B. IMF、世界银行和联合国贸易和发展会议
C. WTO、世界卫生组织和国际货币基金组织
D. WTO、国际货币基金组织和世界银行
14. 在关贸总协定( )中正式将给予发展中国家的优惠待遇纳入其具体条款中。
A. 第三轮多边贸易谈判   B. 第四轮多边贸易谈判
C. "肯尼迪回合"谈判   D. "狄龙回合"谈判
15. 在关贸总协定( )中第一次涉及非关税措施的谈判。
A. 第三轮多边贸易谈判   B. 第四轮多边贸易谈判
C. "肯尼迪回合"谈判   D. "狄龙回合"谈判

二、问答题

1. 什么是 WTO 确立与发展的基础?
2. WTO 的含义是什么?其职能是什么?
3. 根据中国加入 WTO 法律文件,中国享受权利和履行义务的内容有哪些?
4. 中国加入 WTO 后,有什么机遇和挑战?

三、案例分析题:

高达 87.99%!美国继续对中国轮胎实施关税重压

美国"现代轮胎经销商"报道,2020 年 11 月 4 日,美国商务部(DOC)决定继续对中国乘用车、轻卡轮胎征收反倾销税,税率为 87.99%。DOC 在《联邦公报》上称:"商务部裁定,撤销对中国轮胎的反倾销令,将导致倾销行为继续或再次发生,平均倾销幅度高达 87.99%。"

DOC 并未对案件进行全面的审查,而是根据现有事实以及先前的文件和裁定进行了较短的审查。

据了解,美国自 2015 年开始便对部分中国轮胎征收高额"双反"税,征收的反倾销税从 14.4% 到 87.9% 不等,反补贴税从 20.7% 到 100.8% 不等。五年来,我国出口到美国市场的乘用车轮胎数量急剧下降。2014 年,中国轮胎出口美国 6050 万条,2020 年上半年,美

国从中国进口乘用车轮胎数量暴跌至仅有90.54万条,同比下降了42%。

中国轿车轻卡轮胎出口方面,美国已经掉出出口国家前十,2019年出口数量仅为5.44万吨,464.5万条,1.52亿美元。

在欧美"双反"政策的压力下,不少中国轮胎企业将工厂投建到海外,再从海外出口到美国。而中国的海外工厂主要集中在越南和泰国,也因此近年来美国的"双反"大棒精准指向了东南亚地区。

就在2020年5月13日,美国USW突然提出对韩国、泰国、越南及中国台湾地区反倾销和反补贴调查申请,希望对泰国产轮胎征收217%的反倾销税,对韩国产轮胎征收195%的反倾销税,对中国台湾产轮胎征收147%的反倾销税,对越南产轮胎征收33%的反倾销税。

6月美国商务部投票决定启动反倾销和反补贴税调查,商务部表示,其初步调查结果显示:韩国倾销幅度为42.95%至195.2%;中国台湾地区的倾销幅度为20.57%至116.14%;泰国倾销幅度为106.36%至217.5%;越南倾销幅度为5.48%至22.3%。7月15日,美国ITC以5比0投票一致通过,称有迹象显示这些产品在美国以低于公平价格销售。

十月份美国商务部曾以"调查信息不完整"为由推迟了对针对来自韩国、中国台湾地区、泰国和越南的乘用车和轻卡轮胎双反初步裁定。一旦美国针对越南和泰国的新双反成行,将对中国轮胎企业乘用车轮胎出口美国市场形成新一轮的冲击,甚至彻底堵死中国乘用车轮胎赴美之路。

近两年中国轮胎企业竞争力在持续提升,进入世界轮胎75强的数量和销售额占比都呈上升趋势。同时海外轮胎企业产品销售均价较高,我国轮胎龙头企业以性价比优势,持续抢占海外巨头市场份额。

目前欧洲、亚洲是中国轿车轻卡轮胎出口最多的两个地区;卡客车轮胎出口最多的两个地区为亚洲和非洲。尽管受到"双反"政策影响,加上今年的疫情冲击,中国轮胎的出口依旧保持有力增长。

2020年10月25日,海关总署发布了2020年9月轮胎出口数据,数据显示,9月份中国橡胶轮胎出口量为65万条,环比增长2万条,同比大幅增长16.7%;橡胶轮胎出口额为98.11亿元,同比增长7.6%。

从10月份金联创对山东、陕西、广东等地轮胎市场的线上调查可以看出,截至10月底,多数轮胎企业工厂出口订单受海外疫情影响不明显,多数外贸市场人员认为,出口订单从八九月开始就不错。

美国是世界上最大的轮胎市场之一,也是高度依赖轮胎进口的大国,更是我们不能放弃的市场。面对关税重压,中国轮胎企业更应积极拥抱全球化,寻找新的突围方式。相信以中国轮胎持续提升的产品质量和品牌实力,终会成为全球消费者的优选。

分析:我国应如何利用WTO规则保护自身的合法利益?

本章主要参考文献

[1] 海闻,林德特,王新奎.国际贸易[M].上海:格致出版社,2012.

[2] 黎孝先.国际贸易实务(第五版)[M].北京:对外经济贸易大学出版社,2011.

[3] 栾信杰.世界贸易组织(WTO)规则解读(中英版)[M].北京:对外经贸大学出版社,2013.

[4] 李耀芳.WTO争端解决机制[M].北京:中国商务出版社,2003.

[5] 薛荣久,屠新泉,杨凤鸣.世界贸易组织(WTO)概论(修订版)[M].北京:清华大学出版社,2019.

第六章 国际贸易术语

【教学目的】

通过本章的学习,使学生掌握贸易术语的基本概念;掌握 INCOTERMS2020 中 6 种主要贸易术语的含义、买卖双方面临风险、费用以及适用的运输方式等;掌握 INCOTERMS2020 中 5 种其他的贸易术语;理解实际业务中国际贸易术语的选用。

【导入案例】

中国某进出口公司向韩国出口一批布料,以 FOB 条款成交,从大连港出发。合同规定装运期是 12 月 15 号,但韩国进口商的船只 12 月 14 日到达大连港口,要求装运,但出口商因货物在 14 日晚上才能到达码头所以拒绝交货,则进口商以出口商推迟装运时间为由要求索赔。请问进口商的要求合理吗?

第一节 国际贸易术语及国际惯例

国际贸易是一项艰巨而复杂的任务,通常发生在两个或者两个以上的国家和地区之间,其特点主要表现为:法律体系方面可能存在差异或冲突,贸易受到有关国家的对外贸易政策、措施、法律以及外汇管制等条件的制约;买卖双方承担的风险比国内贸易大得多,交易数量和金额大,间隔时间长,地理跨度大,货物需长途运输,有时还需结合多种运输方式;交易具有很大的不稳定性,受到交易双方所在国的政治经济关系以及其他社会客观条件的影响;利益相关者众多,需要得到国内外的运输、保险、海关、商检和银行等部门的协作、配合,或接受监督与管理,关系错综复杂,容易造成损失或引起纠纷。因此,为了明确买卖双方的责任和义务,在订立国际贸易合同时需要考虑以下几个因素:

(1) 风险转移。国际货物买卖双方的风险点在哪里,货物在运输途中的风险从什么时候在什么地点由卖方转移给买方,货物损坏和灭失的责任由谁来承担。

(2) 费用负担。在国际货物买卖活动中将发生一系列费用:运输费用、保险费用、仓储费用、检验费用、清关费用以及一些额外费用,这些费用在什么时间什么地点由哪方来负担。

(3) 手续办理。在整个国际货物贸易流程中,需要涉及的部门和手续众多,由谁来租船订舱,由谁来负责保险,由谁来报关纳税等,每一个环节的手续都是复杂的,应该明确具体由哪一方来办理。

因此,为了使合同的制定更加准确、细致,为了更好地避免不必要的争议和纠纷,节省大量的人力、物力和财力,提高整个贸易的效率和效益,在长期的实践中,人们逐渐把一些常用的交易习惯定型化,把一些贸易条件和价格直接联系在一起,形成固定的报价模式,每一种报价都明确规定了买卖双方需要承担的一些责任和义务以及风险费用的划分,这就是所谓的贸易术语。

一、国际贸易术语的含义及作用

国际贸易术语(trade terms)亦称为国际贸易价格术语,它是由一个简单的概念来说明国际货物的价格构成和买卖双方应该承担的责任、风险、费用以及应该办理的相关清关手续等一系列问题。

"责任"是指因交货地点不同而产生的租船订舱、装货、卸货、投保、申请进出口许可、报关等;"费用"是指因货物的移动而产生的运杂费、保险费、仓储费等;"风险"是指由于外来原因和内部原因而产生的货损、货差等风险。

国际贸易术语有两项基本作用:一是表示商品价格的构成,二是说明货物在交接过程中有关风险、责任和费用的划分,主要表现在确定交货地点、确定风险转移点、确定费用划分点、明确进出口通关手续及费用的负担和明确提供有关单据的责任。因此国际贸易术语的使用大大简化了国际贸易的繁琐过程,极大提高了国际贸易运行的效率。

二、国际贸易术语的适用惯例

国际贸易术语是在长期的国际贸易实践中产生发展的,随着全球经济一体化的快速发展,国际贸易的形式和内容也在不断的变革和前进,随之国际贸易术语的数量以及内容也在发生变化,使其更加适合国际贸易的变化和发展。有关贸易术语的规则有多个,其中以国际商会制订的《国际贸易术语解释通则》(INCOTERMS)在目前的国际贸易中应用最为广泛。INCOTERMS产生于1936年,根据实践的变化多次进行修订。最新版本为2020年版本(INCOTERMS2020),在2010年版本及更早版本的基础上修订而成,于2020年正式生效。该规则在明确风险划分、费用分割和义务分配等方面做出了较为详尽的规定,有助于推动国际贸易便利化的发展。

(一)《1932年华沙——牛津规则》

该规则是由国际法协会(International Law Association)所制定的。该协会于1928年在华沙举行会议,制定了关于CIF买卖合同的统一规则,共22条,称为《1928年华沙规则》。后又经过1930年纽约会议、1931年巴黎会议和1932年牛津会议修订为21条,定名为《1932年华沙—牛津规则》(Warsaw-Oxford Rules 1932,简称W.O. Rules 1932)。该规则说明了CIF买卖合同的性质和特点,具体规定了CIF买卖合同中买卖双方所承担的风险、责任和费用以及所有权转移的方式。

(二)《1990年美国对外贸易定义修订本》

1919年《美国对外贸易定义》的出版,曾在澄清与简化对外贸易实务方面起过不少作用,并得到世界各国买卖双方的广泛承认和使用。但自该定义出版以后,贸易习惯已有很多变化,1941年和1990年又做出进一步的修订,该版本主要对以下几种贸易术语做了修订,如表6-1所示。

表6-1 《1990年美国对外贸易定义修订本》中的贸易术语

贸易术语	英文全称	中文全称
EXW	EX Works	工厂交货
FOB	Free On Board	在运输工具上交货
FAS	Free Along Side	在运输工具旁交货
CFR	Cost and Freight	成本加运费
CIF	Cost, Insurance and Freight	成本加保险费加运费

(三)《国际贸易术语解释通则》

《国际贸易术语解释通则》是国际商会统一各种贸易术语的不同解释,它于1936年制定,并随着国际贸易实践的发展,做出了数次修订和补充,最近的一次修订是2019年9月完成,即《2020年国际贸易术语解释通则》(INCOTERMS2020),于2020年1月1日起生效。

《2020年国际贸易术语解释通则》是为了适应新的国际贸易形势而制定的,如无关税区的不断扩大,商业交易中电子信息使用的增加,货物运输中对安全问题的进一步关注以及运输方式的变化等。术语总数为11种,并按照适用的运输方式进行分组。

INCOTERMS2020从结构上对INCOTERMS2010进行了调整和优化,使得应用起来更加方便。除去引言更加详细具体且更富针对性之外,内容分布上也做了相应的调整。总体结构沿袭INCOTERMS2010,将11个贸易术语按照运输方式分为两类。内容罗列方式更加丰富以便查找;各术语义务规定内容有所调整而重点突出;各术语的"用户解释说明"更加实用;费用汇总更加全面以便于核算。2020通则除了术语做出调整以外,在CIF、CIP的保险条款中也有部分变动。

在2010年国际贸易术语解释通则中,CIF和CIP的A3规定:卖方有义务"自费购买货物保险,至少符合协会货物保险条款(C)(劳埃德市场协会/国际承保协会'LMA/IUA')或任何类似条款。协会货物保险条款(C)一般指的是货物运输条款,即只需负担货物运输险,协会货物保险条款(A)规定的是"一切险"(all risks),如表6-2所示。

表 6-2 《2010 年国际贸易术语解释通则》种的 11 种贸易术语

适用的运输方式	贸易术语
任何运输方式或多种运输方式	EXW(EX Works):工厂交货
	FCA(Free Carrier):货交承运人
	CPT(Carriage Paid To):运费付至
	CIP(Carriage and Insurance Paid To):运费、保险费付至
	DAT(Delivered at Terminal):目的地或目的港的集散站交货
	DAP(Delivered at Place):目的地交货
	DDP(Delivered Duty Paid):完税后交货
适用海运及内河运输	FAS(Free Alongside Ship):装运港船边交货
	FOB(Free On Board):装运港船上交货
	CFR(Cost and Freight):成本加运费
	CIF(Cost,Insurance and Freight):成本加保险费加运费

新版本的 Incoterms2020 对 CIF 和 CIP 中的保险条款分别进行了规定，CIF 默认使用协会货物保险条款(C)，即卖家只需要承担运输险，但是买卖双方可以规定较高的保额。而 CIP 使用协会货物保险条款(A)，即卖家需要承担一切险(all risk)，相应的保费也会更高。也就是说，在 Incoterms2020 中，使用 CIP 术语，卖方承担的保险义务变大，而买方的利益会得到更多保障，如表 6-3 所示。

表 6-3 《2020 年国际贸易术语解释通则》种的 11 种贸易术语

适用的运输方式	贸易术语
任何运输方式或多种运输方式	EXW(EX Works):工厂交货
	FCA(Free Carrier):货交承运人
	CPT(Carriage Paid To):运费付至
	CIP(Carriage and Insurance Paid To):运费、保险费付至
	DAP(Delivered at Place):目的地交货
	DPU(Delivered at Place Unloaded):目的地卸货交货
	DDP(Delivered Duty Paid):完税后交货
适用海运及内河运输	FAS(Free Alongside Ship):装运港船边交货
	FOB(Free On Board):装运港船上交货
	CFR(Cost and Freight):成本加运费
	CIF(Cost,Insurance and Freight):成本加保险费加运费

第二节　INCOTERMS2020 中的 6 种主要术语

INCOTERMS2020 共有 11 种贸易术语,分为两组,第一组适用于任何运输方式,分别是 EXW、FCA、CPT、CIP、DAP、DPU、DDP;第二组适用于水上运输方式,分别是 FAS、FOB、CFR、CIF。而在贸易实践中使用相对最多的是 FOB、CFR、CIF、FCA、CPT 和 CIP 六种贸易术语。

一、FOB—装运港船上交货(……指定装运港)

Free on Board(named port of shipment)船上交货(……指定装运港),是指当货物在指定的装运港并交到买方指派的船只上,即完成交货义务。这意味着买方必须从该点起承当货物灭失或损坏的风险。FOB 术语要求卖方办理货物出口清关手续,该术语仅适用于海运或内河运输。

(一)买卖双方的主要义务

1. 卖方义务

(1)在合同规定的装运港、日期或期间内,将符合合同规定的货物交至买方指派的船只上,并及时通知买方。

(2)自负风险和费用,取得出口许可证或其他官方批准的证件,并负责办理货物出口所需的一切海关手续。

(3)负担货物在装运港交到买方指派船只上之前的一切费用和风险。

(4)负责提供商业发票和证明卖方已按规定交货的清洁单据,如果买卖双方约定采用电子通信,则所有单据均可被具有同等效力的电子数据交换信息(EDI message)代替。

2. 买方义务

(1)根据买卖合同的规定受领货物并支付货款。

(2)负责租船或订舱、支付运费,并将船名、装船地点和交货时间及时通知卖方。

(3)自负风险和费用,取得进口许可证或其他官方批准的证件,并负责办理货物进口所需的一切海关手续。

(4)负担货物在装运港交到自己所派船只上之后的一切费用和风险。

(二)采用 FOB 术语时应该注意的问题

1. 风险转移界限与交货的正确理解

INCOTERMS2010 中 FOB、CFR、CIF,省略了以往对风险转移界限以"越过船舷"的描述,改为"货物装上船"作为风险转移的界限。卖方必须承担货物运到买方所指定的船只上,或者送到买方的指定装运港或由中间商获取这样的货物,完成交货义务。如果由于买方的原因导致卖方无法按照约定的时间交货,只要该批货物为合同项下货物,则买方应该承担自约定交货期限届满之日起的货物灭失或损坏的风险。

2. 充分通知及船货衔接问题

卖方有充分通知买方的义务,如果由买方承担风险和费用,卖方应向买方说明货物已按照规定交货或者船只未能在约定的时间内接收货物。买方也有通知卖方有关船名、装船地点以及需要时在约定的期限内所选择的交货时间的义务。如果双方未履行充分通知的义务,会造成船货的衔接不当,影响合同的顺利进行和风险的正常转移。如因买方未做出充分通知,或者船舶未按时到达,或船舶不适合承载货物,虽然货物未按照约定的时间装船交货,但由此产生的货物损失和额外费用(如空舱费、滞期费及仓储费等)由买方承担。反之由于卖方未充分通知造成的买方的损失,责任费用由卖方负担。

3. 装船费用的负担(FOB 的变形)

按照 FOB 定义,卖方应负责支付货物装上船之前的一切费用,而买方应负责货物装上船之后的一切费用。大宗商品按 FOB 条件成交时,买方通常采用租船运输。由于船方通常多按不负担装卸条件出租船舶,故买卖双方容易在装船费用由谁负担问题上引起争议。为此,为了避免纠纷,买卖双方订立合同时,应在 FOB 后另列有关装船费用由谁负担的具体条件和责任,因此产生了贸易术语的变形。FOB 常见的有下列几种变形:

(1) FOB 班轮条件(FOB liner terms,FOBLT)。是指装船费用按照班轮的做法处理,即由船方或买方承担。所以采用这一变形,卖方不负担装船的有关费用。

(2) FOB 吊钩下交货(FOB under tackle,FOBUT)。是指卖方将货物置于轮船吊钩可及之处,从货物起吊开始的装货费用由买方承担。

(3) FOB 理舱(FOB stowed,FOBS)是指卖方负担将货物装入船舱并支付包括理舱费在内的装货费用。理舱费是指货物入舱后进行安置和整理的费用。

(4) FOB 平舱(FOB trimmed,FOBT)是指卖方负担将货物装入船舱并支付包括平舱费在内的装货费用。平舱费指对入舱的散装货物平整所产生的费用。

(5) FOB 平舱理舱(FOB stowed and trimmed,FOBST)是指卖方负担将货物装入船舱并支付包括理舱费和平舱费在内的装货费用。

FOB 术语的变形,只是为了表明装船费用由谁负担而产生的,并不改变 FOB 的交货地点以及风险划分的界限。《2010 年通则》指出对这些术语后的添加词句不提供任何指导规定,建议买卖双方应在合同中加以明确。

4. 对 FOB 不同的解释

(1) 如果和美国商人成交,又采用 FOB 条款进口,那就要在 FOB 的后面加上 Vessel(船舶)字样。如不写明,就意味着可以在港口城市的任何地方交货。可以在火车上,也可以在飞机场。如果你加了 Vessel,这就指明了在港口交货。加拿大也有这个规定。

(2) 在费用负担上,规定买方要支付卖方协助提供出口单证的费用以及出口税和因出口产生的其他费用。

【案例 6-1】买卖双方按照 FOB 条件签订一笔化工产品柠檬酸(细小颗粒状)的买卖合同。在装船前检验时,货物品质良好,符合合同的规定。货到目的港后,买方收货时搬运工发现袋内结有硬块,后经证实是部分结块,并导致货物品质发生变化。经调查确认,货损的原因在于货物包装没有按合同规定密封好,在运输途中吸收了空气中的水分所致。于是,买方提出索赔。但是卖方指出,货物装船前是合格的,品质变化是在运输途中发生的,也就是装上船之后才发生的,按照国际贸易惯例,其后果应该由买方承担,因此,卖方拒绝赔偿。双方为此发生争执。试问:卖方是否应承担赔偿责任?

二、CFR——成本加运费付至(……指定目的港)

CFR 是 Cost and Freight 成本加运费(……指定目的港),是指卖方在合同约定的日期或期限内将货物运到合同规定的装运港,并交到自己安排的船只上,或以取得货物已装船证明的方式即完成交货义务。该术语适用于海运或内河运输,如果合同中通常在终点站(即抵达港、卸货点,区别于 port of destination)交付的集装箱货物,应使用 CPT。

(一)买卖双方的主要义务

1. 卖方义务

(1)负责在合同规定的时间和装运港,将符合合同规定的货物装上船,并及时通知买方。

(2)负责办理货物出口手续,取得出口许可证或其他官方批准的证件。

(3)负责租船或订舱,并支付至目的地的正常运费。

(4)负担货物在装运港交到自己安排的船只上之前的一切费用和风险。

(5)负责提供符合合同规定的货物和商业发票,或具有同等效力的电子数据交换信息,以及合同规定的运输单据和其他相关凭证。

2. 买方义务

(1)负责按买卖合同的规定支付货款。

(2)自负风险和费用,办理货物进口手续,取得进口许可证或其他官方批准的证件。

(3)负担货物在装运港交到卖方安排船只上之后的一切费用和风险。

(4)按合同规定接收货物,接受运输单据。

(二)使用CFR的注意事项

(1)卖方应及时发出装船通知。按照 CFR 条件成交时,由卖方安排运输,由买方办理货运保险。如卖方不及时发出装船通知,则买方就无法及时办理货运保险,甚至有可能出现漏保货运险的情况。因此,卖方装船后务必及时向买方发出装船通知,否则,卖方应承担货物在运输途中的风险和损失。

(2)按 CFR 进口应慎重行事。在进口业务中,按 CFR 条件成交时,鉴于由外商安排货运,由我方负责保险,故应选择资信好的国外客户成交,并对船舶提出适当要求,以防外商与船方勾结,出具假提单,租用不适航的船舶,或伪造品质证书与产地证明。若出现这类情况,会使我方蒙受不应有的损失。

(3)CFR 术语的变形。由于世界各港的管理不同,对于卸货费用也有不同的规定,有的港规定由船方负担,有的港规定由收货人负担。如属前者,若是大宗货物,船方如不愿承担卸货费用,势必将卸货费用转移给租船人,这样就会增加卖方的负担。因此,买卖双方必须在贸易合同中明确由谁负担卸货费用。实践中,通常是在 CFR 贸易术语后加附加条件来说明,由此便产生了 CFR 术语的变形。

① CFR Liner terms(CFR 班轮条件):由支付运费的一方负担(卖方)。
② CFR Landed(CFR 卸到岸上):卖方负担卸货费用和泊船费、码头费。
③ CFR Under Ex-tackle(CFR 船舶吊钩下交货):卖方负担从舱底吊至船边卸离吊钩的费用。
④ CFR Ex-ship's hold(CFR 目的港舱底交货):买方负担将货物从舱底吊到码头的费用。

【案例 6-2】CFR 术语项下,我方一贸易公司与法国交易出口台布,货值80 000美元,货物于 2019 年 3 月 1 日(周四)上午装船完毕,当天装船业务外销员业务繁忙,忘记给买方发出装运通知,待法国进口商收到装船通知后向当地保险公司投保,但保险公司已经获知货船已经于 3 月 2 日在海上遇难,因而拒绝投保。法国进口商来电通知我方出口商:由于你方晚发装船通知,保险公司不予投保,由此造成我方损失80 000美元,应由你方予以赔偿。试问我方是否应赔偿损失?为什么?

三、CIF——成本、保险加运费付至(……指定目的港)

CIF 是 Cost, Insurance and Freight(Named Port of destination)的缩写,即成本加保险费、运费(……指定目的港),卖方必须在合同规定的装运期内,在装运港将货物交至运往指定目的港的船上,负担货物装上船的一切费用和货物灭失或者损坏的风险,并负责办理货运保险,支付保险费,以及负责租船或订舱,支付抵达目的港的正常运费。

(一) 买卖双方的主要义务

1. 卖方义务

(1) 负责在合同规定的时间和装运港,将符合合同规定的货物交至运往指定目的港的船上,并给予买方充分的通知。
(2) 负责办理货物出口手续,取得出口许可证或其他官方批准的证件。
(3) 负责租船或订舱,并支付至目的地的运费。
(4) 负责办理货物运输保险,并支付保险费。
(5) 负担货物在装运港交到自己安排的船只上之前的一切费用和风险。
(6) 负责提供货物运往指定目的港的通常运输单据、商业发票和保险单,或具有同等效力的电子数据交换信息。

2. 买方义务

(1) 负责办理货物进口手续,取得进口许可证或其他核准书。
(2) 收取卖方按合同规定交付的货物,接受与合同相符的单据并按合同规定支付价款。
(3) 负担货物在装运港交到卖方安排船只上之后的一切费用和风险。

(二) CIF 术语的变形——只改变费用,不改变风险

(1) CIF Liner terms(CIF 班轮条件):由支付运费的一方负担(卖方)。

(2) CIF Landed(CIF 卸到岸上):卖方负担卸货费用和泊船费、码头费。

(3) CIF Under Ex-tackle(CIF 船舶吊钩下交货):卖方负担从舱底吊至船边卸离吊钩的费用。

(4) CIF Ex-ship's hold(CIF 目的港舱底交货):买方负担将货物从舱底吊到码头的费用。

(三) 使用 CIF 术语应该注意的问题

1. CIF 术语的性质

CIF 合同属于"装运合同",卖方将货物在装运港装上船时,即完成了交货义务。也就是说,货物在海上运输中的风险,由买方承担。但由于在 CIF 术语后所注明的是目的港,常被误解为"到货合同"。实际上,CIF 术语的风险划分点与费用划分点相分离。在 CIF 下,卖方虽然必须承担货物运至目的港的运费、保险费及其他正常费用,但货物灭失或货物装上船之后因意外事故而发生的额外费用由买方承担。

另外,合同附有与 CIF 本质相违的条件时,则不是 CIF 合同。如合同名义以 CIF 为术语,但是却附加其他条件,如"货物实际交付买方之前,其风险由卖方承担""货物虽已装船,但如有部分未抵目的港,则该部分的合同无效""货物在受损状态运达时,必须扣减货款"等额外条件,这些都与 CIF 术语的"货物在装运港装上船时起,其风险即归买方承担"的本质相背离,因此不是 CIF 合同。

2. CIF 术语办理保险的责任

在 CIF 合同中,卖方是为了买方的利益办理货运保险的,因此,保险主要是为了保障货物装船后在运输途中的安全。办理保险必须明确险别,不同险别,保险人承担的责任范围不同,收取的保险费率也不同。按 CIF 术语成交,一般在签订买卖合同时,须在合同的保险条款中,明确规定保险险别、保险金额等内容。这样卖方就应该按照合同的规定办理投保。但是如果合同中未能就保险险别等问题做出具体规定,那就根据有关惯例来处理。

《2020 通则》对 CIF 合同卖方的保险责任规定:卖方只需按照《协会货物保险条款》(伦敦保险协会)或其他类似条款中的最低保险险别投保。最低保险金额应包括合同规定价款另加 10%(即 110%),并以合同约定的货币投保。若这种条款不足以保障货物在运输途中可能遭遇的风险,则买卖双方应按货物的性质、航程等,约定承保范围较大的其他险别。此外,在买方要求并由买方承担费用的情况下,卖方还应以买方名义加保战争、罢工、暴乱的民变险。

3. 象征性交货

从交货方式来看,CIF 是典型的象征性交货。在 CIF 术语下,卖方以提供约定的货运单据作为履行交货的义务,买方在收到货运单据时,必须按合同规定支付货款。此时,买方的付款义务不以交运的货物是否尚存为前提。买方装运货物,取得提单后,不论货物是否存在(甚至可能在运输途中已灭失),不管买方是否知悉货物已不存在,只要卖方如期

向买方提交了合同规定的全套合格单据(名称、内容和份数相符的单据),买方则有按照合同支付货款的义务。反之,如果卖方提交的单据不符合要求,即使货物完好无损地运达目的地,买方仍有权利拒付货款。

按照 CIF 术语成交,卖方履行其交单义务只是得到买方付款的前提条件,除此之外,他还必须履行交货义务。如果卖方提交的货物不符合要求,买方即使已经付款,仍然可以根据合同的规定向卖方提出索赔。

【案例 6-3】国内某公司按 CIF 条件向欧洲某国出口一批草编制品。合同中规定由我方向中国人民保险公司投保了一切险,并采用信用证方式支付。我出口公司在规定的期限、指定的我国某港口装船完毕,船公司签发了提单,然后在中国银行议付了款项。第二天,出口公司接到客户来电称:装货的海轮在海上失火,草编制品全部烧毁,客户要求我公司出面向中国人民保险公司提出索赔,否则要求我公司退回全部货款。我方果断拒赔,并提出了解决的办法,区分了买卖双方的责任,解决了此案。

四、FCA——货交承运人(……指定地点)

FCA 是 Free Carrier(named place)货交承运人(指定地点),卖方必须在合同规定的交货期内,在指定地或地点将经出口清关的货物交给买方指定的承运人监管,并负担货物被交由承运人监管为止的一切费用和货物灭失或损坏的风险。买方必须自负费用订立从指定地或地点发运货物的运输合同,并将有关承运人的名称、要求交货时间和地点,充分地通知卖方;负担货交承运人后的一切费用和货物灭失或损坏的风险;负责按合同规定收取货物和支付价款。

(一) 买卖双方的主要义务

1. FCA 卖方主要义务

(1) 负责在合同规定的日期或期间内,在指定的交货地点,将货物交给买方指定的承运人,并给予买方说明已按照规定交货的充分通知。

(2) 必须承担货物被交由承运人监管为止的一切费用和风险。

(3) 负责办理货物出口手续,取得出口许可证或其他核准书,办理出口货物需要的一切海关手续。

(4) 负责提供商业发票和证明货物已交至船上的通常单据。

2. FCA 买方主要义务

(1) 负责按合同规定支付价款,自费订立指定地承运货物的合同,支付运费,并将承运人名称及其他有关的信息给予卖方充分通知。

(2) 负担货物交由承运人监管之后的一切费用和风险。

(3) 自负风险和费用取得进口许可证或其他核准书,并办理货物进口以及必要时经由另一国过境运输的一切海关手续。

(4) 收取卖方按合同规定交付的货物,接受与合同相符的单据。

（二）FCA 术语应注意的问题

该术语可用于各种运输方式,包括多式联运。应注意的问题有:

(1) 承运人。指订立水上货物或旅客运输合同或者实际执行其中全部或一部分运输的一方当事人。在我国,承运人是指本人或者委托他人以本人名义与托运人订立海上货物运输合同的人。而实际承运人是指接受承运人委托,从事货物运输或者部分运输的人,包括接受转委托从事此项运输的其他人。

(2) 交货地点的选择。卖方必须在指定的交货地点,在约定的交货日期或期限内,将货物交付给买方指定的承运人或其他人。若选定的地点是卖方所在地,则当货物被装上买方指定的承运人或代表买方的其他人提供的运输工具时,卖方负责装货;若指定的地点不是卖方所在地而是其他任何地点,则当货物在卖方的运输工具上,尚未卸货而交给买方指定的承运人或其他人或由其他人处置时,由买方负责卸货。

(3) 买方安排运输,卖方无义务。但是,如果买方请求,或如果这是一种商业惯例以及买方未在适当的时间内给予相反的指示,卖方可按通常条件订立运输合同,而由买方负担风险和费用。在任何一种情况下,卖方可以拒绝订立运输合同,如果他拒绝,则须立即通知买方。

【案例 6-4】我方某公司出口手表到印度,按 FCA Shanghai Airport 签约。交货期为 8 月。出口企业 8 月 31 日将该手表运到上海虹桥机场并由航空公司收货开具航空运单。我方即电传印度发出装运通知。9 月 2 日手表抵达孟买,将到货通知连同发票和航空运单送交孟买 XX 银行。该银行即通知印商提货、付款,但印商以延迟交货为由拒绝。请问,印商的拒绝是否合理,为什么?

五、CPT——运费付至(……指定目的地)

CPT 是 Carriage Paid To(named place of destination)——运费付至(指定目的地),指卖方支付货物运至指定目的地的运费。在货物被交由(第一)承运人保管时,货物灭失或损坏的风险,即从卖方转移至买方,买方负责由于货物交给承运人后发生的事件引起的额外费用;卖方负责办理出口清关手续,并支付有关费用和税捐。按 CPT 术语订立合同,需特别注意的是装运通知问题。

(一) 买卖双方的主要义务

1. CPT 卖方主要义务

(1) 负责在合同规定的日期或期间内,在指定的交货地点,将货物交给承运人,并给予买方说明已按照规定交货的充分通知。

(2) 必须承担货物被交由承运人监管为止的一切费用和风险,以及货物运输到目的地的基本运费。

(3) 负责办理货物出口手续,取得出口许可证或其他核准书,办理出口货物需要的一切海关手续。

(4) 负责提供商业发票和证明货物已交至船上的通常单据。

2. CPT 买方主要义务

(1) 负责按合同规定支付价款。

(2) 负担货物交由承运人监管之后的一切费用和风险,除去货物运至目的地的基本运费,但对此产生的额外费用仍要负担。

(3) 自负风险和费用取得进口许可证或其他核准书,并办理货物进口以及必要时经由另一国过境运输的一切海关手续。

(4) 收取卖方按合同规定交付的货物,接受与合同相符的单据。

(二) CPT 术语应注意的问题

1. 风险划分

尽管卖方负责货物运至目的地并支付运费,但不负担货物交给承运人之后运输途中的风险和由此产生的额外费用,只承担货物交给承运人控制之前的风险,多式联运情况下,承担货物交给第一承运人之前的风险。

2. 装运通知

CPT 是 CFR 在运输方式上的延伸。两者除适用运输方式不同,在买卖双方义务划分上完全相同,且都属于装运合同。交货通知的内容通常包括合同号或订单号、信用证号、货物名称、数量、总值、运输标志、启运地、启运日期、运输工具名称及预计到达目的地日期等。如果买方需要卖方提供特殊信息,应在买卖合同中约定或在信用证中作出明确规定。若卖方未按惯例规定发出或未及时发出交货通知,使买方投保无依据或造成买方漏保,货物在运输过程中一旦发生灭失或损坏,应由卖方承担赔偿责任。

【案例 6-5】我国 A 公司按 CPT 条件出口 2000 吨小麦给国外 B 公司。公司按规定的时间和地点将 5000A 吨散装小麦装到火车上,其中的 2000 吨属于卖给 B 公司的小麦。待货物抵达目的地后,由货运公司负责分拨。A 公司装船后及时给 B 公司发出了装运通知。承载火车在途中遇险,使该批货物损失了 3000 吨,剩余 2000 吨安全抵达目的地。而卖方不予交货,并声称卖给 B 公司的 2000 吨小麦已经全部灭失,而且按照 CPT 合同,货物风险已经在装运地交至火车上时即转移给 B 公司,卖方对此项损失不负任何责任。

六、CIP——运费和保险费付至(……指定目的地)

CIP 是 Carriage and Insurance Paid To(named place of destination)——运费、保险费付至(指定目的地),指卖方除了须承担在 CPT 术语下同样的义务外,还须对货物在运输途中灭失或损坏的买方风险取得货物保险,订立保险合同,并支付保险费。

(一) 买卖双方的主要义务

1. CIP 卖方主要义务

(1) 负责在合同规定的日期或期间内,在指定的交货地点,将货物交给承运人,并给予买方说明已按照规定交货的充分通知。

(2) 必须承担货物被交由承运人监管为止的一切费用和风险,以及货物运输到目的地的基本运费,并负责办理货物运输保险,支付保险费。

(3) 负责办理货物出口手续,取得出口许可证或其他核准书,办理出口货物需要的一切海关手续。

(4) 负责提供商业发票和证明货物已交至船上的通常单据。

2. CIP 买方主要义务

(1) 负责按合同规定支付价款。

(2) 负担货物交由承运人监管之后的一切费用和风险,除去货物运至目的地的基本运费和基本保险费,但对此产生的额外费用仍要负担。

(3) 自负风险和费用取得进口许可证或其他核准书,并办理货物进口以及必要时经由另一国过境运输的一切海关手续。

(4) 收取卖方按合同规定交付的货物,接受与合同相符的单据。

(二) CIP 术语中的保险问题

按 CIP 术语成交的合同,卖方要办理货运保险并支付保险费,但货物从交货地点到运往目的地的运输途中的风险由买方承担,所以卖方的投保属于代办性质。根据《2020 通则》的规定,如买卖双方未约定具体投保险别,卖方须承担相对较高的保险责任,相对而言保险费也会更高。也就是说,在《2020 通则》中,使用 CIP 术语,卖方承担的保险义务变大,而买方的利益会得到更多保障。

在 CIP 下,由于风险转移和费用转移点的不同。使用该术语时应该特别注意以下两点:首先,双方应在合同中明确规定交货的地点,风险在此转移给买方,如果运输到约定的目的地有多个承运人,则以第一承运人为标志,当货物由约定的地点交付给第一承运人时,货物的风险就已经由卖方转移给买方,如果买方希望风险晚点转移的话就需要双方在签订的合同明确的作出规定;其次,由于卖方承担货物运至约定的目的地的运费,所以在合同中应该明确的订立约定目地内的该点,建议卖方所签订的运输合同应与其做的选择确切吻合,如果卖方在指定的目的地发生了卸货费用,若双方未有约定,则卖方无权向买方要求偿付。

【案例 6-6】我国 A 公司向俄罗斯某公司出口一批木制家具,成交条件为 CIP 莫斯科,采用铁路运输。双方签订的合同中没有详细规定投保的险别。于是,我国 A 公司向 PICC 投保了陆运一切险,A 公司与某运输公司签订了运输合同,并按时将货物交至承运人但在运输途种,不幸遇到某地区铁路工人罢工,货物只好被停靠在该车站。当天突然大雨,货物公司因人手有限而未来得及防护,致使全部木制家具遭受雨水浸泡,严重掉漆变形。我方将包括保险单据在内的全套单据提交给俄罗斯进口公司要求其付款,但是对方以未投罢工险为由拒绝付款。根据《2020 通则》,俄罗斯进口公司是否该付款呢?

第三节　INCOTERMS2020中的其他术语

一、EXW——工厂交货(……指定地点)

EXW是Ex Works (named place)工厂交货(指定地点),是指当卖方在其所在地或其他指定的地点(如工场、工厂或仓库)将货物交给买方处置时,即完成交货,卖方不办理出口清关手续或将货物装上任何运输工具。该术语是卖方承当责任最小的术语。买方必须承当在卖方所在地受领货物的全部费用和风险。但是,若双方希望在起运时卖方负责装载货物并承当装载货物的全部费用和风险时,则须在销售合同中明确写明。在买方不能直接或间接的办理出口手续时,不应使用该术语,而应使用FCA,如果卖方同意装载货物并承当费用和风险的话。

(一)买卖双方的义务

卖方需要在合同规定的时间、地点,将合同要求的货物置于买方的处置之下;承担将货物交给买方处置之前的一切费用和风险;提交商业发票或具有同等作用的电子信息。

买方需要在合同规定的时间、地点,受领卖方提交的货物,并按合同规定支付货款;承担受领货物之后的一切费用和风险;自负费用和风险,取得出口和进口许可证或其他官方批准文件,并办理货物出口和进口的一切海关手续。

(二)采用EXW术语应注意的问题

(1) EXW这个术语类似国内贸易,采用这个贸易术语成交时,卖方只要在产地(或工厂或农场)交完货就算完成任务,不负责货物出境、入境及运输、保险等项事情,也无义务提供出口包装。所以卖方的责任、费用、风险最小,价格也就最便宜。

(2) 采用这一术语成交一般买方在出口国家有常驻机构,因此,要充分了解买方是否能办理出口结关手续,如没有把握,就不要采用这一贸易术语。

(3) 交接货物的时间、地点要做出明确规定,以便顺利的交接货物。

(4) 关于货物的包装和运输问题。根据这一贸易术语来成交,卖方不管包装、装运,买方在签订合同之前,应根据运输情况提出包装要求,以免事后引起争端。买方自备车辆,解决运输问题,一般是陆地相连的国家才行。

【案例6-7】有一份出售茶叶的合同,采用EXW条件,数量10 000公斤,总值为25 000美元,合同规定买方应于10月份提取货物,卖方于10月8日将提货单交付给买方,买方也已付清货款,但买方直到10月31日尚未提走货物,于是卖方将茶叶搬到一个存放牛皮的仓库与牛皮一起存放,当买方于11月15日提货时,发现有10%的茶叶已与牛皮串味而失去商销价值,对此双方发生争议。

二、FAS——船边交货(……指定装运港)

FAS 术语解释,Free Alongside Ship(named port of shipment)"船边交货(……指定装运港)"是指卖方在指定的装运港将货物放置在码头或买方所指定的驳船边,即完成交货。卖方办理出口清关手续。买方则须负责租船订舱,将船名、装货地点及交货时间及时地通知卖方,承担货物交到船边以后的一切费用和风险,并按照买卖合同规定支付货款。

(一)买卖双方的义务

卖方需要在合同规定的时间和装运港将合同规定的货物交到买方所派船只的旁边,并及时通知买方;承担货交装运港船边之前的一切费用和风险;自负费用和风险,取得出口许可证和其他官方文件,并办理货物出口的一切海关手续;提交商业发票或具有同等作用的电子信息,并自负费用提供通常的交货凭证。

买方需要订立从指定装运港运输货物的合同,支付运费,并将船名、装货地点和要求装货的时间及时通知卖方;在合同规定的时间、地点受领货物,并支付货款;承担货交装运港船边之后的一切费用和风险;自负费用和风险,取得进口许可证和其他官方文件,并办理货物进口的一切海关手续。

(二)采用 FAS 术语应注意的问题

在 FAS 条件下,买卖双方要注意船货衔接的问题。买方及时派船,将船名,要求装船的时间、地点通知卖方,以便卖方按时做好备货出运工作,卖方也应该将货物交至船边的情况通知买方,以利于买方办理装船事项。如果买方指派的船只提前或推迟到港接受货物,或者买方未能及时发派船通知,由此而产生的风险和损失均由买方承担。另外,如果买方所指派的船只不能靠岸,卖方则要负责用驳船把货物运至船边,人在船边交货,装船的责任和费用由买方负担。

三、DAP——目的地交货(……指定目的地)

DAP(delivered at place)目的地交货,是指卖方必须在合同所指定的目的地(进口地),将运抵此目的地但尚未从运输工具上卸下,未办理入境通关手续的货物交付买方处置时,视为卖方交货。除由买方办理入境通关手续及缴纳进口税外,卖方必须承担将货物运抵指定目的地(进口地)所衍生的一切费用(但不包括卸货费用)、风险及其他相关事项。

DAP 术语是《2010 通则》中新增加的术语,取代了《2000 通则》中的 DAF、DDU、DES,适合任何运输方式,包括多式联运在内的一种或多种运输方式。

(一)买卖双方的义务

卖方需在合同规定的时间内,将货物运至指定目的地,将货物装载于可供卸载的运输工具上交由买方处置,承担在此之前的一切风险;签订将货物运往指定目的港或目的地运输终端的运输合同,并支付运费;自负费用和风险,取得出口许可证和其他官方文件,并办理货物出口的一切海关手续,支付关税、税款和其他出口费用等海关手续费用,以及交货之前经过任何国家的相关费用;提交商业发票或具有同等作用的电子信息,并自负费用提供通常的交货凭证。

买方需要订立从指定装运港运输货物的合同,支付运费,并将船名、装货地点和要求装货的时间及时通知卖方;在合同规定的时间、地点受领货物,并支付货款;承担自收货之时起一切关于货物损坏和灭失的风险,支付自交货之时起与货物有关的一切费用;自负费用和风险,取得进口许可证和其他官方文件,并办理货物进口的一切海关手续。

(二) 采用 DAP 术语应注意的问题

上述买卖双方的义务中,我们看到 DAP 术语已经明确了卸货费用的划分,从理论上避免了由卸货费用产生纠纷的可能。但是,由于 DAP 术语还不为很多人所熟悉,而且在一些港口存在关于卸货费用的惯例,因此术语本身的规定依然不能完全避免由此而产生的纠纷、损失。所以建议在订立商品买卖合同时,最好通过另外的合同条款来明确这一问题。

除了进口方给出口方带来的风险,卖方还应考察承运人的信誉。在选用 DAP 术语的情况下,虽然从理论上讲在目的地交货之前卖方都拥有对货物的所有权,但是实际操作中,卖方在将货物交给承运人之后就在一定程度上失去了对货物的控制权。因此,如果选择了信誉不佳的承运人,则卖方蒙受的损失可能比买方拒收货物所带来的更大。在 DAP 术语下,双方均没有义务为对方订立保险合同。但是,在一方提出请求,并承诺自担风险和费用的前提下,另一方必须应对请求,向其提供订立保险合同所需的必要信息。

四、DPU——目的地卸货交货(……指定目的港或目的地)

DPU(delivered at place unloaded),目的地卸货交货(指定港口或目的地),卖方在指定目的港或目的地卸货后将货物交给买方处置即完成交货。指定目的地包括任何地方,无论约定或者不约定,包括码头、仓库、集装箱堆场或公路、铁路或空运货站。卖方应承担将货物运至指定目的地和卸货所产生的一切风险和费用。

使用这种术语时,双方当事人尽量明确地指定目的地,特别是对于特定地点而言,因为货物到达这一地点的风险由卖方承担,建议卖方签订一份选择准确契合的运输合同。

此外,若当事人希望卖方承担从终点站到另一地点的运输及管理货物所产生的风险和费用,那么此时 DAP(目的地交货)或 DDP(完税后交货)规则应该适用。在必要的情况下,DPU 规则要求卖方办理货物出口清关手续。但是,卖方没有义务办理货物进口清关手续并支付任何进口税或办理任何进口报关手续。

五、DDP——完税后交货(……指定目的地)

DDP 是 Delivered Duty Paid（named place of destination）"完税后交货（指定目的地）"是指卖方在指定的目的地，办理完进口清关手续，将在交货运输工具上尚未卸下的货物交与买方，完成交货。卖方必须承担将货物运至指定的目的地的一切风险和费用，包括在需要办理海关手续时在目的地应交纳的任何"税费"（包括办理海关手续的责任和风险，以及交纳手续费、关税、税款和其他费用）。若卖方不能直接或间接地取得进口许可证，则不应使用此术语。但是，如果当事方希望将进口所支付的一切费用（如增值税）从卖方的义务中排除，则应在销售合同中明确写明。该术语适用于各种运输方式。DDP 术语是卖方承担责任最大、负担费用最多的一个术语。

《2020 年通则》规定，办理进口清关手续时，卖方也可要求予以协助，买方应给与卖方一切协助取得进口所需的证件，但费用和风险仍由卖方负担。

本章小结

贸易术语是确定买卖合同性质、决定交货条件以及进行商业报价的重要因素。恰当地选择贸易术语对国际货物买卖合同的商定和履行具有重要意义。本章重点对国际商会颁布的《2020 通则》中规定的 11 种贸易术语进行精解，特别是对贸易中最常使用的 FOB、CFR、CIF、FCA、CPT 和 CIP 六种贸易术语的操作技巧和买卖双方责任进行了阐述。

下面将《2020 通则》中的 11 种贸易术语做归纳比较。

贸易术语	交货地点	风险转移界限	出口报关费用负担	进口报关费用负担	适合的运输方式
EXW	货物产地或所在地	买方处置货物时	买方	买方	任何方式
FCA	出口国内地或港口	承运人处置货物后	卖方	买方	任何方式
FAS	装运港口	装运港船边为界	卖方	买方	水上运输
FOB	装运港口	装运港船上为界	卖方	买方	水上运输
CFR	装运港口	装运港船上为界	卖方	买方	水上运输
CIF	装运港口	装运港船上为界	卖方	买方	水上运输

续表

贸易术语	交货地点	风险转移界限	出口报关费用负担	进口报关费用负担	适合的运输方式
CPT	出口国内地或港口	承运人处置货物后	卖方	买方	任何方式
CIP	出口国内地或港口	承运人处置货物后	卖方	买方	任何方式
DAP	进口国目的地	买方在指定地点收货后	卖方	买方	任何方式
DPU	进口国目的地	买方在指定地点收货后	卖方	买方	任何方式
DDP	进口国目的地	买方在指定地点收货后	卖方	卖方	任何方式

本章重要概念

贸易术语　国际贸易惯例　EXW　FOB　FAS　FCA　CFR　CIF　CPT　CIP　DAP　DPU　DDP

本章推荐阅读材料

1. 中国国际贸易学会　http://gmxh.mofcom.gov.cn/
2. 中国进出口贸易网　http://www.cnie.cn/
3. 商务中国　http://www.bizcn.com/
4. 中国对外贸易中心　http://www.cftc.org.cn/

本章思考题

一、单选题

1. 根据《INCOTERMS2020》的规定,由卖方支付运费的贸易术语是(　　)。
   A. EXW　　　　B. FCA　　　　C. FOB　　　　D. CFR
2. 根据《INCOTERMS2020》的规定,由卖方支付保险费的贸易术语是(　　)。
   A. FCA　　　　B. CIP　　　　C. EXW　　　　D. CFR
3. 根据《INCOTERMS2020》的规定,卖方承担责任最小的贸易术语是(　　)。
   A. FCA　　　　B. CIP　　　　C. EXW　　　　D. CFR
4. 根据《INCOTERMS2020》的规定,卖方承担责任最大的贸易术语是(　　)。

A. CIF　　　　B. CIP　　　　C. DPU　　　　D. DDP

5. 根据《INCOTERMS2020》的解释,采用 CIF 条件成交时,货物装船时从吊钩脱落掉入海里造成的损失由(　　)。

A. 卖方负担　　B. 买方负担　　C. 承运人承担　　D. 买卖双方共同承担

6. 根据《INCOTERMS2020》的解释,CIF 和 CFR 的主要区别在于(　　)。

A. 办理租船订舱的责任方不同　　　　B. 办理货运保险的责任方不同
C. 风险划分的界限不同　　　　　　　D. 办理出口手续的责任方不同

7. 在实际业务中,FOB 条件下,买方常委托卖方代为租船订舱,其费用由买方负担,如订不到舱,租不到船,则(　　)。

A. 卖方不承担责任,其风险由买方承担　　B. 卖方承担责任,其风险也由卖方承担
C. 买卖双方共同承担责任、风险　　　　　D. 买卖双方均不承担责任,合同停止履行

8.《1932 年华沙-牛津规则》主要是为了解释(　　)。

A. FOB　　　　B. CFR　　　　C. CIF　　　　D. CIP

二、问答题

1. 国际贸易术语的作用是什么?
2. 为什么说把 CIF 称为"到岸价"容易引起误会?
3. FAS 术语适合集装箱货物出口吗?为什么?
4. 请比较 FOB、CFR、CIF 术语的异同。
5. 从杭州出口一批货物到日本大阪,如要采用 FOB 术语,应如何表示?

三、案例分析题

1. 我国某出口商和澳大利亚某进口商签订了黄豆的出口合同。合同规定每公吨 180 美元,共计 1000 公吨,采用 CPT 条件。我国出口商委托运输公司 B 负责全程运输,并在指定时间和地点将货物交付给 B 公司,同时及时告知进口商货物已装运。但在 B 公司进行海上运输停靠在中途港加油时,船只被 B 公司的债权方强行扣押,并通过法庭进行了拍卖。货物被滞留在加油港港口仓库中。澳大利亚进口商多次来电催促,我方又重新和另一家运输公司签订运输合同,才将货物运达澳大利亚目的港。之后,我方向 B 公司进行索赔,要求 B 公司承担其再次委托其他运输公司代为运输的费用。但 B 公司认为我方多此一举,是我方自愿和其他运输公司签订运输合同的,这部分费用应由我方承担。试分析此案例。

2. 某进出口公司以 CIF 汉堡向英国某客商出售供应圣诞节的杏仁一批,由于该商品的季节性较强,买卖双方在合同中规定:买方须于 9 月底以前将信用证开抵卖方,卖方保证不迟于 12 月 5 日将货物运抵汉堡,否则,买方有权撤销合同。如卖方已结汇,卖方须将货款退还买方。问:该合同是否还属于 CIF 合同?为什么?

本章主要参考文献

[1] 余庆瑜.国际贸易实务:原理与案例[M].北京:中国人民大学出版社,2019.
[2] 中国国际商会/国际商会中国国家委员会.国际贸易术语解释通则 2020[M].北

京:对外经济贸易大学出版社,2019.

[3] 陈岩.国际贸易理论与实务[M].北京:清华大学出版社,2018.

[4] 田运银.国际贸易实务精讲[M].北京:中国海关出版社,2018.

[5] 黎孝先.国际贸易实务[M].北京:对外经济贸易大学出版社,2016.

[6] 徐盛华,郑明贵.进出口贸易实务操作指南[M].北京:清华大学出版社,2012.

第七章　商品的品名、品质、数量和包装

【教学目的】

通过本章的学习,了解国际贸易合同中的品质条款,订立品质条款应注意的问题;掌握商品数量计量单位,重量的计量方法以及合同中的溢短装条款;掌握出口商品包装分类,运输包装的标志和合同中的包装条款。能根据实际情况恰当地订立合同中的品质、数量、包装条款。

【导入案例】

成都新雅贸易有限公司2017年底出口一批洗漱包到美国一家大型零售超市,客户要求的是围卡包装(Sleeve Card,也称彩套包装),正常情况下应该是洗漱包的提手留在外面,以便挂在货架上销售,但是工厂实际包装时把提手也围进去了,导致洗漱包无法直接挂在货架上销售。由于发货前没有注意到此问题,客户收到货后以包装错误为由,要求新雅贸易公司赔偿其零售价的一半作为赔偿或直接退货(实际上客户零售价的一半相当于此批货物货值的2倍,退货的全部费用也与此批货物货值相当)。经过长达5个月的多次协商,最终以新雅贸易公司找人到客户仓库返工并给予成交金额的25%作为产品上架延误损失的赔偿。后经统计,因为包装错误给新雅贸易公司带来的全部损失(返工和赔偿)达到了成交金额的35%,可谓损失惨重。

在国际贸易中,交易商品的种类繁多,每种商品都有具体的名称,并表现为一定的质量和数量,而且大多数商品都需要包装。因此买卖双方在交易磋商时,首先需要确定商品的品名、品质、数量和包装条件。由于商品品质的优劣直接关系到商品的使用价值,同时如果不确定数量,显然也无法构成一笔交易,所以商品的品名、品质、数量和包装是贸易合同的主要条款。

第一节　商品的品名

商品的品名或名称是指能使某种商品区别于其他商品的一种称呼。它能够反映商品的自然属性、用途和特性等。

一、列明商品品名的意义

国际贸易同国内贸易有着较大差异。在国际贸易中,看货成交的情况较少,交易双方商订合同时,往往很少见到具体商品,一般需要凭借对买卖的商品作必要的描述来确定交易标的物。因此,在合同中列明商品的名称就成为不可缺少的一项主要贸易条件。

按照《联合国国际货物销售合同公约》(简称《公约》)的规定,对交易标的物的具体描述,是构成商品说明的一个主要组成部分,也是买卖双方交接货物的一项基本依据。若卖方交付的货物不符合约定的品名或说明,买方有权提出损害赔偿要求,甚至可以拒收货物或撤销合同。因此,列明合同中的商品具体名称,具有重要的法律和实践意义。

二、品名条款的内容

国际货物买卖合同中的品名条款一般比较简单,通常是在"商品名称"或"品名"的标题下,列明交易双方成交商品的名称,也可不加标题,只在合同的开头部分列明交易双方同意买卖某种商品的文句。例如,计算机、移动通信设备等。但由于成交商品的品种、等级和型号不同,因此,为了明确起见,也把有关商品的品种、产地、等级或型号的概括性描述包括进去,作进一步限定。

三、规定品名条款的注意事项

在国际货物买卖合同中,规定品名条款时,应注意下列事项:
(1)必须做到内容明确、具体,能切实反映商品的用途、性能和特点。避免笼统、空泛或含糊,从而利于合同的顺利履行。如服装类货物,要订明性别、款式、面料成分等,一类货物往往有不同的品种、型号或等级,因此除名称外,还应有明确的型号、等级等相应的描述,以免造成混淆。

(2)条款中规定的品名,必须是卖方所能生产或供应的品种和型号,也同样必须是买方所需要进口的商品,应注意不要列入不切实际或不必要的描述,以免给履约造成困难或引起争议。

(3)尽可能使用国际上的通用名称。若使用地方性的名称,交易双方应事先就其含义达成共识。对于某些新商品的命名及其译名应力求准确、易懂,并符合国际上的习惯称呼。

(4)注意选用合适的品名,以利减低关税、方便进出口和节省运费开支。有些商品具有不同的名称,因而存在着同一商品因名称不同而交付关税和运费不一的现象,且其所受的进出口限制也不同。如美国规定进口"chain"(链条),如果作为闸门开关之用,则只需要缴纳5%的关税,而作为自行车链条,则需要缴纳30%的关税。又如,"brass cylinder padlock"(铜挂锁)就比"handware cylinder padlock"(五金挂锁)的运费贵得多,这是因为国际班轮运费按照货物等级收费,名称不同导致费率不相同。因此,在确定商品的名称时,应适当选用对贸易有利的名称。

第二节　商品的品质

一、商品品质及其重要性

商品的品质(Quality of Goods)是指商品的内在质量和外观形态的综合。前者是指商品的物理和机械性能、化学成分、生物特征和技术指标等。后者则是指人们的感官可以直接感觉到的外形特征,如商品的结构、造型、款式、色泽及味觉等技术指标或要求。

商品品质是对成交商品品质的描述,是构成商品说明的主要组成部分,是买卖双方交接货物的基本依据,也关系到买卖双方的权利和义务。商品品质的优劣对商品价格有重要影响,买卖双方一般都要针对一定的商品,按质论价,即使是同一品种,如质量不同则价格也不同。随着消费者对商品品质要求的不断提高和日益激烈的市场竞争,当今世界各国都把提高产品品质作为提升出口竞争力和扩大销路的重要手段。此外,商品品质的优劣,还关系到国家的信誉,所以提高出口商品品质具有重要的战略意义。为了使进出口商品的质量适应国内外市场的需求,在出口商品的生产、运输、存储、销售过程中,必须加强对品质的全面管理。在进口商品的订货、运输、接受等环节中,应当把好质量关。

品质条款是买卖双方交接货物的主要依据,根据《公约》的规定,卖方交付的货物必须与合同规定的品质、规格相符,或与卖方向买方提供的货物样品或式样相同,如果卖方交货品质与合同规定不符,不论价款是否已付,买方有权要求卖方降价、赔偿损失,甚至拒收货物和撤销合同。

二、表示商品品质的方法

国际贸易中买卖的商品种类繁多,特点各异,表示品质的方法也很多,主要包括以实物表示和凭文字说明表示两大类。

(一) 凭实物表示商品品质

1. **看货买卖(Sale by Actual Quality)**

看货买卖是凭成交商品的实际品质进行交易的一种做法。其做法是由买方或其代理人在卖方所在地查验货物,如果认为商品品质符合购买要求,即可达成交易。采用这种方式只要卖方所交付的是验看过的商品,买方就不得对品质提出异议。然而由于交易双方分隔两地,验看货物有诸多不便,所以这种品质表达方式只适用于珠宝、首饰或工艺品等贵金属货物以及其他现货交易,成交量有限。

2. 凭样品买卖(Sale by Sample)

凭样品买卖是凭样品规定商品品质所达成的交易。所谓样品,通常是指从一批商品中抽出来的或由生产、使用部门设计、加工出来的,反映和代表整批商品质量的少量实物。这种方式是由于部分商品本身的特点难以用文字说明规定其品质,或出于市场习惯采用的一种方法。

在国际贸易中,按样品提供者的不同可分为以下三种:

(1) 凭卖方样品买卖(Sale by Seller's Sample)。是由卖方提供样品并经买方确定后,作为交货样品的依据。这种情况下,在合同中应订明"品质以卖方样品为准"(Quality as per Seller's Sample)。在出口交易中,卖方应注意样品的代表性,不可将样品品质定得太高或太低,要留存"复样"(Duplicate Sample),作为交货时检验品质的依据。

(2) 凭买方样品买卖(Sale by Buyer's Sample)。是由买方提供样品,卖方应按来样复制或从库存中选择与来样品质一致的样品交买方确认后,将其样品作为交货的依据。在这种场合,合同中应订明"品质以买方样品为准"(Quality as per Buyer's Sample)。复制样品又称为回样(Return Sample),当买方确认了回样后,卖方再按其样品品质进行加工。

(3) 凭对等样品买卖(Sale by Counter Sample)。在国际货物贸易中,凭买方样品交易对卖方来说不利,因为按照卖方的生产工艺和水平,不一定能生产出与买方样品完全一致的产品。故卖方可根据买方提供的样品,加工复制出一个类似的样品交买方确认,这种经确认后的样品,称为"对等样品""回样"或"确认样品"(Confirming Sample)。当对等样品被买方确认后,则日后卖方所交货物的品质,必须以对等样品为准。

采用凭样品买卖时,应当注意下列事项:① 凡凭样品买卖,卖方交货品质必须与样品完全一致。② 以样品表示品质的方法,只能酌情采用。凡能用科学的指标表示商品质量者,就不宜采用此法。③ 采用凭样品成交而对品质无绝对把握时,应在合同条款中相应地做出灵活的规定。

此外,买卖双方为了增进彼此对对方货物的了解,往往会互相寄送样品。以介绍货物为目的寄出的样品,一般称为"参考样品"(Reference Sample),参考样品不作为今后交货的依据。

(二) 凭文字说明表示商品品质

凡以文字、图表、相片等说明商品品质者,均属凭文字说明(Description)表示品质的范畴。具体包括以下几种:

1. 凭规格买卖(Sale by Specification)

商品的规格(Specification)是指用来反映商品品质的某些主要指标,如成分、纯度、含量和尺寸等。凭规格买卖时,说明商品品质的指标因商品不同而异,商品的用途不同,要求的质量指标也有差异。这种方法的优点是明确、具体、简单易操作。例如,中国东北大米的合同规格:含油量(最低)18%,水分(最高)14%,杂质(最高)2%,不完善颗粒(最高)7%。

2. 凭等级买卖(Sale by Grade)

商品的等级(Grade)是指同一类商品,按其规格上的差异,分为品质优劣各不相同的若干等级。通过在交易合同中列明买卖货物的级别,以其作为商品品质的依据。凭等级表示商品品质的方法是在长期生产和贸易中形成的,在简化手续、促进成交和体现按质论价等方面都有一定作用,但由于不同等级的货物具有不同的规格,双方最好规定每一等级的具体规格,以便于履行合同和避免产生争议。

例如,中国出口的钨砂,主要根据其三氧化钨含量的不同,分为特级、一级、二级,每一级又有其相应的规格,见表7-1。

表7-1 钨砂的规格

内 容	三氧化钨	锡	砷	硫
	最低/%	最高/%	最高/%	最高/%
特级	70	0.2	0.2	0.8
一级	65	0.2	0.2	0.8
二级	65	1.5	0.2	0.8

3. 凭标准买卖(Sale by Standard)

凭标准买卖是由政府有关机构或有关的国际组织对商品统一制定的标准,作为交易品质的依据。国际上一些商品如农产品中的棉花、小麦、黄豆、砂糖以及咖啡等的交易常采取凭标准来表示品质。

世界各国一般都有国家标准,如英国为BS、美国为ANSI、法国为NF、德国为DIN、日本为JIS等。此外,还有专业性的协会标准、国际标准等,如国际标准化组织(ISO)、国际电工委员会(IEC)等国际组织制定的相应行业的国际性标准。我国现行的标准有国家标准、专业标准、地方标准和企业标准。

随着科学技术的发展,商品的标准不断地被修改或变动,所以,同一组织颁布的某类商品的标准往往有不同年份的版本。在合同中援引标准时,应注明采用标准的名称及版本年份。例如:柠檬酸钠纯度,不低于99%,英国药典1980年版。

在国际贸易中,对于一些质量变化较大而难以标准化的农副、土特、水产品,往往采用"良好平均品质"(Fair Average Quality,FAQ)和"上好可销品质"(Good Merchantable Quality,GMQ)来表示交易商品的品质。所谓"良好平均品质"一般是以我国产区当年生产该项农副产品的平均品质为依据来确定,习惯上称为"大路货"。其具体解释和确定办法有两种:(1)指农产品的每个生产年度的中等货。一般是由生产国在农产品收获后,经过对产品进行广泛抽样,从中制定出该年度的"良好平均品质"的标准和样品,并予以公布,作为该年度"FAQ"的标准。(2)指某一季度或某一装船月份在装运地发运的同一种商品的"平均品质"。

上好可销品质是指卖方所交货物为"品质良好,合乎销售",通常用于无法以样品或国际公认的标准来检验的产品,由于该标准过于笼统,容易引起争议,在业务中较少采用。

4. 凭商标或品牌买卖(Sale by Trade Mark or Brand)

品牌是厂商或销售商所生产或销售货物的牌名,商标则是品牌的图案化,是特定货物的标志。一些在国际上久负盛名的品牌商品,因其品质优良、稳定,在国际市场上已经被广大消费者一致公认并予以接受,成为一种品质象征,人们在交易中就可以只凭品牌或商标买卖,无须对品质提出详细要求,如中国的中华牌香烟、联想笔记本电脑等。

凭商标或品牌的买卖,一般只适用于一些品质稳定的工业制成品或经过科学加工的初级产品。在进行交易时,一定要严把质量关,维护好品牌产品的声誉。

5. 凭产地名称买卖(Sale by Name of Origin)

凭产地名称买卖是指某些商品由于受产地自然条件和传统的生产技术或加工工艺的影响,在品质上具有独特风格和特色,进而将其产地名称作为代表该项产品的品质标志。如中国的信阳毛尖茶叶、四川涪陵榨菜、金华火腿、景德镇陶瓷等。

6. 凭说明书和图样买卖(Sale by Descriptions and Illustrations)

对于机械、电器和仪器电子等商品,由于其结构和性能复杂,生产工艺不同,难以用几个简单的指标说明其品质,需要用说明书和图样等来说明其构造、用途和性能等。因此,对于此类商品的交易,可凭说明书买卖。如数控机床、各类机械加工设备等。

凭说明书和图样买卖时,卖方所交的货物必须符合说明书所规定的各项指标。在合同中往往还要特别订立卖方品质保证条款和技术服务条款,明确规定卖方须在一定期限内保证其商品的质量符合说明书所规定的指标,如在保质期内发现品质低于规定,或部件的工艺质量不良,或因材料内部隐患而产生缺陷,买方有权提出索赔,卖方有义务消除缺陷或更换有缺陷的商品或材料,并承担由此引起的各项费用。

三、订立品质条款注意事项

(一)品质条款要明确、具体

在规定商品品质条款时,为便于检验品质和明确责任,不宜采用"大约""左右""合理误差"等笼统模糊的表达,同时也不要把品质条件订得过死,给履行交货义务带来困难。一般而言,对某些初级产品和轻工制品的品质规定要有一定的灵活性,而对于技术和精密度要求较高的机电、设备类商品,则应严格谨慎。

(二)品质的规定要具有确定性

卖方应根据商品特性来明确、具体地规定商品品质,避免因表述不清而引起争议。同时,对某些商品可规定一定的品质机动幅度和品质公差,允许卖方所交货物的质量指标在一定的幅度内有灵活性。在有些工业制成品的生产过程中,产品的质量指标出现一定的误差是难免的(如机械手表走时的误差),这一误差,如为国际同行业所公认,即成为"品质公差"(Quality Tolerance)或质量公差。即所谓品质公差是指工业制成品的质量指标在国际上公认的合理误差范围内,即使在合同中没有规定,只要交货品质在公差范围内,买方也不得拒收或要求调整价格。质量公差的允许值可以是国际上同行业所公认的允许值,也可以由买卖双方协商制定。

表示品质机动幅度的方法主要有以下三种:(1)规定范围,即对某种商品的质量指标规定,应允许有一定幅度的差异。如布匹幅宽35/36,即布匹的幅宽只要在35至36英寸之间,均为合格。(2)规定极限,是对某种商品的规格规定上下极限。如白籼米碎粒含量允许最多不超过1%。(3) 规定上下差异,指卖方所交货物的品质允许在误差的范围内,如羽绒服的含绒量正常规定为不得低于50%,充绒量允许偏差规定为±5%。

(三) 正确运用各种表示品质的方法

根据商品特性,选择适当的表示品质的方法。一般来说,凡能用科学的指标说明其质量的商品(如农副产品、大宗初级产品等),适用于规格、等级、标准买卖;对难以规格化和标准化的商品(如工艺品等)则凭样品买卖;对品质高、声誉良好的名优产品,适用于凭品牌或商标买卖;对性能复杂的机械、电器、仪表类商品则可凭说明书和图纸买卖。总之,表示品质的方法应当合理选择。此外,凡能用一种方法表示品质的,就不要采用两种或两种以上的方法来表示。

(四) 订立品质条款要科学合理,防止品质偏高或偏低

品质条款要根据国外市场的实际需求,结合国内生产可能来订立,既不能订得过高,以免造成生产和对外履约的困难,如客户要求豆类消灭死虫和活虫,布匹无瑕疵等,不应接受。同时,品质也不能订得低于实际商品,以免影响成交价格和出口商品信誉。

第三节 商品的数量

商品的数量是指以一定的度量衡表示商品的重量、个数、长度、面积、体积和容量的量。数量的多少直接关系交易价格的高低以及总贸易量对市场的影响。在国际贸易中,买卖双方必须以约定数量作为交接货物的依据,这也是衡量合同当事人权利和义务大小的尺度。《公约》把商品数量作为构成发盘内容不可缺少的三大基本要素之一,要求在双方的订约建议中,必须明示或默示地规定货物的数量,或约定规定数量的方法,这充分表明,数量条件是国际货物买卖合同中的一项不可缺少的主要交易条件。其中,《公约》第35条规定,按约定的数量交付货物是卖方的一项基本义务。如卖方交货数量少于约定的数量,其应在规定的交货期内届满前补交,但不得使买方遭受不合理的不便或承担不必要的开支,即使如此,买方仍有保留要求损害赔偿的权利。如卖方交货数量大于约定的数量,买方可以拒收多交的部分,也可以收取多交部分中的一部分或全部,但应按合同价格付款。

由于数量条款既是买卖双方交接货物的基本依据,也是涉及处理与交接数量有关的索赔与理赔问题的依据,因此,正确掌握成交数量和订好合同的数量条款,具有重要的法律和实践意义。

一、计量单位与度量衡制度

计量单位(Unit of Quantity)是指用以表示商品标准量的名称。商品数量的计量单位

主要取决于商品的种类和性质,也视贸易习惯和交易双方的意愿而定,因此,不同的商品需要采用不同的计量单位来表示。此外,对于不同的度量衡制度,商品的计量单位也有所不同。在国际贸易中,常用的计量单位主要有六种。

(1) 重量单位(Weight)是目前国际贸易中用得最多的一种计量单位,如大宗农副产品、矿产品和部分工业制成品采用按重量计算。常见的重量单位有:克(Gram, G)、千克(Kilogram, KG)、公吨(Metric Ton, M/T)、长吨(Long Ton, L/T)、短吨(Short Ton, S/T)、磅(Pound)和盎司(Ounce)等。

(2) 长度单位(Length)多用于金属绳索、布匹、胶管、电线电缆等商品。长度单位主要有米(Meter, m)、英尺(Foot, FT)、码(Yard, YD)等。

(3) 面积单位(Area)多用于玻璃板、地毯、木板、皮革等商品的计量,其主要有平方米(Square Meter, M^2)和平方英尺(Square Foot, FT^2)等。

(4) 体积单位(Volume)多用于木材、天然气、化学气体等商品的计量,常见的有立方米(Cubic Meter, M^3)、立方英尺(Cubic Foot, FT^3)等。

(5) 容积单位(Capacity)多用于酒、石油和谷物等商品的计量,如公升(Litre, L)、加仑(Gallon, GAL)、蒲式耳(Bushel)等。其中,美国以蒲式耳作为各种谷物的计量单位,但每蒲式耳所代表的重量因谷物不同而有差异。例如,每蒲式耳亚麻籽为56磅,燕麦为32磅,大豆和小麦为60磅。

(6) 个数单位(Number)多用于工业制成品、杂货及一部分土特产品的计量,如成衣、纸张、玩具、车辆、活牲畜等杂件商品及一般制成品。个数单位主要有:件(Package, PKG)、只(Piece, PC)、双(Pair)、套(Set)、打(Dozen, DOZ)、罗(Gross, GR)、卷(Roll)、辆(Unit)、箱(Case)、桶(Barrel)、袋(Bag)、捆(Bale)等。

在国际贸易中,常采用的度量衡制度主要有公制(The Metric System)、英制(The British System)、美制(The U.S. System)和国际单位制(The International System of Units, SI)。使用的度量衡制度不同,同一计量单位所代表的数量也各不相同。如表示重量的"吨",实行英制的国家一般采用长吨,1长吨约为1016千克;实行美制的国家一般采用短吨,1短吨约为907千克。此外,有些国家对某些商品还规定其习惯使用的或法定的计量单位。以棉花为例,许多国家习惯以包(Bale)为计量单位,但每包的含量各国解释不一,如美国规定棉花每包净重480磅,巴西棉花每包净重396.8磅,埃及棉花每包为730磅。由此可见,了解各国不同度量衡制度下各计量单位的含量及其计算方法的必要性。因此,为避免因不同的度量衡制度的差异所导致的贸易纠纷,必须在买卖合同中明确本笔交易所采用的度量衡制度。

我国现行的法定计量单位是国际单位制。《中华人民共和国计量法》第3条明确规定:"国家采用国际单位制。国际单位制计量单位和国家选定的其他计量单位为国家法定计量单位。"在外贸出口业务中,除合同有规定外,均应使用法定计量单位。

二、计量方法

在国际贸易中,绝大多数商品是按重量计量的,根据商品的性质和商业习惯,计算重

量的方法通常有以下几种:

(一) 按毛重计算

毛重(Gross Weight)是指商品皮重与净重之和,即商品本身的实际重量加上包装材料后的总重量。对于一些大宗低值商品,因其包装材料与货物本身价值相差不多,如粮食、饲料等,或者货物包装和商品本身难以区分,不便于分别计算,通常都是以毛重作为计价基础,习惯上称之为"以毛作净"(Gross for Net)。例如:蚕豆100公吨,单层麻袋包装以毛作净。

(二) 按净重计算

净重(Net Weight)是指商品本身的实际重量,在国际贸易中,采用最多的一种计量方法是按净重计量,即将毛重减去皮重后的重量。而皮重(Tare)是指商品包装材料的总重量,计算方法有以下几种:

(1) 实际皮重,即将商品的包装逐一过秤所得的实际重量总和。

(2) 平均皮重,即用若干件包装的实际重量,然后求出包装的平均重量,再乘以总件数,即可求得整批货物的皮重。由于包装材料的规格化和标准化,采用平均皮重做法已很普遍,也称之为标准皮重。

(3) 习惯皮重,指一些比较规范化的商品包装,因包装方法与包装材料重量比较固定划一,可按该包装公认的重量计算。

(4) 约定皮重,是由买卖双方根据约定的包装重量进行计量。

(三) 按公量计算

公量(Conditioned Weight)是指用科学方法抽去商品中的水分,再加上标准含水量所求得的重量。这种方法适用于水分含量不稳定而经济价值又较高的商品,如羊毛、生丝等。

公量是以商品的公定回潮率计算的,即以商品的干净重(除去水分后的净重)加上国际公定回潮率与干净重的乘积所得出的重量。所谓回潮率就是指水分与干量的比,公定回潮率是交易双方商定的商品中的水分与干量之比,也称法定回潮率。而商品中实际水分与干量的比称为实际回潮率。公量的计算公式有下列两种:

公量=商品干净重+标准含水量=商品干净重×(1+公定回潮率)

公量=商品净重×(1+公定回潮率)/(1+实际回潮率)

例如,成交数量为6公吨的生丝,双方约定回潮率为11%,交货时,实际回潮率为9%,则生丝的公量为:6×[(1+11%)÷(1+9%)]=6.05公吨

(四) 按理论重量计算

按理论重量(Theoretical Weight)计算是指一些有固定规格和尺寸的商品,每件重量大致相等,所以可以根据件数推算出其重量,如钢板、马口铁等。但是这种计重方法是建立在每件货物重量相同的基础上的,重量如有变化,其实际重量也会产生差异,因此,理论重

量只能作为计重时的参考。

(五) 按法定重量和实物净重计算

按法定重量(Legal Weight)计算是指以商品本身重量加上直接与商品接触的内包装重量,而除去这部分重量所表示出来的纯商品重量,就是实物净重。此计重方法是海关征收从量税的基础。

三、合同中的数量条款

我国进出口合同中的数量条款通常包括成交商品的数量、计量单位和计量方法等内容。由于商品种类繁多,其性质、特点各异,且各国度量衡制度不同,致使计量单位和计量方法也多种多样,因此,数量条款的内容主要取决于商品种类和特性。规定数量条款,需要注意以下几点:

(一) 正确掌握进出口商品的数量

在交易磋商时,应正确掌握进出口商品成交的数量,做到心中有数,防止盲目成交。具体而言,对出口商品数量的掌握,应考虑国外市场的需求量、国内货源的供应量、国际市场的价格动态以及国外客户的资信情况和经营能力等因素,防止发生货款落空,造成经济损失。例如,某外贸公司在货源未落实的情况下,曾与欧洲进口商签订了出口麻袋30万条的合同,但由于当时国内工厂加工能力有限,无法按时交货,对方遂向仲裁院提请仲裁。后经双方协商达成和解,由卖方赔偿买方15%货款,才了结此案。

对进口商品数量的把握,则要考虑国内的实际需求和支付能力、进口商品的质量和价格水平以及市场行情的变化来灵活决定采购数量。

(二) 合理规定数量机动幅度

数量的机动幅度(Quantity Allowance)是在数量条款中规定卖方实际交付货物数量可多于或少于合同规定数量的一定百分比。在某些大宗商品(如矿砂、化肥、粮食等)交易中,由于商品特性、货源变化、船舶容量、装载技术和包装等原因,卖方往往难以准确地按照合同规定的数量交货,风险较大。

为使合同顺利履行,买卖双方在商定交货数量时应加订数量增减或溢短装条款,并约定由何方来行使此项机动幅度的选择权。此外,多装或少装部分的计价方法,也应一并订明。按照这一条款规定,在CFR或CIF贸易术语条件下,卖方在交货时可以溢交或短交合同数量的一定比例,只要卖方交货数量在约定的增减幅度范围内,就视为按合同规定数量交货,买方就不得以交货数量不符为由拒收或提出索赔。

1. 溢短装条款(More or Less Clause)

是指在买卖合同中明确规定允许溢装或短装的限量。如"中国东北大米2000公吨,卖方可溢短装5%"。溢短装条款的数量机动幅度的大小要适当,应视商品的特性、行业或贸易习惯、运输方式等因素确定。一般情况下,溢短装的选择权由卖方决定(at Seller's

Option),在 FOB 或 FAS 术语下,也可由派船接货的买方来选择。但当交货的数量与载货船舶的舱容密切相关时,也可规定由安排装运的一方作出选择。另外,为了防止交易一方利用合同中的溢短装条款获利,可在合同中明确规定溢短装部分的计价办法,如按货物装船时或到达目的地时的市价计算。

2. "约"量条款

指在交易数量前加一个"约""大约"或"近似"字样(About, Circa, Approximate Clause),表示实际交货数量可以有一定弹性的条款。由于国际上对"约"字的解释不一,如在谷物交易中,上下可差 5%;木材交易中则多至 10%。为便于明确责任和有利于合同的履行,最好不要在合同中采用"约量",而是具体规定数量机动幅度。如确须采用,买卖双方应就这一"约量"的含义做出明确规定。根据《跟单信用证统一惯例(UCP600)》第 30 条 a 款规定:凡"约""大概""大约"或类似词语,用于信用证金额、数量或单价时,应解释为有关金额、数量或单价有不超过 10% 的增减幅度。b 款规定:"在信用证未以包装单位件数或货物自身件数的方式规定货物数量时,货物数量允许有 5% 的增减幅度,只要总支取金额不超过信用证金额。"

(三)溢短装数量的计价方法要公平

在通常情况下,对机动幅度范围内多装或少装部分,一般按合同价格计算。但是,数量上的溢短装在一定的条件下关系到买卖双方的利益,在按合同价格计价的条件下,交货时市价下跌,多装对卖方有利;若市价上涨,多装就对买方有利。因此,为了防止有权选择多装或少装的一方利用行市的变化,有意多装或少装以获取合同以外的好处,也可在合同中规定,多装或少装的部分,不按合同价格计价,而按装船时或货到时的市价计算,以体现公平、合理的原则。

(四)数量条款的规定应明确、具体

在数量条款中,必须确定成交商品的具体数量和计量单位,不要使用"大约"或"左右"等字样,以免引起解释上的分歧而给履约造成困难。对于按重量成交的大宗商品,应说明是按净重还是按毛重计算,如未注明,根据《公约》第 56 条规定,应按净重计算。数量机动幅度的大小及其选择权以及溢短装部分的具体作价办法等内容,都应一一订明。

第四节 商品的包装

商品包装是指在商品流通过程中为保护商品、方便储运、促进销售,按照一定技术方法而采用的容器、材料及辅助物等的总称。也指为达到上述目的而采用容器、材料和辅助物的过程中施加一定技术方法等的操作活动。

在国际货物贸易中,大多数商品都需要有适当的包装,以保护商品在流通和销售过程中质量完好和数量完整。有些商品同包装已成为不可分割的整体,从法律上来说,包装是

商品说明的一部分,包装条款是商品品质条款的延续,也是国际货物买卖合同中一项交易要件。按照某些国家的法律规定,如卖方所交的货物未按约定的条件包装,买方有权拒收货物。

一、商品包装的重要性

除少数商品难以包装或不需要包装而采用裸装(Nude Pack)或散装(In Bulk)外,绝大多数的商品都需要进行适当的包装。商品经过一定包装,不仅便于运输、装卸、搬运、存储、清点、陈列和携带,并且具有促销的作用。现代商品包装反映了包装的商品性、手段性和生产活动性,商品包装更是商品生产的重要组成部分,其价值包含在商品的价值中,优质的包装能带来良好的经济效益。商品包装也是商品进入流通领域的必要条件,是实现商品使用价值和增值的一种手段。商品包装要做到牢固、实用、经济、美观,达到商品包装标准化和系列化,从而保护商品完好无损地从生产地转移到流通领域,到达消费者手中。

二、商品包装的种类

根据商品包装在流通过程中的作用不同,可分为运输包装和销售包装两大类。

(一) 运输包装

1. 运输包装的含义

运输包装(Transport Package)又称外包装、大包装,它是将货物装入特定容器,或以特定方式成件或成箱地包装。运输包装的主要作用有:一是能有效地保护商品,防止货物在长时间和远距离的运输过程中发生损坏和散失;二是方便货物的运输、搬运、储存、检验和计数等;三是节省包装材料和费用。

在国际贸易中,商品的运输包装应具备下列要求:

(1) 运输包装的设计和材料必须符合商品的特性,适于长途运输和各种不同的运输方式,以保护商品的安全和数量完整。

(2) 运输包装的材料应符合进口国海关的有关规定。

(3) 运输包装的材料与设计要符合节约的原则,并考虑到便于装卸、储存和运输的特点。

2. 运输包装的种类

(1) 按包装方式的不同,可分为单件运输包装与集合运输包装。单件运输包装是货物在运输过程中作为一个计件单位的包装,常见的单件运输包装有:箱(Case)、包(Bale)、桶(Barrel)、袋(Bag)、篓(Basket)、笼(Cage)等。集合运输包装是由若干单件运输包装组合而成的一件大包装。常见的集合运输包装有集装箱、集装包(袋)和托盘三种类型。

(2) 按包装材料不同,可分为纸制包装、木制包装、塑料包装、金属包装、玻璃制品包装、棉麻包装、陶瓷包装等。

(3) 按包装质地来分,有软性包装、半硬性包装和硬性包装。

3. 运输包装的标志

运输包装的标志是在商品外包装上印制简单的图形和文字,以便于识别货物,以利运输、仓储、商检和海关查验,方便核对单证、货物,使单货相符,避免发生错运,便于收货人收货。运输包装的标志按其用途可分为如下三种:

(1) 运输标志(Shipping Mark)又称唛头,通常是由一个简单的几何图形(如三角形或菱形等)和一些字母、数字以及简单的文字组成。其主要内容包括:① 收货人(发货人)的简称或代号;② 目的港(地)名称或代号;③ 件号(批号),说明该批货物的总件数与本件货物的顺序号。例如,"NO.30/100",表示这批货物共有100箱,这是第30箱。

此外,有的运输标志还包括原产地、合同号、许可证号和体积、重量等内容。运输标志的内容繁简不一,由买卖双方根据商品特点和具体要求商定。

鉴于运输标志的内容差异较大,有的过于繁杂,不适应货运量增加、货运方式变革和电子计算机在运输与单据传输方面应用的需要。因此,联合国欧洲经济委员会在国际标准化组织和国际货物装卸协调协会的支持下,制订了一套标准运输标志向各国推荐使用。该标准运输标志包括:① 收货人或买方简称或代号;② 参考号,如运单号码、订单号码或发票号码;③ 目的港(地)名称或代号;④ 件号或批号。至于根据某种需要而须在运输包装上刷写的其他内容,如原产地等内容,则不作为运输标志必要的组成部分。具体样式如图7-1所示。

```
ABC……………………收货人代号
1234……………………参考号
NEW YORK………………目的地
1/25……………………件数代号
```

图 7-1　标准运输标志

按照国际贸易惯例,运输标志一般由卖方设计,但如果买方要求使用其指定的运输标志,则需要在合同中规定其具体样式或规定买方提供运输标志的时间。在制作运输标志时应注意,运输标志要简明清晰、易于辨认,刷制的部位要得当,使用的颜料要牢固,防止褪色、脱落。

(2) 指示性标志(Indicative Mark)。是指对一些易碎、易损和易变质商品的性质,用醒目的图形和简单的文字提醒有关人员在装卸、运输和储存时需要注意的事项。如HANDLE WITH CARE(小心轻放);USE NO HOOK(请勿用钩);THIS SIDE UP(此端朝上);KEEP DRY(保持干燥);SLING HERE(由此吊起)等。

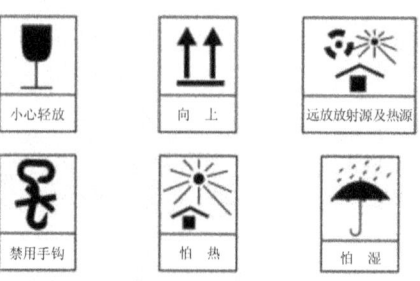

图 7-2　主要指示性标志

（3）警告性标志(Warning Mark)。又称危险性标志,是用于说明易燃、易爆、有毒、有放射性、腐蚀性、氧化性等危险品的性质,以提醒操作人员注意。警告性标志如图 7-3 所示。

各国对警告性标志都有统一规定。我国颁布的《危险货物包装标志》,联合国政府海事协商组织公布的《国际海运危险品标志》,目前已被国际上许多国家采用。有的国家规定进口危险品时要在运输包装上刷写《国际海运危险品标志》,否则不准靠岸卸货。所以,在出口危险品时,外包装上既要刷写我国规定的危险品标志,也要刷写配有英文说明的国际海运危险品标志的图标准案。

图 7-3 主要警告性标志

（二）销售包装

1. 销售包装(Sales Package)

又称内包装、小包装,是直接接触商品,跟随商品进入零售市场和消费领域的包装。它具有保护商品、便于储存和保管的作用,同时还具有美化、宣传商品,吸引消费者的作用。因此,不断提升销售包装的设计,改善包装用料,更新包装方式也是提升出口产品竞争力、扩大销量的一个重要方面。

2. 销售包装的分类

（1）便于陈列包装：① 堆叠稳定性强的堆式包装；② 带有挂孔、吊带等的挂式包装；③ 打开盒盖,盒面图案与盒内商品互相衬托的展开式包装。

（2）便于使用的包装：① 在包装上装置提手等的携带式包装；② 通常在封口严密的容器上增加易开装置的易开包装；③ 方便流体商品使用的喷雾包装；④ 为搭配成交的商品需要的配套包装；⑤ 为一次性商品所作的简单一次用量包装；⑥ 为了商品的外观和显示礼品名贵的礼品包装。

（三）销售包装上的标志和说明

1. 装潢

销售包装的装潢画面要美观大方,富有艺术上的吸引力,并突出商品的特点,其图案和色彩要适应有关国家的民族习惯和爱好,以利于扩大出口。

2. 文字说明

销售包装上应有必要的文字说明,如商标、品牌、品名、产地、数量、规格、成分、用途和使用方法等。文字说明应与装潢图案统一,互相衬托,文字说明也应符合商品目标市场所在国家(地区)的有关规定。

3. 包装上的标签

标签是指附在商品或包装上用以简介生产国别、制造厂商、货物名称、商品成分、品质特点和使用方法等内容的标志。在销售包装上制作标签时,应注意有关国家的管理条例规定,特别是对食品、药品、服装等商品。一些发达国家常以此类规章制度作为限制国外进口的一种手段,对此应引起足够的重视。

4. 条形码标志

商品包装上的条形码(Barcode)是一组黑白及粗细间隔不等的平行条纹及其相应的数字组成的标记,它是利用光电扫描阅读设备为计算机输入数据的特殊代码语言。通过条形码标记,消费者可以了解商品的品种规格、原产地、制造商等信息,售货员据此在数据库存中查询其单价、记录和结算等,商场可以对商品进行分类、汇总及更新库存,并及时进行分析,掌握市场动态。大多数国家的超市、百货商店都使用条形码技术进行自动扫描结算,而无条形码标志的商品无法进入,所以在出口商品上使用条形码显得尤为重要。

目前,国际上通用的商品条形码有两种:一种是美国统一代码委员会编制的 UPC 条码,主要用于商品的包装、销售、记账和数据处理等。另一种是由欧洲各国成立的国际物品编码协会编制的 EAN 码,这是目前国际上使用最广、国际公认的物品编码标识系统。1991 年 4 月,中国物品编码中心加入了国际物品编码协会,并被分配以 690 表示我国的国别号,而目前凡以 690~699 为前缀的条形码的商品,即表明都是中国生产或分装的商品。

三、中性包装和定牌

(一) 中性包装(Neutral Packing)

中性包装(Neutral Packing)是指在商品本身和内外包装上既不注明生产国别、地名和厂商名称,也不注明原有商标和牌号,中性包装分为无牌中性包装和定牌中性包装。无牌中性包装是指商品和包装上既无生产国别、厂商名称,也无商标、品牌的包装;定牌中性包装是指商品包装上有买方指定的商标或品牌,但不注明生产国别或地名的包装。

在国际贸易中,采用中性包装是为了适应国际市场的特殊需要,如中间商转口销售。打破某些进口国的关税歧视和限制,也是某些出口商为了扩大出口采取的一些灵活性做法。

(二) 定牌

定牌是指卖方按买方的要求在其出售的商品或包装上使用买方指定的商标、牌名。其目的是为了适应国外市场,利用买方的名牌声誉、经营能力以提高商品售价。定牌生产是一种"代工生产"方式,制造商利用其核心技术,负责产品设计与开发,控制销售渠道,而把具体的生产制造交给代工企业。主要用于外商订单数量大、需求比较稳定的商品。具体做法有:

(1) 定牌中性包装,即只印制外商指定的商标、牌名,不标明生产国别和厂商名称。

(2) 在买方指定的商标或牌号下面标志"Made in China"字样。

四、合同中的包装条款

国际商品贸易合同中包装条款一般包括对包装材料、包装方式、包装费用和运输标志等内容的规定。包装条款是合同中的重要条款之一,卖方如果不按合同规定的包装方式交货,买方可以要求赔偿。

例:In cartons of 100 sets, each set packed in a poly bag.(纸箱装,每箱100套,每套用塑料袋包装。)

To be packed in poly bags, 50 pounds in a bag, 4 bags in a wooden case.(用塑料袋包装,50磅装一袋,4袋装一木箱。)

In cloth bags, lined with polythene bags of 50 kgs net each.(用布袋包装,内衬聚乙烯袋,每袋净重50千克。)

规定合同中的包装条款应注意以下问题。

(1) 对包装的规定要明确具体。一般不宜采用"海运包装(Seaworthy Packing)""习惯包装"(Customary Packing)之类的术语,由于此类术语含义模糊,缺乏统一的解释,容易引起争议。

(2) 包装条款中应明确包装费用的承担。按贸易惯例,包装一般由卖方提供,包装费用包括在货价之内,不另计收。但有时买方提出额外包装要求,由此产生的超出正常的包装费用应由买方承担,并应在合同中具体规定费用的负担和支付方法。

(3) 注意有关国家对包装的具体要求和风俗习惯。多数国家对市场销售的商品规定了包装和标签管理条例,凡进口商品必须遵守。对于进口国对环保和风俗习惯的要求,交易双方必须准确掌握。如多数国家对木制包装的熏蒸、热处理要求,有的国家禁止使用稻草、旧麻袋等做衬垫材料,运往伊斯兰教国家的商品,必须尊重当地的宗教信仰等。

(4) 在不影响包装质量的前提下节省包装费用。交易双方在选用包装材料、包装方式和包装规格等方面,还应着眼于节省包装费用和减少其他费用开支。

本章小结

明确商品名称及其品质要求是订立国际货物买卖合同的基础,这涉及到不同的商品用途、运输方式、成交价格以及关税和运费等差异。同时,约定商品交易数量也是国际货物买卖合同不可缺少的内容。此外,包装也是构成商品说明的重要组成部分,包装不仅是保护商品在流通过程中品质完好和数量完整的重要条件,还会对货物的运输和销售产生影响。因此,国际贸易中有关商品的品名、品质、数量和包装的内容,应在国际货物买卖合同中做出明确具体的规定。

本章重要概念

凭样品买卖　品质机动幅度　溢短装条款　以毛作净　运输包装　运输标志　中性包装　条形码

本章推荐阅读材料

1. 黎孝先等.国际贸易实务[M].北京:对外经济贸易大学出版社,2016.
2. 威廉·伯恩斯坦.茶叶·石油·WTO:贸易改变世界[M].海口:海南出版社,2010.

本章思考题

一、单选题

1. 在品质条款规定上,对某些较难掌握其品质的工业制成品或农副产品,可在合同中规定(　　)。
   A. 增减价条款　　　　　　　　B. 规定采用商品净重计价
   C. 品质公差或者品质机动幅度　　D. 溢短装条款
2. 珠宝、首饰等商品具有独特性质,在出口规定其品质时,最好采用(　　)表示商品品质。
   A. 图片说明　　B. 规格　　C. 看货成交　　D. 文字说明
3. 对于价值比较低,外包装比较轻的商品,通常采取(　　)计算其重量。
   A. 理论重量　　B. 以毛做净　　C. 净重　　D. 法定重量
4. 国际贸易中以重量计量的商品大部分(　　)。
   A. 按毛重计价　　　　　　　　B. 按净重计价
   C. 按"净重+皮重"计价　　　　D. 按理论重量
5. 我国现行的法定计量单位是(　　)。
   A. 英制　　B. 美制　　C. 公制　　D. 国际单位制
6. 在国际贸易中,关于包装由谁供应的通常做法是(　　)。
   A. 卖方提供包装,但交货后,卖方将原包装收回
   B. 由厂家免费提供包装
   C. 由买方提供包装或包装材料
   D. 由卖方提供包装,包装连同商品一起交付买方
7. 根据《跟单信用证统一惯例(UCP600)》规定,合同中使用"大约""近似"等约量字眼,可解释为交货数量的增减幅度为(　　)。
   A. 不超过5%　　B. 不超过10%　　C. 不超过15%　　D. 由卖方自行决定
8. 我国向国外出口某商品50公吨,每公吨300美元,合同规定数量可以增减10%,国

外开来信用证金额为15 000美元,数量约为50公吨。卖方在交货时,市场价格呈下跌趋势,我方应交货( )。
   A. 45公吨   B. 50公吨   C. 55公吨   D. 60公吨
9. 按照贸易惯例,如果合同中没有相关规定,则运输标志一般由( )提供。
   A. 买方   B. 卖方   C. 船方   D. 开证行
10. 对于大批量交易的散装货,因较难掌握商品的数量,通常在合同中规定( )。
    A. 品质公差条款   B. 仓至仓条款   C. 溢短装条款   D. 立即装运条款

二、问答题

1. 表示商品品质的方法有哪些?说明其含义及在使用中应注意的问题。
2. 什么是样品、复样和对等样品?
3. 什么是溢短装条款?它包括哪些内容?合同中应如何规定?
4. 什么是"定牌"和"中性包装"?
5. 标准运输标志由哪些内容构成?在使用中应注意哪些问题?
6. 买卖合同中的包装条款一般包括哪些内容?简述规定包装条款的注意事项。
7. 简述品质机动幅度的规定方法。
8. 如按每公吨100美元的价格出售1000公吨铁矿石,合同规定"数量允许有5%溢短装,由卖方决定"。(1)数量有5%溢短装是什么条款?(2)卖方最多装多少公吨,最少可装多少公吨?(3)如果该货物国际市场价上涨,卖方可能会尽量多交货还是少交货?

三、案例分析题

1. 我某出口公司以CIF条件与德国客商签订了一份出口500公吨小麦的合同,合同规定:双线新麻袋包装,每袋规定50千克,外销价为每公吨180美元CIF汉堡,即期信用证付款。我公司凭证出口并办妥了结汇手续。货到后买方来电称:我公司所交货物扣除皮重后不足500公吨,要求我方退回因短量而多收的货款。问:对方的要求是否合理?为什么?
2. 国内某公司向英国出口一批大豆,合同规定其水分最高含量为14%,杂质不超过2.5%,成交前我方曾向买方寄过样品,订约后又电告对方:成交货物与样品相似。当货物抵达英国后,买方提出货物与样品不符,并出具相应证书证明货物的质量比样品低10%,以此要求我方赔偿15 000英镑的损失。请问:我方能否以该项交易并非凭样品买卖而不予赔偿?为什么?
3. 我国某外贸公司与国外成交苹果一批,合同与来证上均标明是三级品。但到发货装船时发现三级苹果库存告罄,于是改以二级品交货,并在发票上加注"二级苹果仍按三级计价"。请问这种以好充次原价不变的做法妥当吗?为什么?
4. 我国某食品加工企业向韩国出口冻牛肉20公吨,每公吨FOB价400美元,合同规定数量可增减10%。国外来证规定金额为8000美元,数量约20公吨。结果我方按22公吨发货装运,但持单到银行办理议付时遭拒付,请问原因何在?

本章主要参考文献

[1] 黎孝先等.国际贸易实务[M].北京:对外经济贸易大学出版社,2016.
[2] 缪东玲等.国际贸易理论与实务[M].北京:北京大学出版社,2019.
[3] 冷柏军.国际贸易实务[M].北京:对外经济贸易大学出版社,2013.
[4] 吴百福.进出口贸易实务教程[M].上海:格致出版社,上海人民出版社,2015.
[5] 姚新超.国际贸易惯例与规则实务[M].北京:对外经济贸易大学出版社,2016.

第八章 进出口商品的价格

【教学目的】

通过本章的学习,使学生了解进出口商品作价原则与方法,了解进出口商品价格的构成,能够独立地进行进出口成本核算,理解佣金和折扣的含义及计算方法并合理运用,掌握不同贸易术语之间的换算方法,熟悉国际贸易商品价格条款的表示方法等。

【导入案例】

业务员小王是去年毕业的大学生,最近收到了菲律宾客户对其公司经销手机的询价。小王很快就向客户报价如下:CIFC2%马尼拉 USD120.00,数量20 000部。客户接到报价后要求小王报出 CIFC5%的价格,小王核算后报给客户 CIFC5%马尼拉 USD122.40,客户收到报价后,立即表示接受。小张后来一核算,发现按照他的算法一共损失2520美元。

点评:出口价格核算是外销人员应当具备的基本技能和业务素质,一个好的报价蕴含着业务员对作价原则和方法、货币的选择、汇率的折算以及价格整体核算的深刻领悟,价格核算出错会导致无法挽回的经济损失。

在国际货物买卖活动中,如何确定成交价格和约定价格条款,是买卖双方关注的焦点,其内容直接对合同中的其他条款产生重大影响,关系到买卖双方的切身利益,正确掌握成交价格,合理采用各种作价方法、订好合同中的价格条款,对贯彻外贸政策,完成进出口任务,提高外贸经济效益意义重大。

第一节 进出口商品作价原则与方法

一、进出口商品的作价原则

在进出口业务中,我国进出口商品作价应遵循的原则是:在平等互利的前提下,参照国际市场价格水平,结合国别和地区政策,根据购销意图,制定适当的价格。由于成交商品价格构成因素不同,影响商品价格变化的因素比较多,所以在制定进出口商品价格时,还应考虑以下因素:

(1)商品质量的优劣。国际市场上一般都贯彻按质论价的原则,其中主要包括商品档次的高低、包装的好坏、式样的新旧和商品品牌的知名度等。

（2）成交数量的大小。根据贸易惯例，成交量的大小影响商品价格。一般情况下，当成交量比较大时，应在价格上给予适当的优惠；反之，成交量较小时，则可适当提高售价。

（3）运输距离的远近。在制定商品价格时，要认真核算运输和保险成本，做好比价工作。

（4）交货条件不同。当采用不同的贸易术语成交时，由于交货地点和交货条件不同，贸易双方承担的责任、费用和风险不同。所以，对于同一商品在与同一国家或地区进行贸易时，其价格应有不同。

（5）季节性需求的变化。一些商品随着季节的变化，其需求量会发生较大的变化，因此，应适当考虑季节性价差，争取按对我方有利的价格成交。

（6）货款的支付条件与外汇汇率变动的风险。同一商品在其他条件相同的情况下，选择不同的支付方式，其价格应当有所区别。对于出口方，应尽量采取有利的支付条件。为了防止汇率变动给买卖双方带来的风险，应尽量选取有利的货币成交。

（7）交货期的远近、货物保险条件和市场销售习惯等。

二、进出口商品的作价方法

在实际业务中，根据交易不同的情况，买卖双方的作价方法主要有以下几种：

（一）固定价格

在合同中规定固定价格是一种常规做法，具有明确、具体和便于核算的特点，并可避免事后发生争议的可能性。合同价格一旦确定，双方当事人就必须严格执行，除非合同另有约定，或经双方当事人一致同意，任何一方都不得擅自更改。在国际贸易中规定价格，就意味着买卖双方要承担从订约到交货付款以至销售时价格波动的风险。

由于市场商品价格行情的变动不定，影响商品价格变化的因素也比较多，因此在采用固定价格作价时，必须分析行情变化趋势，对客户的资信状况进行了解和研究，以减少价格变动的风险和损失。

（二）非固定价格

1. 暂不固定价格

在买卖双方洽商交易时，如果对价格变动趋势难以判断，可签订"活价合同"。即只约定成交的品种、数量和交货期，而具体的价格，或在合同中订明定价时间和定价方法；或在合同中规定以后某个时期商定，如规定"按提单日期的国际市场价格计算"。按此办法成交，由于买卖双方都不承担价格变动的风险，故有利于交易的顺利完成。但对于在合同中规定在以后某个时期商定具体价格的情况，容易给合同带来较大的不确定性，双方也可能因未规定具体作价方法而各执己见，一般只有长期合作的贸易伙伴，才宜使用。

2. 部分固定价格，部分暂不定价

在大宗交易和分批交货的情况下，买卖双方为避免远期交货部分的价格变动带来的风险,可在合同中规定,近期交货部分的商品价格采用固定作价的方法,远期交货部分的商品价格不采用固定价格的方法,而是根据市场变化按国际市场价格或双方另行协商议定的价格。因此,同暂不固定价格一样,该种方法有一定的不稳定性,双方有可能在远期作价时出现矛盾,影响合同的正常执行。

3. 暂定价格

买卖双方在合同中先订立一个初步价格,作为开立信用证和初步付款的依据,待双方确定正式价格后,再根据多退少补的原则进行最后清算。这种做法有利于促进贸易,减少双方风险。

4. 滑动价格

国际贸易中对某些成套设备、机械的买卖合同,因交货期限较长,为避免交货商品因原材料、工资的价格变动而影响产品价格或给买卖双方造成价格变动风险,往往采取"滑动价格",又称"价格调整条款"。买卖双方通常是在签约时先规定一个初步价格,同时规定如果原材料价格、工资发生变化,卖方保留调整价格的权利,即交货时再对价格做相应的调整,按原材料、工资的实际变动情况来计算合同的最后价格。此外,也有以物价指数的变动趋势作为价格调整的依据。

我国进出口商品的贸易作价,一般都采用固定作价的方法,但根据不同商品的不同特点,有时也采用其他作价方法。

第二节 商品的价格换算与核算

一、出口商品的成本核算

外贸企业在制定进出口商品价格时,要注意加强成本核算,以便采取措施不断降低成本,提高经济效益,防止出现不计成本、不管盈亏而单纯追求成交量的偏向。尤其要加强出口成本核算,掌握出口总成本和出口成本价格、出口销售外汇净收入和人民币净收入的数据,并根据这些数据计算出口商品换汇成本、出口盈亏和创汇情况。下面将核算成本和盈亏的主要指标介绍如下。

(一) 出口总成本与出口成本价格

出口总成本是指外贸企业为出口商品支付的国内总成本,它由进货成本和国内费用构成。其中国内费用是指就某一商品的出口,从与国外进口商交易磋商开始,一直到商品出口、货款到账为止的一切费用开支。由于其项目构成繁杂,在业务中一般按不同出口商品在进货成本的基础上自行确定一个费率,如5%或10%,以便于计算。同时,根据我国目前的出口退税制度,在实际计算出口商品总成本时,还应当扣除退税收入。即:

出口总成本=进货成本+国内费用-出口退税收入

$$（其中：出口退税收入 = \frac{进货成本(含增值税)}{1+增值税税率} \times 退税率）$$

出口成本价格是外贸企业以出口总成本为基础计算出来的单位成本价格，并不涉及任何国外费用，而出口成交价格则可能包括单位商品的国外费用，如国外运费、保险费与佣金等。

（二）出口外汇净收入与出口人民币净收入

要计算出口外汇净收入需要首先计算出口产品的本币净收入，即出口总成本加上预期利润，出口外汇净收入等于本币净收入除以外汇汇率买入价，是指出口外汇总收入扣除劳务费用等非贸易外汇支出后的外汇收入。如采用 FOB 术语成交，成交价格就是外汇净收入；如以 CIF、CFR 术语成交，则在扣除国外运费和保险费等费用支出后，即为外汇净收入；如果以含佣价成交，还要扣除佣金。

出口人民币净收入是指出口外汇净收入按当时外汇牌价（银行外汇买入价）折算的人民币总额。

例 8-1 我某服装电商公司出口服装一批，每件进价人民币 100 元（含增值税 13%），出口定额费用率（各种出口费用）15%，退税率 11%，出口商预期利润 10%。当时人民币对美元的汇率（买入价）为 USD1＝RMB6.3，试求每件服装的 FOB 报价。

解：出口总成本 ＝ 进货成本 ＋ 国内费用 － 出口退税收入
   ＝ 进货成本 ×［1＋费用率 － 退税率/（1＋增值税税率）］
   ＝ 100 ×［1＋15% － 11%/（1＋13%）］
   ＝ 105.3 元

出口本币净收入 ＝ 出口总成本 ×（1＋利润率）
   ＝ 105.3 ×（1＋10%）＝ 115.83 元

出口的 FOB 报价 ＝ 出口本币净收入/外汇买入价
   ＝ 115.83/6.3
   ＝ 18.39 美元/件

（三）出口商品换汇成本

出口商品换汇成本是指出口商品净收入一个单位的外汇所需要的人民币成本，以某种商品的出口总成本与出口商品的外汇净收入之比来计算，得出用多少人民币能换回 1 单位外币。是用来反映企业出口交易盈亏的一项重要指标。通过与外汇牌价进行比较能直接反映出商品出口是否盈利，如出口商品换汇成本高于银行的外汇牌价，则出口为亏损；反之，则说明出口有盈利。其计算公式为：

$$出口商品换汇成本 = \frac{出口总成本(人民币)}{出口销售外汇净收入(外币)}$$

（四）出口盈亏额与盈亏率

出口盈亏额是出口商品销售人民币净收入与出口总成本的差额，前者大于后者为盈利,反之为亏损。出口盈亏率是指出口盈亏额与出口总成本的比率,用百分比表示,它是衡量出口盈亏程度的一项重要指标。其计算公示如下:

$$出口商品盈亏率 = \frac{出口营销人民币净收入 - 出口总成本}{出口总成本} \times 100\% = \frac{出口盈亏额}{出口总成本} \times 100\%$$

关于出口换汇成本和出口盈亏率的计算:

例8-2 我某外贸工厂出口货物100箱,对方客户报价每箱80美元CIF利物浦,按照CIF价加一成投保一切险,保险费率为0.6%,总运费为1000美元。已知该批货物采购价为50000元人民币(含13%增值税),出口环节费用率10%,出口退税率9%,结汇时美元买入价为6.3元人民币。试计算该批货物的出口盈亏率和出口换汇成本。

解:出口外汇净收入(FOB价) = CIF价 - 保险费 - 海运运费
　　　　　　　　　　　　　 = CIF价 × [1 - (1 + 投保加成率) × 保险费率] - 海运运费
　　　　　　　　　　　　　 = 100 × 80 × [1 - (1 + 10%) × 0.6%] - 1000
　　　　　　　　　　　　　 = 6947.20 美元

出口人民币净收入 = 出口外汇净收入 × 外汇汇率买入价
　　　　　　　　 = 6947.2 × 6.3
　　　　　　　　 = 43 767.36 元

出口总成本 = 进货成本 × [1 + 费用率 - 退税率/(1 + 出口退税率)]
　　　　　 = 50 000 × [1 + 10% - 9%/(1 + 13%)]
　　　　　 = 51 000 元

出口盈亏率 = (出口人民币净收入/出口总成本 - 1) × 100%
　　　　　 = (43 767.36/51 000 - 1) × 100%
　　　　　 = -14.19%

出口换汇成本 = 出口总成本/出口外汇净收入
　　　　　　 = 51 000/6947.20
　　　　　　 = 7.34 元　人民币/美元

答:我方亏损率为14.19%,该报价是不可以接受的。

(五) 出口创汇率

出口创汇率(也称外汇增值率)是指加工后成品出口的外汇净收入与原(辅)料外汇成本的比率。通过出口的外汇净收入和原(辅)料外汇成本的对比,可以看出成品出口的创汇情况,从而确定出口成品是否有利。特别是在进料加工的情况下,核算出口创汇率这项指标很有必要。

其计算公式为:

$$出口创汇率 = \frac{成品出口外汇净收入 - 原(辅)料外汇成本}{原(辅)料外汇成本} \times 100\%$$

由于目前我国加工贸易中原(辅)料投入情况比较复杂,为统一计算标准,如原(辅)料为国产品,则以FOB价格作为标准计算;原(辅)料部分国产、部分进口时,进口部分以CIF价格为标准计算,国产部分按FOB价格计算;如原(辅)料是进口的,则按照该原(辅)

料的 CIF 价计算。计算时还应注意,成品出口时,不论按何种价格成交,一律按 FOB 价计算成品出口外汇净收入。

例 8-3 某公司实行进料加工出口某货物,进口原料每吨 CIF 价为 29 000 美元,加工后成品出口外汇净收入为每打 130 美元,每吨进口原料可加工 270 打产品出口,试计算其出口创汇率。

解:

$$出口创汇率 = \frac{成品出口外汇净收入 - 原(辅)料外汇成本}{原(辅)料外汇成本} \times 100\% = \frac{130 \times 270 - 29\,000}{29\,000} \times 100\%$$
$$= 21.03\%$$

二、佣金与折扣

在实际业务中磋商和确定价格时,有时会涉及佣金和折扣问题。佣金和折扣直接关系到商品价格,灵活地运用佣金和折扣,合理地确定佣金额度和折扣率,有利于调动中间商的积极性和起到扩大出口的目的。

(一)佣金

1. 佣金的含义

佣金(Commission)是指中间商为买卖双方代买代卖或介绍交易的酬金。佣金常常表现为交易的一方支付给中间商的报酬,例如出口商支付佣金给销售代理人,或进品商支付佣金给采购代理人。

2. 佣金的规定方法

价格中含有佣金的在业务中通常称为"含佣价",不包含佣金的称为净价(Net Price)。佣金有"明佣""暗佣"两种。凡在合同价格条款中明确佣金的百分比或绝对数的,称作"明佣"。如果合同中不标明佣金的百分比或绝对数,甚至连"佣金"的字样都不表示出来,有关佣金问题由双方另行约定,这种做法称为"暗佣"。国外中间商为了赚取"双头佣"(中间商从买卖双方都获得佣金),或为了达到逃汇或逃税的目的等,往往要求使用"暗佣"。

在价格条款中,对于佣金有下列几种规定方法:

(1)凡价格中包括佣金的,即为"含佣价"。例如:USD 1000 per M/T London including 3% commission(每公吨 1000 美元,CIF 伦敦包括 3%佣金)。

(2)直接在贸易术语后面加上 Commission 的缩写字母 C 和所付的佣金率。例如:USD 1000 per CIFC 3% London(每公吨 1000 美元,CIFC 3%伦敦)。

(3)用绝对数表示。例如:Pay commission USD 100 per M/T(每公吨付佣金 100 美元)。

暗佣的表示方法,从贸易条件本身看不出来,双方就具体内容可通过签订"付佣协议"或"代理协议"加以规定。

3. 佣金的计算方法

计算佣金的方法不一,有的是按照买卖双方的成交金额或发票金额的百分比计算,也有的按成交商品的数量来计算。我国在实际业务中,一般是以发票金额作为计算基数。不论采用何种贸易术语,都按发票金额乘佣金率计算佣金。佣金的计算公式为:

$$含佣价 = \frac{净价}{1-佣金率}$$

$$净价 = 含佣价 \times (1-佣金率)$$

但其中存在一定的重复计算,而且在 CFR 和 CIF 术语下,卖方还要对运费和保险费支付佣金,但实际上运费和保险费均为卖方代付,非卖方所得,不应计佣。因此,业务中也常见以 FOB 价为基数计算佣金,如按 CIFC 成交,而以 FOB 值为基数计算佣金时,则应从 CIF 价中减去运费和保险费,求出 FOB 值,然后以 FOB 值乘以佣金率计付佣金。

例 8-4 某公司出口 CIF 发票金额净价 2000 美元,佣金率 5%,请问含佣价和佣金为多少?

含佣价 = 2000/(1-5%) = 2105.26(美元)

佣金 = 含佣价 × 佣金率 = 2105.26×5% = 105.26(美元)

例 8-5 已知某商品对外报价为 CIF 价 2000 美元,外商要求报 CIFC4%。若保持我方净收入不变,则对外改报的含佣价应为:

$$含佣价 = \frac{2000}{1-4\%} = 2083.83(美元)$$

4. 佣金的支付方法

佣金的支付一般有两种做法:一是由中间代理商直接从货价中扣除,另一种是由卖方收清货款后按双方约定的佣金比率,另行支付给中间商。在支付佣金时,要防止错付、漏付和重付。在我国,佣金通常是我国出口企业在收到全部货款后再支付给中间商或代理商。

(二) 折扣

1. 折扣的含义

折扣(Discount)是指卖方在原价格的基础上给予买方的一定比例的价格减让。从性质上看,它是一种价格优惠。国际货物贸易中使用的折扣名目繁多,除一般折扣外,还有为扩大销售使用的数量折扣(Quantity Discount);为发展客户关系或为实现某种特殊目的而给予的特别折扣(Special Discount)等。折扣直接关系到商品的价格,货价中是否包含折扣及折扣率的大小,都影响商品的价格。折扣率越高,则价格越低。在实际业务中,针对不同客户,灵活正确地运用折扣,有利于调动采购商的积极性和扩大销路。

2. 折扣的规定方法

货价中的折扣,一般应在合同中订明,这种在价格条款中明确表明价格折扣的做法,称为"明扣"。如果单价中没有表明折扣,由买卖双方另行约定折扣的做法,称为"暗折"。暗扣一般属于不公平竞争。

明扣有三种表示方法。一是用文字明确表示给予折扣的比例,例如,USD 100 per M/

T FOB Dalian including 2% discount(每公吨 100 美元 FOB 大连价折扣 2%)。二是用绝对数表示,例如:USD 20 Discount per M/T(每公吨折扣 20 美元)。三是直接在贸易术语后面加上 discount 的缩写字母 D 和折扣率。例如:USD 100 per CIF D 3% London(每公吨 100 美元,CIFD 3%伦敦)。

采用暗扣时,在合同的价格中不作规定。折扣按买卖双方达成的协议处理。

3. 折扣的计算与支付方法

折扣一般是按照成交金额或发票金额的百分比计算,也可按成交的数量来计算。我国在实际业务中,一般是按发票金额乘以约定的折扣率作为应减去的折扣金额。折扣的计算公式为:

$$单位货物折扣额 = 原价(或含折扣价) \times 折扣率$$
$$卖方实际净收入 = 原价 - 单位货物折扣额净价 = 原价 \times (1 - 折扣率)$$

例如,某公司以每吨 520 美元 CIF 香港出口一批货物,含折扣率 2%的价格,请问该公司的净收入为多少?

$$卖方净收入 = 520 \times (1 - 2\%) = 509.6(美元)$$

折扣率一般是根据不同的商品、不同市场和不同交易对象酌情确定的。一般情况下,折扣是买方在支付货款时预先予以扣除的。但有时在"暗折"情况下,折扣金额不直接从货款中扣除,而按双方当事人暗中达成的协议,由卖方以给"暗扣"或"回扣"的方式另行支付给买方。

三、主要贸易术语的价格换算

在确定商品价格时,要综合考虑多方面因素,如:企业经营意图和市场战略、交易商品的特点、市场供求规律、汇率变化趋势、交易商品的质量和档次、交易数量、包装要求、运输条件、交货方式和地点等,外贸从业人员必须熟悉交易商品主要贸易术语的价格构成、换算方法以及成本核算,充分考虑影响价格的各种因素,合理制订国际货物买卖合同中的价格。

(一)主要贸易术语的价格构成

1. FOB、CFR 和 CIF 三种贸易术语的价格构成

这三种常用的贸易术语的价格构成通常包括进货成本、各项费用开支和净利润三个方面,其中费用开支包括国内费用和国外费用两部分。

(1)国内费用:其项目较多,主要包括融资利息成本、银行手续费用、国内运费(仓库至码头)、保险费、包装费、码头捐、港务费、仓储费、证件费用(包括商检费、公证费、领事签证费、产地证费、许可证费、海关规费)、装船费(装货、搬运、起吊费、拖轮费等)、各种国内税、关税、出口企业管理费用等。

(2)国外费用:主要包括国外运费(装运港至目的港运费)和国外保险费,如有中间商,还包括付给中间商的佣金。

由此,这三种贸易术语的价格构成的计算公式如下:

$$\text{FOB 价格} = \text{进货成本} + \text{国内费用} + \text{净利润}$$
$$\text{CFR 价格} = \text{进货成本} + \text{国内费用} + \text{国外运费} + \text{净利润}$$
$$\text{CIF 价格} = \text{进货成本} + \text{国内费用} + \text{国外运费} + \text{国外保险费} + \text{净利润}$$

2. FCA、CPT 和 CIP 三种贸易术语的价格构成

这三种贸易术语是在上述三种贸易术语的基础上发展而来的,其价格构成也包括进货成本、各项费用开支和净利润三部分。由于这些贸易术语适用的运输方式不同,交货方式与交货地点也有别,所以两组术语的具体费用不尽相同。其价格构成的计算公式如下:

$$\text{FCA 价格} = \text{进货成本} + \text{国内费用} + \text{净利润}$$
$$\text{CPT 价格} = \text{进货成本} + \text{国内费用} + \text{国外运费} + \text{净利润}$$
$$\text{CIP 价格} = \text{进货成本} + \text{国内费用} + \text{国外运费} + \text{国外保险费} + \text{净利润}$$

(二) 主要贸易术语的价格换算

在国际贸易中,不同的贸易术语表示不同的商品价格构成。买卖双方在洽谈交易过程中,经常会根据对方要求改变原报价的贸易术语,如按 FOB 报价,对方要求改为 CIF 价或 CFR 价,这就涉及价格换算问题。

1. 净价之间的换算

(1) FOB、CIF、CIF 三种价格的换算。

① FOB 价换算为其他价:

$$\text{CFR 价} = \text{FOB 价} + \text{国外运费}$$

$$\text{CIF 价} = \frac{\text{FOB 价} + \text{国外运费}}{1 - (1 + \text{投保加成率}) \times \text{保险费率}}$$

② CIF 价格换算为其他价:

$$\text{FOB 价} = \text{CIF 价} \times [1 - (1 + \text{投保加成率}) \times \text{保费费率}] - \text{国外运费}$$
$$\text{CFR 价} = \text{CIF 价} \times [1 - (1 + \text{投保加成率}) \times \text{保费费率}]$$

③ CFR 价换算为其他价:

$$\text{FOB 价} = \text{CFR 价} - \text{国外运费}$$

$$\text{CIF 价} = \frac{\text{CFR 净价}}{1 - (1 + \text{投保加成率}) \times \text{保险费率}}$$

(2) FCA、CPT、CIP 三种价格的换算。

① FCA 价换算为其他价:

$$\text{CPT 价} = \text{FCA 价} + \text{国外运费}$$

$$\text{CIP 价} = \frac{\text{FCA 价} + \text{国外运费}}{1 - (1 + \text{投保加成率}) \times \text{保险费率}}$$

② CIP 价换算为其他价:

$$\text{FCA 价} = \text{CIP 价} \times [1 - (1 + \text{投保加成率}) \times \text{保费费率}] - \text{国外运费}$$
$$\text{CPT 价} = \text{CIP 价} \times [1 - (1 + \text{投保加成率}) \times \text{保费费率}]$$

③ CIP 价换算为其他价:

$$\text{FCA 价} = \text{CPT 价} - \text{国外运费}$$

$$\text{CIP 价} = \frac{\text{CPT 价}}{1-(1+\text{投保加成率})\times\text{保险费率}}$$

2. 净价与含佣价的换算

（1）以 FOBC 价换算为其他价格

$$\text{FOB 净价} = \text{FOB 含佣价}\times(1-\text{佣金率})$$

$$\text{CFR 净价} = \text{FOB 含佣价}\times(1-\text{佣金率})+\text{国外运费}$$

$$\text{CIF 净价} = \frac{\text{FOB 含佣价}\times(1-\text{佣金率})+\text{国外运费}}{1-(1+\text{投保加成率})\times\text{保险费率}}$$

（2）以 CFRC 价换算为其他价格

FOB 净价 = CFR 含佣价×(1-佣金率)-国外运费

CFR 净价 = CFR 含佣价×(1-佣金率)

$$\text{CIF 净价} = \frac{\text{CFR 含佣价}\times(1-\text{佣金率})}{1-(1+\text{投保加成率})\times\text{保险费率}}$$

（3）以 CIFC 价格换算为其他价格

FOB 净价 = CIF 含佣价×(1-佣金率)×[1-(1+投保加成率)×保费费率]-国外运费

CFR 净价 = CIF 含佣价×(1-佣金率)×[1-(1+投保加成率)×保费费率]

CIF 净价 = CIF 含佣价×(1-佣金率)

第三节　合同中的价格条款

价格条款应真实反映买卖双方价格磋商的结果，条款内容应完整、明确、具体、准确。

一、价格条款的基本内容

国际货物买卖合同中的价格条款一般包括商品的单价和总值两项基本内容。

（一）单价

国际贸易商品单价通常由四部分组成，即计量单位、单位价格金额、计价货币和贸易术语，缺一不可。例如：

per M/T　　　USD　　　100　　　CIF New York　（每公吨 100 美元 CIF 纽约）

计量单位　计价货币　单位价格金额　　贸易术语

1. 计价货币

计价货币是指合同中规定用来计算价格的货币。在国际贸易中，价格通常表现为一定量的特定货币。一般情况下，支付货币与计价货币相同。计价货币可以是进口国货币、出口国货币，也可以是第三国货币，还可以是买卖双方协商同意的某种记账单位。由于币值的不稳定性，买卖双方在选择计价货币时，应考虑以下两个因素：一是汇价风险问题；二是从汇率角度衡量货价的高低。通常买卖双方愿意选择汇率稳定的货币作为计价货币。

但在汇率不稳定的情况下,出口方倾向于选用"硬币",而进口方则倾向于选用"软币"。若合同中的计价货币对其中一方不利,这一方应采取相应保值措施,并把其所承担的汇率风险考虑到货价中去。

计价货币要注明货币国别或地区。例如,"元"有美元、日元、加元和港元等,不可笼统记为"元"。

不同货币价格的换算有以下几种方式:

① 底价为人民币改外币。以银行公布的人民币的买价进行折算,即:

$$外币价格 = \frac{人民币底价}{人民币对外币买价}$$

例如,某公司某种出口商品以人民币对外报价是:CNY 2000 pet M/T CIF London。若改报为美元应报多少?已知人民币对美元的外汇牌价:USD 100=CNY 630.9/631.40

其计算方法为:

$$2000 \div (630.9/100) = USD317.01$$

即改报美元应报 317.01 美元。这里值得指出的是,本币改报外币时,须用买入价相除,因为银行买入外汇时是按买入价折算的。

② 底价为外币改报人民币。

$$人民币价格 = 外币价格 \times 人民币对外币的卖价$$

例如,某公司某商品出口报价以英镑报出为:£ 15 per dozen CIF London。若以人民币报出,应报多少?已知人民币对英镑的外汇牌价:GBP100=CNY 1594.70/1602.65

其计算方法为:$15 \times (1602.65 \div 100) = CNY240.40$

即改报为人民币为 240.40 元。这里值得指出的是,由外币改报本币,用卖出价相乘。

2. 贸易术语

在国际贸易业务中,每个贸易术语都代表不同的风险、责任和费用的划分,表示的价格构成因素也各不相同,因此在制定价格条款时,贸易术语的选用对双方都至关重要。

(二) 总值

总值是一笔交易的货款总金额,等于商品单价乘以成交商品的数量。总值的计价货币应与单价使用的计价货币一致。

例如,⋯,for 100 metric tons of Bitter Apricot Kernels 2018 crop at USD1500 per metric ton CIFC 2% San Francisco.

⋯⋯,100 公吨 2018 年产杏仁,每公吨 CIFC 2%价 1500 美元,旧金山交货。

二、订立价格条款应注意的问题

(1) 根据拟采用的运输方式和销售意图,在权衡利弊的基础上选择适当的贸易术语。
(2) 争取选用有利的计价货币,必要时要加订保值条款。
(3) 灵活运用各种不同的作价方法,力求避免承担价格变动的风险。

(4) 参照国际贸易的习惯做法,注意佣金和折扣的合理运用。

(5) 如对交货品质、交货数量订有机动幅度而又同意机动部分的价格(品质增减价条款、溢短装部分定价条款)另订的,必须明确规定作价的具体办法。

(6) 单价中所涉及的计量单位、计价货币、装卸地名称等,必须书写清楚、正确,以免造成不必要的损失。

本章小结

商品价格条款是涉及买卖双方利益关系的一项核心条款,它与使用的贸易术语和合同中的其他相关条款有密切的联系,其涵盖的内容很广泛,包括作价原则的贯彻、成交价格的核算、贸易术语的选用、计价货币的选择,以及佣金和折扣的合理选用等。在成交价格问题上,更需要权衡利弊,把握产品市场供求与价格变动趋势、企业经营意图、成交商品质量与数量的多少,确定适当的价格。

本章重要概念

出口总成本　出口销售人民币净收入　出口换汇成本　出口盈亏率　出口创汇率　单价　佣金　折扣

本章推荐阅读材料

1. 黎孝先等.国际贸易实务[M].北京:对外经济贸易大学出版社,2016.
2. 威廉·伯恩斯坦.茶叶·石油·WTO:贸易改变世界[M].海口:海南出版社,2010.

本章思考题

一、问答题

1. 在国际贸易买卖合同中,价格条款包括哪些内容?规定价格条款应注意什么问题?
2. 在我国出口贸易中加强成本核算的意义何在?如何计算出口商品盈亏率、出口商品换汇成本和出口创汇率?
3. 在国际贸易中如何正确使用佣金与折扣?

二、计算题

1. 某公司对外报价 330 美元 FOB 天津新港,而国外客户要求报 CIF 伦敦价,假设运费每箱 40 美元,保险费率为 0.6%,试计算我方应报的 CIF 伦敦价。
2. 我方公司向外商报价每公吨 1000 美元 CFR 曼谷,而外商来电要求改报 CIF 曼谷含 5%佣金价。我方应报 CIFC5%曼谷为多少?(保险费率合计为 0.85%)
3. 我外贸公司出口一批运动鞋到美国,每双运动鞋向工厂的收购价 50 元人民币(也称含税价),已知运动鞋的退税率为 13%,外贸公司的业务费用率为 5%,公司的预期利润

为10%,试计算该笔交易的FOB报价为多少?(USD1=CNY6.31)

4. 上海某公司向美国A公司出售一批服装,出口总价为2万美元CIF纽约,其中从上海到纽约的海运费为2500美元,按CIF总值的120%投保一切险,保险费率为3%,这批货物的国内进价及各种费用加总为10万元人民币。试计算这笔货物贸易的出口换汇成本。

5. 我公司以每公吨252美元CIF中国口岸进口钢条1000公吨,加工成机械螺丝100万罗(GROSS)出口,每罗0.32美元CFR卡拉奇,纸箱装每箱250罗,每箱0.030立方米,海运运费为每立方米80美元,试计算外汇增值率。

三、案例分析题

1. 我某公司向新加坡出口一批货物,出口总价为10万元CIF新加坡,其中从大连港到新加坡海运运费为4000美元,海运出口保险按CIF总值110%投保一切险,费率1%,这批货物的出口总成本为72万元人民币,结汇时银行外汇买入价为USD1=RMB6.3,请计算该笔交易的换汇成本和盈亏额。

2. 我某外贸工厂收到日本客户来电,询购1000个旅行包,要求按下列条件报出每个旅行包CIFC3%神户的美元价格。具体条件:旅行包国内购货成本为每个50元人民币,国内其他费用总计5000元人民币,该公司的预期利润为10%。该旅行包为纸箱装,每箱20个,从装运港到神户的海运费为每箱10美元。海运出口保险按CIF价加一成投保一切险,费率0.5%(注:人民币对美元汇率为6.30元)。

本章主要参考文献

[1] 黎孝先等.国际贸易实务[M].北京:对外经济贸易大学出版社,2016.
[2] 缪东玲等.国际贸易理论与实务[M].北京:北京大学出版社,2019.
[3] 冷柏军.国际贸易实务[M].北京:对外经济贸易大学出版社,2013.
[4] 吴百福.进出口贸易实务教程[M].上海:格致出版社,上海人民出版社,2015.
[5] 姚新超.国际贸易惯例与规则实务[M].北京:对外经济贸易大学出版社,2016.

第九章　国际货物运输

【教学目的】

通过本章学习,引导学生了解国际货物运输主要方式及其特点,理解班轮运输和租船运输的特点,辨识班轮运费的计算标准,熟悉外贸合同中装运条款的内容及其规定注意事项,理解海运提单的作用,熟悉海运提单的内容,能够计算班轮运费和辨识海运提单种类,形成办理国际货物运输业务的基本能力。

【导入案例】

某信用证(L/C)规定,海运自哥本哈根运往东京,允许转运。提交的提单上显示,货物用卡车从哥本哈根运到汉堡后装船,卸货港为东京。

交单行交单后,开证行拒付,提出不符点是 Shipment from Hamburg I/O Copenhagen。

交单行辩称这是由于转运所导致的。

这是转运吗?

国际货物运输是指跨越国境的货物运输,是国际贸易中必不可少的重要环节。国际货物运输环节多,运输时间性强且风险较大,货物能否经过长途距离运输安全到达目的地,是每个贸易商均十分关注的问题。因此,买卖双方在订立国际货物买卖合同时,应就运输事项协商一致,订立合理的装运条款,运用适当的运输单据,保证进出口业务的圆满完成。

第一节　国际货物运输方式

在国际货物运输中,使用的运输方式主要包括海洋运输、铁路运输、航空运输、公路运输、邮政运输、管道运输、集装箱运输和国际多式联运等。在实际工作中,正确理解各种运输方式的特点及其营运的相关知识,才能选择合适的运输方式。

一、海洋运输

海洋运输(Ocean Transport;Sea Transport)又称远洋运输,是历史最为悠久的国际运输方式。海洋运输以船舶为运输工具,通过海上航道在不同国家(地区)的港口间运送旅客或货物。由于海洋运输具有运量大、通行能力强、运费低廉等优势,所以被许多国家特别是沿海国家和地区所普遍采用,是使用最广泛的国际货物运输方式。据有关国际组织统计表明,目前海洋运输货运量占国际货物运输总量的80%以上。

按照船舶经营方式的不同,海洋运输可分为班轮运输(Liner Transport)和租船运输(Shipping by Chartering)。

(一) 班轮运输

班轮运输又称定期船运输,是传统海上件杂货运输的主要形式。在采用班轮运输时,船舶按照预定的船期表,在特定航线和港口间进行反复的、有规律的航行并按事先公布的费率收取运费。由于服务对象是非特定的、分散的众多货主,因此班轮运输属于公共运输,有关国际公约和国内法都对其做出强制性规定。目前班轮航线已遍布世界各个主要海域和港口,有力地促进了国际贸易的发展。

1. 班轮运输的特点

(1) "四固定"。船舶按照固定的船期表,沿着固定的航线和固定的港口来往运输,并按相对固定的运费率收取运费,这是班轮运输最基本的特征。

(2) "一负责"。由班轮公司负责配载、装卸,装卸费包括在班轮运费中,船货双方不计算滞期费和速遣费。

(3) 班轮提单是运输合同的证明。在班轮运输中,承托双方不签订运输协议,而是在班轮公司将货物装上船或接收货物后签发提单。双方的权利、义务与责任豁免,以班轮公司签发的提单条款为依据,并受到有关提单的国际公约的约束。

班轮运输比较适合一般杂货和小额贸易货物的运输需要,其具有的"四固定"特点,也极大便利了买卖双方洽谈运输条件和核算运费。

【知识链接9-1】世界主要港口和航线

航 线	国 家	主要港口
东北亚航线	日本	YOKOHAMA(横滨)、NAGOYA(名古屋)、OSAKA(大阪)、KOBE(神户)、TOKYO(东京)
	韩国	BUSAN(釜山)、INCHON(仁川)、SEOUL(首尔)
东南亚航线	越南	HOCHIMINH(胡志明)、HAIPONG(海防)
	马来西亚	PORTKELANG(巴生)、PENANG(槟城)
	泰国	BANGKOK(曼谷)、LAEMCHABANG(林查班)
	印度尼西亚	SURABAYA(泗水)、JAKARTA(雅加达)、BELAWAN(巴拉湾)、SEMARANG(三宝垄)

续表

航　线	国　家	主要港口
北美航线	美国	LOSANGELES（洛杉矶）、LONGBEACH（长滩）、CHICAGO（芝加哥）、OAKLAND（奥克兰）、SEATTLE（西雅图）、SANFRANCISCO（圣弗朗西斯科/旧金山）、NEWYORK（纽约）、BOSTON（波士顿）、BALTIMORE（巴尔的摩）、PHILADELPHIA（费城）、MIAMI（迈阿密）
	加拿大	VANCOUVER（温哥华）、MONTREAL（蒙特利尔）、TORONTO（多伦多）
欧洲航线	英国	FELIXSTOWE（费利克斯托）、SOUTHAMPTON（南安普顿）、LONDON（伦敦）、MANCHESTER（曼彻斯特）
	德国	HAMBURG（汉堡）、BREMEN（不来梅）

2. 班轮运费的计算

班轮运费是班轮公司为承运货物向货主收取的运输费用，计算运费的单价（费率）则称为班轮运价。班轮运价表是班轮公司收取运费，货方支付运费的计算依据。不同的班轮公司或班轮公会有不同的班轮运价表，可供货主查询。班轮运费包括基本运费和附加费两部分。前者是综合基本港口的情况而制定的运价，它是构成全程运费的主要部分，相对保持稳定性；后者是指实际运输中，由于船舶、货物、港口及其他特殊原因，为了弥补承运人增加的支出或损失而另外加收的费用。

班轮运价表按照形式可分为等级运价、单项费率运价、航线运价等。目前使用较多的是等级运价表，一般将全部货物划分为20个等级，归属于同一等级的货物，均按该等级的运价计收运费。第1级的商品费率最低，第20级的商品费率最高。

等级运价表一般包括以下内容：货物分级表、航线费率表、附加费率表、冷藏货及活牲畜费率表等。

（1）货物分级表主要列明货物的名称、运费计算标准、货物的等级。商品一般用英文名称（或中英文对照）并按字母顺序排列。（2）航线费率表列明不同的航线及不同等级货物的基本运费率。基本运费率是计算运费的基础。（3）附加费率表列明各种附加费率及其计收标准。（4）冷藏货费率表及活牲畜费率表，列明各种冷藏货物和活牲畜的计算标准及费率。

在班轮运价表中，不同的商品有不同的运费计算标准（Basis），通常包括以下几种：

（1）按货物毛重计收。在运价表中用"W"字母表示，即"Weight"的缩写，也称重量吨。一般采用国际单位制，以1公吨为计费单位，即1重量吨＝1公吨，也有按长吨或短吨计算的。

（2）按货物的体积/容积计收。在运价表中用"M"字母表示，即"Measurement"的缩写，也称尺码吨。一般以1立方米为计算单位，即1尺码吨＝1立方米，也有按立方英尺计算的。

上述重量吨和尺码吨统称运费吨（Freight Ton）。运费吨是计算运费的一个特殊计算单位，指按每一种货物的重量或体积（尺码）计算运费的单位。

（3）按毛重或体积计收。在运价表中用"W/M"表示，由船公司选择其中数值较高者计算运费。W/M 也称积载系数，即货物的毛重与体积的比例数。积载系数大于 1 按重量计收运费，积载系数小于 1 按体积计收。

（4）按货物价格计收。在运价表中用"A. V."或"Ad Val."（拉丁文 Ad Valorem 的缩写）表示，又称从价运费。一般按货物 FOB 价格的一定百分比收取。此种方法适用于高值贵重商品，如黄金、白银、精密仪器、名画古董等，这类商品由于船公司在积载和保管上需要采取特殊措施并承担较大责任，所以按照价值收取运费。

（5）在货物重量、尺码或价值三者中选择最高的一种计收。在运价表中用"W/M or Ad Val."表示。

（6）按货物重量或尺码选择其高者，再加上从价运费计收。在运价表中用"W/M plus Ad Val."表示。

（7）按货物的件数计收。按每件货物作为一个计费单位收费，如活牲畜按"每头"，汽车按"每辆"，机器设备按"每台"收费。

（8）临时议定价格。以"open rate"表示。此种计算标准通常适用于承运粮食、豆类、矿石、煤炭等大宗低值货物。这些商品一般在班轮运价表中没有规定具体费率，在订舱时由货主和船公司临时协商议定，运费通常比等级运费要低。

实际运输工作中，以使用前三种计算标准居多，贵重物品则多按从价运费计收。

附加费用是指除基本运费外，另外加收的各种费用。附加费有时在基本运费的基础上，加收一定百分比，有时按每运费吨加收一个绝对数计算。常见的附加费包括下列几种：

（1）超重附加费。它是指由于货物单件重量超过一定限度（各船公司规定不一，有 2 公吨，也有 3 公吨或 5 公吨的）而加收的一种附加费。货物超重会导致装卸、配载时增加额外劳动和费用，如在装卸作业中需要使用有重型吊机，对货物结扎捆绑、垫好加固，多支出吊机费、人工费、垫料和加固材料费，因此船公司要加收此种附加费。超重附加费按重量计收，重量越大，其附加费越高，如需转船时，每转船一次，加收一次。

（2）超长附加费。它是指由于单件货物的长度超过一定限度而加收的一种附加费。单件货物的长度超过一定标准（一般为 9 米）时，需要特殊设备或者特殊操作，装卸作业比较困难，或在船舶积载上需要特殊处理，为了弥补增加的操作成本而收取的附加费。

（3）选卸附加费。对于选卸货物需要在积载方面给以特殊的安排，这就会增加一定的手续和费用，甚至有时会发生翻船，由于上述原因而追加的费用称为选卸附加费。

（4）直航附加费。如一批货物达到规定的数量，托运人要求将货物直接运达非基本港口卸货，船公司为此加收的费用，称为直航附加费。托运人所要求直接运抵的目的港一般为业务量较小或较偏的小港口（非基本港）。

（5）转船附加费。如果货物需要转船运输，船公司必须在转船港口办理换装和转船手续，由于上述作业所增加的费用称为转船附加费。

（6）港口附加费。由于某些港口的情况比较复杂，装卸效率较低或港口收费较高等原因，船公司特此加收一定的费用，称为港口附加费。

（7）港口拥挤附加费。港口拥挤或特别繁忙时，船舶的等待时间就会延长，港口费用也可能增加,造成运输成本大幅上升,船公司为了弥补成本损失,就会向托运人收取港口拥挤附加费,有时此项费用甚至超过基本运费。

(8) 燃油附加费。其收费标准会随着燃油价格的变动而调整,反映了国际燃油价格的变动,尤其是当燃油价格变动较频繁或变化幅度较大时,船公司为了弥补因油价上涨而增加的运营成本而加收此项费用。

(9) 绕航附加费。指由于一些突发或意外情况(如航线上发生动荡、战争、运河关闭、航道阻塞等情况),为了船舶和人员及货物安全,临时绕行其他航道或航线,延长了运输距离,船公司为弥补这些额外开支而向托运人加收临时性的附加费。

(10) 货币附加费。当运费的计收货币发生明显贬值时,船公司就会因为货币贬值而受到较大损失。船东为了弥补损失,就会通过加收货币贬值附加费的方式把损失转嫁给托运人/货主。这个费用在美元贬值较快时通常都会加收,因为在跨国远洋运输中运费一般用美元结算。

班轮运费的具体计算方法和步骤是:

(1) 根据货物英文名称,从货物分级表中查到货物等级(CLASS)和计算标准(BASIS)。

(2) 在航线费率表中,根据货物的装运港和目的港,找到相应的航线,按货物的等级查到基本费率。

(3) 在附加费率表中,查出该航线和港口所要收取的附加费项目和数额(或百分比)。

(4) 根据基本费率和附加费率算出单位运费(每重量吨或每尺码吨的运费)。

(5) 根据货物的计费标准算出应付运费总额。

【示例9-1】某轮从上海港装运10公吨,共计11立方米的蛋制品去英国普利茅斯港,要求直航,求全部运费。

第一步:查货物分级表知蛋制品为12级,计算标准为W/M。

第二步:从中国到欧洲地中海航线费率表查出12级货的基本运费率为116元。

第三步:从附加费率表查知普利茅斯港直航附加费每运费吨18元,燃油附加费35%。

因该货物体积大于重量,所以运费吨应为11立方米,代入计算公式得:

$$总运费 = (116+18+116×35\%)×11 = 1920.60(元)$$

目前集装箱班轮运输日益普及,其运费的计算方法与上述传统运费计算方法存在较大差异。

(二) 租船运输

租船运输又称不定期船运输,是指租船人向船舶所有人租赁船舶用于运输货物的业务。租船运输与班轮运输不同,没有固定的航线和停靠的港口,也没有预定的船期表,而是按照货源特点和货主对运输的要求安排船舶航行计划,组织运输。租船运输的运费由双方根据国际租船市场行情在租船合同中约定。

相对于班轮运输而言,租船运输较为灵活,运费通常低于班轮运输,适用于成交数量大、交货期集中或目的港无直达船停靠的货运业务,例如粮食、矿砂、石油、煤炭、木材、化肥等大宗低值货物的运输。此外,如果船公司运力不足,而造船、买船又不便的情况下,也可以通过租船方式揽货或转租。目前海洋运输中约有80%的运量是由租船运输完成的。

1. 租船运输的分类

租船运输通常可分为以下几种方式:

(1) 定程租船。简称程租船,又称航次租船,是以航次为基础的租船方式。定程租船由船舶所有人负责提供船舶或部分舱位,在指定港口之间进行一个或数个航次,承运指定货物。

定程租船的特点包括:船舶的经营管理由船方负责;规定一定的航线和装运货物的种类、名称、数量以及装卸港口;船方除对船舶航行、驾驶、管理负责外,还应对货物运输负责;船租双方的责任义务均以定程租船合同为准等。

定程租船是目前租船市场上最活跃、最普遍的一种方式,又可以分为单航次租船、来回航次租船、连续航次租船、包运合同等具体做法。

(2) 定期租船。又称期租船,是以期限为基础的租船方式。定期租船由船舶所有人将船舶出租给承租人,供其使用一定时期。

定期租船的特点包括:租赁期间,船舶的经营管理由租船人负责;不规定船舶航线和装卸港口,只规定船舶航行区域;船方负责船舶的维护、修理和机器正常运转;船方与租船人的责任义务以定期租船合同为准等。

定期租船租期短的几个月,长的可达十几年甚至直到船舶报废为止。在租期内,租船人利用租赁的船只既可以进行不定期货物运输,也可以投入班轮运输,还可以将船舶转租。

(3) 光船租船。是由船舶所有人将船舶出租给租船人使用一个时期,但船舶所有人只提供一艘光船,船上没有船员,租船人需自行配备船员,负责船舶的经营和航行事宜。光船租船实际上是一种财产租赁业务,而不完全是运输业务,加之租期较长,业务复杂,因此并不常见。

2. 租船运输的运费

(1) 定程租船的运费。定程租船的运费主要由运费和装卸费构成,此外还有滞期费和速遣费等。

其中,运费是指货物由装运港至目的港的海上运费。其计算方式和支付时间,需要由租船人和船方在定程租船合同中加以确定。计算方式主要有两种:① 按运费率计算。即规定每单位重量或体积的运费额,同时还规定按装船还是卸船时的货物数量计算。② 按整船包价。即规定一笔整船费用,船方保证能提供的载货重量和容积,不管租船人实际装运多少货物,一律按照整船包价支付。

定程租船条件下,装卸费一般由船方和租船人协商后在租船合同中加以确定。具体做法包括:

a. 班轮条件(Liner Terms;Gross Terms)由船方负担装货费和卸货费,即装卸费用按照班轮的做法处理,货物的装卸费包括在运费内。此种方法多应用于木材或包装货物的运输。

b. 船方管装不管卸(Free Out,FO)即船方负责装货费,不负责卸货费。

c. 船方管卸不管装(Free In,FI)即船方负责卸货费,不负责装货费。

d. 船方装卸均不管(Free In and Out,FIO)船方不负责装货费和卸货费,此种方法较适用于散装货。采用这种方法时,可进一步明确,船方不负责装货费和卸货费,以及理舱和平舱的费用,即 FIOST(Free In and Out,Stowed and Trimmed,FIOST)。

(2) 定期租船的运费。在定期租船条件下,租船人支付给船方的报酬称为租金,租金率取决于船舶的装载能力和租期长短,通常按每月每运费吨若干金额或整船每天若干金额。

二、铁路运输

铁路运输(Rail Transport)在国际贸易中是仅次于海运的一种主要运输方式。海洋运输的进出口货物,通常也需要铁路运输进行货物的集中和疏散。铁路运输有许多明显的优点,例如运输一般不受气候条件的影响,有高度的连续性,可以不分昼夜进行定期、有规律、准确地运转,而且运量较大,速度较快,运输过程中可能遭受的风险也较小。但是铁路运输初期投资大,需要铺设铁轨才能进行,工程艰巨复杂,因此有一定的限制性。

我国对外贸易铁路运输包括国际铁路联运和对香港、澳门特别行政区铁路运输两种,本书主要介绍国际铁路联运。

(一) 国际铁路联运的定义

国际铁路货物联运是指在两个或两个以上国家铁路全程运输中,使用一份运送票据,只使用铁路一种运输方式,并以参加铁路连带责任办理的货物运送。除了要遵守本国的运输和对外贸易规定外,国际货物铁路联运还要遵循所到达国及经过国的运输和对外贸易规定。

(二) 国际铁路联运的两个协定

目前国际铁路运输业务属于不同国际公约管辖,分别是《国际铁路货物运送公约》(简称"国际货约")和《国际铁路货物联运协定》(简称"国际货协")。

1. 《国际货约》

《国际货约》是1890年欧洲各国在瑞士首都伯尔尼举行的铁路代表会议上制定的。1938年改称《国际铁路货物运送公约》,又称《伯尔尼货运公约》,同年10月1日开始实行。当时参加国以欧洲国家为主。1980年5月9日该公约进行了一次较大修订,修订后的公约英文全称 Convention Concerning International Carriage of Goods by Rail,中文依旧是《国际铁路货物运送公约》。参加成员有39个国家。此后又有部分独联体国家陆续参加,现在《国际货约》正式成员国共有49个,包括奥地利、比利时、保加利亚、克罗地亚、捷克、丹麦、芬兰、法国、德国、希腊、匈牙利、伊朗、伊拉克、爱尔兰、意大利、拉脱维亚、黎巴嫩、立陶宛、卢森堡、摩纳哥、荷兰、挪威、巴基斯坦、波兰、葡萄牙、罗马尼亚、俄罗斯、塞尔维亚、斯洛伐克、西班牙、瑞典、瑞士、叙利亚、乌克兰等。我国未加入该公约。

2.《国际货协》

《国际货协》全称为《国际铁路货物联运协定》(Agreement On International Railroad through Transport Of Goods),于1951年11月由原苏联、捷克、罗马尼亚、东德等8个国家共同签订。《国际货协》是缔约各国发货人、收货人以及过境办理货物联运所共同遵循的基本文件。主要内容包括:适用范围、运输契约缔结、托运人的义务和权利、承运人权利和义务、赔偿请求与诉讼时效等。

1954年1月我国参加了《国际货协》,开办了国际间的铁路联运。其后,朝鲜、越南、蒙古等国也陆续加入。现在《国际货协》的正式成员国有25个,构成了《国际货协》的适用范围,共27万多公里。目前,我国通过满洲里、绥芬河、珲春、二连、阿拉山口、霍尔果斯、丹东、图们、集安、凭祥、山腰等11个铁路口岸与俄罗斯、蒙古、哈萨克、朝鲜、越南等5个国家开办两国间直通国际铁路货物联运和过境运输,并通过上述国家与中亚各国和一些欧洲国家实现了国际直通货物联运。

《国际货协》自1951年生效以来,为发展欧亚国家间国际铁路直通货物运输发挥了极为重要的作用,极大地促进了各国间的贸易往来。但是,随着各国铁路的不断完善以及国际运输物流业的快速发展,出现了一些新的形势和变化。为适应各国铁路发展的新情况,促进国际铁路货物联运进一步发展,铁路合作组织对《国际货协》进行了重大修改补充,并于2014年6月在立陶宛举行的第四十二届部长会议上通过,决定在2015年7月1日正式实施。本次对《国际货协》的补充修改,主要体现在以下几个方面:

第一,对《国际货协》的结构进行了重大调整。此外,新货协中增加了关于"作为运输工具的非承运人所属车辆的使用"的规定。

第二,新版《国际货协》更能适应各国铁路管理体制的变革,将政府的行业管理与铁路企业的运营管理有机地结合起来。

第三,新版《国际货协》表述更加简明扼要和规范化。

第四,新版《国际货协》取消了一些较为详细的规定或只适用某些国别的规定,如不准运送的货物、对运送到越南的物品的限制等。而对一些重大问题进行了原则性的规定,如增加了"运送的预先商定",这为办理各种货物运送或按特殊条件运送货物提供了可能。

(三) 国际铁路联运的范围

第一,《国际货协》成员国之间的货物运送,由发货人使用一张联运运单在发货站向铁路托运,由铁路部门连带责任办理货物的全程运输,在最终到达站将货物交付收货人。

第二,向未参加《国际货协》的国家运送货物,一般是使用一张联运运单办理至参加国际货协的最后一个过境国的出口境站,由该站站长办理转发至未参加国际货协国家的最后到达站。反向运输亦可。

【知识链接9-2】郑欧班列

郑欧国际铁路货运班列始于郑州,经我国新疆阿拉山口出境,途经哈萨克斯坦、俄罗斯、白俄罗斯和波兰后到达德国汉堡,全程10 214公里。首趟郑欧国际铁路货运班列于2013年07月18日运行,开启了中国与欧洲的"新丝绸之路"。郑欧班列的车次为"80001

次",是全国各地发往欧洲货运班列中的"第一号"。全程运行时间 11 天到 15 天,比海运节约 20 天左右,比空运节约资金 80%。截止到 2021 年 1 月底,中欧班列(郑州)先后开通了直达德国汉堡、慕尼黑以及哈萨克斯坦阿拉木图、乌兹别克斯坦塔什干、比利时列日、越南河内、俄罗斯莫斯科、芬兰赫尔辛基、波兰卡托维兹的 9 条线路,形成了"九大目的站点、六大出入境口岸"的国际多式联运物流网络,为构建以国内大循环为主体、国内国际双循环相互促进的新发展格局做出了巨大贡献。

三、航空运输

航空运输(Air Transport)是利用飞机运送货物的现代化运输方式,始于 1871 年。近年来,国际航空货运市场处于高速发展阶段,世界航线网遍及各大洲,航空货运量越来越大,在国际货物运输中的地位日益提高。总体看来,我国航空货物运输在国际市场上的竞争水平较低。但随着"一带一路"经济战略的推进,我国航空货运市场需求量将出现大幅增长,在国际市场上的地位势必日益提高。

(一)航空运输的特点

航空运输与其他运输方式相比,具有下列优点:

1. 运输速度快

目前国际市场竞争激烈,市场行情瞬息万变。由于航空运输运送速度很快,远远超过其他运输方式,因此能够使货物抢行就市,及时卖出较好的价格。

2. 适于鲜活、季节性商品

航空运输最适宜运送急需物资、鲜活商品、精密仪器和贵重物品等。鲜活商品对时间的要求很高,运输延迟会使商品失去原有价值。采取航空运输可以保证商品新鲜成活,有利于开辟远距离的市场。对于季节性商品,航空运输能够保证在销售季节到来前抢行应市,避免由于错过季节导致商品无法销售。

3. 货运质量高

采用航空运输的货物本身价值较高,航空运输的地面操作流程环节比较严格,管理制度完善,这就使货物破损率很低,安全性较好。

4. 节省相关费用、加快资金周转

航空运输速度快,商品在途时间短,可以降低商品的库存数量、减少仓储费、保险费和利息支出等。另外产品流通速度加快,也加快了资金周转速度。

航空运输的不足有:投资大、运量小、运费高、易受天气的影响等。

(二)国际空运货物的运输方式

1. 班机运输

班机运输是指根据班机时刻表,按照规定的航线,定机型、定日期、定时刻的客、货、邮航空运输,是民航运输的基本形式。班机按照业务对象不同,可以分为客运班机和货运班机。一般航空公司使用客货混合型飞机。班机运输的特点包括迅速准确、方便货主、舱位有限等。

2. 包机运输

包机是指包用民航飞机,在固定航线或非固定航线上飞行,用以载运旅客、货物或两者兼载的航空运输。包机又分为整架包机和部分包机两种形式。

3. 集中托运

集中托运是指航空货运公司把若干单独发运的货物(每一货主货物要出具一份航空运单)组成一整批货物,用一份总运单(附分运单)整批发运到预定目的地,由航空公司在那里的代理人收货、报关、分拨后交给实际收货人。集中托运的运价较低。

4. 航空急件传送方式

航空急件传送是目前国际航空运输中最快捷的运输方式。它不同于航空邮寄和航空货运,而是由一个专门经营此项业务的机构与航空公司密切合作,设专人用最快的速度在货主、机场、收件人之间传送急件,特别适用于急需的药品、医疗器械、贵重物品、图纸资料、货样及单证等的传送。

(三)航空运输的承运人

1. 航空运输公司

航空运输公司是航空货物运输业务中的实际承运人,负责办理从启运机场至到达机场的运输,并对全程运输负责。

2. 航空货运代理公司

航空货运代理公司可以是货主的代理,负责办理航空货物运输的订舱,在始发机场和到达机场的交、接货与进出口报关等事宜;也可以是航空公司的代理,办理接货并以航空承运人身份签发航空运单,对运输过程负责。

(四)有关航空运输的国际公约

目前较有影响力的国际航空运输公约包括《华沙公约》《海牙议定书》《瓜达拉哈拉公约》《危地马拉议定书》《蒙特利尔附加议定书》等。在这些公约中,《华沙公约》最为基本,其后的各项议定书都是对《华沙公约》的补充或修改,所以这些文件又被合称为华沙体系。其中以《华沙公约》和《海牙议定书》的适用最为广泛,已经为世界上大多数国家所认可。

《华沙公约》全称为《统一航空运输某些规则的公约》,于1929年10月12日由德国、英国、法国、瑞典、苏联、巴西、日本、波兰等国家在华沙签订的,因而简称《华沙公约》。它是最早的国际航空私法,其目的是为了调整不同国家在航空运输使用凭证和承运人责任方面的有关问题。《华沙公约》规定了航空运输合同双方的权利、义务关系,确定了国际航空运输的一些基本原则。

二战后,由于航空运输业的飞速发展以及世界政治形势的急剧变化,《华沙公约》的某些内容与现实的要求脱节,因此需要对其进行修订。《海牙议定书》签订于1955年,1963年8月1日生效。我国参加《华沙公约》和《海牙议定书》的时间分别是1958年和1975年。

四、其他运输方式

(一) 集装箱运输

集装箱运输(Container Transport)是以集装箱作为运输单位进行货物运输的一种现代化运输方式,它可适用于海洋运输、铁路运输及国际多式联运等。

集装箱运输最早出现于铁路运输,从 20 世纪 70 年代以来,国际海上集装箱运输发展迅速,很快由北美、欧洲扩展到世界各主要航线,形成了世界性的集装箱运输体系。目前,集装箱海运已经成为国际主要班轮航线上占有支配地位的运输方式。在我国,集装箱运输尤其是集装箱海运已经成为普遍采用的一种重要的运输方式。

1. 集装箱的定义

集装箱(Container)也被称之为货箱、货柜,是指具有一定强度和规格,专供运输周转使用的大型装货容器。根据国际标准化组织的规定,集装箱应满足以下条件:

(1) 具有耐久性,坚固强度足以能长期反复使用。
(2) 途中转运,不动容器内货物能直接换装。
(3) 能快速装卸。
(4) 便于货物的装满和卸空。
(5) 1 立方米或以上容积。

为适应运输各类货物的需要,集装箱除通用的干货集装箱外,还有罐式集装箱、冷藏集装箱、框架集装箱、平台集装箱、通风集装箱、牲畜集装箱、散装集装箱、挂式集装箱等种类。国际标准化组织为统一集装箱的规格,推荐了三个系列 13 种规格的集装箱,而在国际航运上使用的主要为 20 英尺和 40 英尺两种,即 1A 型 8'×8'×40' 和 1C 型 8'×8'×20'。20 英尺集装箱的载重量一般为 17.5 公吨,有效容积一般为 25 立方米。40 英尺集装箱的载重量一般为 24.5 公吨,有效容积一般为 55 立方米。

为便于计算集装箱运输的货运量,目前国际上通常都以 20 英尺集装箱作为计算衡量单位,以 TEU(Twentyfoot Equivalent Unit)表示,意即"相当于 20 英尺单位"。在统计不同型号的集装箱时,按集装箱的长度换算成 TEU 加以计算。

2. 集装箱海运的优势

集装箱海运之所以发展如此迅速,是因为同传统海运相比,它具有下列优点:

(1) 有利于提高装卸效率,加速船舶周转。集装箱运输把单件货物集中装入箱内,使运输单位加大,便于机械操作,从而大大提高装卸效率。同时由于装卸效率的提高,船舶在港停留时间大大缩短,提高了船舶的使用率。

(2) 有利于提高运输质量,减少货损货差。由于集装箱是一个坚固密封的箱体,货物装箱并铅封后一票到底,即使经过长途运输或多次换装,也不易损坏箱内货物,减少被盗、潮湿、污损等引起的货损和货差。

(3) 有利于节省各项费用,降低货运成本。为避免货物在海运途中受到损坏,必须有坚固的包装,而集装箱本身就可以视作一种坚固的包装。因此使用集装箱运输可以简化货物包装,有的甚至无须包装,从而节约包装费用。

(4) 有利于简化货运手续,便利货物运输。

(5) 把传统单一运输串连为连贯的成组运输,从而促进了国际多式联运的发展。

3. 集装箱运输货物的交接

在集装箱货物的运输过程中,其流转形态可分为整箱货(Full Container Load,FCL)和拼箱货(Less Than Container Load,LCL)。

整箱货由货方在工厂或仓库进行装箱。货物装箱后直接运交集装箱堆场(Container Yard,CY)等待装运,货到目的港(地)后,收货人可直接从目的港(地)集装箱堆场提走。拼箱货是指货量不足一整箱,需由承运人在集装箱货运站(Container Freight Station,CFS)负责将不同发货人的少量货物拼在一个集装箱内,货到目的地(港)后,由承运人拆箱分拨给各收货人。

集装箱堆场是办理集装箱装卸、转运、保管、交接的场所,也称场站。对于海运集装箱出口来说,堆场的作用就是把所有出口客户的集装箱先集合起来,等到截港时间后再统一装船。换言之,堆场是集装箱通关上船前的统一集合地。

集装箱货运站是处理拼箱货的场所,它办理拼箱货的交接,在配载积载后,将箱子送往CY,并接受CY交来的进口货箱,进行拆箱、理货、保管,最后拨交给不同收货人。

通用的集装箱货物交接方式包括:堆场到堆场,即发货人整箱交货,收货人整箱接货;由货运站到货运站,即发货人拼箱交货,收货人拼箱接货。此外,集装箱运输也可实现"门到门"(Door to Door)的运输服务,即由承运人在发货人工厂或仓库接货,在收货人工厂或仓库交货。

4. 集装箱运输的费用

集装箱运输的费用构成和计算方法与传统的运输方式不同。以海运为例,包括内陆或装运港市内运输费、拼箱服务费、堆场服务费、海运运费、集装箱及其设备使用费等。

集装箱海运运费是由船舶运费和一些有关的杂费所组成。目前主要有下列两种计费方法:

(1) 按件杂货基本费率加附加费。拼箱货的运费一般以运费吨为计费单位,按照传统的件杂货计算方法收取基本运费外,再加收一定的附加费。

(2) 按包箱费率。整箱货一般以每个集装箱为计费单位,收取包箱费率。包箱费率视船公司和航线等不同因素而有所不同。主要有:

FAK包箱费率(Freight for all kinds):对每个集装箱不分货物种类统一收取运费。

FCS包箱费率(Freight for class):按不同货物等级制定的包箱费率。货物等级也是1~20级,但级差较小。

FCB包箱费率(Freight for class&basis):按不同货物等级和计算标准收取不同的运费。

(二) 国际多式联运

国际多式联运(International Multimodal Transport 或 International Combined Transport)是在集装箱运输的基础上产生和发展起来的一种综合性的连贯运输方式。它一般是以集装箱为媒介,把海、陆、空各种传统的单一运输方式有机地结合起来,组成一种国际间的连贯运输。

《联合国国际货物多式联运公约》规定:"国际多式联运是指按照多式联运合同,以至少两种不同的运输方式,由多式联运经营人把货物从一国境内接运货物的地点运至另一国境内指定交付货物的地点。"根据此项定义,构成国际多式联运应具备下列条件:

第一,必须有一个国际多式联运合同,合同中明确规定多式联运经营人和托运人之间的权利、义务、责任和豁免。

第二,必须是国际间两种或两种以上不同运输方式的连贯运输。

第三,必须使用一份包括全程的国际多式联运单据,并由多式联运经营人对全程运输负总的责任。

第四,必须是国际间的货物运输。即货物运输必须是跨越国境的一种国际间运输方式,这不仅有别于国内货物运输,还涉及国际运输法规的适用问题。

第五,必须由一个多式联运经营人对全程运输负总的责任。

第六,必须是全程单一运费率,其中包括全程各段运费的总和、经营管理费用和合理利润。

多式联运合同(Multimodal Transport Contract)是指多式联运经营人与托运人之间订立的凭以收取运费、负责完成或组织完成国际多式联运的合同。它明确规定了多式联运经营人和托运人之间的权利、义务、责任和豁免。

多式联运经营人(Multimodal Transport Operator)是指本人或通过其代表订立多式联运合同的任何人,他是事主,而不是发货人的代理人或代表或参加多式联运的承运人的代理人或代表,并且负有履行合同的责任。他可以充任实际承运人,办理全程或部分运输业务,也可以将全程运输交由各段实际承运人来履行。

开展国际多式联运可以简化货运手续、减少中间环节、缩短货运时间、降低运输成本、提高货运质量,同时也是实现"门到门运输"的有效途径。

(三) 大陆桥运输

大陆桥运输(Land Bridge Transport)是指使用横贯大陆的铁路(公路)运输系统,作为中间桥梁,把大陆两端的海洋连接起来的集装箱连贯运输方式。大陆桥运输始于1967年,是集装箱运输开展以后的产物,一般以集装箱为媒介。这是由于采用大陆桥运输,中途要经过多次装卸,如果采用传统的海陆联运,不仅增加运输时间,而且会增加装卸费用和货损货差,以集装箱为运输单位可以简化搬运、储存、保管和装卸等作环节。

大陆桥运输发展到现在已形成西伯利亚大陆桥、欧亚大陆桥和北美大陆桥三条大陆桥运输路线。

1. 西伯利亚大陆桥

西伯利亚大陆桥利用俄罗斯西伯利亚铁路作为桥梁,把太平洋远东地区与波罗的海和黑海沿岸以及西欧大西洋口岸连接起来,是世界上最长的运输陆桥。其优势在于大大缩短了从远东到西欧的运输距离,比绕道非洲好望角的航程缩短约1/2,比经苏伊士运河的航程缩短1/3。此外途中运行时间减少,运输成本也大大降低。

2. 新欧亚大陆桥

也称第二条欧亚大陆桥,于1992年投入运营,它东起我国连云港,经陇海线、兰新线,接北疆铁路,出阿拉山口,最终抵达荷兰鹿特丹、阿姆斯特丹等西欧主要港口,全程10 837 km,其中在中国境内4143km。自"一带一路"战略实施以来,我国已经通过新欧亚大陆桥开辟了多条通往"一带一路"沿线国家的铁路运输路线,如郑欧班列等,有力地促进了我国与"一带一路"沿线亚欧国家之间的经济贸易往来。

3. 北美大陆桥

北美大陆桥包括两条路线,一条是从西部太平洋口岸至东部大西洋口岸的铁路(公路)运输系统,全长约3200km;另一条是西部太平洋口岸至南部墨西哥湾口岸的铁路(公路)运输系统,全长约500~1000km左右。

国际贸易使用大陆桥运输具有运费低廉、运输时间短、货损货差率小、手续简便等特点,大陆桥运输是一种经济、迅速、高效的现代化的运输方式。

(四) OCP运输

"OCP"是Overland Common Points的缩写,意为"陆路共通点"。所谓"陆路共通点"是美国西海岸有陆路交通工具与内陆地区相连的港口,例如旧金山、西雅图和洛杉矶等。美国内陆地区是以落基山脉为界,其以东地区均为内陆地区范围,面积约占全美2/3。

OCP的运输过程,就是远东地区出口到美国的货物海运到美国西部港口卸货,再通过陆路交通向东运至指定的内陆地区。采用OCP运输的海运运费比货物直达西海岸港口的运费优惠,而且进口商支付从西海岸港口至最终目的地的内陆运输费率也较其本地运输费率低3%~5%。

在对美国的国际贸易中,采用OCP运输条款,对进出口双方均有利。不过在采用时,必须注意下列问题:

(1) 货物最终目的地必须属于OCP地区范围。

(2) 货物必须经由美国西海岸港口中转。

(3) 在提单备注栏内及货物唛头上应注明最终目的地OCP××城市。

OCP运输是一种特殊的国际货物运输方式。它虽然由海运和陆运两种运输形式来完成,但并不属于国际多式联运。国际多式联运是由一个承运人负责自始至终的全程运输,而OCP运输中海运、陆运段分别由两个承运人签发单据,运输与责任风险也是分段负责,因此并不符合国际多式联运的含义。

除上述运输方式外,国际贸易货物运输方式还有公路、内河、邮政、管道等,每种方式均有各自的做法和特点,但限于篇幅,在此不一一赘述。

第二节 国际货物的装运条款

在国际货物买卖中,卖方应当按照合同规定的时间和地点交付符合规定的货物。买卖双方首先应在合同中对交货时间、装运地、目的地、分批装运和转运、装运通知、滞期和速遣条款等内容作出具体的规定。明确、合理地规定装运条款,是保证买卖合同顺利履行的重要条件。

一、装运时间

装运时间又称装运期,是指卖方将合同规定的货物装上运输工具或交给承运人的期限。

装运时间是国际货物买卖合同的主要交易条款,卖方必须严格按规定时间交付货物,不得任意提前和延迟,否则买方有权拒收货物,解除合同并要求损害赔偿。

在国际贸易中,交货时间(Time of Delivery)和装运时间(Time of Shipment)是两种不同的概念。在使用 FOB、CIF、CFR 以及 FCA、CIP、CPT 等贸易术语签订的买卖合同中,卖方在装运港或装运地将货物装上船只或交付给承运人监管,就算完成交货义务。因此,按照上述贸易术语订立的合同,交货和装运的概念是一致的。但若采用 DPU、DAP 和 DDP 术语达成交易时,这些术语通常属于到货合同,卖方必须承担一切风险、责任和费用在进口国实际交货,因此交货和装运是两类完全不同的概念。交货时间是指货物运到目的港交给买方的时间,而装运时间是指卖方在装运港将货物装上运输工具的时间。因此必须予以注意,防止引起争议。

合同中的装运时间应视商品性质、货源情况、港口情况及双方特定要求等因素综合考虑决定,通常有以下几种规定方法:

(一) 规定明确具体的装运时间

装运时间的规定应尽可能明确具体,但也不宜限制为某一个具体日期,否则装运较为困难。可采用规定一段时间、规定最迟期限和规定跨月装运几种方法,其中以第一种方法使用最广。如规定某月装运(如:2020 年 6 月装运 Shipment during June,2020)、某日前或某月底前装运(如:装运期不迟于 8 月 1 日 Shipment not later than July31st.、7 月底或以前装运 Shipment at or before the end of July);跨月装运(如:1/2/3 月装运 Shipment during Jan./Feb./Mar.)。

(二) 规定收到信用证后若干天装运

对某些进口管制较严的国家或地区,或专为买方制造的特定商品,或对买方资信不够了解,为防止买方不履行合同而造成损失,可采用此种规定方法。如收到信用证后 30 天内装运(Shipment within 30days after receipt of L/C.)。

采用此种方法时,为防止买方不按时开立信用证,影响卖方装运货物,一般应在合同中同时规定信用证开到的时间。如:买方必须不迟于 2020 年 5 月 7 日将信用证开到卖方(The relevant L/C must reach the seller not later than May 07,2020)。

不宜使用"立即装运"(immediate shipment)、"即期装运"(prompt shipment)、"尽快装运"(shipment as soon as possible)等诸如此类的语句来规定装运期限,因为这些语句在不同国家有不同理解,容易引起争议。

二、装运港(地)和目的港(地)

装运港(Port of Shipment)是指货物起始装运的港口。目的港(Port of Destination)是指最终卸货的港口。在国际贸易中,装运港(地)一般由卖方提出,经买方同意后确认;目的港(地)一般由买方提出,经卖方同意后确认。

(一) 装运港和目的港的规定方法

(1) 在一般情况下,装运港和目的港分别规定各为一个。

例如:装运港:上海

目的港:伦敦

Port of Shipment:Shanghai

Port of Destination:London

(2) 有时按实际业务的需要,也可分别规定两个或两个以上的装运港或目的港。

例如装运港:连云港/上海(Lianyungang/Shanghai);目的港:伦敦/利物浦(London/Liverpool)。

(3) 在磋商交易时,如明确规定装运港或目的港有困难,可以采用选择港(Optional Ports)的方法。规定选择港有两种方式:一种是在两个或两个以上港口中选择一个,如CIF伦敦选择港汉堡或鹿特丹(CIF London, optional Hamburg/Rotterdam),或者CIF伦敦/汉堡/鹿特丹(CIF London/Hamburg/Rotterdam);另一种是笼统规定某一航区为装运港或目的港。

(二) 确定国内外装运港和目的港的注意事项

1. 规定国外装运港和目的港应注意的问题

(1) 首先应符合国家政策,凡我国政府不允许进行贸易往来的国家的港口不宜选用,此外有战争或政治动荡的港口也应该避免。

(2) 对国外装运港或目的港的规定,应力求具体明确。不宜轻易接受"欧洲主要港口""非洲主要港口"为装运港或目的港。

(3) 不能接受内陆城市为装运港或目的港的条件。因为接受这一条件,我方要承担从港口到内陆城市这段路程的运费和风险。

(4) 必须注意装卸港的具体条件。

(5) 应注意国外港口有无重名问题。世界各国港口重名的很多,为防止引起纠纷,在合同中应明确注明装运港或目的港所在国家和地区的名称。

(6) 如采用选择港口规定,要注意各选择港口不宜太多,一般不超过三个,而且必须在同一航区、同一航线上。同时在合同中应明确规定:如所选目的港要增加运费、附加费,应由买方负担,同时要规定买方宣布最后目的港的时间。

2. 规定国内装运港(地)或目的港(地)应注意的问题

在出口业务中,对国内装运港的规定,一般以接近货源地的港口为宜,同时考虑港口和国内运输的条件和费用水平。在进口业务中,对国内目的港的规定,原则上应选择以接近用货单位或消费地区的港口为最合理。但根据我国目前港口的条件,为避免港口到船集中而造成堵塞现象或签约时目的港尚难确定,在进口合同中,也可酌情规定为"中国港口"。

三、分批装运和转运

分批装运和转运直接关系到买卖双方的利益,因此双方应根据需要在合同中作出具体的规定。一般来说,合同中如订明允许分批装运和转运,对卖方交货比较主动。

(一) 分批装运

分批装运(Partial Shipment)是指一个合同项下的货物分若干批或若干期装运。在国际贸易中,有些交易因成交数量大,或是由于备货、运输条件和市场需要等原因,有必要分期分批交货,则可在合同中规定分批装运条款。

卖方是否可以分批装运,应视合同中是否允许分批装运而定。一般而言,如合同对分批装运未作明确规定,双方事先对此也没有特别约定或习惯做法,则卖方不得分批装运。因此,为了避免不必要的争议,防止交货时发生困难,除非买方不允许分批装运,原则上应明确在出口合同中订入"允许分批装运"(Partial shipment to be allowed)。

国际商会制定的《跟单信用证统一惯例》(UCP600)对分批装运有如下三个规定:第一,除非信用证另有规定,允许分批装运。第二,运输单据表面上注明货物是使用同一运输工具装运并经同一路线运输的,即使每套运输单据注明的装运日期不同及/或装运港、接受监管地不同,只要运输单据注明的目的地相同,也不视为分批装运。第三,信用证规定在指定时期内分期支款及/或装运,其中任何一期未按期支款及/或装运,除非信用证另有规定,则信用证对该期及以后各期均告失效。

(二) 转运(Transshipment)

按《跟单信用证统一惯例》规定,"转运"一词在不同运输方式下有不同的含义。在海运情况下,是指在装货港和卸货港之间的海运过程中,货物从一艘船卸下再装上另一艘船的运输;在航空运输的情况下,是指从起运机场至目的地机场的运输过程中,货物从一架飞机上卸下再装上另一架飞机的运输;在公路、铁路或内河运输情况下,则是指在装运地到目的地之间用不同的运输方式的运输过程中,货物从一种运输工具上卸下,再装上另一种运输工具的行为。

卖方在交货时,如驶往目的港没有直达船或船期不定或航次间隔太长,为了便于装运,则应在合同中订明"允许转船"(Transshipment to be allowed)。

《跟单信用证统一惯例》规定:除非信用证另有规定,可准许转运。国际商会之所以对转运做出宽松的规定,主要是随着运输技术和国际贸易的发展,有时转运是不可避免的。为了明确责任和便于安排装运,买卖双方是否同意转运以及有关转运的办法和转运费用的负担等问题,应在买卖合同中订明。

四、装运通知

装运通知(Advice of Shipment)也叫装船通知,是出口商在货物装船后发给进口商的关于货物详细装运情况的通知。其目的在于让进口商做好付款、接货和进口报关的准备。装运通知并无统一格式,内容一般包括合同号或信用证号、品名、数量、金额、运输工具名称、开航日期、启运地和目的地、提运单号码、运输标志等。如信用证对装运通知提出具体要求,应严格按要求制作。

在装运货物后,按照国际贸易的习惯做法,卖方应立即发送装运通知给买方或其指定的人。应当特别强调的是,买卖双方按 CFR 或 CPT 条件成交时,卖方交货后及时向买方发出装运通知,具有更为重要的意义。这是由于按照这两种术语成交,货物运输和保险分别由不同的当事人操作,所以卖方有义务向买方就货物装运情况给予及时、充分的通知,以便其及时办理保险,如卖方未及时发送上述装运通知而使买方未能及时办理保险或接货,卖方就应负责赔偿由此而引起的一切损害及/或损失。

五、滞期和速遣条款

在国际贸易中,大宗商品多使用定程租船运输,装卸货物有时由租船人负责。由于装卸时间的长短直接关系到船方的利益,船货双方在定程租船合同中一般除规定装卸时间外,还往往规定一种奖励或惩罚措施,以督促租船人尽快装卸,称之为滞期和速遣条款。相应地,在国际货物买卖合同中有时也要就装卸时间、装卸率以及滞期和速遣条款进行规定。

(一) 装卸时间

装卸时间是指允许完成装卸任务所约定的时间,它一般以天数或小时数来表示。装卸时间的规定方法很多,其中主要有下列几种:

1. 日(Days)或连续日(Consecutive Days)

所谓"日"是指时间连续满 24 小时。这种规定方法不考虑实际不适合装卸作业的时间,对租船人不利。

2. 累计 24 小时好天气工作日(Weather Working Days of 24 Hours)

这是指在好天气情况下,累计 24 小时作为一个工作日。如果港口规定每天作业 8 小时,则一个工作日便跨及三天的时间。这种规定对租船人有利,而对船方不利。

3. 连续 24 小时好天气工作日(Weather Working Days of 24 Consecutive Hours)

这是指在好天气情况下,连续作业 24 小时算一个工作日,中间因坏天气影响而不能作业的时间应予扣除。这种方法一般适用于昼夜作业的港口。国际上采用这种规定的较为普遍,我国一般都采用此种规定办法。

（二）装卸率

所谓装卸率，即指每日装卸货物的数量。装卸率的具体确定，一般应按照港口习惯的正常装卸速度，掌握实事求是的原则。装卸率如果规定过高，完不成装卸任务，要承担滞期费的损失；反之规定过低，虽能提前完成装卸任务，可得到船方的速遣费，但船方会提高运费。因此，装卸率的规定应适当。

（三）滞期费和速遣费

滞期费（Demurrage）是指在规定的装卸期限内，租船人未完成装卸作业，给船方造成经济损失，租船人对超过的时间应向船方支付的一定罚金。速遣费（Despatch Money）是指在规定的装卸期限内，租船人提前完成装卸作业，使船方节省了船舶在港的费用开支，船方应向租船人就可节省的时间支付一定的奖金。按惯例，速遣费一般为滞期费的一半。

第三节　国际货物运输单据

运输单据是承运人收到承运货物后签发给托运人的证明文件，它是交接货物、处理索赔与理赔以及向银行结算货款的重要单据。在国际货物运输中，运输单据的种类很多，其中包括海运提单、铁路提单、承运货物收据、航空运单、多式联运单据和邮政收据等。

一、海运提单

海运提单（Ocean Bill of Lading，B/L），简称提单，它是由船长或船公司或其代理人签发的，证明已收到特定货物，承诺将货物运到特定的目的地并交付给收货人的凭证。同时，海运提单也是收货人在目的港据以向船公司或其代理提取货物的凭证。

我国《海商法》规定："提单是指用以证明海上货物运输合同和货物已经由承运人接收或者装船，以及承运人保证据以交付货物的单证。"

提单是国际货物贸易和国际海上货物运输的重要单证之一，随着国际贸易的不断发展而产生。它实际上涉及到两个领域，既是运输单证，又是贸易单证。

（一）海运提单的性质和作用

1. 货物收据

提单是承运人（或其代理人）出具的货物收据，记载了托运货物的名称、数量或重量、体积及货物表面状况。它证明承运人已按照提单上的记载收到或接管货物，并有责任在目的港向收货人交付提单所记载的货物。

2. 物权凭证

提单是货物所有权的凭证，提单在法律上具有物权证书的作用。一般情况下，谁持有提单,谁就有权要求承运人交付货物,并且享有占有和处理货物的权利。船货抵达目的港后,承运人应向提单的合法持有人交付货物。提单可以通过背书转让,从而转让货物的所有权。

3. 运输合同的证明

提单是承运人与托运人之间订立的运输合同的证明。提单条款明确规定了承、托双方之间的权利和义务、责任与豁免,是处理承运人与托运人间的争议的法律依据。

(二) 海运提单的当事人

1. 承运人(Carrier)

是指与托运人订立海上货物运输合同的人,不一定是船舶所有人。班轮运输合同的承运人可以是班轮公司、非班轮公司的船舶所有人,也可以是无船承运人。

2. 托运人(Shipper)

是班轮运输合同的另一方缔约人,一般是买卖合同中的卖方或其受托人,在个别情况下,也可能是买方。

3. 收货人(Consignee)

是有权提取货物的人,也称提单的"抬头"。在信用证方式下,通常做成指示性抬头。

(三) 海运提单的格式和内容

班轮提单和租船提单不同,此处主要介绍班轮提单。每个班轮公司都有自己的提单格式,但基本内容大致相同,一般包括提单正面的记载事项和提单背面印就的运输条款。

1. 提单正面的内容

提单正面的记载事项,分别由托运人和承运人或其代理人填写,通常包括下列事项:

(1) 托运人(Shipper)。

(2) 收货人(Consignee)。

(3) (被)通知人(Notify Party)是指在目的港接收承运人有关货物到达信息的人,通常是货物的买方或其代理人。主要目的是为了方便承运人履行通知义务。

(4) 收货地或装货港(Place of Receipt or Port of Loading)。

(5) 目的地或卸货港(Destination or Port of Discharge)。

(6) 船名及航次(Vessel's Name & Voyage Number)。

(7) 唛头及件号(Shipping Marks & Number of Packages),如为散装货,可填写 N/M。

(8) 货名及件数(Description of Goods & Number)。

(9) 重量和体积(Weight & Measurement)。

(10) 运费及其他费用(Freight and Charges)。提单中一般只记载运费和其他费用的支付方式,视贸易术语不同填写,FOB 术语填写"运费到付",而 CFR 和 CIF 术语则填写"运费已付"。

(11) 正本提单的份数(Number of Original B/L)。

(12) 船公司或其代理人的签章(Name & Signature of the Carrier)。

(13) 签发提单的地点及日期(Place & Date of Issue)。

2. 提单背面的内容

在班轮提单背面，通常有船公司事先印就的运输条款，这些条款是作为确定承运人与托运人之间权利和义务的主要依据。提单中的运输条款，最初是由船方自行规定的，后来由于船方在提单中加列越来越多的免责条款，使货方的利益失去保障，并降低了提单作为物权凭证的作用。国际上为了统一提单背面条款的内容，曾先后签署了有关提单的国际公约，其中包括：

(1)《海牙规则》(The Hague Rules)。

全称为《统一提单的若干法律规则的国际公约》，是关于提单法律规定的第一部国际公约，于1924年8月25日在比利时首都布鲁塞尔签订，1931年6月2日起生效。总体看来，《海牙规则》对承运人义务的规定和免责事项、索赔诉讼、责任限制等方面均较偏向承运方的利益，对货主的保护则相对较少。

(2)《维斯比规则》(The Visby Rules)。

全称为《修改统一提单若干法律规则的国际公约的议定书》，于1968年2月23日在布鲁塞尔外交会议上通过，1977年6月23日生效。包括英国、法国、德国、荷兰、西班牙、挪威、瑞典、瑞士、意大利、日本等主要航运国家均参加了该规则。《维斯比规则》是《海牙规则》的修改和补充，故常与《海牙规则》一起，称为《海牙——维斯比规则》。

(3)《汉堡规则》(The Humburg Rules)。

全称为《联合国海上货物运输公约》，于1978年6月在德国汉堡举行由联合国主持的由78国代表参加的海上货物运输大会讨论通过，1992年11月1日生效，其成员国绝大数为发展中国家。《汉堡规则》对《海牙规则》做了根本性的修改，扩大了承运人责任。

(4)《鹿特丹规则》。

全称为《联合国全程或部分海上国际货物运输合同公约》，于2008年12月11日在纽约举行的联合国大会上正式得到通过，在2009年9月23日于荷兰鹿特丹举行签字仪式，开放供成员国签署，因而该公约又被命名为《鹿特丹规则》。从内容上看，《鹿特丹规则》不仅涉及包括海运在内的多式联运、在船货两方的权利义务之间寻求新的平衡点，而且还引入了如电子运输单据、批量合同、控制权等新的内容，此外公约还特别增设了管辖权和仲裁的内容。

与我国《海商法》及现在国际上普遍采用的《海牙规则》《海牙——维斯比规则》相比，《鹿特丹规则》对承运人责任制度的规定有很大的变化，扩大了承运人责任期间，改变了承运人的责任基础，取消了传统的承运人免责事项，提高了承运人责任限额。该公约一旦生效，将会对船东、港口营运商、货主等国际海上货物运输相关方带来重大影响，也会对船舶和货物保险、共同海损制度等带来影响。

【示例 9-2】海运提单

Shipper	B/L No. COSCO 中国远洋运输公司 **BILL OF LADING** **ORIGINAL**
Consignee or order	
Notify Party	
Pre-carriage by	Port of loading
Vessel	Port of transshipment
Port of discharge	Final destination

SHIPPED on board in apparent good order and condition (unless otherwise indicated) the goods or packages specified herein and to be discharged at the mentioned port of discharge or as near thereto as the vessel may safely get and be always afloat.

The weight, measure, marks and numbers, quality, contents and value, being particulars furnished by the Shipper, are not checked by the Carrier on loading.

The Shipper, Consignee and the Holder of this Bill of Lading hereby expressly accept and agree to all printed, written or stamped provisions, exceptions and conditions of this Bill of Lading, including those on the back hereof.

IN WITNESS whereof the number of original Bills of Lading stated below have been signed, one of which being accomplished the other(s) to be void.

Container. seal No. or marks and Nos.	Number and kind of package	Description of goods	Gross weight (kgs)	Measurement (m³)
Freight and charges			REGARDING TRANSHIPMENT INFORMATION PLEASE CONTACT	
Ex. rate	Prepaid at	Freight payable at	Place and date of issue	
	Total prepaid	Number of original Bs/L	Signed for or on behalf of the Master	
	LADEN ON BOARD THE VESSEL DATE BY			

（四）海运提单的种类

1. 根据货物是否已装船，海运提单分为已装船提单和备运提单

（1）已装船提单（On Board B/L；Shipped B/L）。是指承运人已将货物装上指定船舶后所签发的提单，这种提单必须以文字表明货物已装某具名船只，并记载装船日期，同时还应由船长或其代理人签字。根据《跟单信用证统一惯例》规定，如信用证要求海运提单作为运输单据，银行将接受注明货物已装船或已装指名船舶的提单。

（2）备运提单（Received for Shipment B/L）。又称收讫待运提单，是指承运人已收到托运货物等待装运期间所签发的提单。在国际贸易中，一般都要求卖方提供已装船提单。

2. 根据提单上对货物外表状况有无不良批注，海运提单可分为清洁提单和不清洁提单

（1）清洁提单（Clean B/L）。是指货物在装船时"表面状况良好"，未载有承运人对货物外表状况的任何不良批注的提单。根据《跟单信用证统一惯例》规定，除非信用证中明确规定可以接受的条款或批注，银行只接受清洁提单。清洁提单也是提单转让时所必备的条件。

（2）不清洁提单（Unclean B/L）。是指承运人在签发的提单上带有明确宣称货物及/

或包装有缺陷状况的条款或批注的提单。例如提单上有下列批注：货物内容渗漏（contents leaking）、货物内容弄污包装（packaging soiled by contents）、包装被玷污（packaging contaminated）、包装严重凹进（packaging badly dented）等。

3. 根据提单收货人抬头的不同，海运提单可分为记名提单、不记名提单和指示提单

（1）记名提单（Straight B/L）。是指提单上的收货人栏内填明特定收货人名称，只能由该特定收货人提货，例如提单收货人一栏填写 Consignee：A Co.。由于这种提单不能通过背书方式转让给第三方，不能流通，故在国际贸易中很少使用。

（2）不记名提单（Bearer B/L）。是指提单收货人栏内没有指明任何收货人，只注明提单持有人（Bearer）字样，承运人应将货物交给提单持有人。不记名提单无须背书转让，流通性极强，采用这种提单风险大，故其在国际贸易中很少使用。

（3）指示提单（Order B/L）。是指提单上的收货人栏填写"凭指定"（To order）或"凭某某人指定"（To order of ××）字样，通常为凭托运人指定或凭银行（开证行）指定，例如提单收货人一栏填写"To order of A Co."。有时仅填写"凭指定"（To order）字样，在我国习惯上称之为"空白抬头"。

指示提单可经过背书转让，故其在国际贸易中广为使用。背书分为"空白背书"（endorsement in blank）和"记名背书"（endorsement in full）。前者是指仅由背书人在提单背面签名，而不注明被背书人名称；后者是指背书人除在提单背面签名外，还列明被背书人名称。

4. 根据运输方式分类，海运提单可分为直达提单、转船提单和联运提单

（1）直达提单（Direct B/L）。是货物在装货港装船后，中途不经过换船而直接运达卸货港的提单。如合同和信用证规定不准转船，则必须使用这种直达提单。

（2）转船提单（Transhipment B/L）。是指从装运港装货的船舶，不直接驶往目的港，而须在中途换装另外船舶所签发的提单。在这种提单上要注明"转船"或"在××港转船"字样。

（3）联运提单（Through B/L）。是指经过海运和其他运输方式联合运输时由第一程承运人所签发的包括全程运输的提单。

5. 根据船舶营运方式的不同，海运提单可分为班轮提单和租船提单

（1）班轮提单（Liner B/L）。是指由班轮公司承运货物后所签发给托运人的提单。

（2）租船提单（Charter Party B/L）。是指承运人根据租船合同而签发的提单。这种提单受租船合同条款的约束。银行或买方在接受这种提单时，通常要求卖方提供租船合同的副本。

6. 根据提单使用效力，海运提单可分为正本提单和副本提单

（1）正本提单（Original B/L）。是指提单上有承运人、船长或其代理人签名盖章并注明签发日期的提单。这种提单在法律上是有效的单据。正本提单上必须标明"正本"（Original）字样。正本提单一般签发一式两份或三份，凭其中的任何一份提货后，其余的即作废。买方与银行通常要求卖方提供船公司签发的全部正本提单，即所谓"全套"（Full Set）提单。

（2）副本提单（Copy B/L）。是指提单上没有承运人、船长或其代理人签字盖章，而仅

供参考之用的提单。在副本提单上一般都标明"Copy"或"Non-negotiable"(不作流通转让)字样。

7. 其他种类提单

(1) 集装箱提单(Container B/L)。是指由负责集装箱运输的经营人或其代理人,在收到货物后签发给托运人的提单。

(2) 舱面提单(On Deck B/L)。是指承运货物装在船舶甲板上所签发的提单。承运人在签发提单时加注"货装甲板"字样。根据《跟单信用证统一惯例》规定,除非信用证另有约定,银行不接受甲板提单。

(3) 过期提单(Stale B/L)。是指错过规定的交单日期或者晚于货物到达目的港日期的提单。前者是指卖方超过信用证规定交单期才交到银行议付的提单。根据《跟单信用证统一惯例》规定,如信用证无特殊规定,银行将拒绝接受在运输单据签发日后超过21天才提交的单据。该种提单是在贸易结算中因为迟期交单导致信用证丧失效力。后者在近洋运输时容易出现,故在近洋贸易合同中,一般都订有"过期提单可以接受"(Stale B/L is acceptable)的条款。

(4) 倒签提单(Antedated B/L)。是指承运人应托运人的要求,在货物装船后,以早于该货物实际装船完毕的日期作为提单签发日期的提单。

(5) 预借提单(Advanced B/L)。是指货物尚未装上船,而信用证规定的交单日期已到,托运人为赶在规定期限内交单,要求船公司预先借出已装船提单。

倒签提单和预借提单在签单的时间上都存在实际签单时间和信用证载明时间不一致的情形,属于违约和侵权的行为,在我国出口贸易中应该尽量避免使用。

(6) 电子提单。电子提单是通过电子数据交换系统(Electronic Data Interchange, EDI)传递的有关海上货物运输合同的数据。与传统提单不同,电子提单是按照一定规则组合而成的电子数据。由于电子提单各有关当事人凭密码通过EDI进行相关数据的流转,既解决了因传统提单晚于船舶到达目的港,不便于收货人提取货物的问题,又具有一定的交易安全性,因而有着广阔的应用前景。它具有下列优点:

① 可快速、准确地实现货物支配权的转移。EDI系统是一种高度现代化的通讯方式,可以利用计算机监督运输活动,达到快速、准确地实现货物支配权的转移。

② 节约成本。提单无纸化之后最显著的优势就是节省了大量纸张,这也意味着投入成本的节省。

③ 可方便海运单的使用。当海上运输航程较短时,则可避免传统提单因为邮寄而可能出现的船到、提单尚未寄到即所谓过期提单的现象。

④ 可防冒领和避免误交。电子提单由于整个过程的高度保密性,能大大减少提单欺诈案件的发生。承运人可以控制监视提单内容,防止托运人涂改提单,欺骗收货人与银行;托运人、银行甚至收货人可以监视承运人行踪,避免船舶失踪;承运人可准确地将货交给付款人,避免误交。

⑤ 避免手工制作错误。电子提单的采用使得电子数据不需要重复录入,并可避免单证不一致的错误。

二、海运单

海运单(Sea waybill,Ocean waybill)是证明海上运输合同和货物由承运人接管或装船,以及承运人保证据以将货物交付给单证所载明的收货人的一种不可流通的单证,因此又称"不可转让海运单"(Non-negotiable sea waybill)。海运单是为了适应海上运输快速发展的需要而产生的。

海运单具有货物收据和运输合同证明的属性,这一点与传统海运提单相同。不同的是,海运单不是物权凭证,收货人提取货物时一般无须出具海运单,只提供身份证明即可。因此,海运单收货人一栏应填写实际收货人的名称和地址,以利货物到达目的港后通知收货人提货。

传统提单的最大问题是提单的流转太慢且程序复杂,电子提单的应用又十分有限。因此海运单正得到越来越多的应用。近年来,欧洲、北美和某些远东、中东地区的贸易界越来越倾向于使用不可转让的海运单,主要是因为海运单能方便进口商及时提货,简化手续,节省费用,还可以在一定程度上减少以假单据进行诈骗的现象。

另外,由于 EDI 技术在国际贸易中的广泛使用,不可转让海运单更适用于电子数据交换信息。1990 年国际海事委员会曾通过《1990 年国际海事委员会海运单统一规则》,该规则适用于不使用可转让提单的运输合同,适用于全部海运的运输合同和含有海运的多式联运合同。

三、铁路运输单据

铁路运输可分为国际铁路联运和国内铁路运输两种方式,前者使用国际铁路联运运单,后者使用国内铁路运单。以下简要介绍国际铁路联运运单。

国际铁路联运运单是国际铁路联运的主要运输单据,它是参加联运的发送国铁路与发货人之间订立的运输契约,其中规定了参加联运的各国铁路和收、发货人的权利和义务。对收、发货人和铁路都具有法律约束力。当发货人向始发站提交全部货物,并付清应由发货人支付的一切费用,经始发站在运单和运单副本上加盖始发站承运日期戳记,证明货物已被接受承运后,即认为运输合同已经生效。

国际铁路联运运单一式五联。运单正本随同货物到达终到站,并交给收货人,它既是铁路承运货物出具的凭证,也是铁路与货主交接货物、核收运杂费和处理索赔与理赔的依据。运单副本与运输合同缔结后交给发货人,是卖方凭以向收货人结算货款的主要证件。

四、航空运单

航空运单(Air Waybill)是承运人与托运人之间签订的运输契约,也是承运人或其代理人签发的货物收据。航空运单还可作为承运人核收运费的依据和海关查验放行的基本单据。但航空运单不是代表货物所有权的凭证,也不能通过背书转让。收货人提货不是凭航空运单,而是凭航空公司的提货通知单。在航空运单的收货人栏内,必须详细填写收货人的全称和地址,而不能做成指示性抬头。

由于航空运输有两类承运人的存在,因此航空运单有两类:一是由航空公司签发的航空运单,又称主运单(Master airway bill),如我国中国民航签发的空运单;另一个是由航空货运代理公司签发的航空运单,又称分运单(House airway bill),如我国中国对外贸易运输总公司签发的空运单。两类运单的内容基本相同,法律效力相当,对于收货人和发货人而言,只是承担货物运输的当事人不同。

五、国际多式联运单据

多式联运单据(Multimodal Transport Document,MTD)是指证明多式联运合同以及证明多式联运经营人接管货物并负责按照合同条款交付货物的单据。《联合国国际货物多式联运公约》规定,多式联运单据是多式联运合同的证明,也是多式联运经营人收到货物的收据和凭以交付货物的凭证。根据发货人的要求,它可以作成可转让的,也可以作成不可转让的。多式联运单据如签发一套一份以上的正本单据,应注明份数,其中一份完成交货后,其余各份正本即失效。副本单据没有法律效力。在实际业务中,对多式联运单据正本和副本的份数规定不一,主要视发货人的要求而定。

本章小结

国际货物运输方式主要有海洋运输、航空运输、铁路运输、管道运输、国际多式联运、集装箱运输等。不同运输方式有各自的优缺点,当事人应当结合外贸业务实际情况选用。外贸合同中的装运条款通常包括装运时间、装运港(地)和目的港(地)、分批装运和装运、装运通知、滞期和速遣条款等。国际货物运输单据主要有海运提单、海运单、航空运单、铁路运单、国际多式联运单据等。

本章重要概念

班轮运输　海运提单　指示提单　空白指示提单　记名指示提单　记名提单　清洁提单　已装船提单　正本提单　海运单

本章推荐阅读材

1.《UCP600》《ISBP745》有关运输及运输单据的内容。

2.《海牙规则》《维斯比规则》《汉堡规则》《鹿特丹规则》在承运人和托运人的权利义务方面的规定有什么不同?

本章思考题

一、问答题

1. 班轮运输的特点是什么？
2. 业务中常用的海运提单是什么？
3. 班轮运输和租船运输有什么不同？

二、计算题（要求写出计算公式及计算过程，计算结果保留两位小数。）

1. 一批棉布重量为 4450 千克，体积为 20.50 立方米，从上海口岸装中国远洋运输集团公司的杂货船出口至日本。已知棉布的等级为九级，计算标准为 W/M，上海至日本九级货物基本费率为每运费吨 51.5 美元，另查得燃油附加费为 15%，求该批货物的运费。

2. 某公司出口箱装货物一批，报价为每箱 100 美元，FOB 上海，已知每箱长 50 厘米，宽 40 厘米，高 100 厘米，每箱毛重 220 千克，商品计费标准为 W/M，每运费吨运费为 180 美元，并加收燃油附加费 20%，且按照 CIF 价格加成 20% 投保一切险，保险费率为 0.9%，并加保战争险，保费费率为 0.1%。后来美国商人要求该报 CIF 价格，请问报价应当为多少？

3. 某商品每箱毛重 40 公斤，体积 0.05 立方米。在运费表中的计费标准为 W/M，每运费吨基本运费率为 200 美元，另加收燃油附加费 10%，则每箱运费多少美元？

4. 出口商装货一批共 100 箱，报价为每箱 35 美元 CIFLONDON。该批货物体积每箱长：宽d高 = 45：40：25（单位：厘米），每箱毛重 35 千克，运费计算标准为 W/M，每运费吨基本运费为 120 美元，另加收燃油附加费 20%，货物附加费 10%。试计算这批货物的运费。

5. 我国某公司出口洗衣粉到西非某港口城市 100 箱。该商品的内包装为塑料袋，每袋 1 千克。外包装为纸箱，每箱 100 袋，箱的尺寸为：长 47cm、宽 39cm、高 36cm。从运价表中查出该商品属于 5 级货，按"W/M"标准计算。按航线查 5 级货基本费率为（去西非航线）每尺码吨 367 美元，另加转船费 15%、燃油费 33%、港口拥挤费 5%。该批货物的运费是多少呢？

6. 我某公司出口箱装货物一批，报价为 CFR 利物浦每箱 35 美元，英国商人要求改报 FOB 价。该批货物的体积为 45 厘米×40 厘米×25 厘米，每箱毛重为 35 千克，运费计费标准为 W/M，基本运费率为 120 美元，加收燃油附加费 20%，货币贬值附加费 10%。问：我方该如何报价？

7. 我国某公司从天津港装运出口 10MT/11M³ 的蛋制品到法国马赛港，要求直航。从该船公司运价表中查出该商品属于 12 级货，按"W/M"标准计算，基本费率为每运费吨 116 美元，直航附加费率 15%、燃油附加费率 33%。该批货物的运费是多少呢？（计算结果保留两位小数）。

8. 上海某公司出口 1000 箱货物至科威特，每箱 50.00 美元 CFRC3% 科威特。客户要求改报 FOBC5% 上海价。该货物每箱尺码为 42×28×25 厘米，总毛重为 20 000 千克。海运运费按 W/M（11 级）。查出口地至科威特 11 级货基本运费为 70 美元，港口附加费为运费的20%。试求FOBC5%上海价是多少？

三、案例分析题

1. 我国对菲律宾出口3000公吨农产品，国外开来信用证规定：不允许分批装运。我们在规定的期限内在大连、连云港分别装1000公吨和2000公吨于同一航次的同一船上，提单也注明了不同的装运地和装运日期，试分析我方是否违反了信用证的规定？

2. 我某外贸公司以FOB上海与日本M公司成交矿砂一批，日商即转手以CFR悉尼价售给澳大利亚的G公司，日商来证价格为FOB上海，目的港为悉尼，并提出在提单上表明"运费已付"。试分析日商为何这样做，我方应如何处理？

3. 国外开来不可撤销信用证，证中规定最迟装运期为2020年12月31日，议付有效期为2021年1月15日，我方按证中规定的装运期完成装运，并取得签发日为12月10日的提单，当我方备齐单据于2021年1月4日向银行交单时，被银行拒付，试分析原因。

4. 某年7月，中国丰和贸易公司与美国威克特贸易有限公司签订了一项出口货物的合同，合同中规定装船日期为该年11月，以信用证方式结算货款。合同签订后，丰和贸易公司委托宏盛海上运输公司运送货物到目的港美国纽约。但是由于丰和贸易公司没有能够很好地组织货源，直到第二年2月才将货物全部备妥，于2月15日装船。丰和贸易公司为了能够如期结汇取得货款，要求宏盛海上运输公司按去年11月的日期签发提单，并凭借提单和其他单据向银行办理了议付手续，收清了全部货款。

但是，当货物运抵纽约港时，美国收货人威克特贸易有限公司对装船日期发生了怀疑，遂要求查阅航海日志，船方被迫交出航海日志。威克特公司在审查航海日志之后，发现该批货物真正的装船日期是第二年2月15日，比合同约定的装船日期要迟延达三个多月，于是向当地法院起诉，控告丰和贸易公司和宏盛海上运输公司串谋伪造提单进行欺诈，既违背了双方合同约定，也违反法律规定，要求法院扣留该宏盛运输公司的运货船只。

美国当地法院受理了威克特贸易公司的起诉，并扣留了该运货船舶。在法院的审理过程中，丰和公司承认了其违约行为，宏盛公司亦意识到其失理之处，遂经多方努力，争取庭外和解，最后，我方终于与美国威克特公司达成了协议，由丰和公司和宏盛公司支付美方威克特公司赔偿金，威克特公司方撤销了起诉。试分析此案例。

本章主要参考文献

[1] 国际商会.ICC跟单信用证统一惯例(2007年修订本)[M].北京：民主与法制出版社，2006.

[2] 刘德标，祖月.国际经贸组织条约惯例手册[M].北京：中国商务出版社，2005.

第十章 国际货物运输保险

【教学目的】

通过本章的学习,使学生理解掌握海上货物运输保险的保障范围,熟悉我国海洋运输货物保险条款,了解伦敦保险协会海洋运输货物保险条款,理解掌握国际货物运输险别的选择,能够计算保险金额和保险费,形成办理国际货物运输保险业务的基本能力。

【导入案例】

美国某 A 公司和我国 B 公司 DAP 天津港条件达成协议,我国 B 公司以信用证支付进口货款,信用证要求提交保单。到单后,开证行确认构成相符交单,即按规定付款。但载运货物的货轮在太平洋沉没。我国 B 公司能凭保单要求保险公司赔偿吗?

国际贸易业务中,货物往往要经过运输、装卸、存储等诸多环节。在这些环节中,可能会遇到各种难以预料的风险而导致货物受损。为转嫁损失,贸易方(买方或卖方)就常常需要向保险公司办理货物运输保险。

第一节 国际货物运输保险的基本原则

一、国际货物运输保险的含义

国际货物运输保险是指以国际运输途中的货物作为保险标的,投保人根据合同约定向保险人支付保险费,保险人对合同约定的由自然灾害和意外事故造成的货物损失负赔偿责任的商业保险行为。国际货物运输保险属于财产险的范畴。

货物运输保险当事人的权利义务通过保险合同表现出来。货运保险合同包括保险合同的主体、客体和内容三大要素。

(一) 货运保险合同的主体

保险合同的主体是保险合同的参加者,是在保险合同中享有权利并承担相应义务的人。保险合同的主体包括保险合同的当事人和关系人,保险合同的当事人包括保险人和投保人,保险合同的关系人主要指被保险人。

保险人是指与投保人订立保险合同,并按照合同约定承担赔偿责任的保险公司。投保人是指与保险人订立保险合同,并按照保险合同约定负有支付保险费义务的人。被保险人是指受保险合同保障,且有权按照保险合同规定向保险人请求赔偿或给付保险金的人。

(二) 货运保险合同的客体

保险合同的客体是保险利益,而非保险标的物。保险利益,是指投保人或者被保险人对保险标的所具有的法律上或事实上的利益。保险合同的成立,以投保人具有保险利益为前提条件。保险合同成立后,因某种原因保险利益消失,保险合同也随之失效。

(三) 货运保险合同的内容

保险合同内容是指保险条款,是记载的保险合同内容的条文、款目,是保险合同双方享受权利与承担义务的主要依据,一般事先印制在保险单上。保险条款主要包括保险标的、保险事故、保险期间、保险金额、保险费、争议处理等。

二、国际货物运输保险的基本原则

保险基本原则是在保险发展的过程中逐渐形成并被人们所公认的基本原则,主要作用就是维护保险双方的合法利益,更好地发挥保险的职能和作用。具体来说,保险基本原则包括以下五项内容:

(一) 可保利益原则

可保利益(Principle of Insurable Interest)指投保人或被保险人对保险标的具有的法律上承认的利益,否则保险合同无效。海上货物运输保险中,可保利益不必在保险合同订立时存在。在 FOB 和 CFR 术语条件下,不要求买方在办理海上货运投保手续时必须对货物具有可保利益,但当损失发生时被保险人必须具有可保利益。在国际运输货物保险中,确定可保利益的转移时间,均以货物风险转移的时间为依据,而货物风险转移时间,又是随着买卖双方在合同中约定使用的贸易术语不同而有所差别的。引例中,FOB 合同下货物即使投保了"仓至仓"一切险,在从卖方仓库运往码头的途中发生承保范围内的损失,因买方不具有可保利益,保险公司拒赔。在 FOB 合同下买方投保的"仓至仓条款"实际上是"船至仓条款",保险公司只承保货物装运港装上船后的风险损失。

FOB、CFR 术语下,货物在装运港装上船后风险由卖方转移给买方,可保利益也同时转移。即卖方在货物装上船之前具有可保利益,装上船之后买方具有可保利益。FOB、CFR 术语由买方投保海运保险,保险人实际承担的保险责任起讫期间是货物装上船后起至买方仓库止。卖方将货物从仓库运往码头途中可自行办理货运保险。CIF 术语由卖方投保,卖方以背书方式将保单权利转让给买方。卖方将货物从仓库运往码头途中具有可保利益,发生货损可以凭借保单向保险人索赔。

(二) 最大诚信原则

最大诚信原则(Principle of Utmost Good Faith),保险合同当事人订立合同及合同有效期内,应向对方充分而准确地告知有关保险的所有重要事实,不允许存在欺诈、隐瞒行为。否则,受到损害的一方,可以此为由宣布合同无效或不履行合同的约定义务或责任,并可要求对方赔偿损失。

(三) 近因原则

近因原则(Principle of Proximate Cause)是指当被保险人的损失是直接由于保险责任范围内的事故造成时,保险人才给予赔付。

近因,是指造成损失的最直接、最有效、起主导性作用的原因。对于单一原因造成的损失,单一原因为近因;对于多种原因造成的损失,需要找出起主导支配作用的原因,进而判断是否属于保险责任范围。

(四) 损失补偿原则

损失补偿原则(Principle of Indemnity)指当被保险人因保险事故而遭受损失时,其从保险人处所能获得的赔偿只能以其实际损失为限。坚持损失补偿原则避免了通过保险来谋利的现象,防止道德风险的发生。

(五) 代位求偿原则

保险代位求偿原则(Principle of subrogation)是从补偿原则中派生出来的,只适用于财产保险。在财产保险中,保险事故的发生是由第三者造成并负有赔偿责任,则被保险人既可以根据法律的有关规定向第三者要求赔偿损失,也可以根据保险合同要求保险人支付赔款。如果被保险人首先要求保险人给予赔偿,则保险人在支付赔款以后,保险人有权在保险赔偿的范围内向第三者追偿,而被保险人应把向第三者要求赔偿的权利转让给保险人(委付),并协助向第三者要求赔偿。反之,如果被保险人首先向第三者请求赔偿并获得损失赔偿,被保险人就不能再向保险人索赔。

在进出口货物运输保险业务中,委付(Abandonment)指在保险标的物发生推定全损时,被保险人明确表示将该保险标的一切权利转移给保险人,而请求保险人赔偿全部保险金额的法律行为。

第二节 海上货物运输保险保障的范围

进出口贸易的货物运输保险,因运输方式的不同可分为海上货物运输保险、陆上货物运输保险、航空货物运输保险和邮包运输保险等,其中最重要的是海上货物运输保险。海上货物运输保险保障的范围包括风险、损失和费用三个方面。

一、风险

海上货物运输保险保障的风险分为海上风险和外来风险。

(一) 海上风险

海上风险(Perils of the Sea),又称海难,是指船舶及货物在海上运输过程中所发生的风险,包括自然灾害和意外事故两大类。海上风险并不包括海上的一切风险,如海运途中因战争引起的损失不含在内。另外,海上风险不仅仅局限于海上航运过程中发生的风险,它还包括与海运相连接的内陆、内河、内湖运输过程中的自然灾害和意外事故。

1. 自然灾害(Natural Calamities)

自然灾害是指不以人们意志为转移的自然界力量所引起的灾害。仅指恶劣气候、雷电、海啸、洪水、火山爆发、地震、浪击落海等造成的灾害。

【知识链接10-1】自然灾害

(1) 恶劣气候(Heavy Weather)通常也称暴风雨,一般是指海上飓风(8级以上)、大浪(3米以上)引起的船体颠簸倾斜,由此而引起的船上所载货物的相互挤压、碰撞造成货物的破碎、渗漏、凹瘪等损失。

(2) 雷电(Lighting)指货物在海上或陆上运输过程中由于雷电直接造成的或者由于雷电引起的火灾造成的货物灭失和损害。

(3) 海啸(Tsunami)指由于海底地壳发生变异,引起剧烈震荡而产生巨大波浪,致使被保险货物或船舶遭受损害或灭失。如地震海啸、风暴海啸等。

(4) 地震(Earthquake)指由于地壳发生急剧的自然变化,使地面发生振动、坍塌、地裂、地陷等造成船货的损失。

(5) 火山爆发(Volcanic Eruption)指由于强烈的火山活动,喷发固体、液体以及有毒气体造成的船货损失。

(6) 洪水(Flood)指山洪暴发、江河泛滥、湖水上岸及倒灌或暴雨积水成灾造成船货损失。

(7) 浪击落海(Washing Overboard)指舱面货受海浪冲击落海而造成的损失。

2. 意外事故

意外事故(Accident),指运输工具遭遇外来的、突然的、非意料中的事故。包括搁浅、触礁、沉没、互撞、与流冰或其他物体碰撞、失踪、失火、爆炸、抛货、船长和船员的恶意行为及运输工具倾覆等。

【知识链接10-2】意外事故

(1) 搁浅(Grounding)指船舶在航行中,由于意外与水下障碍物,包括海滩、礁石等紧密接触,且持续一段时间失去进退自由状态。但由于规律性潮涨潮落造成的搁浅不属于此范围。

(2) 触礁(Stranding)指船舶在航行中触及海中岩礁或其他障碍物而仍能继续前进的一种状态。

（3）沉没（Sunk）指船体全部或大部分沉入水中，无法继续航行的状态。

（4）碰撞（Collision）是指船舶同码头、船舶、灯塔、流冰等发生的猛烈接触。

（5）火灾（Fire）包括船只、船上设备、货物燃烧造成的损失。

（6）失踪（Missing）指船舶在海上航行，失去联络超过合理期限，不包括由战争导致的失踪。

（7）爆炸（Explosion）指船舶锅炉爆炸，或货物因气候影响产生化学作用引起爆炸等。

（8）抛货（Jettison）指船舶在航行中遭遇危难时，为了减轻船舶的载重，以避免全部受损，而将船上的货物或船上设备有意地抛入海中。

（9）船长和船员的不法行为（Barratry of master and mariner）指船长、船员背着船东或货主故意作出的有损于船东或货主利益的恶意行为。如：故意弃船、纵火烧船或凿沉船舶；故意违反航行规则，导致船舶遭受处罚；走私或冲破封锁线，以致船舶货物被扣押或没收；私自抵押船舶和货物等。

（二）外来风险

外来风险（Extraneous Risks）指由海上风险以外的其他原因所造成的风险，分为一般外来风险和特殊外来风险。

1. 一般外来风险

一般外来风险包括以下几种：

（1）偷窃（Theft）指整件货物或包装货物的一部分被人暗中窃取，不包括公开的、攻击性的劫夺。

（2）提货不着（Non-delivery）指货物在运输途中由于不明原因被遗失，造成货物未能运到目的地，或运抵目的地发现整件短少，未能交给收货人。

（3）渗漏（Leakage）指流质或半流质的货物在运输途中因为容器的破漏引起的损失。

（4）短量（Short in weight）指货物在运输过程中或货物到达目的地发生的包装内货物数量短少或散装货物重量短缺。

（5）碰损（Clashing）指金属及其制品在运输途中因受震动、受挤压变形而造成的损失。

（6）破碎（Breakage）指易碎物品在运输途中因搬运、装卸不慎以及受震动、碰压等造成货物本身破裂。

（7）钩损（Hook damage）指袋装、捆装货物在装卸、搬运过程中，使用吊钩、手钩导致货物受损。

（8）淡水雨淋（Fresh and rain water damage）指由于淡水、雨水或融雪而导致货物水渍的损失。

（9）生锈（Rusting）指货物在运输过程中发生锈损现象。

（10）玷污（Contamination）指货物在运输途中受到其他物质的污染所造成的损失。

（11）受热受潮（Heating and Sweating）指由于气温的骤然变化或者船上的通风设备失灵，使船舱内的水汽凝结，引起发潮发热导致货物的损失。

（12）串味（Taint of odour）指货物受到其他异味物品的影响而引起串味导致的损失。

2. 特殊外来风险

特殊外来风险是指除一般外来风险以外的其他原因导致的风险，往往与战争、罢工、种族冲突或一国的军事、政治、国家政策、法律以及行政治理等的变化有关。

二、损失

海上损失，又称海损，是指被保险货物在海洋运输中因遭受海上风险而引起的损失，包括与海运相连接的陆上或内河运输中所发生的损失。就货物损失的程度而言，海损可分为全部损失和部分损失；就货物损失的性质而言，海损又可分为共同海损和单独海损。

（一）全部损失

全部损失（Total Loss）简称全损，是指运输途中的整批货物或不可分割的一批保险货物全部灭失或视同全部灭失的损害。

关于整批或不可分割的一批保险货物的全损，一般包括以下四种情况：第一，一张保险单所载明的货物的全损。第二，一张保险单中包括数类货物，每一类货物分别列明数量和保险金额时，其中每一类货物的全损。第三，在装卸过程中一整件货物的全损。第四，在使用驳船装运货物时，一条驳船所装运货物的全损。全部损失可进一步分为实际全损和推定全损。

全部损失根据损失情况不同，可进一步分为实际全损和推定全损。

1. 实际全损

实际全损（Actual Total Loss）是指被保险货物发生保险事故后灭失，或者受到严重损坏完全失去原有形体、效用，或者不能再归被保险人所有。

构成被保险货物实际全损的情况有下列四种：（1）保险标的物完全灭失或不复存在。如大火烧掉船舶或货物，糖、盐这类易溶货物被海水溶化，船舶遭飓风沉没，船舶碰撞后沉入深海等；（2）保险标的物已丧失商业价值或原有用途。如舱内茶叶、水泥经海水浸泡；（3）被保险人无法挽回地丧失了保险标的所有权。如，船只被海盗劫去，货物被敌方扣押等；（4）载货船舶失踪达到一定时期，如半年仍无音讯，则可视作全损。

2. 推定全损

推定全损（Constructive Total Loss）也称商业全损，是指被保险货物在海上运输途中遭遇承保风险后，虽未达到完全灭失的状态，但实际全损已不可避免，或恢复、修复受损货物所需的费用与继续运送货物到目的地的费用总和超过货物价值。

具体来讲，保险货物的推定全损有以下几种情况：

第一，保险标的的实际全损不可避免。如船舶触礁地点在偏远而危险的地方，因气候恶劣，施救费用超过施救后的货物价值。

第二，被保险人丧失对保险标的的实际占有，在合理的时间内不可能收回该标的，或者收回标的的费用大于标的回收后的价值。

第三，被保险货物严重受损，其修理、恢复费用和续运费用总和大于货物本身的价值。

(二) 部分损失

部分损失(Partial Loss)是指被保险货物的损失没有达到全部损失的程度。按其引起原因,部分损失又可分为共同海损和单独海损两种。

1. 共同海损

共同海损(General Average,GA)指在海洋运输中,船舶和货物等遭受自然灾害、意外事故和其他特殊情况,为了解除共同的危险,人为地采取合理的措施所引起的特殊牺牲和合理的额外费用。如暴风雨将部分货物卷入海中,船身严重倾斜,船长下令扔掉部分货物。

(1) 构成共同海损的条件。构成共同海损,应具备以下条件:

第一,危及船、货共同安全的危险必须是真实存在的,或者是不可避免的,而不是主观臆测的。如船方误把船舱外烟雾臆测为火灾喷水而导致的货损、为了船舶或货物单方面的利益而造成的损失均不能作为共同海损。

第二,共同海损的措施必须是为了解除船、货的共同危险,人为地、有意识地采取的合理措施,如船舶搁浅为起浮被迫抛货,应选择价低量重的。

第三,共同海损的牺牲是特殊性质的,费用损失必须是额外支付的。如船舶搁浅后船底出现裂缝,需卸货修补后继续航行,为修船而发生的卸货、重装和倒移的费用为共同海损。

第四,共同海损的牺牲和费用必须是共同海损措施直接的、合理的后果。

第五,构成共同海损的牺牲和费用最终必须有效。即采取共同海损措施后,船货的全部或一部分最终安全抵达目的地,避免了船货的同归于尽。

常见的共同海损牺牲项目有:抛弃(抛弃船上载运的货物或船舶物料)、救火(为扑救船上的火灾,向货舱内灌浇海水、淡水、化学灭火剂造成舱内货物或船舶的损失)、自动搁浅(为了共同安全,采取紧急的人为搁浅措施造成舱内货物或船舶的损失)、燃烧货物(将船上货物或船舶物料当做燃料以保证船舶继续航行)、船舶在避难港卸货、重装、倒移货物、燃料或物料造成货物或船舶的损失、运费牺牲。

(2) 共同海损的分摊。由于共同海损范围内的牺牲和费用是为了使船货免于遭受整体损失而支出的,应该由船方、货方和运费收入方根据最后获救价值按比例分摊。

共同海损既包括船舶的损失,又包括货物的损失以及承运人运费的损失。发生共同海损后,首先确定船、货及承运人三方发生的共同海损牺牲和费用的总金额。然后计算出各当事人经采取共同海损措施后获救的价值。再次计算共同海损的分摊率。最后用共同海损分摊率乘以各自的分摊价值,所得的金额就是各自共同海损的分摊金额。

共同海损分摊率=共同海损总金额÷共同海损分摊价值总额(各方获救的价值之和)

各方共同海损分摊额=共同海损分摊率×各方分摊价值

2. 单独海损

单独海损(Particular Average)是指除共同海损以外的意外损失,即由承保范围内的风险所直接导致的船货的部分损失,由受损方单独负担。

单独海损与共同海损的主要区别有以下两点:

第一,造成海损的原因不同。单独海损是承保风险所直接导致的船货损失;共同海损,是为了解除或减轻船货共同危险而有意采取的合理措施造成的损失。

第二,承担损失的责任不同。单独海损由受损方自行承担;共同海损由各受益方按照受益比例的大小共同分摊。

三、费用

海上风险除了使船、货受损外,还会造成费用上的损失。海上货运保险承保的费用包括施救费用和救助费用两种。

(一) 施救费用

施救费用(Sue and Labour Expenes)是指保险标的遭受保险责任范围内的灾害事故时,由被保险人或其代理人、雇佣人员和保险单上的受让人等,为防止损失的扩大,采取措施抢救保险标的所支付的合理费用。

(二) 救助费用

救助费用(Savlage Charge)是指被保险标的遭遇保险责任范围内的灾害事故时,由保险人和被保险人以外的第三方采取救助行动并获成功,向其支付的劳务报酬。由于救助行为使保险人减少赔偿金额,故保险人负责赔偿救助费用。国际上一般采用"无效果无报酬"(No cure, No pay)原则,只有救助获得成功保险人能赔付。

施救费用和救助费用的区别主要体现在以下四个方面:

第一,采取行为的主体不同。施救行为的主体是被保险人或其代理人、雇佣人员和保险受让人等。而救助行为的主体是保险人和被保险人以外的第三方。

第二,费用赔付的原则不同。即使施救行为无效,保险人也应赔付施救费用。而在一般情况下,救助行为无效,保险人就不对施救费用进行赔付。

第三,保险人的赔偿责任不同。施救费用的赔偿上限是被救标的的保险金额,保险人对施救费用的赔偿义务独立于其对保险标的的损失赔偿义务。而救助费用一般以获救财产的价值为赔偿上限,保险人对救助费用和获救保险标的之损失赔偿额相加,不得超过保险金额,且按获救保险标的之价值与保险金额的比例承担责任。

第四,是否与共同海损相联系。施救行为并非总是与共同海损相联系,而救助行为则一般总是与共同海损联系在一起。

【示例10-1】某轮船在航行途中船舱起火,船长组织人员进行扑救。事后统计,因为火灾,烧坏货物一批,价值3万美元;部分船板被烧毁,损失2万美元;因灭火灌水浸坏货物一批,价值6万美元;灭火支出费用1万美元。被烧坏的价值3万美元货物和2万美元船板属于单独海损,因为是承保范围内的风险(火灾)直接造成,而灌水浸坏的价值6万美元货物和灭火支出的1万美元费用属于共同海损,因为是为维护共同安全而造成的特殊损失和额外费用。

第三节　中国海洋运输货物保险

保险险别是保险人对风险和损失承保责任的范围,是被保险人缴纳保费的依据。中国人民保险公司(PICC)根据我国保险工作实际情况,参照国际市场的习惯做法,制定了各种保险条款,业内常称为"中国保险条款"(China Insurance Clause,CIC)。投保人可根据货物特点和运输方式自行选择投保适当的险别。现行的进出口货物运输保险条款包括海洋、陆上、航空和邮包运输条款四类。本书主要介绍海运货物保险条款。

我国海洋运输货物保险险别按照能否单独投保分为基本险和附加险两大类。基本险可以单独投保,附加险必须在投保基本险的基础上才能加保。

一、基本险

基本险(Basic Risks),也称为主险,包括平安险、水渍险和一切险三种,投保人只须投保其中一种即可。

(一) 基本险责任范围

1. 平安险

平安险(Free from Particular Average,FPA),英文原意是单独海损不赔。国际保险界将单独海损解释为部分损失,即 FPA 的原来保障范围只赔全损。但在长期实践中,保险人对 FPA 的责任范围进行了补充和修订,目前 FPA 承保责任范围已超出只赔全损的限制。承保的具体责任范围如下:

(1) 在运输过程中,由于自然灾害和运输工具发生意外事故,造成被保险货物的实际全损或推定全损。

(2) 由于运输工具遭遇搁浅、触礁、沉没、互撞,与流冰或其他物体碰撞以及失火、爆炸等意外事故造成被保险货物的全部或部分损失。

(3) 在运输工具已经发生搁浅、触礁、沉没、焚毁等意外事故的情况下,货物在此前或此后又在海上遭受恶劣气候、雷电、海啸等自然灾害所造成的部分损失。

(4) 在装卸转船过程中,被保险货物一件或数件落海所造成的全部损失或部分损失。

(5) 被保险人对遭受承保范围内风险的货物采取抢救,防止或减少货损措施而支付的合理费用,但以不超过该批被救货物的保险金额为限。

(6) 运输工具遭遇自然灾害或意外事故,需要在中途的港口或者在避难港口停靠,因而引起的卸货、装货、存仓以及运送货物所产生的特别费用。

(7) 发生共同海损所引起的牺牲、分摊和救助费用。

(8) 运输契约中有"船舶互撞条款",按该条款规定应由货方偿还船方的损失。

2. 水渍险

水渍险(With Particular Average,WPA),英文原意是"单独海损负责赔偿",责任范围除包括平安险的各项责任外,还负责被保险货物由于恶劣天气、雷电、海啸、地震、洪水等自然灾害所造成的部分损失。

由此可见,水渍险承保由于自然灾害和意外事故导致货物被水淹没造成的损失。但水渍险只承保海水浸渍导致的损失,不赔淡水浸渍。水渍险适用于不易损坏,或易生锈但不影响使用的货物,如钢管、线材、旧机床、旧汽车等。

3. 一切险

一切险(All Risks,AR),除包括平安险和水渍险的所有责任外,保险人承保范围还包括货物在运输途中的一般外来原因所造成的被保险货物的全部损失或部分损失。投保了一切险后不必再投保一般附加险,因为已包含在内,以免支付不必要的保险费。一切险在基本险中承保责任范围最大,保费也最高,适用于价值较高,可能遭受损失因素较多的货物。

(二) 基本险的除外责任

所谓除外责任,是指保险公司明确规定不予承保的损失或费用。CIC的《海洋运输货物保险条款》明确规定三种基本险的除外责任:被保险人的故意行为或过失所造成的损失;属于发货人责任引起的损失;在保险责任开始前,被保险货物已存在的品质不良或数量短差所造成的损失;被保险货物的自然损耗、本质缺陷、特性以及市价跌落、运输延迟所引起的损失或费用。

(三) 基本险的保险责任起讫

保险责任起讫又称为保险期间,是保险公司承担责任的起讫时限。被保险货物在保险期间发生保险责任范围内的损失,保险公司负责赔偿。上述三种基本险别承保责任的起讫,均采用国际保险业中惯用的"仓至仓条款"(Warehouse to Warehouse Clause,W/W Clause)。"仓至仓条款"是指保险公司的保险责任自被保险货物运离保险单所载的起运地(港)发货人仓库或储存处所开始运输时生效,包括正常运输过程中海上、陆上、内河和驳船运输在内,直至该项货物到达保险单所载明目的地收货人的最后仓库或储存处所或被保险人用作分配、分派或非正常运输的其他储存所为止。如未抵达上述仓库或储存处所,则当货物从目的港卸离海轮时起算满60天,不论保险货物有没有进入收货人的仓库,保险责任均告终止。如在上述60天内被保险货物需转运到非保险单所载明的目的地时,则以该项货物开始转运时终止。

二、附加险

附加险(Additional Risks),承保因外来原因造成的损失。在海运保险业务中,进出口商除投保基本险外,可根据货物的特点和实际需要,加保一种或多种附加险。CIC的《海洋运输货物保险条款》中的附加险包括一般附加险和特别附加险。

(一) 一般附加险

一般附加险(General Additional Risks)承保由一般外来风险造成的损失,只能在投保平安险和水渍险的基础上加保。下述 11 种一般附加险,均包含在一切险中。

1. 偷窃、提货不着险(Theft, Pilferage and Non-delivery, TPND)

保险人负责赔偿被保险货物因被偷窃,以及运抵目的地后整件未交的损失。

2. 淡水雨淋险(Fresh Water Rain Damage, FWRD)

保险人负责赔偿被保险货物在运输途中遭受雨淋、雪融或船上淡水舱、水管漏水以及舱汗等原因的淡水浸淋造成的损失。

3. 短量险(Shortage Risk)

保险人负责赔偿被保险货物因外包装破裂或散装货物发生数量短少和重量短缺的损失,但不包括正常运输途中的自然损耗。

4. 混杂、沾污险(Intermixture and Contamination Risk)

保险人负责赔偿被保险货物在运输过程中因混进杂质或被沾污造成的损失。如布匹、纸张、食物、服装等被油类或带色的物质污染造成的经济损失。

5. 渗漏险(Leakage Risk)

保险人负责赔偿流质、半流质、油类货物在运输途中因容器损坏而引起的渗漏损失,或用液体储藏的货物因液体渗漏而引起的货物腐烂变质造成的损失。

6. 碰损、破碎险(Clash and Breakage Risk)

保险人负责赔偿因震动、颠簸、碰撞、挤压造成的货物损失,或易碎性货物在运输途中由于野蛮装卸、运输工具的颠震造成货物本身的破裂、破碎的损失。

7. 串味险(Odour Risk)

保险人负责赔偿承保的食用物品(如食品、粮食、茶叶、中药材、香料)、化妆品原料等在运输过程中因配载不当受其他物品(如皮张、樟脑)的影响而引起的串味损失。

8. 受热、受潮险(Heating and Sweating Risk)

保险人负责赔偿承保的货物因气温突然变化或由于船上通风设备失灵致使船舱内水汽凝结、受潮或受热所造成的损失。

9. 钩损险(Hook Damage)

保险人负责赔偿承保的货物(一般是袋装、箱装或捆装货物)在运输过程中使用手钩、吊钩装卸造成的损失,以及对包装进行修补或调换所支出的费用。

10. 包装破裂险(Loss or Damage Caused by Breakage of Packing)

保险人负责赔偿承保的货物在运输过程中因搬运或装卸不慎造成包装破裂所引起的损失,以及因继续运输安全的需要修补或调换包装所支出的费用。

11. 锈损险(Risk of Rust)

保险人负责赔偿承保的货物在运输过程中因生锈而造成的损失。

(二) 特殊附加险

特殊附加险(Special Additional Risks)是指承保由于特殊外来原因(军事、政治、国家政策法令以及行政措施等)引起的风险而造成损失的险别,不包含在一切险中。

PICC承保的特殊附加险一共有8种,最常用的是战争险和罢工险。还有交货不到险、进口关税险、舱面险、拒收险、黄曲霉素险和出口货物到香港或澳门存仓火险责任扩展条款。

1. 战争险(War Risk)

(1) 战争险的承保责任范围:

① 直接由于战争、类似战争行为(内乱、内战、叛乱等)、敌对行为、武装冲突或海盗行为造成承保货物的损失。

② 由于上述原因所引起的捕获、拘留、扣留、禁制、扣押、没收等所造成的承保货物的损失。

③ 各种常规武器(水雷、鱼雷、炸弹等)所造成的承保货物的损失。

④ 由本险责任范围引起的共同海损牺牲、分摊和救助费用。

(2) 战争险的除外责任:

① 使用原子或热核制造的武器导致被保险货物的损失和费用保险人不负责赔偿。

② 因执政者、当权者,或其他武装集团的扣押、拘留引起的承保航程的丧失和挫折而提出的索赔不负责赔偿。

(3) 战争险的保险责任起讫:

海运战争险的保险责任起讫不采用基本险的"仓至仓"条款,仅限于"水上责任"。承保责任自货物装上保险单所载明的启运港的海轮或驳船开始,到卸离保险单所载明的目的港的海轮或驳船为止。若货物不卸离海轮或驳船,则从海轮到达目的港当日午夜起算满15日之后责任自行终止;若中途转船,不论货物在当地卸货与否,保险责任以海轮到达该港可卸货地点的当日午夜起算满15天为止,等再装上续运海轮时,保险责任恢复有效。

2. 罢工险(Strikes Risk)

罢工险与战争险的关系密切,按国际海上保险市场的习惯,投保战争险,再加保罢工险时一般不再加收保险费,如仅要求加保罢工险,则按战争险费率收费。所以被保险人一般在投保战争险的同时都加保罢工险。

(1) 罢工险的承保责任范围:

① 罢工者、被迫停工工人或参加工潮、暴动、民众斗争的人员的行动所造成的被保险货物的直接损失。

② 恐怖主义者或出于政治目的而采取行动的个人所造成的直接损失。

③ 任何人的恶意行为造成的直接损失。

④ 因上述行动或行为引起的共同海损的牺牲、分摊和救助费用。

(2) 罢工险的除外责任:

在罢工期间由于劳动力短缺或不能运输导致被保险货物的损失,或因罢工引起动力或燃料缺乏使冷藏机停止工作所致冷藏货物的损失。

(3) 罢工险的保险责任起讫:

同基本险一样,罢工险的保险责任起讫也采取"仓至仓"条款。

3. 其他特殊附加险

(1) 交货不到险(Failure to Deliver Risk)。该险承保自被保险货物装上船时起,不论何种原因,但投保人、被保险人或发货人故意行为或过失除外,在6个月内不能抵达原定目的地造成交货不到的全部损失。但是,被保险人投保该险别时须获得一切进口许可手续,出险时应将货物的全部权益转移给保险人。同时,因该附加险与提货不着险和战争险所承保的责任范围有重叠之处,故保险公司在条款中规定,提货不着险和战争险项下所承担的责任,不在本险的保险责任范围内。

(2) 进口关税险(Import Duty Risk)。被保险货物受损后,部分国家在目的港仍按完好货物交纳进口关税,保险公司对损失部分货物的进口关税负责赔偿,前提是货损须是保险单承保责任范围内的原因造成的。

(3) 拒收险(Rejection Risk)。被保险货物持有进口所需的一切手续被进口国有关当局拒绝进口或没收而产生损失的,保险人负责赔偿。

(4) 舱面险(On Deck Risk)。装载于舱面的货物被抛弃或海浪冲击落水所致的损失。有些货物因体积大或有毒性或有污染性或根据航运习惯必须装载于舱面。由于舱面货物处于暴露状态,易受损害,保险人通常只在"平安险"的基础上加保舱面货物险,以免责任过大。在集装箱运输业务中,装载舱面的集装箱货物视为舱内货物,因此集装箱放置舱面时不必投保该险。

(5) 黄曲霉素险(Aflatoxin Risk)。承保被保险货物(主要是花生、谷物等易产生黄曲霉素)所含黄曲霉素超过进口国限制标准,而被拒绝进口、没收或强制改变用途造成的损失。

(6) 出口货物到香港(包括九龙在内)或澳门存仓火险责任扩展条款(Fire Risk Extension Clause For Storage of Cargo at Destination HongKong, Including Kowloon, or Macao, 简称FREC)。这是一种扩展存仓火险责任的特殊附加险。被保险货物通过银行办理押汇,在货主未向银行归还货款前,货物的权益属于银行。货物自内地出口运抵香港(包括九龙)或澳门,卸离运输工具,收货人无法提货,必须存放于保险单载明的过户银行指定的仓库,保险公司承担存仓期间发生火灾货损的赔偿责任。该附加险的保险期限,自被保险货物运入过户银行指定的仓库之时起,至过户银行解除货物权益之时,或者运输责任终止后期满30天为止。若被保险人在保险期限届满前向保险人书面申请延期的,在加缴所需保险费后可以继续延长。

其他特殊附加险的保险责任起讫与罢工险一样,均采取"仓至仓"条款。

三、专门险

CIC条款针对海运货物的某些特性,制定了专门的保险条款,也属于基本险的性质,可以单独投保。我国的两种海运货物专门险是海洋运输冷藏货物保险和海洋运输散装桐油保险。

(一)海洋运输冷藏货物保险(Ocean Marine Insurance for Frozen Products)

本保险分为冷藏险和冷藏一切险两种。

冷藏险责任范围与主险中的水渍险相似。除水渍险的各项责任外,保险公司还承保由于冷藏机器停止工作连续达24小时以上所造成的货物腐败或损失。

冷藏一切险责任范围与主险中的一切险相似。除包括上列冷藏险的各项责任外,保险公司还承保货物在运输途中由于一般外来原因所致的腐败或损失。

冷藏货物保险责任起讫也采用"仓至仓条款",自被保险货物运离保险单所载起运地点的冷藏仓库装入运送工具开始运输时生效,包括正常运输过程中的海上、陆上、内河和驳船运输在内,直至该项货物到达保险单所载明的目的港在30天内卸离海轮,存入岸上冷藏库,保险公司将继续负责10天,如卸离海轮后不存入冷藏库,保险责任至卸离海轮时终止。

(二)海洋运输散装桐油险(Ocean Marine Insurance for Woodoil Bulk)

海上运输散装桐油险是专门以散装桐油作为保险标的物的一种海上货物运输险种。责任范围与主险中的一切险相似。承保:① 不论任何原因所致被保险桐油的短少、渗漏(超过保险单规定的免赔率部分)的损失(以每个油舱作为计算单位);② 不论任何原因所致被保险桐油的沾污或变质的损失;③ 被保险人因对遭受承保风险的桐油,采取抢救、防止或减少货损的措施所支出的合理费用,但以该批被救桐油的保险金额为限。

海洋运输散装桐油保险的责任起讫是按照"仓至仓"条款。自被保险桐油运离保险单所载明的起运港的岸上油库或盛装容器开始运输时生效,在整个运输过程中,包括油管滴油,继续有效,直至安全交至保险单所载明的目的地的岸上油库时为止。但如桐油不及时卸离海轮或未交至岸上油库,则最长保险期限以海轮到达目的港后15天为限。

(三)卖方利益险(Contingency Insurance—Covers Seller')

针对我国企业按CFR或FOB价格条件出口货物,买方自行办理货运保险,在托收支付方式下,一旦货物在运输途中受损,买方不付款赎单,卖方不仅无法收回货款且无法向保险公司索赔的情况,中国人民保险公司为保障卖方利益设立的特殊独立险别。保险费率较低,一般是正常保险费率的1/4。保险公司对买方拒绝支付受损或灭失部分的货款承担赔偿责任,卖方应将其向买方或第三方追偿的权利转移给保险公司。

第四节 伦敦保险协会海运货物保险

在国际保险市场上,英国伦敦保险协会所制定的《协会货物条款》(Institute Cargo Clauses,简称ICC)对世界各国影响较大。各国保险机构在制定本国保险条款时参照CIC条款,或在海运保险业务中直接采用该条款。我国进出口货物贸易中,国外客户要求按

PICC 的 CIC 条款或按英国伦敦保险协会的 ICC 条款投保,我方公司均可接受。

《协会货物条款》最早制定于 1912 年,后来经过多次修订,最近一次修订后于 2009 年 1 月 1 日推出 ICC2009 版本。新条款了扩展了保险责任起讫期间,对保险人援引免责条款进行了一定的限制,且对条款中易产生争议的词语进行了更加明确的规范。新条款中的文字、结构等也更加简洁、严密,便于阅读和理解。

一、伦敦保险协会海运货物保险条款

协会海运货物保险条款共包括以下 6 种险别。

(一) ICC(A)

1. ICC(A)的承保风险

ICC(A)大体相当于 CIC 基本险中的一切险,属于基本险,可单独投保,但其责任范围更广,采用"一切风险减除外责任"的概括式规定方法。

2. ICC(A)的除外责任

(1) 一般除外责任。包括:归因于被保险人故意的不法行为造成的损失或费用;保险标的自然渗漏、自然损耗、自然磨损、包装不足或不当所造成的损失或费用;保险标的内在缺陷或特性所造成的损失或费用;直接由于延迟运输所引起的损失或费用;由于船舶所有人、经营人、租船人破产或不履行债务所造成的损失或费用;由于使用任何原子或热核武器所造成的损失或费用。

(2) 不适航、不适货除外责任。保险标的在装船时,被保险人或其受雇人已经知道船舶不适航,以及船舶、装运工具、集装箱等不适货,保险人不负赔偿责任。

(3) 战争除外责任。包括:由于战争、内战、敌对行为等造成的损失或费用;由于捕获、拘留、扣留(海盗除外)、遗弃的水雷、鱼雷等造成的损失或费用。

(4) 罢工除外责任。罢工者、被迫停工工人造成的损失或费用,以及由于罢工、被迫停工所造成的损失或费用等。

(二) ICC(B)

1. ICC(B)的承保风险

ICC(B)大体相当于 CIC 基本险中的水渍险,属于基本险,可单独投保。ICC(B)比 ICC(A)责任范围小,承保范围采用"列明风险"的方式。

ICC(B)承保的风险包括:① 火灾、爆炸;② 船舶或驳船触礁、搁浅、沉没或倾覆;③ 陆上运输工具倾覆或出轨;④ 船舶、驳船或运输工具同水以外的任何其他外界物体碰撞;⑤ 在避难港卸货;⑥ 地震、火山爆发或雷电;⑦ 共同海损牺牲;⑧ 抛货或浪击落海;⑨ 海水、湖水或河水进入船舶、驳船、运输工具、集装箱、大型海运箱或贮存处所;⑩ 货物在装卸时落海或摔落造成整件货物的全损。

2. ICC(B)的除外责任

ICC(B)的除外责任大于 ICC(A)。除 ICC(A)的除外责任,ICC(B)对"由被保险人以外的其他人的故意非法行为所致的损失或费用"和"海盗行为"均不负赔偿责任。

(三) ICC(C)

1. ICC(C)的承保风险

ICC(C)大体相当于 CIC 基本险中的平安险,属于基本险,可单独投保。ICC(C)的承保范围也采用"列明风险"的方式,但只承保"重大意外事故",不承保"自然灾害及非重大意外事故"。

具体承保风险包括:① 火灾或爆炸;② 船舶或驳船触礁、搁浅、沉没或倾覆;③ 陆上运输工具倾覆或出轨;④ 船舶、驳船或运输工具同水以外的任何其他外界物体碰撞;⑤ 在避难港卸货;⑥ 共同海损牺牲;⑦ 抛货。

2. ICC(C)的除外责任

ICC(C)的除外责任与 ICC(B)完全相同。

(四) 协会货物战争险条款(Institute War Clause-Cargo,IWCC)

ICC 的战争险与 CIC 的战争险大体相同,但是在需要时,征得保险公司同意后,也可作为独立的险别进行投保。

(五) 协会货物罢工险条款(Institute Strikes Clause-Cargo,ISCC)

ICC 的罢工险与 CIC 的罢工险大体相同,但是在需要时,征得保险公司同意后,也可作为独立的险别进行投保。

(六) 恶意损害险条款(Malicious Damage Clause)

恶意损害险是附加险别,不能单独投保。它所承保的是被保险人以外的其他人(如船长、船员等)的故意破坏行动(如沉船、纵火等)导致被保险货物的灭失或损害。但是,恶意损害如果是出于政治动机的人的行为,保险公司不负责赔偿。此种风险仅在 ICC(A)险中被列为承保范围,在 ICC(B)和 ICC(C)险中均列为"除外责任"。因此,投保 ICC(A)险别,无须再加保恶意损害险。

二、伦敦保险协会海运货物保险的保险期限

ICC 与 CIC 条款对保险期限的规定大体相同,除战争险承保"水上危险"外,均采用"仓至仓"条款。

第五节 陆运、空运货物与邮包运输保险

在国际货物贸易中,除采用海洋运输外,还有陆上运输、航空运输、邮包运输以及多式

联运方式。运输方式不同,保险公司的承保范围也有所区别。现将中国人民保险公司2009年最新版的其他货运保险简要介绍如下。

一、陆上运输货物保险(Overland Transportation Cargo Insurance)

根据《陆上运输货物保险条款》(2009年版)规定,陆运货物保险基本险的险别分为陆运险和陆运一切险两种,均适用于火车和汽车运输。

(一) 陆运险(Overland Transportation Risks)

陆运险的承保责任范围与海运"水渍险"相似,承保货物在陆运途中遭受暴风、雷电、洪水、地震等自然灾害,或由于陆上运输工具遭受碰撞、倾覆或出轨,或在驳运过程中因驳运工具触礁、搁浅、沉没,或由于遭受隧道坍塌、崖崩或火灾、爆炸等意外事故所造成的全部或部分损失。此外,被保险人对遭受承保责任内风险的货物采取抢救,防止或减少货损而支付的合理费用,以不超过被救货物的保险金额为限,保险公司负责赔偿。

(二) 陆运一切险(Overland Transportation All Risks)

陆运一切险的承保责任范围与海运"一切险"相似,除包括上述陆运险的责任外,保险公司赔偿被保险货物在陆运途中由于一般外来原因造成的全部或部分损失。

陆上运输货物保险基本险的除外责任与海上运输货物保险基本相同。在陆运基本险外,还有陆运附加险,如陆运战争险(仅限于火车运输,汽车运输不能加保)、陆运罢工险等。加保战争险的同时加保罢工险,不另行收费。如仅要求加保罢工险,则按战争险费率收费。

陆运货物保险的保险责任的起讫期限与海运货物保险的"仓至仓"条款基本相同,即被保险货物运离保险单所载明起运地仓库或储存处时起生效,直至该项货物运至保险单所载明的目的地最后仓库或储存处,或被保险人用作分配、分派或非正常运输的其他储存处时为止,包括正常运输过程中的水上驳运。但被保险货物未运抵上述仓库或储存处所,保险责任以被保险货物运抵最后卸载的车站后当晚24时起算满60天为止。陆运战争险的保险责任自被保险货物装上保单所载明的起运地发货人的火车时起,至卸离保单载明的目的地的火车为止。如果货物不卸离火车,保险责任的最长期限为火车到达目的地的当日午夜起满48小时为止。

二、航空运输货物保险(Air Transportation Cargo Insurance)

根据《航空运输货物保险条款》(2009年版)的规定,航空运输货物保险基本险的险别分为航空运输险和航空运输一切险两种。

(一) 航空运输险(Air Transportation Risks)

航空运输险的承保责任范围与海运水渍险大体相同。保险公司负责赔偿被保险货物在运输途中遭受雷电、火灾、爆炸,或由于飞机遭受恶劣气候或其他危难事故而被抛弃,或由于飞机遭受碰撞、倾覆、坠落或失踪等自然灾害和意外事故所造成的全部或部分损失。被保险人对遭受承保责任内危险的货物采取抢救、防止或减少货损的措施而支付的合理费用,也由保险公司支付,但以不超过该批被救货物的保险金额为限。

(二)航空运输一切险(Air Transportation All Risks)

航空运输一切险的承保责任范围与海运一切险大体相同。除包括上述航空运输险的责任外,还包括对被保险货物在运输途中由于一般外来原因所造成的全损或部分损失负赔偿责任。

航空运输货物保险基本险的除外责任与海运货物保险基本相同。在空运基本险外,还有空运附加险,如空运战争险、空运罢工险等。加保战争险的同时加保罢工险,不另行收费。如仅要求加保罢工险,则按战争险费率收费。

空运货物保险的保险责任的起讫期限与海运货物保险的"仓至仓"条款基本相同,自被保险货物运离保险单所载明的起运地仓库或储存处时开始生效,直至该项货物运抵保险单载明的目的地收货人仓库或储存处或被保险人用作分配、分派或非正常运输的其他储存处所为止。如未运抵上述仓库或储存处所,则以被保险货物在最后卸载地卸离飞机后满30天为止。

航空运输货物战争险的保险责任仅限于"空中危险",自被保险货物装上保险单所载明的启运地的飞机时开始,直到卸离保险单所载明的目的地的飞机时为止。如果被保险货物不卸离飞机,则从飞机到达目的地当日午夜起计算满15天为止。如被保险货物在中途转运时,保险责任从飞机到达转运地的当日午夜起计算满15天为止,待装上续运的飞机,保险责任再恢复有效。

三、邮包运输货物保险(Parcel Post Cargo Insurance)

邮包运输保险承保通过邮政局邮包寄递的货物在邮递过程中发生保险事故所致的损失。以邮包方式将货物发送到目的地可能通过海运,也可能通过陆上或航空运输,或者经过两种或两种以上的运输工具运送。不论通过何种运送工具,凡是以邮包方式将贸易货物运达目的地的保险均属邮包保险。

根据《邮政运输货物保险条款》的规定,邮政运输货物保险基本险的险别分为邮包险和邮包一切险两种。

(一)邮包险(Parcel Post Risks)

邮包险的承保责任范围与海运水渍险大体相同。保险人负责赔偿被保险邮包在运输途中由于自然灾害或意外事故所造成的全部或部分损失,以及被保险人对遭受承保责任内危险的货物采取抢救、防止或减少货损的措施而支付的合理费用,但以不超过该批被救货物的保险金额为限。

(二) 邮包一切险(Parcel Post All Risks)

邮包一切险的承保责任范围与海运一切险大体相同。除包括邮包险的责任外,还包括对被保险邮包在运输途中由于一般外来原因所造成的全损或部分损失负赔偿责任。

邮包运输货物保险基本险的除外责任,与海运货物保险基本相同。在投保邮包运输基本险之一的基础上,经投保人与保险公司协商可以加保邮包战争险、罢工险等附加险。加保战争险的前提下,如再加保罢工险,不另收费。

邮包运输货物保险的责任起讫为自被保险邮包离开保险单所载起运地点寄件人的处所运往邮局时开始生效,直至该项邮包运达本保险单所载目的地邮局,自邮局签发到货通知书当日午夜24时起算满15天终止。但是在此期限内邮包一经递交至收件人的处所时,保险责任即行终止。邮包战争险承保责任的起讫,是自被保险邮包经邮政机构收讫后自储存处所开始运送时生效,直至该项邮包运达保险单所载明的目的地邮政机构送交收件人为止。

【知识链接10-1】出口信用保险

出口信用保险(Export Credit Insurance)是指信用保险机构对企业投保的出口货物、服务、技术和资本的出口应收账款提供安全保障的机制,是国家为了推动本国的出口贸易,保障出口企业的收汇安全而制定的一项由国家财政提供保险准备金的非赢利的政策性保险业务。主要承保国外买方的商业信用风险和国外的政治风险。我国目前由2001年12月18日成立的中国出口信用保险公司(简称中国信保)承办此种业务。

第六节 国际货物买卖合同中的保险条款

保险条款是进出口货物贸易合同中的主要条款之一。常用的规定方法取决于买卖双方的成交条件和使用的贸易术语。由买方办理货运保险的术语,如FOB、FCA、CFR、CPT,合同的保险条款相对简单,仅说明由买方办理即可。由卖方办理货运保险的术语,如CIF、CIP,因货价中包括保险费,最好在合同中注明具体的保险险别、该险别所属的保险条款、保险金额等内容。

一、保险条款的内容

进出口合同中的保险条款主要包括以下内容:

(一) 投保险别

不同的保险险别承保的责任范围不同,保险费也不同。由卖方负责投保,买卖双方事先要约定险别,如果事先不约定,按惯例卖方可按最低险别投保。

险别的选择上,既要考虑足够的经济补偿,又要考虑费用支出。通常综合考虑以下几个因素：货物的种类、特点和包装方式；货物的运输方式；运输线路和停靠港口；目的地的政治局势等。

（二）保险金额

保险金额又称投保金额，是投保人向保险公司申报的保险标的的价值，是保险公司赔偿的最高限额，也是核算保险费的基础。进出口货物运输保险金额一般是以发票价值为基础确定，按照国际保险市场习惯，通常按 CIF 或 CIP 总值加成 10% 计算，加成的百分率称为投保加成率，补偿被保险人的经营管理费用和预期利润。在 CIF 或 CIP 出口合同中，买方可以约定较高的投保加成率（一般不超过 30%），在保险公司同意承保的前提下，卖方也可接受。

1. 出口货物保险金额、保费计算

合同以 CIF 或 CIP 术语成交，计算公式：

$$保险金额 = CIF（或 CIP）价格 \times (1+投保加成率)$$
$$保险费 = 保险金额 \times 保险费率$$

保险费率是按照不同货物、不同目的地、不同运输工具和不同投保险别，由保险公司根据货物损失率和赔付率，并参照国际保险费水平，结合我国国情而制定的。如果合同以 FOB、FCA、CFR、CPT 术语成交，应将价格转化为 CIF、CIP 价格后计算。

2. 进口货物保险金额、保费计算

我国进口货物时，一般根据买卖双方签订的预约保险合同，以 FOB、FCA、CFR、CPT 术语进口，按进口货物的 CIF 或 CIP 价格作为保险金额，一般不再加成，保险费率按保险人"特约费率表"规定的平均费率计算。如果投保人要求在 CIF 价格基础上加成投保，保险公司可以酌情接受。如果按 CFR 价格进口，则按平均保险费率计算保险金额；如果按 FOB 价格进口，则按平均运费率和平均保险费率计算保险金额。

按 CIF（或 CIP）进口：保险金额 = CIF（或 CIP）

按 CFR（或 CPT）进口：保险金额 = CFR（或 CPT）/(1-平均保险费率)

按 FOB（或 FCA）进口：保险金额 = FOB（或 FCA）×(1+平均运费率)/(1-平均保险费率)

【示例 10-2】一家公司出口红枣一批，以 CIF 伦敦每公吨 1600 美元成交，货值 16 000 美元，向中保投保 FPA（平安险），保险费率 0.6%，问保险金额和保险费各为多少？

解：没有规定投保加成率，按惯例加成 10%，故：

$$保险金额 = CIF（或 CIP）价格 \times (1+投保加成率)$$
$$= 16\,000 \times (1+10\%)$$
$$= 17\,600（美元）$$
$$保险费 = 保险金额 \times 保险费率$$
$$= 17\,600 \times 0.6\%$$
$$= 105.6（美元）$$

(三) 保险公司和保险条款

进出口货物运输的保险,我国通常采用中国人民保险公司 2009 年 1 月 1 日修订后生效的货物运输保险条款。如果国外客户要求以英国伦敦保险协会的《协会货物条款》为准,我方也可考虑接受。

(四) 其他保险条款

在保险条款中,除约定上述主要内容外,关于被保险人、起运地和目的地、检验代理人、保险单证等事项,也应一并予以约定。

二、保险单据

保险单据是保险公司和投保人之间订立的保险合同,也是保险公司出具的承保证明,是被保险人凭以向保险公司索赔和保险公司进行理赔的依据。在进出口贸易中,保险合同一般表现为保险单据。保险单据可以通过背书方式随物权的转移而转让。常用的保险单据有以下四种。

(一) 保险单(Insurance Policy)

保险单又称大保单,是一种正式的保险合同,使用最广泛。它是保险人根据投保人的申请,逐笔签发的。保险单正面载明:被保险人的名称、被保险货物的名称、数量或重量、唛头、运输工具、保险的起讫地点和起讫日期、投保险别、保险金额等项目。保险单背面列有:保险人的责任范围以及保险人与被保险人双方的权利、义务等方面的详细条款。

(二) 保险凭证(Insurance Certificate)

保险凭证又称小保单,是一种简化的保险单。正面内容与大保单相同,背面没有详细的保险条款。小保单与大保单具有同样的法律效力。需要注意的是,如果信用证中规定的是保险单,不能用保险凭证代替;如果信用证中规定的是保险凭证,可以用保险单代替。

(三) 预约保险单(Open Policy)

预约保险单是保险公司承保被保险人一定时期内所有进出口货物使用的保险单。在合同中规定承保货物的范围、险别、费率、责任、赔偿等条款。凡属于合同中约定的货物一开始运输,即自动按预约保险单的条款承保。投保人在获悉货物起运时,需及时将装运通知书送交保险人。投保人漏保、迟保,在补办手续后保险公司仍承担赔偿责任。预约保险单省却了逐笔投保签订保险合同的手续,并防止因漏保或迟保而造成的无法弥补的损失。

(四) 批单(Endorsement)

批单是指保险单已经开立后,因原保险内容不符信用证或合同要求,保险人应投保人的要求而签发批改内容的凭证,它具有变更、补充原保险单的作用。保险单据批改后,保险人即按批改后的内容承担保险责任,批单原则上须粘贴在保险单上,并加盖骑缝章,作为保险单不可分割的一部分。批单与上述保险单据具有同等的法律效力。

三、保险索赔与理赔

保险索赔(Claim)是指被保险货物遭受承保责任范围内的风险造成损失时,被保险人向保险人提出赔偿要求的行为。理赔(Settling)则是指保险人处理保险索赔的行为。

在索赔工作中,被保险人必须作好下列工作:

(一) 损失通知与残损检验

货物运抵目的港后,被保险人或其代理人得知或发现属于保险责任范围内的损失时,应及时通知保险人在卸货地的检验人或其理赔代理人,并尽可能保留现场,以便检验明确责任。同时保险人与被保险人应及时采取施救措施,防止损失扩大。

(二) 索赔证据及时效

备妥索赔证据并在规定时效内提出索赔。索赔证据包括:① 保险单或保险凭证;② 发票、提单、装箱单或重量单和运输单据;③ 货物残损检验报告;④ 施救费用及检验费用的开支清单;⑤ 向承运人或其他第三者索赔的有关文件和来往函电;⑥ 索赔清单,列明索赔金额及计算依据;⑦ 海事报告等。根据国际保险业惯例,保险索赔时效自货物在最后卸货地卸离运输工具时起算,最长不超过2年。

四、国际货物买卖合同中的保险条款示例

(一) 保险由卖方负责

Insurance to be covered by the seller for 110% of invoice value against All Risk, War Risk as per Ocean Marine Cargo and Ocean Marine Cargo War Risk Clauses of The People's Insurance Company of China dated 1/1/2009.

保险由卖方按发票金额的110%投保一切险及战争险,以中国人民保险公司2009年1月1日的有关海洋运输货物保险和战争险条款为准。

(二) 保险由买方自理

以 EXW、FAS、FCA、CFR、CPT 术语成交的合同,保险由买方自理,保险条款可订立为"保险由买方自理"(Insurance to be covered by the buyer)。

(三) 保险由卖方自理

以 DAT、DAP、DDP 术语成交的合同,保险由卖方自理,保险条款可订立为"保险由卖

方自理"(Insurance to be covered by the seller)。

【示例 10-3】保险单

中国人民财产保险股份有限公司
PICC Property and Casualty Company Limited

总公司设于北京　　　　　一九四九年创立
Head Office Beijing　　　　Established in 1949

发票号码	保险单	保险单号次
Invoice No.	Insurance Policy	Policy NO.

中国人民保险公司(以下简称本公司)根据被保险人的要求,由被保险人向本公司缴付约定的保险费,按照本保险单承保险别和背面所载条款与下列条款承保下述货物运输保险,特立本保险单。

The Policy of Insurance witnesses that the people's Insurance company of China, Ltd. (hereinafter called "The Company"), at the request of the Insured and in consideration of the agreed premium paid by the Insured, undertakes to insure the undermentioned goods in transportation subject to conditions of the Policy as per the Clauses printed overleaf and other special clauses attached hereon.

标记	包装与数量	保险货物项目	保险金额
Marks & Nos.	Quantity	Description of goods	Amount Insured
ITOCHU OSAKA NO.1-800	800CTS	100% COTTON TOWEL	USD9350

总保险金额:
Total Amount Insured: US Dollars Nine Thousand Tree Hundred and Fifty Only.

保费　　　　费率　　　　装载运输工具
Premium: As Arranged　Rate: As Arranged　Per conveyance S.S DIEK335 V.07

开航日期　　　　　起运港　　　　目的港
Slg. on or abt: As Per B/L　　From: Shanghai　To: Osaka, Japan

承保险别:
Conditions: Covering All Risks and War Risk

所保货物,如发生本保险单项下可能引起索赔的损失或损坏,应立即通知本公司下述代理人查勘。如有索赔,应向本公司提交保险单正本(本保险单共有____份正本)及有关文件。如一份正本已用于索赔,其余正本则自动失效。

In the event of loss or damage which may result in acclaim under this Policy, immediate notice must be given to the Company's Agent as mentioned here under. Claim, if any, one of the Original Policy which has been issued in original(s) together with the relevant documents shall be surrendered to the Company. If one of the Original Policy has been accomplished, the others to be void.

赔款偿付地点
Claim payable at _____　　中国人民财产保险股份有限公司

出单日期　　　　　　　　　　PICC PROPERTY AND CASUALTY COMPANY LIMITED
Issuing Date _____　　　_____
地址　　　　　　　　　　　　Authorized Signature
Address _____

本章小结

海洋运输货物保险承保的风险有自然灾害、意外事故和其他风险。风险可能造成保险货物的全部损失或部分损失。保险人除赔偿承保风险造成的损失外,还承保施救费用、救助费用。在我国海洋运输货物保险市场上,主要常用到中国海运货物保险条款和伦敦保险业协会《协会货物条款》,它们各有自己的特色。

在外贸业务中,办理进出口货物运输保险时,要合理约定外贸合同中的保险条款,填写投保单和保险单,正确计算保险金额和保险费,都是学生应具备的业务能力。

本章重要概念

可保利益原则　共同海损　单独海损　代位求偿原则　委付　救助费用　保险金额
保险费　保险单　保险凭证

本章推荐阅读材料

1.《中国人民财产保险股份有限公司海洋货物运输保险条款(2009版)》
2.《伦敦保险协会货物条款(ICC2009)》

本章思考题

一、问答题

1. 如何界定海难中的七种自然灾害？如何界定海难中的意外事故？
2. 施救费用和救助费用的区别是什么？
3. 我国外贸业务中,在投保时,很多业务员不论什么货物,都投一切险和战争险。试问这种做法好吗？
4. 水渍险与淡水雨淋险有何区别？
5. 一般附加险与特殊附加险的相同点和不同点有哪些？
6. 共同海损和单独海损的主要区别是什么？
7. 构成共同海损的条件是什么？

二、计算题

1. 我国某出口商品的 CIF 价为 100 美元/件,已知该商品的保险加成率为 10%,试计算该商品的保险金额。

2. 某外贸企业按 CIF 条件出口一批货物,合同规定按发票金额加成 10%投保,如发票金额是 5000 美元,投保金额是多少? 又如投保一切险和战争险,前者保险费率为 0.3%,后者保险费率为 0.04%,问应付保险费是多少?

3. 一批出口货 CFR 价为 1980 美元,现客户来电要求按 CIF 价加 20%投保海上一切险,我方照办,如保险费率为 2%时,我方应向客户补收保险费若干?

4. 一批货物由上海出口至某国某港口 CIF 总金额为 30 000 美元,投保一切险(保险费率为 0.6%)及战争险(保险费率 0.03%),保险金额按 CIF 总金额,客户要求加保一成。应付的保险费是多少?

5. 某商品出口报价 CFR1200 美元,保险费率 0.63%,客户要求加一成保险,求:CIF 价、保险金额、保险费。

6. 某批 CIF 总金额为 USD 30 000 货物,投保一切险(保险费率为 0.6%)及战争险(保险费率为 0.03%),保险金额按 CIF 总金额加 10%。

问:(1) 该货主应交纳的保险费是多少?

(2) 若发生了保险公司承保范围内的损失,导致货物全部灭失,保险公司的最高赔偿金额是多少?

7. 一批出口货物 CFR 价为 99 450 美元,现客户要求改 CIF 价加一成投保海运一切险,我方同意照办。如果一切险保险费率为 0.5%,请计算:(要求写出计算公式及计算过程)。

(1) 我方应报的 CIF 价。

(2) 我方应该向客户收多少保险费?

三、案例分析题

1. 我国某外贸公司出口法国一批货物,双方以 FOB 术语订立合同,货物在装船后,我方向法方发出装船通知,法方向保险公司投保"一切险",但货物在从我方仓库运往码头的途中,因意外事故而致 30%货物受损,事后我方以保险单含有"仓至仓"条款,要求保险公司赔偿,但遭保险公司拒绝。后来我方又请求法方以买方的名义凭保险单向保险公司索赔,但同样遭保险公司拒绝,为何投保后受损却遭保险公司拒赔?

2. 一艘装运着货物的船舶在海上航行,途中船上的老鼠将舱内的一条管道咬破,导致海水从管道的破洞进入舱内,浸湿了舱内的货物。货主向保险人索赔,保险人拒赔,理由是:货损的近因是鼠害,而非海水进舱。货主应该向承运人索赔。双方发生争执,起诉至法院。法院审理后认为海水进舱是货损近因,属于保险人承保的风险,保险人应该赔偿。若是岸上码头仓库,老鼠咬破管道只有空气进入仓库,货物不会因此而遭受损失。试分析此案例。

3. 某企业运输两批货物,第一批投保了水渍险,第二批投保了水渍险并加保了淡水雨淋险,两批货物在运输途中均遭海水浸泡和雨淋而受损。试问保险公司会赔偿吗?

4. 一台精密仪器价值 15 000 美元,货轮在航行途中触礁,船身剧烈震动致使仪器受损。事后经专家检验,修复费用为 16 000 美元,如拆为零件销售,可卖 2000 美元。分析该仪器属于何种损失?

本章主要参考文献

[1] 刘德标,祖月.国际经贸组织条约惯例手册[M].北京:中国商务出版社,2005.
[2] 赵铁.国际商务法规与惯例——模拟法庭[M].北京:清华大学出版社,2013.

第十一章 国际贸易货款的结算

【教学目的】

引导学生理解各种结算工具(汇票、本票和支票)的含义,熟悉其基本内容、种类及其票据行为,理解掌握常用的三种国际贸易结算方式(汇付、托收和信用证)的当事人、业务流程、特点及种类等,了解《URC522》《UCP600》等国际结算惯例的相关规定,形成国际结算业务的基本能力。

【导入案例】

2020年3月受新冠疫情影响,印度封国,航班停运,DHL暂停印度的派送服务。客户向交单行提交包括正本提单在内的议付单据无法寄出。货物为车床,已于3月11日发货,4月初已到港。

交单行了解情况后,第一时间给开证行发报,告知单据滞留情况。并建议客户与进口商沟通替代方案,经过几次往来电文交涉,以及进出口双方协商一致后,开证行与交单行约定采取电放提单和E-MAIL交单的方式,由开证行授权交单行将单据扫描件通过其指定邮箱发送至对方指定邮箱,并委托交单行代其保管正本单据直至通邮。开证行承诺将EMAIL交单视为正常纸质交单,会按照UCP600处理单据并承付。交单行确认并提供EMAIL交单的邮箱地址,同时声明在收到付款后,客户电放提单,届时邮寄给开证行的正本单据将只含一份电放提单的复印件,而不是EMAIL交单时的全套正本提单。在各方的配合之下,终于顺利完成了交货和收汇。

国际贸易中,收回货款是卖方的基本权利,而支付货款是买方的主要义务。货款的收付关系到双方的切身利益,直接影响双方的资金周转以及各种风险和费用的负担,因此常常成为交易磋商中双方最为关注的问题。国际货款的结算涉及不同货币的使用以及不同国家的法律、惯例和银行习惯做法,因此比国内货款的结算要复杂得多。

国际货物买卖合同中的结算条款主要包括付款时间、结算工具及结算方式等内容,买卖双方应当通过协商达成一致意见,并在合同中做出明确约定。货款的结算必须通过票据等各种结算工具的传送来实现。结算方式主要包括汇款、托收和信用证,还包括备用信用证、银行保函等。结算方式按资金的流向和结算工具传递的方向可分为:(1) 顺汇。由债务人或付款人主动将款项交给银行,委托银行使用某种结算工具,交付一定金额给债权人或收款人的结算方法。其特点是结算工具的传递方向与资金的流动方向一致。(2) 逆汇。由债权人以开出汇票的方式,委托银行向国外债务人索取一定金额的结算方式。其特点是结算工具的传递方向与资金的流动方向相反。

第一节 结算工具

国际贸易中很少采用现金结算,大多使用非现金结算,即使用票据代替现金作为流通和支付手段来结算买卖双方间的债权债务关系。票据有广义和狭义之分。广义的票据是指所有商业上的权利单据(Document of Title),它作为某人的,不在其实际占有下的金钱或商品的所有权的证据,例如提单、仓单、保单、股票、债券等均属于广义的票据。狭义的票据是指金融票据,即仅以支付金钱为目的的证券,由出票人签名于票据上,无条件地约定由自己或另一人支付一定金额,可以流通转让。

票据主要有汇票(Bill of Exchange; Draft)、本票 Promissory Note)和支票(Cheque; Check),国际贸易中以使用汇票居多。

一、汇票

(一) 汇票的含义和主要内容

《英国票据法》规定:"汇票是一个人向另一个人签发的,要求见票时或在将来的固定时间或可以确定的时间,对某人或其指定的人或持票人无条件支付一定金额的书面支付命令。"我国《票据法》规定:"汇票是出票人签发的,委托付款人在见票时或者在指定日期无条件支付确定的金额给收款人或持票人的票据。"

各国票据法对汇票必备内容的规定并不相同,一般认为应包括下列主要内容:

(1) "汇票"字样。
(2) 无条件支付命令。
(3) 一定金额。
(4) 付款期限。
(5) 付款地点。
(6) 受票人(Drawee)。我国《票据法》又称付款人(Payer)。即接受支付命令付款的人。
(7) 受款人(Payee)。又称收款人,即受领汇票所规定金额的人。
(8) 出票日期。
(9) 出票地点。
(10) 出票人签字。

上述基本内容一般为汇票的要项,但并不是汇票的全部内容,有些汇票还包括利息和利率、付一不付二、免做拒绝证书、出票条款、担当付款行、预备付款人等其他内容。

【知识链接11-1】汇票必备事项

2004年修订的《中华人民共和国票据法》第二十二条规定,汇票必须记载下列事项:

① 表明"汇票"的字样；② 无条件支付的委托；③ 确定的金额；④ 付款人名称；⑤ 收款人名称；⑥ 出票日期；⑦ 出票人签章。汇票上未记载前款规定事项之一的，汇票无效。

第二十三条规定，汇票上记载付款日期、付款地、出票地等事项的，应当清楚、明确。汇票上未记载付款日期的，为见票即付。汇票上未记载付款地的，付款人的营业场所、住所或者经常居住地为付款地。汇票上未记载出票地的，出票人的营业场所、住所或者经常居住地为出票地。

第二十四条规定，汇票上可以记载本法规定事项以外的其他出票事项，但是该记载事项不具有汇票上的效力。

【示例 11-1】汇票

Exchange for USD1000　　　　　　　　　　　　　　　25th Dec., 2020 Shanghai

At thirty days sight of this First of exchange (Second of the same tenor and date being unpaid)

Pay to the order of Bank of China, Shanghai the sum of one thousand US dollars only.

Drawn under Bank of Europe, London L/C No. 23145 dated 20th Nov., 2020

To: Bank of Europe, London

　　　　　　　　　　　　　　　　　　　　　　　　　　　　　For A Co., Shanghai

　　　　　　　　　　　　　　　　　　　　　　　　　　　　　signature

（二）汇票的种类

1. 按照出票人的不同，汇票分为银行汇票和商业汇票

（1）银行汇票（Banker's Draft）：

银行汇票的出票人和受票人都是银行。通常情况下，银行汇票的受票人是出票人的分行或代理行。

（2）商业汇票（Commercial Draft）：

商业汇票的出票人是工商企业或个人，付款人可以是工商企业、个人，也可以是银行。国际贸易中使用的大多为商业汇票。

2. 按照是否随附商业单据，汇票分为光票和跟单汇票

（1）光票（Clean Draft）：

光票是指不附带商业单据的汇票，银行汇票多是光票。在国际贸易中使用光票的情形不多，主要用于贸易从属费用、货款尾数、佣金等的结算。

（2）跟单汇票（Documentary Draft）：

跟单汇票是指附带有商业单据的汇票，商业汇票一般为跟单汇票。跟单汇票体现了资金与商业单据的对流，为双方结算货款提供了一定的安全保证。

3. 按照付款时间，汇票分为即期汇票和远期汇票

（1）即期汇票（Sight Draft/Demand Draft）：

即期汇票是指票面上记载"见票即付"（at sight/on demand）文句的汇票。持票人向受

票人提示汇票即是"见票",受票人应当立即付款。

(2) 远期汇票(Time Draft/Usance Draft):

远期汇票是指在将来一定期限或特定日期付款的汇票。关于远期的情况,通常有以下几种:见票后若干天付款(指见票后固定日期付款的汇票。如:At××days after sight pay to…),出票后若干天付款(指自出票日起经过一段期限为付款到期日的汇票。如:At××days after date pay to…),提单签发日后若干天付款(如:At××days after date of Bill of Lading pay to…),指定日期付款(Fixed date)。

4. 按照承兑人不同,远期汇票分为银行承兑汇票和商业承兑汇票

(1) 银行承兑汇票(Banker's Acceptance Draft):

银行承兑汇票是指由银行承兑的远期汇票,建立在银行信用基础上。由于银行信用的参与,银行承兑汇票更便于在金融市场上流通。

(2) 商业承兑汇票(Commercial Acceptance Draft):

商业承兑汇票是指由工商企业或个人承兑的远期汇票,建立在商业信用基础上。

一张汇票往往可以同时具备上述几种性质,例如:一张商业汇票,同时又可以是即期的跟单汇票;一张远期的跟单汇票,同时又是银行承兑汇票。

(三) 汇票的票据行为

票据行为是指依据票据上规定的权利和义务所确立的法律行为。汇票的票据行为主要包括出票、提示、承兑、付款等。如汇票须转让,通常经过背书转让。汇票遭到拒付时,还要做成拒绝证书并行使追索权等法律行为。

1. 出票(Issue)

出票是指出票人在汇票上填写各项内容,经签字交给持票人的行为。出票包括两个动作:① 填写汇票内容并在汇票上签字;② 将汇票交付收款人。出票人通过出票行为创设了汇票的债权债务关系。一经签字,出票人就成为汇票的主债务人,承担保证该汇票必然被付款或承兑的责任,而收款人持有汇票则拥有债权,包括付款请求权和追索权。

在出票时,对收款人(也称汇票的"抬头")通常有三种写法:

(1) 限制性抬头。例如,"仅付××公司"(pay××Co. only)或"付××公司,不准流通"(Pay××Co. not negotiable)。这种抬头的汇票不能流通转让,只限××公司收取票款。

(2) 指示性抬头。例如,"付××公司或指定人"(Pay××Co. or order 或 Pay to the order of××Co.)。这种抬头的汇票,除××公司可以收取票款外,也可以经过背书转让给他人。

(3) 持票人或来人抬头。例如,"付给来人"(Pay Bearer)。这种抬头的汇票,无须由持票人背书,仅凭交付汇票即可转让。

2. 背书(Endorsement)

背书是指汇票背面的签字,是由持票人在汇票背面签名,或再加上受让人(被背书人Endorsee)的名字,并把汇票交给受让人的行为。背书的主要目的是转让汇票的权利。持票人要把票据权利转让给别人,必须在票据背面签字并经交付,汇票权利才由背书人转移至被背书人。

汇票可以经过背书不断转让下去。对于受让人来说,所有在他以前的背书人

(Endorser)以及原出票人都是他的"前手";对出让人来说,所有在他让与以后的受让人都是他的"后手"。前手对后手负有担保汇票必然会被承兑或付款的责任。汇票背书的形式主要有以下几种:

(1)特别背书(Special Endorsement)。特别背书又称记名背书,须要记载"支付给被背书人名称的指定人"字样,并经背书人签字。

(2)空白背书(Blank Endorsement or Endorsement in Blank)。空白背书又称不记名背书,即不记载被背书人名称,只有背书人的签字。

(3)限制性背书(Restrictive Endorsement)。限制性背书是指"支付给被背书人"的指示带有限制性的词语。

此外,背书还有托收背书和有条件背书等。前者是指背书人委托被背书人代收票款而对汇票所做的一种背书。后者是指支付给被背书人的指示是带有条件的。

3. 提示(Presentation)

提示是指持票人将汇票提交给付款人要求其承兑付款的行为。票据是一种权利凭证,必须向付款人提示票据,以便要求实现票据权利。

付款人见到汇票叫做见票(Sight)。提示可以分为两种:

(1)付款提示。即指持票人向付款人提交汇票、要求付款的行为。

(2)承兑提示。即指持票人向付款人提交远期汇票,付款人见票后办理承兑手续,承诺到期时付款的行为。

即期汇票只需提示一次,即要求付款人见票即付。远期汇票通常需要提示两次,第一次提示付款人承兑汇票,待汇票到期时第二次提示,要求付款人付款。

4. 承兑(Acceptance)

承兑是指远期汇票的付款人签名表示同意按照出票人命令付款的票据行为。承兑的做法一般是付款人在汇票上写明"承兑"字样,注明承兑日期,并由付款人签字,交还持票人。付款人对汇票做出承兑,即成为承兑人。其签名表明已承担到期付款责任的责任,愿意按照承兑文义保证付款,汇票的承兑有两种,即普通承兑和限制承兑。

(1)普通承兑。是指承兑人对出票人的指示不加限制地同意和确认,通常所称的承兑即指普通承兑。

(2)限制承兑。是指承兑时用明白的措辞改变汇票承兑后的效果。例如限定地点的承兑、延长时间承兑、部分承兑等。

5. 付款(Payment)

票据的最终目的是付款。对即期汇票,在持票人提示汇票时,付款人即应付款;对远期汇票,付款人经过承兑后,在汇票到期日付款。经付款人或承兑人正当付款后,汇票上的一切债权债务即告终止。

6. 拒付(Dishonour)

持票人提示汇票要求承兑时,遭到拒绝承兑(Dishonour by non-cceptance),或持票人提示汇票要求付款时,遭到拒绝付款(Dishonour by non-payment),均称拒付,也称退票。

除了拒绝承兑和拒绝付款外,付款人拒不见票、死亡或宣告破产,以致付款事实上已不可能时,也称拒付。

7. 追索(Recourse)

如汇票在合理时间内提示遭到拒绝承兑,或在到期日提示遭到拒绝付款,持票人立即产生追索权。所谓追索权(Right of Recourse)是指汇票遭到拒付,持票人对其前手(背书人、出票人)有请求其偿还汇票金额及费用的权利。

按照有些国家的法律,持票人为了行使追索权应及时做出拒付证书(Protest)。拒付证书是由付款地的法定公证人作出的证明拒付事实的文件。持票人请求公证人作成拒付证书时,应将汇票交出,由公证人持票向付款人再做提示,如果仍遭拒付,则公证人按规定格式作成拒付证书,持票人凭拒付证书向前手行使追索权。如拒付的汇票已经承兑,出票人可凭以向法院起诉,要求承兑汇票的承兑人付款。

有时汇票的出票人或背书人为了避免承担被追索的责任,在出票时或背书时加注"不受追索"(Without Recourse)字样。此种汇票在金融市场上较难流通。

二、本票

(一) 本票的含义与主要内容

我国《票据法》第73条规定:"本票是出票人签发的,承诺自己在见票时无条件支付确定的金额给收款人或持票人的票据。"

《英国票据法》规定:"本票是一项书面的、无条件的支付承诺,由一人作成,并交给另一人,经制票人签名承诺即期或定期或在可以确定的将来时间,支付一定数目的金钱给一个特定的人或其指定人或来人。"简言之,本票是出票人对受款人承诺无条件支付一定金额的票据。

各国票据法对本票内容的规定各不相同。我国《票据法》规定,本票必须记载下列事项:① 表明"本票"字样;② 无条件的支付承诺;③ 确定的金额;④ 收款人的名称;⑤ 出票日期;⑥ 出票人签字。本票上未记载规定事项之一的,本票无效。

【示例11-2】本票

PromissoryNote for GBP10000.00　　　　　　　　　　　London, 1 Sep., 2020

On demand we promise to pay bearer the sum of ten thousand pounds.

　　　　　　　　　　　　　　　　　　　　　　　　　For Bank of Europe, London.
　　　　　　　　　　　　　　　　　　　　　　　　　　　　　　Signature

(二) 本票的种类

本票按照出票人不同,可分为商业本票和银行本票。前者是指由工商企业或个人签发的本票,也称一般本票。后者是指由银行签发的本票。商业本票有即期和远期之分,银行本票则都是即期的。在国际贸易结算中使用的本票,大都是银行本票。

根据我国《票据法》的规定,我国只允许开立自出票日起,付款期限不超过2个月的银行本票,且银行本票仅限由中国人民银行审定的银行或其他金融机构签发。我国《票据法》对本票的出票人主体资格做了较为严格的限制,不允许企业出具商业本票。

(三) 本票与汇票的区别

本票与汇票的主要区别有:

(1) 当事人。本票是承诺式票据,有两个当事人,即出票人和收款人;而汇票是委托式票据,有三个当事人,即出票人、受票人和收款人。

(2) 承兑。本票的出票人即是付款人,远期本票由他本人签发,等于本人已承诺到期付款,因此远期本票无须办理承兑手续;而远期汇票则要办理承兑手续。

(3) 债务责任。本票在任何情况下,出票人都是绝对的主债务人,一旦拒付,持票人可以立即要求法院裁定,命令出票人付款;而汇票在承兑前出票人是主债务人,在承兑后,承兑人是主债务人,出票人则处于从债务人的地位。

(4) 份数。商业汇票通常开成一式多份,而本票只能一式一份。

三、支票

(一) 支票的含义与主要内容

我国《票据法》规定,支票是出票人签发的,委托办理支票存款业务的银行或者其他金融机构在见票时无条件支付确定的金额给收款人或者持票人的票据。英国《票据法》规定,支票是银行存款客户向自己开有账户的银行签发的、授权该银行即期支付一定数目的货币给一个特定人,或其指定人,或来人的书面无条件支付命令。

出票人在签发支票后,应负票据上的责任和法律上的责任。前者是指出票人对收款人担保支票的付款;后者是指出票人签发支票时,应在付款银行存有不低于票面金额的存款。

【示例11-3】支票

```
                THE BANK OF CHINA
                                              0001234
USD10,000.00              SEPTEMBER 01,2002    BEIJING
PAY AGAINST THE CHECK TO THE ORDER OFDHL (BEIJING)
THE SUM OFSAY U.S DOLLSR TEN THOUSAND ONLY.

                                BEIJING YOUYI COMPANY
                                              张 远
```

【知识链接11-2】支票必备事项

根据我国《票据法》的相关规定,支票必须记载下列事项:1. 表明"支票"字样;2. 无条件的支付委托;3.确定的金额;4.付款人名称;5.出票日期;6.出票人签字。支票上未记载规定事项之一的,支票无效。

(二) 支票的种类

1. 普通支票、现金支票和转账支票

普通支票既可以支取现金,也可以转账;现金支票只能用于支取现金;转账支票只能用于通过银行或其他金融机构转账结算。

2. 划线和未划线支票

支票支取现金或是转账,通常可由持票人或收款人自主选择,但一经划线只能通过银行转账,而不能直接支取现金。因此,就有"划线支票"和"未划线支票"之分。

划线支票通常都在其左上角划上两道平行线。划线可分为普通划线和特别划线,前者是指两条平行线中不注明收款行的名称,收款人可通过任何一家银行代收票款,后者是指在两条平行线中注明收款行的名称。

3. 保付支票

支票可由付款银行加"保付"(Certified to pay)字样并签字而成为保付支票。付款银行保付后就必须付款。保付支票有更好的信用,更便于流通。

(三) 支票与汇票、本票的比较

(1) 当事人。汇票和支票有三个基本当事人:出票人、付款人和收款人;本票有两个基本当事人:出票人和收款人。

(2) 证券性质。汇票和支票属于委托支付证券;本票属于自付证券或承诺证券。

(3) 到期日。支票都是即期的;本票和汇票可以作出不同到期日的记载,有即期和远期之分。

(4) 承兑。远期汇票需要付款人承兑;远期本票无须承兑;支票都是即期的,无须承兑。

(5) 出票人与付款人的关系。汇票的出票人对付款人没有法律上的约束;本票的付款人即出票人自己;支票的出票人和付款人之间必须先有资金关系,即只有出票人在付款人处有足够存款的条件下,付款人才有支付义务。

(6) 份数。支票和本票只有一张,而汇票往往是一套。

第二节 汇付

一、汇付的含义及其当事人

(一) 汇付的含义

汇付又称汇款,指付款人主动通过银行或其他途径将款项汇交收款人。具体而言,汇付是银行(汇出行)应汇款人(债务人)的要求,以一定的方式将一定的金额,以其国外联行或代理行作为付款银行(汇入行),解付给收款人(债权人)的一种结算方式。

国际贸易中的汇付一般是由买方将货款通过银行汇交给卖方,是利用银行间的划拨渠道实现资金在两地之间的调拨,以实现债权债务关系的了结和清偿。就这方面来讲,其与国内汇款业务一样,但由于涉及不同国家之间货币的兑换,属于国际汇款,做法要更为复杂一些。

(二) 汇付方式的当事人

(1) 汇款人(Remitter)。即汇出款项的人,在国际交易中通常是进口商(买方)。汇款人在委托汇出行汇款时,要填写境外汇款申请书并支付手续费。

(2) 收款人(Payee or Beneficiary)。即收取款项的人,在国际贸易中通常是出口商(卖方)。

(3) 汇出行(Remitting Bank)。即受汇款人的委托汇出款项的银行。在国际贸易中,通常是进口地银行。汇出行办理的汇款业务称为汇出汇款(Outward Remittance)。

(4) 汇入行(Paying Bank)。即受汇出行委托解付汇款的银行,又称解付行。在国际贸易中,通常是出口地银行。汇入行一般是汇出行在另一国的分行或代理行。汇入行办理的汇款业务称为汇入汇款(Inward Remittance)。

二、汇付的种类

(一) 电汇(Telegraphic Transfer,T/T)

电汇是指汇出行应汇款人的申请,以加押电报、电传或 SWIFT 等电讯方式指示汇入行解付一定金额给收款人的一种汇款方式。通常电汇采用的 SWIFT 报文格式是 MT103 或 MT202。电汇方式的优点是资金转移速度快,安全性好,但费用较高。

电汇的基本程序如下:

(1) 合同签订后,汇款人填写境外汇款申请书,申请书上选择使用电汇方式,同时交款付费。

(2) 汇出行收妥汇款资金及手续费后,将汇款申请书第二联作为电汇回执退还汇款人。

(3) 汇出行以加押电报、电传或 SWIFT 等电讯方式,向汇入行发出电汇委托书。

(4) 汇入行收到电讯指令,核对密押无误后,制作电汇通知书,通知收款人收款。

(5) 收款人收到通知书在收据联上盖章,交汇入行。

(6) 汇入行借记汇出行账户,取出头寸,解付汇款给收款人。

(7) 汇入行将付讫借记通知寄给汇出行,通知它汇款解付完毕。

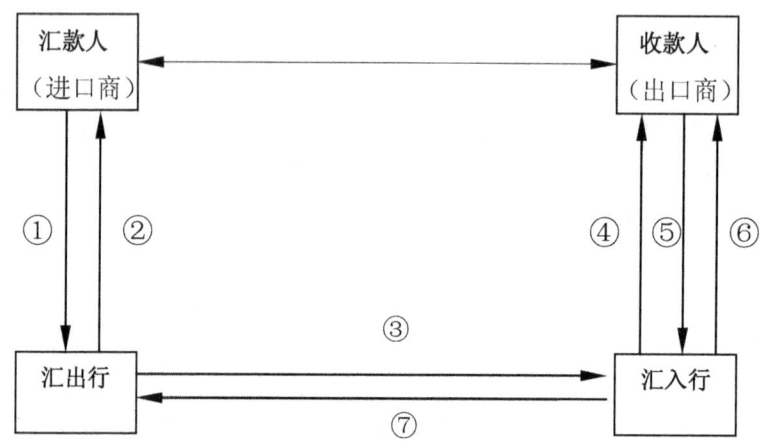

电汇业务基本程序

在当下得到日新月异发展的跨境电商业务中,使用最多的就是电汇,包括西联汇款、速汇金等等。

(二) 信汇(Mail Transfer,M/T)

信汇是汇出行应汇款人申请,将信汇委托书(M/T Advice)或支付通知书(Payment Order)航邮给汇入行,授权其解付一定金额给收款人的一种汇款方式。

信汇的基本程序如下:

(1) 合同签订后,汇款人填写境外汇款申请书,申请书上选择使用信汇方式,同时交款付费。

(2) 汇出行收妥汇款资金及手续费后,将汇款申请书第二联作为信汇回执退还汇款人。

(3) 汇出行以航邮方式,向汇入行发出信汇委托书。

(4) 汇入行收到信汇委托书后,核对密押无误后,制作汇款通知书,通知收款人收款。

(5) 收款人收到通知书在收据联上盖章,交汇入行。

(6) 汇入行借记汇出行账户,取出头寸,解付汇款给收款人。

(7) 汇入行将付讫借记通知寄给汇出行,通知它汇款解付完毕。

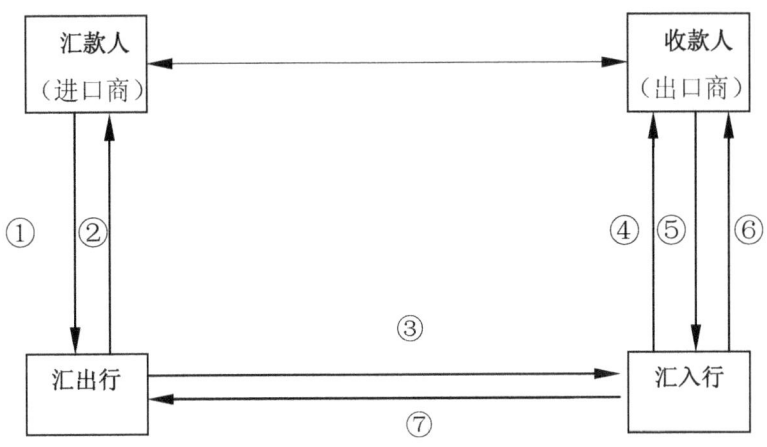

信汇业务基本程序

信汇业务基本程序与电汇相似,只是使用的支付工具有所不同。信汇的费用比电汇低廉,但由于信汇采用邮寄支付凭证传递汇款,信汇委托书或支付通知书需要一段时间,才能被国外汇入行收到,因此速度慢,资金在途时间长,现基本已经被淘汰,目前我国大部分商业银行不提供信汇服务。

(三) 票汇(Remittance by Banker's Demand Draft,D/D)

票汇是汇出行应汇款人申请,代汇款人开立以其分行或代理行为解付行的银行即期汇票(Banker's Demand Draft),支付一定金额给收款人的一种汇款方式。

票汇业务中,汇出行开出银行即期汇票后,需要汇款人自行邮寄汇票,因此时间较长。但由于汇票本身是一张独立的票据,可以流通转让,收款人可以自行持票登门取款,也可以通过背书转让给他人,因此收款较为主动灵活。此外票汇收费较低。但是汇票已经脱离银行系统,一旦汇票遗失或被窃需要挂失止付,而且票据背书转让有可能带来一连串债权债务关系,容易陷入票据纠纷。通常情况下,票汇适合金额较小、收款不急迫的汇款。

票汇的基本程序如下:

(1) 合同签订后,汇款人填写境外汇款申请书,申请书上选择使用票汇方式,同时交款付费。

(2) 汇出行收妥汇款资金及手续费后,开立银行即期汇票交给汇款人。

(3) 汇款人将汇票自行寄交给国外的收款人。

(4) 汇出行将汇款通知书(票根)寄汇入行,近年来为简化手续,通常已不寄。

(5) 收款人提示银行即期汇票给汇入行要求付款。

(6) 汇入行借记汇出行账户,取出头寸,凭票解付汇款给收款人。

(7) 汇入行将付讫借记通知寄给汇出行,通知它汇款解付完毕。

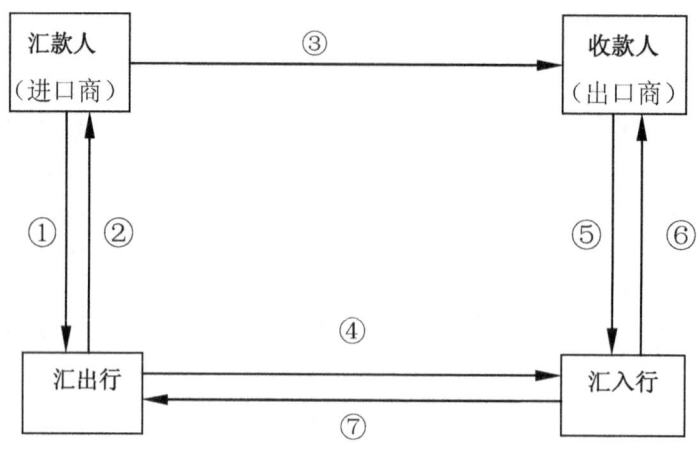

票汇业务基本程序

三、电汇、信汇和票汇的比较

采用电汇、信汇和票汇方式,结算工具的传递与资金的流动方向一致,因此均属于顺汇。但是这三种方式也有区别:

第一,从结算工具来看,电汇方式使用电报、电传或 SWIFT,用密押证实;信汇方式使用信汇委托书或支付委托书,用签字证实;票汇方式使用银行即期汇票。

第二,从汇款人的成本费用来看,电汇收费较高,信汇与票汇费用较低。

第三,从安全方面来看,电汇比较安全,信汇的安全性比不上电汇。票汇虽有灵活的优点,但是汇票在邮寄过程中遗失或被窃的可能性较大。

第四,从汇款速度来看,电汇最为快捷。信汇由于资金在途时间长,速度慢,银行很少使用。票汇速度也较慢。

四、汇付的特点

(一) 商业信用

汇付是建立在商业信用基础上的结算方式。对于货到付款的卖方或对于预付货款的买方来说,能否按时收汇或按时收货,完全取决于对方的商业信用。如果对方信用不好,则可能面临钱货两空的风险。

(二) 资金负担不平衡

对于货到付款的卖方或预付货款的买方来说,资金负担较重,整个交易过程中需要的资金几乎全部由他们来提供。

(三) 手续简便,费用低

汇付方式的优势在于手续比较简单,银行的手续费用也较低。因此,在交易双方相互信任的情况下,或在跨国公司的各子公司之间的结算,可以采用汇付方式。

五、汇付在国际贸易中的使用

在国际贸易中使用汇付方式,按照汇款时间和货物运送时间的先后差别,可分为货到付款和预付货款两种。

(一) 货到付款(Payment after Arrival of the Goods)

货到付款是出口商先发货,待进口商收到货物后立即或在一定期限内将货款汇交出口商的一种汇付方式。货到付款在国际贸易上可分为售定和寄售两种。

(二) 预付货款(Payment in Advance)

预付货款是在出口商未交货之前,进口商先将货款的一部分或全部提前汇交出口商,出口商收到货款后按照约定发运货物的一种汇付方式。预付货款是对进口商而言,对出口商来说则是预收货款。通常需要预付货款的商品多是在国际市场上较为畅销的货物,或者出口商对进口商不够信任,要求预付定金。预付货款的结算方式有利于出口商,而不利于进口商。

六、汇付的风险及防范

汇付是国际贸易结算方式中最灵活方便,资金周转速度最快的结算方式。近年来,汇付方式的使用比例日趋升高。但是汇付方式没有银行信用的保障,会使各方当事人面临各种风险,所以研究汇付方式下风险的防范有着重要意义。

(一) 国家信用风险

国家信用风险可以分为政治风险和宏观经济风险。在国际贸易中,如果进口国经济衰退、国内货币大幅贬值、战争内乱导致经济停滞等都可能使买方不能履行对外付款的责任。

(二) 商业信用风险

对于货到付款的卖方和预付货款的买方来说,能否按时收款或按时收货,完全取决于对方的信用。如果卖方收款后不发货或者买方收货后不付款,都可能使对方钱货两空。另外,如果贸易商经营不善、企业破产、市场行情发生变化等都会导致商业信用风险。

(三) 外汇风险

由于对外交易的时间和结算时间不一致,结算时间往往滞后于合同签订时间,两者之间有一定的时间间隔,导致结算时的汇率可能不同于合同签订时的汇率而产生外汇风险。因此采用汇付方式前,应对客户进行有效的资信调查,在确定其资信良好、经营作风好的情况下再与其进行交易。此外可以采用福费廷或银行保函等综合性的结算方式来转嫁风险。在签订合同时,要选择好结算货币。若以本币结算,不存在外汇风险;若必须以外汇结算,在交易磋商中应当尽量争取选择出口用硬币、进口付汇用软币的原则。

第三节 托收

一、托收的含义

托收是一种主要的国际结算方式,因为通常需要通过银行办理,所以又称银行托收。托收是债权人(出口商)出具债权凭证(汇票、本票、支票等)委托银行向债务人(进口商)收取货款的一种支付方式。

国际商会第 522 号出版物《托收统一规则》(Uniform Rules for Collection, URC522)第 2 条规定:"托收意指银行按照从出口商那里收到的指示办理:(1) 获得金融单据的付款及/或承兑,或者 (2) 凭付款及/或承兑交出单据,或者 (3) 以其他条款和条件交出单据。"常见的"以其他条款和条件"是指"以交来本票/信托收据/承诺书等"。

单据意指金融单据(Financial Document))及/或商业单据(Commercial Documents)。其中金融单据是指汇票、本票、支票、付款收据或其他类似用于取得付款的凭证。商业单据是指发票、运输单据、物权单据或其他类似单据,或除金融单据以外的其他单据。

托收的基本做法是:出口人根据买卖合同先行发运货物,然后开立汇票(或不开汇票)连同商业单据,向出口地银行提出托收申请,委托出口地银行(托收行)通过其在进口地的代理行或往来银行(代收行)向进口人收取货款。

【知识链接 11-3】托收统一规则

托收统一规则(英文简称 URC)是国际托收业务惯例,是由国际商会 1958 年通过的,当时名为《商业单据托收统一规则》,后来几经修订,于 1995 年通过了名列国际商会第 522 号出版物的《托收统一规则》,因此称为 URC522,自 1996 年 1 月 1.日生效至今。

二、托收的当事人

(一) 委托人(Principal)

委托人是指委托银行办理托收业务的客户,在国际贸易中通常是出口商(Exporter),它也可以是托收汇票的收款人(Payee)。

委托人的主要义务包括:① 根据合同规定交付货物;② 提交符合合同规定的单据,进口商提货前必须取得单据,其中的海运提单代表货物所有权;③ 填写托收申请书,并将托收申请书和金融单据或商业单据或两者兼有一并交给托收行。

(二) 托收行(Remitting Bank)

托收行是指接受出口商的委托办理托收业务的银行,一般为出口地银行。托收行(Remitting Bank)也称为寄单行,它也可以是托收汇票的被背书人(Endorsee)。

托收行的责任和义务如下:① 缮制托收指示;② 核验单据;③ 业务处理中遵循的国际惯例并承担过失责任。

(三) 代收行(Collecting Bank)

代收行是指接受托收行的委托向付款人收取票款的进口地银行。代收行通常是托收行的国外分行或代理行。它还是进口方银行(Importer's Bank)、托收汇票的被背书人或收款人(Endorsee or Payee of the Collection Bill)。

代收行在托收业务中承担的责任与托收行基本相同,除此以外,代收行还有以下责任:

① 执行托收指示;② 单据的处理;③ 放单;④ 保证汇票承兑的完整性与正确性;⑤ 资金的及时划转。

(四) 提示行(Presenting Bank)

提示行是指向付款人提示汇票或单据的银行。当付款人要求与它有账户往来关系的银行作为向它提示汇票的银行时,就有了提示行(Presenting Bank)。代收行应将汇票或单据交给提示行,由它向付款人提示。如果付款人没有要求,则无提示行,代收行自行办理提示工作。

(五) 付款人(Drawee)

付款人是根据托收指示,向其提示单据的人。如使用汇票,即为汇票的受票人,通常为进口人,即债务人。

(六) 需要时的代理人

在托收业务中,如发生拒付,委托人可指定付款地的代理人代为料理货物存仓、转售、运回等事宜,这个代理人叫做"需要时的代理"。委托人如指定需要时的代理人,必须在托收委托书上写明此代理人的权限。

三、托收的种类

托收可分为光票托收、跟单托收和直接托收。

(一) 光票托收(Clean Collection)

光票托收是指金融单据不附有商业单据的托收,即委托人仅提交金融单据委托银行代为收款。光票托收如以汇票作为收款凭证,则使用光票。

在国际贸易中,光票托收主要用于货款尾数、样品费用、佣金、贸易从属费用等情况。

(二) 跟单托收(Documentary Collection)

跟单托收是指金融单据附有商业单据或不附有金融单据的商业单据的托收。跟单托收如以汇票作为收款凭证,则使用跟单汇票。不附有金融单据的跟单托收较为少见,一般是由于有些国家需要对汇票征收印花税,为逃避印花税而不使用金融单据。

国际贸易中货款的收取大多采用跟单托收。在跟单托收的情况下,按照代收行向进口商交单条件的不同,又可分为付款交单和承兑交单两种。

1. 付款交单(Documents against Payment,简称 D/P)

付款交单是指代收行的交单是以进口商的付款为条件。即出口商发货后,取得装运单据,委托银行办理托收,并指示银行只有在进口商付清货款后,才能把商业单据交给进口商。在这种方式下,进口商按照合同的金额支付货款后,才能取得相关货运单据,掌握对货物的控制权,因此降低了委托人的风险,为其获得货款提供了保证。

付款交单按出口商开立汇票付款期限的不同,又可分为即期付款交单和远期付款交单。

(1) 即期付款交单(Documents against Payment at sight,简称 D/P at sight)。是指出口商发货后开具即期汇票连同商业单据,通过银行向进口商提示,进口商审核单据无误后,立即付款并在付清货款后向银行领取商业单据。

即期付款交单业务程序如下:

① 双方签订货物买卖合同后,出口商按照合同发运货物。

② 出口商填写托收申请书,开立即期汇票,连同商业单据(或不开立汇票)交给托收行,委托银行代收货款。

③ 托收行根据委托人的要求和指示,制作托收指示书,将商业单据和即期汇票一起寄交国外代收行。

④ 代收行按照托收指示书的要求向进口商提示即期汇票和商业单据。

⑤ 进口商审核单据无误后,向代收行付款。

⑥ 代收行交单。

⑦ 代收行向托收行转账并通知款已收妥。

⑧ 托收行向委托人交款。

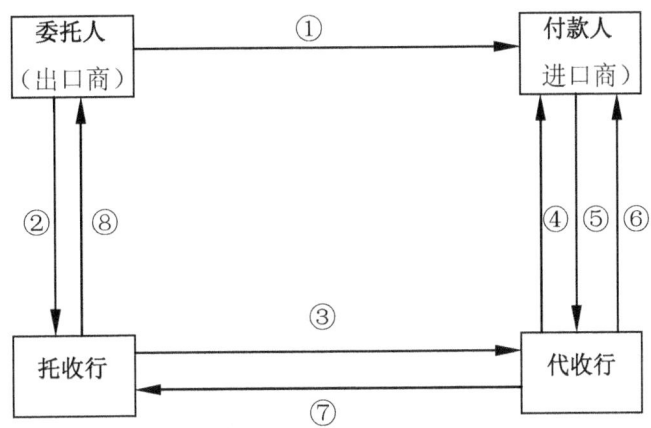

即期付款交单业务程序

（2）远期付款交单（Documents against Payment after sight，简称 D/P after sight）。是指出口商发货后开具远期汇票连同商业单据，通过银行向进口商提示，进口商审核单据无误后即在远期汇票上进行承兑，于汇票到期日付清货款后再领取商业单据。远期付款交单的缺点是在"远期"的时间间隔之内，如果货物已经抵达目的港，而进口商尚未付款，不能得到货运单据，因而无法提取货物，可能导致货物滞留港口码头，易遭损失或罚款。

《URC522》规定："托收应不包含在将来日期付款的汇票，并有指示提到商业单据凭付款而交出。如果托收包含在将来日期付款的汇票，以及托收指示注明商业单据凭付款而交出，则单据实际只能凭付款才可交出，代收行对产生于延迟交单的任何后果不负责任。"由此可见，《URC522》不鼓励远期付款交单。

远期付款交单业务程序如下：
① 双方签订货物买卖合同后，出口商按照合同发运货物。
② 出口商填写托收申请书，并立远期汇票，连同商业单据交给托收行，委托银行代收货款。
③ 托收行根据委托人的要求和指示，制作托收指示书，将商业单据和远期汇票一起寄交国外代收行。
④ 代收行按照托收指示书的要求向进口商提示远期汇票和商业单据。
⑤ 进口商审核单据无误后，承兑远期汇票。
⑥ 代收行在远期汇票到期前保管商业单据和已被承兑的远期汇票。在汇票到期日向进口商再次提示汇票，要求付款。
⑦ 进口商向代收行付款。
⑧ 代收行交单。
⑨ 代收行向托收行转账并通知款已收妥。
⑩ 托收行向委托人交款。

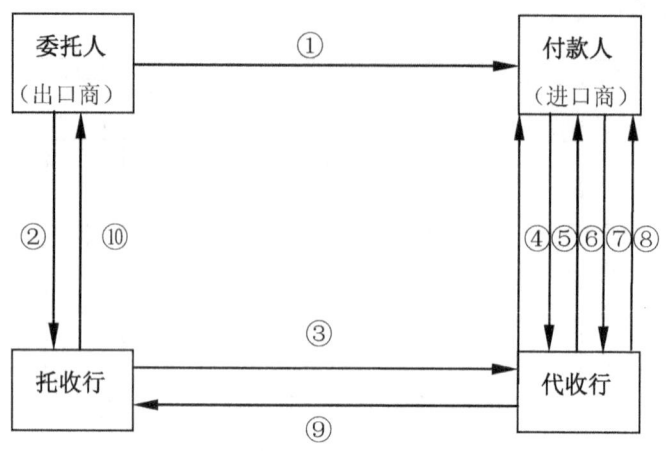

远期付款交单业务程序

在远期付款交单条件下,有一种所谓凭信托收据借单的做法(D/P·T/R 方式),即出口商主动授权代收行凭信托收据将单据借给进口商。这种做法将由出口商自行承担汇票到期拒付的风险,与代收行无关。从本质上看,这已不是"付款交单"的做法。但代收行若私自同意进口商借单,万一汇票到期不能收回货款,则代收行应承担偿还货款的责任。因此,委托人在委托银行收款时,代收行在接受委托代为收款时,都应该非常重视这一点,清醒地认识到自己的行为可能会带来的不利后果。

所谓信托收据(Trust Receipt),是进口商借单时提供的一种担保文件,表示愿意以银行受托人身份代为提货、报关、存仓、保险、出售,并承认货物所有权仍归银行,货物售出后所得货款应于汇票到期时上交银行。

2. 承兑交单(Documents against Acceptance,简称 D/A)

承兑交单是指出口商的交单以进口商在汇票上承兑为条件。即出口商在装运货物后开具远期汇票,连同商业单据,通过银行向进口商提示。进口商承兑汇票后,代收银行即将商业单据交给进口商,在汇票到期时,方履行付款义务。承兑交单方式只适用于远期汇票的托收。由于承兑交单是在进口商承兑汇票后,即可取得货运单据,并凭以提货,这对出口商来说,已交出了物权凭证,其收款的保障只能取决于进口商的信用,一旦进口商到期不付款,出口商就有可能蒙受钱货两空的损失。所以承兑交单的做法必须从严掌握。

远期付款交单业务程序如下:

① 双方签订货物买卖合同后,出口商按照合同发运货物。

② 出口商填写托收申请书,开立远期汇票,连同商业单据交给托收行,委托银行代收货款。

③ 托收行根据委托人的要求和指示,制作托收指示书,将商业单据和远期汇票一起寄交国外代收行。

④ 代收行按照托收指示书的要求向进口商提示远期汇票和商业单据。

⑤ 进口商审核单据无误后,承兑远期汇票。

⑥ 代收行交单。

⑦ 代收行在远期汇票到期日向进口商再次提示汇票,要求付款。
⑧ 进口商向代收行付款。
⑨ 代收行向托收行转账并通知款已收妥。
⑩ 托收行向委托人交款。

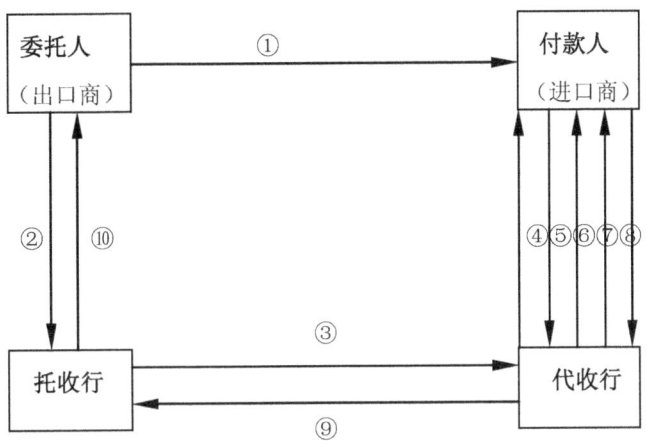

承兑交单业务程序

由上述业务程序图可以看出,在托收结算方式中,结算工具(汇票)与资金的流动方向相反,因此属于逆汇。

四、托收的性质与特点

托收是建立在商业信用基础上的结算方式。托收虽然是通过银行办理,但是银行只是作为出口商的受托人行事,主要负责传递单据和收回货款,既没有义务检查单据是否正确完整,也不承担付款人必须付款的责任。如果遭到进口商拒付,除非另有规定,银行没有代管货物的义务。

在托收方式中,出口商要承担较大的风险。因为这种方式对出口商来说是先发货后收款,如果是远期托收,可能要在货到后才能收回全部货款,这实际上是向进口商提供信用。出口商是否能按时收回全部货款,完全取决于进口商的商业信用,如果进口商资信不好,可能会带来很大损失。特别是承兑交单的条件下,出口商将面临比付款交单更大的风险,甚至有可能会钱货两空。出口商在托收中面临的风险主要表现在以下方面:

(一) 出口商发货后货价下跌

当商品在进口地的市场行情不好时,有些进口商就会以各种借口不愿赎取单据,或要求出口商降价。因为货物已经运出,将其转运回国内或就地降价销售都会产生损失,出口商往往处于被动地位而不得不答应对方的要求。

(二) 进口国政治、法律风险

若进口国的政策发生变化,实行外贸管制或者外汇管制,进口商可能因无法申请进口许可证或进口所需外汇而不能支付货款。

（三）进口商因破产或丧失清偿债务的能力

进口商有可能因经营不善导致财务状况恶化甚至破产倒闭,从而无力支付货款。

综上所述,托收对出口商风险较大,但对进口商较为有利,可以减少费用支出,还有可以预借货物的便利。因此出口商可以将其作为扩大出口和加强对外竞争的手段。当然托收对进口商也有一定风险。在付款交单条件下,进口商付款后才取得货运单据,领取货物,如果发现货物与合同规定不符,也会因此而蒙受损失,但总的来说,托收对进口商比较有利。

五、出口贸易中使用托收方式的注意事项

在我国的出口贸易中,为加强对外竞争能力和扩大出口,可针对不同商品、不同贸易对象和不同国家与地区的习惯做法,慎重地使用托收方式。但是在使用此种方式时,应注意下列问题:

第一,通过各种途径认真调查进口商的资信情况、经营作风和经营能力,并了解成交商品的市场行情,在此基础上妥善掌握授信额度和成交金额。在使用托收时尽可能采用付款交单方式,除非进口商的资信特别良好,否则不宜轻易采用承兑交单的方式。

第二,国外代收行一般不能由进口商自行指定,应选择资信好的银行作为代收行,防止由于代收行资信不佳或产生意外而导致无法顺利收回货款。

第三,对于贸易管理和外汇管制较严的进口国家和地区不宜使用托收方式,以免货到目的地后,由于不准进口或收不到外汇而造成损失。

第四,采用远期付款交单方式要慎重。欧洲大陆一些国家的银行对远期付款交单按当地的法律和习惯,在进口商承兑远期汇票后即把商业单据交给进口商,即改为按承兑交单(D/A)处理,这种做法会增加出口商收汇的风险,并可能引起争议。因此要了解进口国的商业惯例和银行习惯做法,以免影响收汇安全。

第五,出口合同应争取按 CIF 或 CIP 条件成交,由出口商办理货运保险,如果货物在运输途中出险,可以向保险公司索赔。在不采用 CIF 或 CIP 条件时,应投保卖方利益险。

第六,采用托收方式收款时,出口商风险很大,因此要时刻关心货物安全,建立健全管理制度,及时催收清理,发现问题应迅速采取措施,以避免或减少可能发生的损失。

第七,严格按照出口合同规定装运货物和制作单据,防止被进口商找到拒付的借口。

六、合同中的托收条款

合同中有关托收条款举例说明如下:

(一)即期付款交单(D/P at Sight)

"买方应凭卖方开具的即期跟单汇票于见票时立即付款,买方付款后方可取得装运单据。"

(二)远期付款交单(D/P after sight)

"买方对卖方开具的见票后90天付款的跟单汇票,于第一次提示时应即予以承兑,并应于汇票到期日立即予以付款,买方付款后方可取得货运单据。"

(三)承兑交单(D/A)

"买方对卖方开具的见票后30天付款的跟单汇票,于第一次提示时应即予以承兑,并应于汇票到期日立即付款,买方承兑后可取得货运单据。"

第四节 信用证

国际结算业务中的信用证主要是跟单信用证,它起源于旅行信用证,随着支付票据化、货物单据化、履约证书化,19世纪中叶,最终形成了商业跟单信用证。自此,跟单信用证成为国际结算一种通用的支付方式。在长期的业务实践中,国际商会(International Chamber of Commerce,简称ICC)发展起来的《跟单信用证统一惯例》(uniform Customs and Practice for Documentary Credits,简称UCP)和《关于审核跟单信用证项下单据的国际标准银行实务》(International Standard Banking Practice for the Examination of Documents under Documentary Credits,简称ISBP)已经成为国际信用证结算业务中普遍适用的实务规则,即信用证业务国际惯例。

【知识链接11-4】国际商会

国际商会(International Chamber of Commerce,简称ICC),国际贸易惯例的最主要的制订者。1919年10月在美国新泽西州举行的国际贸易会议发起,1920年6月成立于巴黎,总部设在巴黎。其宗旨是推动国际经济发展,促进自由企业和市场组织的繁荣,促进会员之间的经济往来,协助解决国际贸易中出现的争议和纠纷,并制定有关贸易、银行、货运方面的规章和条款。自成立起,国际商会制定了《托收统一规则》、《跟单信用证统一规则》、《INCOTERMS》等一系列国际贸易惯例,虽然都是非强制性的,但是已经被世界大多数国家接受和采用,成为国际贸易秩序的主要内容。

一、信用证的定义

在实际业务中,信用证有各种称呼,如跟单信用证(Documentary

Credits,简称 D/C)、信用证(Letter of Credit,简称 L/C)或商业信用证(Commercial Credits,简称 C/C),不一而足,但其实质是一样:一种付款安排。

根据 UCP600 第二条的规定,"信用证是指一项不可撤销的安排,无论其名称或描述如何,该项安排构成开证行对相符交单予以承付的确定承诺。"从这条规定可以看出,信用证是开证银行根据申请人的要求和指示或者、向受益人开立的、在一定期限内凭规定的符合信用证条款的单据、即期或在一个可以确定的将来日期承付一定金额给受益人的书面承诺。简言之,信用证是开证行有条件的付款承诺。

由此可见,信用证是:一项不可撤销的付款承诺;开证行作出的付款承诺,代表银行信用;开证行付款是有条件的,即受益人相符交单。

(一) 什么是承付(Honour)

UCP600 第二条对承付进行了正式的定义:承付指 a.如果信用证为即期付款信用证,则即期付款;b.如果信用证为延期付款信用证,则承诺延期付款并在承诺到期日付款;c.如果信用证为承兑信用证,则承兑受益人开出的汇票并在汇票到期日付款(英文原文:Honour means:a. to pay at sight if the credit is available by sight payment.b.to incur a deferred payment undertaking and pay at maturity if the credit is available by deferred payment. c. to accept a bill of exchange(draft) drawn by the beneficiary and pay at maturity if the credit is available by acceptance)。由此可见,在 UCP600 条款中,"Honour"是用来说明开证行和被指定银行在即期付款信用证、延期付款信用证和承兑信用证项下的付款责任的。

根据这一定义,承付是:被限定在即期付款信用证、延期付款信用证和承兑信用证下的行为,即只有在这三种信用证下,开证行、保兑行或其他被指定银行作出的付款行为才是承付。开证行、保兑行在议付信用证下的付款行为也是承付。

(二) 什么是议付(Negotiation)

UCP600 对于议付的定义是:议付是指银行在相符交单下,在其应获得偿付的银行工作日当天或之前向受益人预付或者同意预付款项,从而购买汇票(其付款人为被指定以外的其他银行)及/或单据的行为(英文原文:Negotiation means the purchase by the nominated bank of drafts(drawn on a bank other than the nominated bank) and/or documents under a complying presentation, by advancing or agreeing to advance funds to the beneficiary on or before the banking day on which reimbursement is due to the nominated bank.)。

根据这一定义,关于议付,必须把握下列要点:

第一,议付是有条件的。即受益人必须向议付银行提交相符单据,构成相符交单,议付行才会议付,也只有在这样的条件下,议付才成立。

第二,议付必须由开证行授权的银行才能进行。如果银行未得到议付授权,其作出的"议付"不是议付。

第三,议付发生时间既可以是在议付银行获得开证行或保兑行偿付当日,也可以发生在受益人相符交单当天始到议付行获得开证行或保兑行偿付日止的任何一个时间。

第四,议付既可以是有追索权的,也可以是无追索权的。这取决于议付行和受益人在议付时的约定,而 UCP600 对此并无规定。

第五,议付是议付行向受益人的一种融资。这种融资既可以预付融资的方式也可以同意预付融资的方式作出。如果是预付融资,既可以是金额融资也可以是部分融资。

(三) 什么是相符交单(Complying presentation)

国际商会(ICC)第一次在《跟单信用证统一惯例》对于相符交单进行了清晰的定义。根据 UCP600 第二条(定义)中的规定:"相符交单是指与信用证条款、本惯例的相关适用条款以及国际标准银行实务一致的交单。"(英文原文:Complying presentation means a presentation that is in accordance with the terms and conditions of the credit, the applicable provisions of these rules and international standard banking practice.)。

从这个定义可以看出,在 UCP600 适用的信用证业务中,一项交单要构成相符交单,必须:① 和信用证的条款相符;② 和 UCP600 相符;③ 和 ISBP745 相符。只有同时达到这三个相符,受益人的交单才能构成相符交单。

那么,什么是相符?

UCP600 第十四条 d 款规定的审单标准给出了答案,即"单据中的数据,在与信用证、单据本身以及国际标准银行实务参照解读时,无须与该单据本身中的数据、其他要求的单据或信用证中的数据等一致,但不得矛盾。"(英文原文:Data in a document, when read in context with the credit, the document itself and international standard banking practice, need not be identical to, but must not conflict with, data in that document, any other stipulated document or the credit.)。由此可以看出,相符的方式有二:① 单据与信用证、UCP 和 ISBP 的要求完全相同,即通常所说的"镜像";② 单据可以与信用证、UCP 和 ISBP 的要求不等同,但不得矛盾,即通常所说的"实质相符"。

二、信用证的特点

信用证的自主性使得信用证具有以下三大特点:

(一) 信用证是银行信用,银行负第一性的付款责任

在信用证业务中,银行取代了贸易中的进口方(开证申请人),成为主债务人,负第一性的付款责任。只要受益人在规定的交单期提交了相符单据给被指定银行或开证行(保兑行,如有),开证行(保兑行)就必须承担首先付款的责任,不能以进口方拒付为理由拒绝承付,也不得以被指定银行为由拒绝付款。这一点在 UCP600 第七条、第八条中表现得非常明显。要注意的是,开证行的付款责任自开证行开出信用证之时起就不可撤销地产生了,保兑行的付款责任是从保兑生效开始至保兑失效止。

(二) 信用证是独立文件,它不依附于销售合同而存在

信用证是以销售合同为基础开立的,但信用证一经开出,便与销售合同无关,成为独立的文件,不受合同约束。在信用证开立后,即使销售合同进行了修改、变更甚至是撤销

失效,都对信用证的效力无丝毫影响。银行只对信用证负责,对销售合同无审查和监督执行的责任和义务。只要受益人提交了信用证上规定的单据,且构成相符交单,即使实际上合同没有履行,银行也必须付款。这一点体现在UCP600第四条的规定上。

(三) 信用证是纯单据业务,它是一种单据买卖

信用证是开证行向受益人作出的付款承诺,开证行付款的前提条件是受益人提交符合信用证要求的相符单据。只要受益人在规定交单期内向银行提交了相符单据,开证行就必须付款。这相当于开证行和受益人之间的单据买卖:受益人提交单据,开证行付款。反过来说,开证行只能以受益人提交的单据不符为由拒绝向受益人付款,而不能以单据以外的理由如货物有缺陷拒绝向受益人付款。货物的问题是销售合同处理的问题,信用证处理的只是单据。这在UCP600第五条作了明确的规定。UCP600第五条规定:"银行处理的是单据,而不是与单据有关的货物、服务或履约行为。"

【示例11-4】美国某A公司和我国B公司DAP天津港条件达成协议,我国B公司以信用证支付进口货款,信用证要求提交保单。到单后,开证行确认构成相符交单,即按规定付款,但载运货物的货轮在太平洋沉没。我国B公司能以此要求开证行拒绝付款吗?

很显然,我国B公司不能以货物沉没在海里要求开证行拒绝付款,因为信用证业务中,开证行处理的是单据,而不是货物。只要单据在表面上构成相符,开证行就有付款的义务。

三、信用证的作用

信用证的出现,就是为了解决国际贸易活动中买卖双方互不信任的问题,从而使国际贸易能够如常进行。作为国际结算的重要组成部分,信用证业务集结算和融资为一体,为国际贸易提供综合服务,对进出口商及银行均具有积极的作用。

(一) 对出口商的作用

(1) 为出口商收取货款提供了较为安全的保障。信用证支付的原则是单证相符,出口商交货后提交的单据,只要做到与信用证规定相符,银行就保证支付货款。

(2) 避免外汇风险。在进口管制和外汇管制严格的国家,进口商要向本国申请外汇得到批准后,方能向银行申请开证,出口商如能按时收到信用证,说明进口商已得到本国外汇管理当局使用外汇的批准,因而可以保证出口商履约交货后按时收取外汇。

(3) 为出口商提供资金融通。出口商在交货前,可凭进口商开来的信用证作抵押,向出口地银行借取打包贷款,用以收购、加工、生产出口货物和打包装船,或出口商在收到信用证后,按规定办理货物出运,并提交汇票和信用证规定的各种单据,叙作押汇取得货款。这是出口地银行对出口商提供的资金融通,从而有利于资金周转,扩大出口。

(二) 对进口商的作用

(1) 为进口商取得代表货物的单据提供保证。在信用证方式下,开证行、付款行、保

兑行的付款及议付行的议付货款都要求要求受益人提交相符单据,否则将拒付。进口商在向开证行付款赎单时,也要审核单据是否与其在信用证中的要求相符,不相符的话也可以拒绝付款赎单。如此,就可以保证进口商收到代表货物的单据,特别是提单,它是货物所有权的凭证。

(2) 保证进口商按时、按质、按量收到货物。进口商申请开证时可以通过控制信用证条款来约束出口交货的时间、交货的品质和数量,如在信用证中规定最迟的装运期限,要求出口商提交由信誉良好的公证机构出具的品质、数量或重量证书等,如此进口商得到相关单据,就可以保证进口商按时、按质、按量收到货物。

(3) 为进口商提供资金融通。进口商在申请开证时,通常只需要交纳仅相当于开证金额一定比例的少量押金,如进口商资信较好,开证行还可为进口商在少交或免交押金的情况下开立信用证。如采用远期信用证,进口商还可以凭信托收据向银行借单,先行提货、转售,到期再付款,这就为进口商提供了资金融通的便利。

(三) 对银行的作用

(1) 对开证行的作用。开证行接受进口商的开证申请,承担开证和付款的责任,这是银行以自己的信用做出的保证,并不需要占用开证行的资金。而且,进口商在申请开证时要向银行交付一定的押金或担保品,为银行利用资金提供便利。另外,开证行付款后持有单据,如果进口商不付款赎单,它还可以通过处理货物以抵偿欠款。如果处理货物价款不足以抵偿欠款,开证行仍有权向进口商追偿。如此,开证行既扩大了业务,增加了收入,风险也较小。

(2) 对被指定银行的作用。信用证业务中,开证行保证向被指定银行作偿付,因此,被指定银行按指定进行的信用证业务就有了保障,只要受益人交来的单据符合信用证要求,被指定银行便可放心地叙做相关业务。此外,在信用证业务中,银行每做一项服务均可取得各种收益,如通知费、议付费、保兑费等各种费用。因此,被指定银行便既避免了风险,也扩大了业务,增加了收益。

四、信用证的当事人

信用证业务所涉及的基本当事人为三个:开证申请人、开证行和受益人。除此以外,还可能出现保兑行、通知行、被指定银行、转让行和偿付行等。

(一) 开证申请人(Applicant)

开证申请人又称为开证人(Opener),在 UCP600 中称之为申请人。UCP600 第二条给出的定义是"申请人指要求开立信用证的一方。"。开证申请人通常是国际贸易中业务的进口商(外贸合同中的买方)。开证申请人在申请开证时,除了要按照开证行要求向开证行缴纳押金和手续费(开证费等)外,还要按照开证行的要求提交开证申请书。开证申请书是开证申请人和开证行之间的关于开立信用证的契约,双方要按照开证申请书的内容来履行自己的责任和义务,同时享有相应的权利。

1. 开证申请人(买方)在信用证业务中的权利

(1) 取得合格单据的权利。在信用证业务中,开证人就是要通过得到合格单据以实现收到合同中约定的货物的目的,因此,如果受益人通过银行提交的单据不符合信用证上的要求,开证申请人是有权拒付的。

(2) 对受益人的欺诈行为有寻求救济的权利。这体现在信用证的欺诈例外原则(fraud exception principle)中。对于受益人在信用证业务的欺诈行为,开证申请人在有确切证据能够证明受益人的欺诈行为的情况下,有权请求银行拒付,或者请求法院签发止付令强制银行停止支付。

2. 开证申请人(买方)在信用证业务中的义务

(1) 开立、修改信用证的义务。买卖双方在外贸合同中规定用信用证进行支付,外贸合同签订后,买方即应该以开证申请人的身份履行开立信用证的义务,否则即是违约。开证申请人申请开证时,必须按照外贸合同的内容来填写开证申请书,并在合理时间内向开证行提交开证申请书申请开证,以保证信用证在合同规定的时间开到受益人。若受益人发现信用证内容与外贸合同等不符,有权提出修改,此时,开证申请人负有按照要求向原开证行提出修改申请对信用证进行相应修改的义务。

(2) 付款责任。在信用证业务中,开证行在受益人提交相符单据对受益人进行了付款后,有权要求开证申请人付款赎单,开证申请人负有向开证行付款赎单的责任。这一责任在开证申请书中有明确规定。信用证业务中开证行的付款只是代开证申请人付款,具有代付性质,最终的付款责任仍然由开证申请人承担。即使开证行因各种原因如开证行倒闭而对受益人拒付时,开证申请人仍要负责支付受益人的货款。

(二) 开证行(Issuing Bank)

UCP600 第二条对开证行的定义为"开证行指应申请人要求或者代表自己开立信用证的银行。"开证行通常是开证申请人所在地的某一家银行。它是信用证业务中最重要的一方当事人。

在信用证业务中,开证行的权利和义务主要来自于三个合同所产生的权利和义务:① 以开证申请书表现出来的开证行与开证申请人之间的代理付款合同;② 开证行与受益人之间的信用证;③ 开证行与通知行或其他指定银行之间的委托代理协议。综合这三个合同的内容,开证行在信用证业务中有如下的权利和义务。

1. 开证行的主要权利

(1) 获得偿付。开证行在相符交单的条件下,向受益人进行付款后,有权要求开证申请人付款赎单。但开证行这项权利行使的前提条件是其付款必须是相符交单。如果开证行对不相符交单进行了付款,则开证行是无权要求申请人偿付的。

(2) 拒付。开证行付款的前提是相符交单,如果受益人提交的单据不能构成相符交单,开证行有权拒付。另外,开证行在收到法院对相关信用证的止付令后,也有权拒付。

(3) 取得质押。为避免风险,开证行在接受开证申请人的申请开出信用证前,有权要求开证申请人交付开证押金,并且在开证申请书中作出承诺,若开证申请人到期不付款赎单,开证行有权扣押单据,处理货物。

2. 开证行的主要义务

（1）开证。开证行接受开证申请人的开证申请后，必须严格按照开证申请书的指示向受益人开出信用证。如果开证行开出的信用证背离了开证申请书，则其要承担由此而产生的一切后果。开证行为减轻自己的责任，往往知道开证申请书中规定相应的免责条款，UCP600 也对开证行的免责作了相应的规定。另外，开证行还应按照《跟单信用证统一惯例》（UCP600）的要求开立信用证。如 UCP600 第十四条 G、H 款规定："提交的非信用证所要求的单据将被不予理会，并可被退还给交单人。""如果信用证含有一项条件，但未规定用以表明该条件得到满足的单据，银行将视为未作规定并不予理会。"因此，开证行在开立信用证时，必须将开证申请书上提出的条件都进行"单据化"，这样才能使开证申请人的意图得以实现。

（2）付款。开证行在信用证中向受益人承诺，只要受益人提交相符单据，开证行就向受益人或其指定的银行付款，而且这一承诺不受申请人与开证行之间关系变化的影响，即使开证申请人破产倒闭，开证行仍有责任履行其保证付款的承诺。

（3）审核单据。在信用证业务中，受益人要求银行付款，必须向银行提交信用证规定的单据，银行在付款之前，必须就受益人提交的单据是否构成相符交单作出审核。这是银行的一项重要义务，否则银行要对不相符交单的错误付款承担责任。但要注意的是，银行审核单据仅是对单据表面是否与信用证相符作出判断，而对任何单据的形式、完整性、准确性、真实性或法律效力等免责。

（4）保管单据。开证行收到受益人提交的单据后，在审核单据进行付款为止的这段时间，有妥善保管受益人提交单据的义务。如果单据在此期间损坏、丢失等，开证行必须负责。在此期间，开证行不经受益人同意，不得擅自处置单据。否则，开证行要承担由此产生的后果。

（5）对被指定银行的责任。被指定银行是按开证行的授权来行事的，其行事的后果和风险费用理应由开证行承担。因此，如果被指定银行按照授权为开证行垫付了资金，开证行应当及时偿付；被指定银行在授权范围内行事所产生的风险费用，也应由开证行承担。但要注意，如果信用证中明确规定了信用证业务中银行费用由受益人承担，则各银行应按要求向受益人收取。

（三）受益人（Beneficiary）

UCP600 第二条是这样定义受益人的："受益人是接受信用证并享受其利益的一方。"在外贸业务中，一般是指出口商（买方）或中间商。在信用证业务中，受益人受两个合同的约束：与开证申请人之间的贸易合同和与开证行之间的信用证，主要是受后者的约束。受益人由信用证规定的权利与义务主要有：

（1）受益人要获得银行付款，必须向银行提交所规定的单据，而且所提交的单据，必须是相符单据。受益人权利的实现以提交相符单据为前提，而相符单据是指受益人提交的单据必须符合信用证、UCP600 和 ISBP 的规定。

（2）受益人有要求修改信用证的权利。受益人收到通知行通知的信用证后，经过审证，如果认为信用证有不可接受的内容，有权对不可接受的内容提出修改，直至可以完全接受信用证。如果修改后仍不能接受，有权拒绝信用证，直至单方撤销合同，提出索赔。注意，提出修改信用证的要求，一定是向开证申请人，而不是向开证行。

（四）通知行（Advising Bank）

UCP600第二条定义通知行为"应开证行的要求通知信用证的银行"。通知行一般是开证行在受益人当地的代理行，它受开证行的委托，向受益人通知（转交）信用证。

通知行在信用证业务中的具体责任如下：

（1）验明信用证的表面真实性。通知行收到开证行开出的信用证后，要通过核对密押（SWIFT信用证不需要，它是自动核押的）来确认信用证的真假。如果确认是开证行开立的，通知行就会把信用证通知给受益人。信用证的修改也是如此。通知行通知信用证或修改的行为表示其已确信信用证或修改的表面真实性。如果通知行不能核验信用证的真假，则应毫不迟延地通知开证行它无法鉴别。在此情况下，通知行仍然可以把信用证通知受益人，但必须告诉受益人其未能鉴别信用证的真实性。

（2）通知信用证给受益人。通知行是应开证行的要求把信用证或其修改通知给受益人的，通知行与开证行是委托代理关系。当然，通知行是否通知信用证给受益人，通知行有权决定。如一银行被要求通知信用证或修改但其决定不予通知，则应毫不延误地告知自其处收到信用证、修改或通知的银行（UCP第九条e款）。通知时，通知行会以自己的名义签发一份信用证通知书并照转开证行的信用证。

（3）通知行的审证责任。根据UCP600的规定，通知行是没有审核信用证这个责任和义务的，但是许多银行为了提高服务水平，在实际业务中自动增加了这一义务。但应当明确的是，银行除对信用证的表面真实性负责以外，其余的审证如对信用证内容的审核通知行是不负责任的。

应当指明的是，UCP600增加了第二通知行的概念。UCP第九条c款规定："通知行可以通过另一银行（第二通知行）向受益人通知信用证及修改。第二通知行通知信用证或修改的行为表明其已确信收到的通知的表面真实性，并且其通知准确地反映了收到的信用证或修改的条款。"由此可以看出，第二通知行的义务和责任与通知行的义务和责任是一样的。

（五）（被）指定银行（Nominated Bank）

在UCP600中文版本中，被指定银行被翻译为"指定银行"。第二条（定义）对被指定银行是这样定义的："指定银行指信用证可在其处兑用的银行，如信用证可在任一银行兑用，则任一银行均为被指定银行。"由此定义可知，被指定银行是除了开证行以外被信用证授权的银行，它既可以是付款行、承兑行、保兑行，也可以是议付行。

1. 付款行（Paying Bank）

付款行是指信用证授权其执行信用证下付款责任的银行。它往往就是开证行自己，当然也可以是开证行以外的另一家银行。如果是后者，通常为出口地银行，以方便汇兑。在此，我们主要指后者。

付款行在信用证业务中的责任主要是根据信用证（开证行）授权执行付款任务和审

核单据。在信用证中一旦指定另一家银行为付款行,受益人或议付行就应向付款行寄单索偿,此时,付款行只有在审核单据构成相符交单后才能付款。付款行的付款无追索权。付款行付款后向开证行寄单索偿。

2. 承兑行(Accepting Bank)

承兑行是指信用证授权对信用证下受益人出具的远期汇票进行承兑并到期向受益人付款的银行。既可以是开证行自己,也可以是其他另一家银行。

承兑行在信用证业务中的主要责任是承兑远期汇票并在汇票到期时向受益人付款。

3. 议付行(Negotiating Bank)

议付行是指信用证授权对受益人进行议付的银行,也就是按照信用证授权先行买入受益人的汇票及/或单据的银行。议付的含义见本章第一节。

议付行在信用证业务中的主要责任是审核单据并在相符交单下议付。

4. 保兑行(Confirming Bank)

UCP600 第二条(定义)对保兑行的定义如下:保兑行指根据开证行的授权或要求对信用证加具保兑的银行。从保兑的定义(保兑指保兑行在开证承诺之外做出的承付或议付相符交单的确定承诺)可知,保兑行是对开证行的承付责任进行担保的银行,它和开证行承担同样的付款责任,因此,保兑信用证下的受益人可获得开证行和保兑行的双重独立付款保证。

在信用证业务中保兑行的主要义务如下:

(1) 第一性、独立的付款责任。在保兑信用证下,如果规定的单据被受益人提交到保兑行或者其他被指定银行,保兑行必须承付。

(2) 保兑行的保兑责任不可撤销,除非保兑责任消除。

特别需要注意的是,保兑行可以议付(只要信用证授权),但其议付和议付行的议付是有区别的,即保兑行的议付无追索权。

以上这四类银行都是被指定银行,他们在办理授权业务时都享有相应的权利,如收取相应费用、向开证行要求偿付等。对于授权业务,也都有独立作出是否接受授权的权利。因此,结算业务人员要特别重视 UCP600 第十二条的规定。

(六) 偿付行(Reimbursing Bank)

偿付行是指开证行在信用证中授权的代为偿付索偿行(被指定银行、保兑行)的索偿款项的银行。开证行在信用证业务中指定偿付行,主要是为了头寸调拨的便利。偿付行一般是信用证结算货币清算中心的联行或者代理行。

偿付行在信用证业务中的主要责任是按照开证行的偿付授权对符合要求(提交索偿文件)的索偿行进行偿付,它没有审单的义务。因此,在指定偿付行的情况下,索偿行要向开证行寄单,开证行负责审单,而在向偿付行索偿时,只需要提交约定的索偿文件(书)即可。

在偿付行偿付后,如果开证行审单发现索偿行寄交的单据与信用证不符,有权向索偿行追索,但不得向偿付行追索。

五、信用证的种类

信用证的种类很多,常以用途、性质、付款期限、兑用方式、可否转让等角度进行分类。本节介绍一些结算业务中常见的信用证种类。

(一) 不可撤销信用证和可撤销信用证

这是按照信用证开立后,在其有效期内,开证行是否可以单方面撤销的标准,把信用证分为可撤销信用证和不可撤销信用证。

1. 不可撤销信用证(Irrevocable Credit)

不可撤销信用证是指信用证一经开出,在其有效期内,未经受益人或议付行等有关当事人同意,开证行不得单方修改或撤销的信用证。只要受益人在有效交单期内提交相符单据,开证行就必须履行付款的义务。这种信用证上一般都明确标明"Irrevocable"(不可撤销)字样。由于银行信用程度高,受益人收款权利有保障,所以这种信用证在业务中常用。

对于开证行所作的不可撤销承诺,在信用证中常用以下类似语句表述:"We(指Issuing Bank) hereby issue the Irrevocable Documentary Credit in your(指受益人) favour."在SWIFT信用证中,则通过"Field"40A"Form of Documentary Credit"反映出来。

2. 可撤销信用证(Revocable Credit)

可撤销信用证是指开证行不经受益人等有关当事人同意,可以随时撤销或修改的信用证。由于可撤销信用证的开证行可以随时撤销或修改,对受益人权益缺乏保障,因而在国际贸易中极少采用,受益人也很少愿意接受这种信用证。

国际商会顺应业务潮流,在UCP600中规定信用证都是不可撤销的。UCP600第二条规定"信用证指一项不可撤销的安排",第七条b款规定"开证行自开立信用证之时起即不可撤销地承担承付责任",第十条a款规定"未经开证行、保兑行(如有的话)及受益人同意,信用证既不得修改,也不得撤销"。自此,凡声称受UCP600约束的信用证,都是不可撤销信用证,可撤销信用证退出结算业务领域。

根据UCP600第三十八条b款"可转让信用证系指特别注明'transferable(可转让)'字样的信用证"的规定,不可撤销信用证也可以被称为"不可撤销不可转让信用证"(如没有同时注明"transferable""不可撤销可转让信用证"(如同时注明了"transferable")。

在实际业务中,即期付款信用证、延期付款信用证、承兑信用证、议付信用证等都是不可撤销信用证。

(二) 保兑信用证与不保兑信用证

根据信用证有无另外一家银行对其加具保兑,将信用证分为保兑信用证和不保兑信用证。

1. 保兑信用证(Confirmed Credit)

保兑信用证是指保兑行在开证行承诺之外作出承付或议付相符交单确定承诺的信用

证。保兑信用证使得受益人的权利得到了开证行(不可撤销地承付)和保兑行(不可撤销地保兑)的双重保障。

要注意:第一,只有不可撤销信用证才可加具保兑。第二,只有在开证行的资信不足或者开证行所在国家存在付款风险时,才有必要对开证行开立的信用证加具保兑。

如果开证行有意让通知行加具保兑,开证行会在"致通知行信用证通知书"上选择"adding your confirmation"。如果通知行愿意加保兑,在通知行给受益人的信用证的通知书上,通知行会写下类似如下的词句"As requested by the Issuing Bank, we hereby add our confirmation to their credit in accordance with the stipulations under UCP600 Article 8."如此一来,这个信用证就成为了一个不可撤销的保兑信用证。如果通知行无意加保兑,它应将此事毫无迟延地通知开证行,并可通知此信用证而不加保兑。

保兑行对信用证加具保兑后,如果信用证修改了,保兑行可以选择是否把保兑扩展到修改。UCP600第十条b款规定:"保兑行可将其保兑扩展至修改,并自通知该修改之时,即不可撤销地受其约束。但是,保兑行可以选择将修改通知受益人而不对其加具保兑。若然如此,其必须毫不延误地将此告知开证行,并在其给受益人的通知中告知受益人。"

在保兑信用证下,要注意,不可绕过保兑行直接寄单给开证行,而应该由指定银行把单据寄给保兑行,否则就是放弃了保兑行的保兑。

2. 不保兑信用证(Unconfirmed Credit)

不保兑的信用证是指开证行开出的不可撤销的信用证没有经另一家银行保兑的信用证。当开证行资信状况良好或者开证金额较小时,一般都使用这种信用证。实际上,不保兑信用证就是通常所说的不可撤销信用证,也可以称之为不可撤销不保兑信用证。

在实际业务中,如果在通知行的信用证通知书上没有看到通知行对本信用证加具保兑的词句,那么,该信用证就是一个不保兑信用证。

由于买卖双方在外贸合同中通常对开证行作出约定,因此一般开证申请人,都会选择资信状况良好的大银行申请开证,因此,在业务中常见的信用证大多是不保兑的信用证。

(三) 即期付款信用证、延期付款信用证、承兑信用证、议付信用证

根据信用证兑用方式的不同,可将信用证分为即期付款信用证、延期付款信用证、承兑信用证和议付信用证四种。

1. 即期付款信用证(Sight payment credit)

即期付款信用证是指履行付款义务的银行一收到信用证项下规定的相符单据即予以付款的信用证。根据UCP600第十四条b款的规定,按指定行事的指定银行、保兑行(如有的话)及开证行各有从交单次日起的至多5个银行工作日用以确定交单是否相符。审单银行必须在此期间内作出是否予以付款的决定。

在实务中,如果信用证中看到"Available with … by sight payment"字样,那么,这就是一个即期付款信用证。

即期付款信用证下,须注意:第一,一般不要求受益人提交汇票,仅凭商业单据即可付款。第二,信用证通常在付款行所在地到期,因此选择出口方所在地银行作为付款行对受益人更有利。

2. 延期付款信用证(Deferred payment credit)

延期付款信用证又称"迟期付款信用证",是指开证行或指定的付款行收到信用证规定的相符单据后,在规定期限内履行付款义务的信用证。在实务中,延期付款信用证中通常会写明"Available with … by deferred payment"字样。

在这种信用证下,通常也不要求受益人出具汇票,出口方无法凭其贴现。因此,在出口业务中,使用该种信用证进行交易的货价一般比承兑信用证要高。交易金额较大时,通常与出口信贷结合使用。

3. 承兑信用证(Acceptance credit)

承兑信用证通常也被称为银行承兑信用证,是指受益人开具以指定银行(承兑行)为付款人的远期汇票,连同信用证规定的单据向承兑行作承兑交单,承兑行留下单据将已承兑汇票交还交单人(受益人或其指定的银行)并于汇票到期日付款。

在实务中,承兑信用证中常常会出现"Available with … by acceptance"字样。

开证行或被指定银行对受益人开具的远期汇票一经承兑,信用证下的不可撤销的付款责任就上升到了票据上的无条件付款责任。

4. 议付信用证(Negotiation credit)

议付信用证是指开证行允许受益人向被指定银行或任何银行交单议付的信用证。实务中,议付信用证中通常表明"Available with … by negotiation"字样。

根据是否限定议付银行,议付信用证可以分为两种:自由议付信用证和限制议付信用证。

(1) 自由议付信用证(Freely negotiation credit):

自由议付信用证是指开证行授权任何一家银行都可以议付的信用证,也称为公开议付信用证。实务中信用证"Available with … by negotiation"的"with"后面常常注明"ANY BANK"或"ANY BANK IN ×××",表示授权任一家银行或者是某一个国家的任何一家银行议付。在这种情况下,受益人可将单据提交给符合条件的任一家银行议付。

(2) 限制议付信用证(Restricted negotiation credit):

限制议付信用证是指开证行仅授权某一家银行议付的信用证。实务中信用证"Available with … by negotiation"的"with"后面常常注明"×××(BANK)",表示授权这一家银行议付。在这种情况下,受益人只能将单据提交指定的这一家银行议付。

这里,有必要区别议付和付款。付款是终局性的,没有追索权,无论是开证行作出的付款还是由开证行指定的付款行作出的付款都是如此。而议付是有追索权的,如果议付行议付后,因单据不符被开证行或保兑行拒付,议付行有权向受益人追索议付款项及利息。但保兑行的议付没有追索权。

(四) 即期信用证、远期信用证

根据信用证付款时间的不同,信用证可以分为即期信用证和远期信用证。

1. 即期信用证(Sight Credit)

即期信用证是指开证行或付款行收到符合信用证要求的单据后,立即履行付款义务的信用证。这类信用证付款迅速,有利于收汇安全和加快资金周转。

实务中,这类信用证上通常明确注明"At sight"或者"sight"字样。常见的表述语句有:"available with issuing bank by sight payment." " available with ××× bank by sight payment.""Draft at sight for 100% invoice value."等。

2. 远期信用证(Usance Credit)

远期信用证是指开证行或付款行在收到受益人提交的相符单据时不立即付款,而是在信用证规定的付款期限到来时才进行付款。这种信用证,出口方交单在先收款在后,实际上是出口方对进口方的资金融通。常见的有延期付款信用证和承兑信用证。前面已经叙述,在此不再重复。下面重点介绍一下业务中有时会见到的假远期信用证。

假远期信用证(Usance Credit Payable at Sight)也称为"买方(进口方)远期信用证",是指开证开出的信用证要求受益人(出口商)开立远期汇票(表面上看起来是 Usance Credit),而信用证中开证行又承诺或授权一家指定银行即期向受益人付款(实际上是 Payable at Sight),待远期汇票到期时,进口商再向开证行支付款项。因此,把这种信用证叫"假远期信用证":假远期真即期。

假远期信用证有四个要素构成:① 外贸合同规定即期结算;② 买方向开证行申请开立远期信用证,受益人提交远期汇票和相符单据,即可即期获得款项;③ 即期付款日与汇票到期日之间的贴现利息、承兑费用由买方承担;④ 开证行向买方(开证申请人)融资。

对假远期信用证的判断可以从两个方面着手:一方面是信用证对汇票的要求一定是要求受益人出具远期汇票,如"Draft at 30 days after sight"。另一方面是信用证中开证行对向受益人付款的指示,一定是即期,如"The usance drafts sre payable on sight basis. We are authorized to pay the face amount of your draft upon presentation, and discount charge is for account of the applicant."。

(五) 可转让信用证和不可转让信用证

根据受益人是否有权转让给他人使用,信用证可分为可转让信用证和不可转让信用证。

1. 可转让信用证(Transferable credit)

UCP600第三十八条b款给可转让信用证下了定义。可转让信用证指的是特别注明"transferable(可转让)"字样的信用证。可转让信用证可应受益人(第一受益人)的要求转为全部或部分由另一受益人(第二受益人)兑用。

就转让信用证的使用,应该注意:

(1) 只有注明"transferable(可转让)"字样的信用证才是可转让信用证,其他任何相似的词语都不是可转让信用证的正确表达。

(2) 可转让信用证只能转让一次。UCP600第三十八条d款规定:"已转让信用证不得应第二受益人的要求转让给任何其后受益人。第一受益人不视为其后受益人。"因此,第二受益人可以把信用证再回转给第一受益人。已转让信用证是指已由转让行转为可由第二受益人兑用的信用证。

(3) 可转让信用证可以转让给数名第二受益人,但只能在信用证允许部分支款或部分发运的条件下。

（4）除非转让时另有约定，有关转让的所有费用（诸如佣金、手续费、成本或开支）须由第一人支付。

（5）任何转让要求须说明是否允许及在何条件下允许将修改通知第二受益人。已转让信用证须明确说明该项条件。如果信用证转让给数名第二受益人，其中一名或多名第二受益人对信用证修改的拒绝并不影响其他第二受益人接受修改。对接受者而言该已转让信用证即被相应修改，而对拒绝接受修改的第二受益人而言，该信用证未被修改。

（6）可转让信用证只能按照原证条款进行转让，包括保兑（如有），但信用证金额、单价、截止日、交单期限、最迟发运日或发运期间允许减少或缩短，投保的保险比例可以增加，可用第一受益人名称替换原证中的开证申请人名称。

（7）第一受益人有权换单，以自己的发票和汇票替换第二受益人的发票和汇票。

（8）第二受益人或其代表必须交单给转让行，以利于第一受益人换单。

2. 不可转让信用证（Non-transferable credit）

不可转让信用证是指受益人不能将信用证的权利转让给他人的信用证。在业务中，凡是未在信用证上明确注明"transferable（可转让）"字样的信用证，就是不可转让信用证。

（六）对背信用证

1. 对背信用证的概念

对背信用证（Back-to-Back Credit）是指中间商收到进口商开来的信用证后，要求该证的通知行或其往来银行，以该证（母证）为保证，另行开立的以实际供货人为受益人的新信用证（子证或第二信用证）。这张新信用证就是对背信用证。它是适应中间商经营进出口业务的需要而产生的一种信用证。新证开立后，原证仍有效，由新证开证行代原受益人（中间商）保管。

2. 对背信用证与可转让信用证的比较

（1）可转让信用证的开立是开证申请人的意思，开证行同意，在信用证上加注"transferable（可转让）"字样。而对背信用证的开立，则是基于受益人的意思而开立，与母证开证申请人和开证行无关。

（2）转让信用证的第二受益人可以得到开证行的付款保障，而对背信用证的受益人得不到母证开证行的付款保障，他只能得到母证开证行的付款保障。

（3）在转让信用证业务中，转让行的地位不变，而开立对背信用证的银行一般是母证的通知行，对背信用证的开证行，地位发生了变化。

（4）已转让信用证从其产生、内容、使用来看，都源于原来的可转让信用证，但对背信用证则和母证是两个独立的信用证。

（七）备用信用证

1. 备用信用证的概念

备用信用证（Standby Credit）又称商业票据信用证（Commercial Paper Credit）、担保信用证或保证信用证（Guarantee Credit），是指开证行根据开证申请人的请求对受益人开立的承诺承担某项义务时，受益人只要凭备用信用证的规定向开证行开具汇票（或不开汇票),并提交开证申请人未履行义务的声明或证明文件,开证行即偿付约定的金额。其实质相当于银行保函,一般用在国际工程承包的投标、国际租赁、补偿贸易的履约保证、预付货款和赊销等业务中,也用于带有融资性质的还款保证。近年来,也开始在买卖合同下货款的支付中使用。

按照其用途的不同,备用信用证可以分为履约备用信用证、投标备用信用证、预付款备用信用证、直接付款备用信用证等。

2. 备用信用证和一般跟单信用证的区别

(1) 一般跟单信用证是受益人提交相符单据证明其已经履行了合同义务时,开证行才支付信用证规定的款项;备用信用证则是受益人提供证据证明债务人未能履行其合同义务时,开证行才支付信用证下的款项。

(2) 一般跟单信用证总是以进口方(买方)作为开证申请人,以出口方(卖方)作为受益人;而备用信用证的开证申请人与受益人则没有这么分明,它既可以是进口方也可以是出口方。

(3) 一般跟单信用证的开证行总是乐意按信用证的规定向受益人支付信用证项下的款项,因为这表明合同双方的合同得以正常履行;而备用信用证的开证行总是不希望按照信用证的规定向受益人作支付,因为这样就表明买卖双方的交易出现了问题。

六、信用证的开立形式

按照信用证传递的方式来分类,信用证可以分为信开信用证(Credit Opened by Airmail)和电开信用证(Credit Opened by Teletransmission)。按此分类,信用证有两种开立形式:信开本和电开本。

(一) 信开信用证

信开信用证是以邮寄方式开立的信用证。开证行使用印就的信函格式按照开证申请书缮制信用证,然后将完整的正本信用证空邮寄给通知行,请该行通知受益人。

使用这种方式开立信用证,开证行与通知行事先应建立代理行关系,互换签字样本和密押,通知行可凭此核对信开证上的开证行签字,从而表面上确认信用证的真伪。

这种信用证因传递速度慢,故难以适应经济全球化所要求的快捷便利,因此,随着电报、电传、传真及网络电讯方式的出现,这种信用证在业务中现已很少使用。

(二) 电开信用证

电开信用证是以电讯方式开立的信用证,包括用电传(by telex)、海缆电报(by cable)、普通电报(by telegram)或用SWIFT等各种电讯方式将信用证传递给通知行,经通知行核押相符,将信用证通知受益人。

电开信用证通常可以分为三种:简电开、全电开和SWIFT开证。

1. 简电开

简电开(Brief Cable)是指仅列明内容梗概的信用证开立通知书。业务中,开证行将欲开立的信用证主要内容,如受益人名址、开证申请人名址、信用证金额、信用证号码、货物名称、数量、价格、装运期、信用证有效期等预先通告通知行,详细条款将另外邮寄通知行。按照《跟单信用证统一惯例》(UCP600)第十一条 a 款的规定,以电讯声明"详情后告"(或类似用语)或声明以邮寄确认书为有效信用证或修改,则该电讯不被视为有效信用证或修改。

由于其内容简单,无法律效力,不能作为交单议付的依据,因此《跟单信用证统一惯例》(UCP600)第十一条 b 款明确规定,开证行只有在准备开立有效信用证或作出有效修改时,才可以发出关于开立或修改信用证的初步通知(预先通知)。开证行作出该预先通知,即不可撤销地保证不迟延地开立或修改信用证,且其条款不能与预先通知相矛盾。

之所以开证行会以这种方式发出预先通知,主要是开证条件没有成就(如开证申请人保证金未到位、外汇额度未批准等),同时开证申请人又想让受益人的备货有所依据。

2. 全电开

全电开(full cable/telex)是指开证行以电讯方式开证,把信用证的全部条款传达给通知行。全电开本本身就是一个内容完整的信用证,因此其本身就是一个完整的、生效的信用证,无须另寄证实书。因此《跟单信用证统一惯例》(UCP600)第十一条 a 款明确规定,以经证实的电讯方式发出的信用证或信用证修改即被视为有效的信用证或修改文据,任何后续的邮寄证实书应被不予理会。

3. SWIFT 开证

SWIFT 信用证是指凡通过 SWIFT 系统开立或予以通知的信用证。

【知识链接 11-5】SWIFT

SWIFT 是"Society for Worldwide Interbank Financial Telecommunication"(全球银行金融电讯协会)的简称,1973 年成立于比利时布鲁塞尔,在荷兰的阿姆斯特丹和美国的纽约分别设有交换中心。该组织设有自动化的国际金融电讯网,专门从事传递国际非公开性的金融电讯业务,其成员可以通过该电讯网办理包括信用证业务在内的金融业务。目前,该组织已有 1000 多家成员银行。我国的中国银行、中国农业银行、中国工商银行、中国建设银行、交通银行、中信实业银行等已成为全球银行金融电讯协会的会员。在国际结算中,SWIFT 信用证是正式的、合法的、被信用证各当事人所接受的、国际通用的信用证。

采用 SWIFT 信用证必须遵守 SWIFT 使用手册的规定,使用 SWIFT 手册规定的代码(Tag),而且信用证必须遵循国际商会 2007 年修订的《跟单信用证统一惯例》各项条款的规定。

目前,开立 SWIFT 信用证的格式代号为 MT700 和 MT701,如对开出的 SWIFT 信用证进行修改,则采用 MT707 格式。另外,MT710 和 MT711 用于通知由第三家银行开立的跟单信用证,MT720 和 MT721 用于跟单信用证的转让,MT730 用于通知行确认收到信用证,MT732 用于单据已被接受的通知,MT734 用于拒付通知,MT750 用于通知不符点,MT752 用于授权付款、承兑或议付。在本书,重点介绍 MT700 和 MT701 电文格式。

MT700/MT701 报文是用于开证行开立信用证的,用来列明开证行开立的跟单信用证的条款(内容)。

七、信用证的主要内容

(一) 信用证的主要内容

信用证的内容因其种类不同而有所差别,也无统一的格式,但其主要内容一般都包括以下内容:

(1) 对信用证本身的说明:信用证的种类、性质、信用证号码、开证日期、有效期和到期地点、交单期限等。

(2) 对汇票的说明:汇票的出票人、受票人、受款人、汇票金额、付款期限等。

(3) 对装运货物的说明:货物名称、规格、数量、单价等。

(4) 对运输事项的说明:装运港(地)、目的港(地)、可否分批、可否转运等。

(5) 对单据的说明:要求提交的单据种类、单据缮制要求等。

(6) 其他事项:开证行对指定银行的指示条款、开证行保证付款的承诺文句等。

(二) SWIFT 信用证的内容

下面以 SWIFT 信用证为例,介绍一下 SWIFT 信用证的内容。

1. SWIFT 报文的构成

SWIFT 报文由 FIELD(场,项目)组成,每一种报文格式(MT,Message Type)规定由哪些 FIELD 组成,每一个 FIELD 又严格规定由多少字母、多少数字或多少字符组成。在组成 SWIFT 报文的 FIELD 中,有些是必不可少的,称为必选项目(Mandatory Field),用"M"表示;有些是可以根据业务需要确定是否选用,称为可选项目(Optional Field),用"O"表示。

从内容上看,每一个 FIELD 都由三部分组成:代码(Tag)、名称(Field Name)、内容(Comtent)。

2. MT700/MT701 报文介绍

(1) MT700 报文介绍:

27:SEQUENCE OF TOTAL

如果跟单信用证的内容能全部容纳在一个 MT700 报文中,则该项目内填"1/1"。如果跟单信用证的内容不能全部容纳在一个 MT700 报文中,系统会自动生成另外一份 MT701 报文,该信用证就由一份 MT700 报文和一份 MT701 报文组成,那么在 MT700 报文的"27"中填"1/2",在 MT701 报文的"27"中填"2/2"。如果信用证由一个 MT700 报文和多个 MT701 报文组成,则依次类推。

40A:FORM OF CREDIT

跟单信用证的类型。常见有下列几种:IRREVOCABLE(不可撤销的信用证)、IRREVOCABLE TRANSFERABLE(不可撤销的可转让的信用证)、IRREVOCABLE STANDBY(不可撤销的备用信用证)等。

20:DOCUMENTARY CREDIT NUMBER

跟单信用证的号码。

23：REFERENCE TO PRE-ADVICE

预先通知编号。如果采用 MT700 格式开立的信用证预先通知过,此项目填"PREADV/预先通知编号"。

31C：DATE OF ISSUE

信用证开立的日期。信用证如无此项,则以电文的发送日期为开证日期。注意:SWIFT 信用证中日期的特别规定,格式为 YYMMDD。

40E：APLLICABLE RULES

信用证的适用规则。在以下代码中根据具体情况选择其中之一:

UCP LATEST VERSION

EUCP LATEST VERSION

UCPURR LATEST VERSION

EUCPURR LATEST VERSION

ISP LATEST VERSION

OTHER

51A：APPLICANT BANK

开证申请人的银行。指的是开证申请人的开户银行。如果开证申请人的银行和本信用证的开证行不是同一家银行,则使用该项目列明开证申请人的银行。

31D：DATE AND PLACE OF EXPIRY

信用证最迟交单日和交单地点。交单地点一般为受益人所在地,以方便受益人交单。

50：APPLICANT

信用证的开证申请人。应列明其全称和详细地址。

59：BENEFICIARY

信用证的受益人。应列明其全称和详细地址。

32B：CURRENCY CODE,AMOUNT

信用证的货币代码和金额。

39A：PERCENTAGE CREDIT AMOUNT TOLERANCE

信用证金额上、下浮动的允许范围。用百分比表示,格式是"2n/2n"。如"10/10",表示允许上、下浮动各不超过 10%。"/"前面的数值表示允许向上浮动的比例,"/"后面的数值表示允许向下浮动的比例。

39B：MAXIMUM CREDIT AMOUNT

信用证金额最高限额。该项目必须填"NOT EXCEEDING"后跟金额,以进一步确认跟单信用证的金额最高限额。

注意:39A 和 39B 不能在同一个信用证中同时出现。

39C：ADDITIONAL AMOUNTS COVERED

信用证所涉及的金额。包括保险费(insurance)、运输费(freight)、利息(interest)等。

41A：AVAILABLE WITH...BY...

信用证指定的银行及其对该信用证的兑付方式。银行表示方法:当代号为"41A"时,用 SWIFT 名址码(银行的 SWIFT 码)表示；当代号为"41D"时，用行名地址表示。信用证的兑付方式主要有以下几种：BY PAYMENT、BY ACCEPTANCE、BY NEGOTIATION、BY DEF PAYMENT、BY MIXED PYMT，根据信用证情况择其一。

42C：DRAFTS AT..
信用证项下汇票的付款期限。

42A：DRAWEE
信用证项下汇票的付款人。必须与 42C 同时出现。汇票付款人必须是银行。如果要求以开证申请人为付款人的汇票，应列在 46A 中。

42M：MIXED PAYMENT DETAILS
混合付款细节。该项目应列明混合付款信用证下的付款日期、金额及其确定的方式。

42P：DEFERRED PAYMENT DETAILS
延期付款细节。该项目应列明延期付款信用证下的付款日期或其确定的方式。

43P：PARTIAL SHIPMENT
货物是否允许分批装运。表示在信用证下的货物是否允许分批装运。

43T：TRANSSHIPMENT
货物是否允许转运。表示在信用证下的货物是否允许转运。

44A：PLACE OF TAKING IN CHARGE/DISPATCHFROM.../PLACE OF RECEIPT
接受监管地/发运地/收货地。用来表明应在运输单据上显示的接受监管地(如为多式运输单据)、收货地(如为公路、铁路或内河运输单据或快件或速递单据)或发运地或装运地。与 44B 对应使用。

44E：PORT OF LOADING/AIRPORT OF DEPARTURE
装运港/出发地机场。用来表示在运输单据上显示的装运港(海运)或出发地机场(空运)。与 44F 对应使用。

44F：PORT OF DISCHARGE/AIRPORT OF DESTINATION
卸货港/目的地机场。用来注明应在运输单据上显示的卸货港(海运)或目的地机场(空运)。与 44E 对应使用。

44B：PLACE OF FINAL DESTINATION/FOR TRANSPORTATION TO .../PLACE OF DELIVERY
最终目的地/运往……/收货地。用来注明应在运输单据上显示的最终目的地或交货地。与 44A 对应使用。

44C：LATEST DATE OF SHIPMENT
最迟装运日期。不能与 44D 同时出现。

44D：SHIPMENT PERIOD
装运期。列明装船、发运或接受监管的日期。不能与 44C 同时出现。

45A：DESCRIPTION OF GOODS AND/OR SERVICES
货物/劳务描述。FOB、CIF 等价格条款(贸易术语)应列在该项目中。

46A：DOCUMENTS REQUIRED
信用证要求受益人提交的单据。若信用证规定运输单据的最迟出具日期应和相关单据在该项目中一并列明。在此处,是具体描述开证申请人要求受益人提供的单据的种类、份数及对单据缮制的要求。如 BENEFICIARY'S MANUALLY SIGNED INVOICES IN 8 FOLD CERTIFYING MERCHANDISE TO BE OF CHINA ORIGIN N IMPORTED AGAINST LCAF NO. 4142 ISSUED UNDER BONDED WARE HOUSE LICENCE SYSTEM N SALES CONTRACT NO.BGL/VTR/S09/01-19.

47A: ADDITIONAL CONDITIONS

附加条款。该项目应列明信用证的附加条款,主要是对单据缮制、不符单据的处理、信用证有关问题的操作要求等。如 THE NUMBER AND THE DATE OF THE CREDIT, OUR REF. BB08/5377 AND THE NAME OF OUR BANK MUST BE QUOTED IN ALL DOCUMENTS.

71B: CHARGES

费用承担。用来说明在信用证业务中产生的银行费用由受益人承担。如果该项目出现在报文中,只表示费用由受益人承担。若报文中无此项目,则表示除议付费、转让费外,其他费用均由开证申请人承担。ALL BANK CHARGES OUTSIDE BANGLADESH INCLUDING REIMBURSEMENT CHARGES ARE ON BENEFICIARY'S A/C.

48: PERIOD FOR PRESENTATION

单据提交的期限。该项目列明在装运日后多少天内交单。如"15 DAYS FROM THE DATE OF SHIPMENT BUT WITHIN THE VALIDITY OF THE CREDIT."。如报文中未有此项目,则装运期默认是21天。

49: CONFIRMATION INSTRUCTION

开证行给收报行的保兑指示。必须从下列三种代码中选择其一填在该项目中:CONFIRM、MAY ADD、WITHOUT。

53A: REIMBURSING BANK

偿付行。列明开证行授权偿付跟单信用证金额的银行。该偿付行既可以是发报行或收报行的分行,也可以是发报行或收报行之外的另一家的银行。

下列情况例外,即当信用证是议付信用证,发报行与收报行之间存在单向直接账户关系时,该账户币别与信用证币别相同,如果报文中没有出现这一项目,则表示该账户关系将被用来偿付。

78: INSTRUCTIONS TO THE PAYING /ACCEPTING/NEGOTIATING BANK

开证行给指定银行(付款行/承兑行/议付行)的指示,常常包括寄单方式、索偿指示等内容。

57A:'ADVISE THOUGH' BANK

通知行。如果信用证须通过收报行以外的另一家银行来通知或加具保兑后交给受益人,本项目填该银行。

72: SENDER TO RECEIVER INFORMATION

发报行给收报行的指示。常见语有:/BENCON/:要求收报行通知发报行受益人是否接受该信用证的修改。/PHONBEN/:请电话通知受益人(列出受益人的电话号码)。/TELEBEN/:用快捷有效的电讯方式通知受益人。

(2) MT701 报文介绍：

相比较 MT700 报文，MT701 报文内容相对简单得多。主要是以下几个 FIELD：

27：SEQUENCE OF TOTAL 报文页次。

20：DOCUMENTARY CREDIT NUMBER 跟单信用证的号码。

45B：DESCRIPTION OF GOODS AND/OR SERVICES 货物/劳务描述。

46B：DOCUMENTS REQUIRED 信用证要求受益人提交的单据。

47A：ADDITIONAL CONDITIONS 附加条款。

八、信用证的审核与修改

（一）信用证的审核

信用证项下要求做到"单证相符"，开证行才会履行付款的义务。因此，出口商从通知行得到开证行开出的信用证后，必须认真审核，这是做到"单证相符"的重要的一环。

1. 信用证审核的依据

审核信用证，要以下资料作为依据和标准：

（1）合同。合同是信用证的基础，是审核信用证的最主要的依据。

（2）信用证适用的规则。如国际商会《跟单信用证统一惯例》。

（3）出口国家对外贸易有关法律法规政策。

（4）出口方的业务能力。

2. 信用证审核的内容与重点

在我国实际业务中，审核信用证工作由两部分组成。一是我国银行作为通知行对信用证的审核；二是我国出口企业对信用证的审核。

（1）银行对信用证的审核。在实际业务中，银行主要侧重于对开证行的政治背景、资信状况、付款责任、索汇路线及信用证的真伪等进行审核。具体包括以下几个方面的内容：A.政策审核。主要审核信用证的各项内容是否符合我国对外贸易的有关法律法规和方针政策的规定，是否有歧视性内容等。如有，则应要求修改信用证。B.对信用证性质与开证行付款责任的审核。为保证我方安全收汇，信用证应是不可撤销的，而且不可有限制性条款或保留条款，否则应要求修改信用证。C.对开证行的审核。主要审核开证行所在国家的政治经济状况、开证行的资信及经营作风等。如果开证行资信欠佳，则应寻求保兑等适当的保全措施。

（2）出口企业对信用证的审核。除了对银行审核内容须要作复核性审核外，出口企业应重点审核信用证如下内容：

A. 信用证金额与币别。应审核信用证金额是否与合同金额一致，大小写是否一致。特别要注意，如果合同中有溢短装条款规定时，信用证金额应包括溢装部分金额。还要审查信用证使用的货币是否与合同规定的货币相一致。

B. 货物条款。应审核信用证中的商品品名、品质、规格、数量、包装等内容与合同规定是否一致。

C. 装运期、有效期和到期地点。信用证的装运期应与合同规定一致,有效期应考虑出口方缮制单证所需时间,一般应规定在装运期后 7~15 天,而对于到期地点,则一般应规定在出口方国家,一般不应接受国外到期的信用证,以免造成工作被动。

D. 开证申请人、受益人。应注意审核开证申请人和受益人的名称、地址是否正确。

E. 单据要求。主要应审核信用证中要求提供的单据种类、份数、缮制要求等,如发现有己方难以办到的要求或者其他不正常的规定,应要求修改信用证。

F. 其他运输、保险、商检等条款。应着重审核信用证中关于分批装运、转运、保险加成、保险险别等是否与合同规定一致。

G. 附加条款。应本着对己方无害的原则,审核信用证中超出合同规定的内容,对己方有害的一定要要求修改信用证,尤其是对"软条款"的认真审核和修改。

【知识链接 11-5】软条款

软条款是指在信用证中出现的可能导致业务难以进行下去或者进行下去将严重损害受益人利益的内容。例如,要求货物装运前由买方派人检验合格出具检验证明才能装运、要求在装船后将一份正本提单径寄开证申请人、给信用证设置生效条件等等。软条款有时看起来是正当要求,尤其是在市场发生变动、开证申请人或买方的经营出现问题时,因此受益人应当慎之又慎地审核信用证。

(二) 信用证的修改

经过审证,出口企业对发现的信用证和合同等不符之处,应认真考虑,区别对待。对于己方不能接受的,一定要及时向开证申请人提出修改要求,并在收到改证通知确定无误后才能办理发货等事宜。而对于那些不改对己方也无害或者没有影响的内容,则也可不做修改。

要求开证申请人改证时,对所要修改的内容,尽可能在一次申请中全部提出,避免多次改证。对通知行转递来的同一修改通知书,出口企业只能全部接受或者全部拒绝,不能只接受其中的一部分。

要求改证,需要通过开证申请人。这样,出口企业就必须向开证申请人发送一份改证函。一份规范的改证函,通常包括如下几个方面的内容:感谢对方及时开来信用证;列明信用证中不符及不能接受之处,说明如何改正;感谢对方的合作,并委婉催促对方尽早改证。

【示例 11-5】信用证修改函

Dear Mr.SMITH,

We have today received your letter of credit. Thank you for your prompt issuing.

However, after we have checked the L/C carefully, we found the following discrepancies, so we request you to make the following amendments:

1. FORM OF DOC. CREDIT should be IRREVOCABLE, not REVOCABLE.

2. PROFORMA INVOICE No. is 20200329, not 20200339.

3. PARTIAL SHIPMENT should be NOT ALLOWED, not ALLOWED.

4. TRANSSHIPMENT should be ALLOWED instead of NOT ALLOWED.

5. AMOUNT should be CURRENCY USD 21 892.00, not CURRENCY EUR 21 892.00.
6. DRAFT should be paid AT 30 DAYS AFTER SIGHT instead of AT SIGHT.
7. PRICE TERMS should be FOB SHANGHAI, not FOB BARCELONA.

Please confirm the amendments by telex, so that we may arrange shipment accordingly. Thank you.

Yours faithfully,
SHANGHAI TOOL IMPORT & EXPORT CO., LTD
Zhaoyun
April 06, 2020

九、信用证业务一般流程

信用证种类不同，业务流程也有差异，但大多都包含有以下几个先后相继的环节：
(1) 进、出口双方签订外贸合同。
(2) 进口商作为开证申请人向开证行(进口方所在地银行)申请开立信用证。
(3) 开证行(进口方所在地银行)将信用证开抵通知行(出口方所在地银行)。
(4) 通知行(出口方所在地银行)向出口商通知信用证。
(5) 出口商审核信用证。
(6) 出口商备妥信用证项下单据，提交交单行(出口方所在地银行)。
(7) 交单行(出口方所在地银行)缮制交单面函，将单据寄交开证行请求付款。
(8) 开证行审核单据无误后，向交单行付款。
(9) 开证行向交单行付款后，通知开证申请人付款赎单。
(10) 开证申请人审单无误付款后，取得单据。

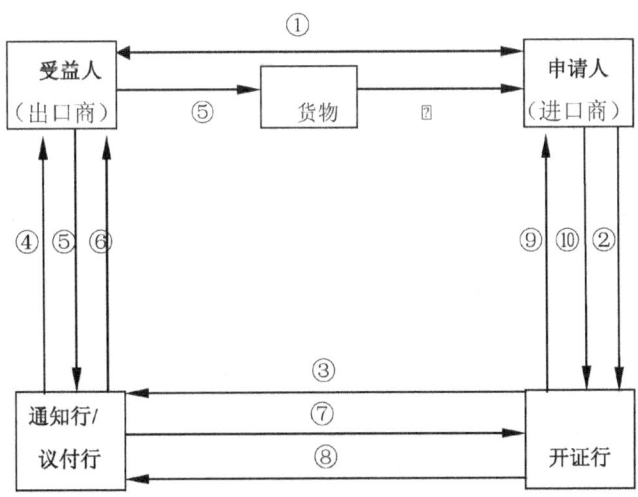

即期议付信用证业务程序

本章小结

本章国际货款的结算主要包括结算工具和结算方式等内容。货款的结算必须通过各种结算工具的传送来实现。结算工具主要是各种票据(汇票、本票和支票),在国际贸易中使用最多的为汇票。

国际货款结算中常用的结算方式主要包括汇付、托收和信用证等三种。其中汇付和托收建立在商业信用基础上,而信用证方式属于银行信用。这三种结算方式各有优缺点,交易双方应当掌握必要的国际结算知识,避免不必要的收汇风险,高质量地完成外贸业务。

本章重要概念

汇付　电汇　票汇　托收　跟单托收　D/P　D/A　信用证　即期信用证　远期信用证　假远期信用证　议付信用证　承兑信用证　保兑　议付

本章推荐阅读材料

1.《跟单信用证统一惯例(UCP600)》
2.《托收统一惯例(URC522)》

本章思考题

一、问答题

1. 信用证业务的特点是什么?
2. 简述信用证业务的一般流程。
3. 如何理解信用证付款的有条件性?
4. 如何理解汇票是无条件付款命令?
5. 为什么说信用证是一种银行信用?

二、案例分析题

1. 我某轻工进出口公司向国外客户出口某商品一批,合同中规定以即期不可撤销信用证为付款方式,信用证的到期地点在我国,为保证款项的收回,应议付行的要求,我商请香港某银行对中东某行(开证行)开立的信用证加以保兑。在合同规定的开证时间内,我方收到通知行(议付行)转来的一张即期不可撤销保兑信用证。我公司在货物装运后,将有关单据交议付银行议付。不久接保兑行通知:由于开证行已破产,我行将不承担该信用证的付款责任。试分析保兑行的做法是否正确。

2. 上海 A 公司与美国 B 公司以 CIF 术语、D/P at 45 days after sight 条件签订一份买卖合同。美国 B 公司要求指定纽约 D 银行为代收行,我方同意了对方的要求。A 公司按合同规定准时装运货物,并通过上海 C 银行为托收行办理托收业务。货到美国后由于汇票还没有到期,B公司出具T/R(信托收据)把全套单据从代收行借出并顺利提货。待汇票期满提示B公司付款时,B公司已经宣布破产,导致A公司货款没能收回。试分析:(1)在此案例中D银行是否应承担责任,为什么?(2)我方在办理托收环节存在什么过失?(3)根据本案例分析出口方采用远期付款交单结算的风险。

3. 我国A公司以CIF条件、不可撤销即期议付信用证方式与某国B公司订立一份总值50万美元的出口合同。B公司通过当地银行开来的不可撤销即期议付信用证规定:"受益人须提供由申请人签字的检验证书,证明货物已经在装运前检验完毕",并要求"1/3套正本海运提单在装运后须直接邮寄给申请人"。货物在装运前经B公司的代表检验,但A公司在交单时B公司还未签发检验证书,不得已只能采用担保方式向议付行议付。单据寄到开证行,遭到拒付,但我A公司认为未提交检验证书的责任在于B公司,坚持要求开证行付款。货物到达目的港后,B公司凭我方寄去的正本提单将货物提取,并以此批货为筹码,对A公司前几次交货的质量提出索赔要求。经双方多次谈判,时隔半年B公司才付款,A公司还被迫减价6万美元。试分析:(1)开证行拒付是否合理,为什么?(2)A公司在该笔交易中存在哪些问题?

4. 我国A出口公司在广交会上结识了美国的B公司,该公司表示有意订购大批商品,但提出采用汇付中的货到付款方式结算货款。此时,在A公司内部就货款结算方式产生不同的意见,一些业务员认为货到付款的风险较大,对B公司的资信不够了解,不宜轻易采用,主张使用信用证方式;有些人认为汇付方式手续简便,费用低廉,而信用证方式复杂且成本较高;还有一部分业务员认为可以采用托收方式成交。试分析如果你是A公司的业务员,应如何选择恰当的结算方式?

5. 2020年3月15日,我国A出口公司委托中国银行办理一笔托收业务,付款条件为D/P at sight,金额为55 000美元。托收行按A公司的要求将全套单据寄给美国一家代收行。单据寄出5天后,A公司声称美国进口商要求将D/P at sight改为D/A at 45 days after sight,中国银行按A公司的要求发出了修改指令,此后一直未见代收行发出承兑指令。10月20日,中国银行收到代收行退回的单据,发现3份正本提单只剩2份。A公司通过美国有关机构了解到,货物已经被进口商提走。中国银行据理力争,要求代收行要么退回全部单据,要么承兑付款,但是代收行始终不予理睬,最终货款没有收回。试分析我方应当吸取的教训。

6. 我国天津光明进出口公司从国外艾维斯公司进口一批货物,合同规定分两批装运,结算方式为不可撤销议付信用证,每批分别由中国银行天津分行开立一份信用证。第一批货物装运后,艾维斯公司在有效期内向银行交单议付,议付行审单后,未发现不符点,即向该商议付货款,随后开证行对议付行作了偿付。光明公司在收到第一批货物后,发现货物品质严重不符合同规定,因此要求开证行对第二批货物的单据拒绝付款,但遭到开证行的拒绝。试分析开证行这样做是否合理,为什么?

7. 我国A公司收到新加坡某银行开来的信用证,金额为10万美元,目的港为新加坡。证中有下述条款:(1)检验证书于货物装运前签发并须由开证申请人授权的签字人签字;(2)货物只能待开证申请人指定船只并由开证行给通知行加押电通知后装运。试分析该信用证是否可以接受?

本章主要参考文献

[1] 国际商会.ICC 跟单信用证统一惯例(2007 年修订本)[M].北京:中国民主与法制出版社,2006.

[2] 国际商会.托收统一规则(522)[M].北京:中国民主与法制出版社,2003.

第十二章 国际贸易争议的处理

【教学目的】

通过本章学习,要求学生了解商品检验的意义和主要内容,理解检验条款,掌握索赔与理赔的概念,理解索赔条款,掌握不可抗力的概念,理解不可抗力条款,掌握仲裁的基本概念,仲裁协议的性质与作用,理解仲裁条款。

【导入案例】进口未报检退运

2019年9月,马鞍山海关对某企业申报的2批次进口的旧机电产品实施目的地检验。马鞍山海关关员现场检验时发现,企业所申报的旧打线机和旧打印机为列入《进口旧机电产品检验监管措施清单》中需实施装运前检验的旧机电产品,企业未按规定实施装运前检验。对该批货物,该关出具《检验检疫处理通知书》,责令进口企业实施退运处理。

这是一起由于企业不了解国家对旧机电产品进口的管理要求,导致违规进口的典型案例。旧机电产品的适量进口,作为我国部分产业发展过程中的有益补充,能弥补国内相关技术和设备的空白,促进承接产能转移,推动产业结构转型升级,近年来进口量一直较为稳定。但旧机电产品本身也容易出现电气安全、污染、耗能等隐患,是产品安全风险和贸易风险较高的商品。海关依法对进口旧机电实施强制性检验,将不符合我国法律法规和技术规范要求的旧机电产品拒于国门之外,防止不符合要求的旧机电产品违法违规越境转移。《进口旧机电产品检验监督管理办法》(原国家质量监督检验检疫总局令第171号公布,经海关总署令第243号修改)第二十六条:"进口国家允许进口的旧机电产品未按照规定进行装运前检验的,按照国家有关规定予以退货"和第三十一条:"进口国家禁止进口的旧机电产品,应当予以退货或者销毁"。海关提醒收用货单位,如不掌握进口旧机电产品检验要求、不熟悉检验流程,可登录海关"进口旧机电产品质量安全管理信息服务平台"(http://jjd.customs.gov.cn/),通过录入拟进口产品信息获取相应的检验监管方式提示,避免出现违规进口情事。

第一节　商品的检验

一、商品检验的意义

国际贸易商品检验（Commodity Inspection）简称商检，是指商品检验机构对卖方拟交付或已交付货物的品质、规格、数量、重量、包装、卫生、安全等项目所进行的检验、鉴定并出具证书的工作。

根据各国的法律、国际惯例及国际公约规定，买方有权对所收到的货物进行检验，如发现货物不符合合同规定，而且确属卖方责任，买方有权要求卖方损害赔偿或采取其他补救措施，甚至可以拒收货物。商品检验工作是国际货物买卖中交易双方交接货物必不可少的业务环节，检验条款也是国际贸易合同中的一项重要条款。

二、商品检验的时间和地点

（一）出口国检验

1. 产地（或工厂）检验

由卖方检验人员会同买方检验人员对货物进行检验，卖方只对商品离开产地前的品质负责。离开产地后运输途中出现的风险，由买方负责。

2. 装运港（地）检验

出口货物在装运港装船前，以双方约定的装运港检验机构验货出具检验证书。这种规定，称为以离岸品质和离岸重量为准。

（二）进口国检验

1. 目的港（地）检验

货物到目的港（地）卸离运输工具后，由双方约定的商检机构检验，出具检验证书。这种规定，称为以到岸品质和到岸重量为准。

2. 买方营业处所或者用户所在地检验

对于精密包装的货物，或者规格复杂、精密度高的货物，不能在使用之前拆开包装检验，或须要安装调试后才能检验的产品，可以将检验推迟到买方营业处所，由双方认可的检验机构检验再出具检验证书。

（三）出口国检验，进口国复验

按照这种做法，出口国商检机构出具的检验证书作为卖方交货和议付货款的凭证之一,同时允许货物到目的地后,买方有复验权,如发现货物的品质或数量与合同规定的不符而责任属于卖方,买方可以根据检验机构出具的复验证明,向卖方提出异议,并作为索赔的依据。

这种方法在一定限度上协调了买卖双方在检验问题上的矛盾,符合国际贸易习惯和法律规则,因此被大多数国家广泛应用,在我国国际贸易业务中也是最为常用的。

(四) 装运港检验重量,目的港检验品质

这种规定,货物由装运港商检机构检验货物的重量并出具检验证书为最后依据,以目的港检验机构检验货物的品质并出具的品质检验证书为最后依据。这种做法可以调节买卖双方检验环节上的矛盾,这种做法多用于大宗商品交易的检验中。

三、商品检验机构

在国际货物买卖中,交易双方除了自己对货物进行必要的检验外,通常还要委托买卖双方之外的第三方对货物进行检验。国际贸易中的商品检验工作主要有以下机构来完成。

(1) 官方检验机构:指由国家或地方政府投资,按照国家有关法律对出入境商品实施检验、鉴定和监督管理的机构。

我国海关总署主管全国进出口商品检验工作。海关总署设在省、自治区、直辖市以及进出口商品的口岸、集散地的出入境检验检疫机构,管理所负责地区的进出口商品检验工作。

(2) 非官方检验机构:由私人或同行工会、协会等开设的检验公司、公证人、公正行或鉴定公司。目前国际上比较著名的有权威性的检验机构有:中国检验认证集团(CCIC)、瑞士通用公证行(SGS)、英国英之杰检验集团(IITS)、加拿大标准协会(CSA)等。

【知识链接12-1】瑞士通用公证行(SGS)

1887年创建,世界最大、资格最老的民间第三方从事产品质量控制和技术鉴定的跨国公司。总部日内瓦,在世界各地共有95 000多名员工,分布在2400多个分支机构和实验室,构成了全球性的服务网络。

目前有142个国家的政府,委托SGS对进口货物实施CISS,即由SGS在货物出口国办理货物装船前的验货、核定完税价格(或结汇价格)、税则归类(HS制度)、执行进口管制规定(如申领进口许可证件等)等。SGS通标标准技术服务有限公司由SGS集团和隶属于国家质检总局系统的中国标准科技集团共同于1991年成立,现已在全国建成了78个分支机构和150多间实验室,拥有15 000多名训练有素的专业人员。

四、检验证书的种类和作用

(一) 检验证书的种类

检验证书是检验机构对进出口商品进行检验、鉴定后签发的书面证明文件。国际贸易中的主要检验证书的种类:

品质检验证书(Inspection Certificate of Quality):证明商品的品质、规格等。

重量检验证书(Inspection Certificate of Weight):证明货物重量情况。

数量检验证书(Inspection Certificate of quantity):证明货物内包装的数量或件数情况。

兽医检验证书(Veterinary Inspection Certificate):主要证明动物产品的卫生检疫情况。

卫生检验证书或者健康检验证书(Sanitary Inspection Certificate)主要证明商品在加工过程中的卫生情况,或证明动物产品在屠宰前疫区和疫情情况,是否符合卫生标准,是否适合人类食用。

产地检验证书(Inspection Certificate of Origin)包括:一般原产地证、限制禁运产地证、野生动物制品产地证、普惠制产地证,都是证明产地用,用于进口国通关和享受优惠减免待遇的证明。

(二) 检验证书的作用

商检机构针对不同商品的不同检验项目出具不同的检验证书,这些检验证书的主要作用:

检验证书是证明卖方所交货物的品质、数量、包装以及卫生条件等方面是否符合规定的依据。

检验证书是海关验关放行的依据。属于法定检验范围的商品,必须向海关提供商检机构签发的检验证书,否则,海关不予放行。

检验证书是卖方办理结算的依据。当规定在出口国检验、进口国复验时,卖方在向银行办理货款结算时,所提交的单据中,必须包括检验证书。

检验证书是办理索赔和理赔的依据。若买方收到的货物经指定的商检机构检验与合同规定不符合,买方可以在合同规定的索赔有效期内,凭指定的商检机构签发的检验证书向有关责任方提出索赔。

五、订立进出口商品检验条款的注意事项

(1) 品质条款应定得明确、具体,不能含糊其词、模棱两可,致使检验工作失去确切依据而无法进行,或只能按照不利于出口人的最严格的质量标准检验。

(2) 凡以地名、牌名、商标表示品质时,卖方所交合同货物既要符合传统优质的要求,又要有确切的质量指标说明,为检验提供依据。

(3) 出口商品的抽样、检验方法,一般均按中国的有关标准规定和商检部门统一规定

的方法办理,如买方要求使用他的抽样、检验方法时,应在合同中具体定明。

(3) 对于一些规格复杂的商品和机器设备等进口合同,应根据商品的不同特点,在条款中加列一些特殊规定,如详细具体的检验标准、考核及测试方法、产品所使用的材料及其质量标准、样品及技术说明书等,以便货到后对照检验与验收。

第二节 争议与索赔

国际贸易业务过程中由于涉及的环节多,履约时间比较长,国际市场变化莫测,交易过程中会产生对当事人不利的变化,致使合同不能较好履行,导致其中的一方当事人遭受损害,从而发生争议,产生赔偿问题。在进出口交易中,涉及国际货物买卖的索赔,一般有三种情况,即货物买卖索赔、运输索赔和保险索赔。本节讲述的是前者,即货物买卖的索赔。

一、争议与索赔的含义

所谓争议(Disputes)是指交易的一方认为对方未能部分或全部履行合同的责任与义务而引起的纠纷。

所谓索赔(Claim)是指遭受损害的一方在争议发出后,向违约方提出赔偿的要求,在法律上是指主张权利,在实际业务中,通常是指受害方因对违约方违约而根据合同或法律提出予以补救的主张。

所谓理赔(Settlement of Claims)是指违约方对受害方所提出赔偿要求的受理与处理。

索赔与理赔是一个问题的两个方面,在受害方是索赔,在违约方是理赔。

交易中双方引起争议的原因很多,大致可归纳为以下三种情况:

(一) 卖方违约

不按合同的交货期交货,或不交货,或所交货物的品质、规格、数量、包装等与合同(或信用证)规定不符,或所提供的货运单据种类不齐、份数不足等。

(二) 买方违约

在按信用证支付方式条件下不按期开证或不开证;不按合同规定付款赎单,无理拒收货物。

(三) 买卖双方均负有违约责任

如合同条款规定不明确,致使双方理解或解释不统一,造成一方违约,引起纠纷,或在履约中,双方均有违约行为。

从违约性质看,争议产生的原因,一是当事人方的故意行为导致违约而引起争议;而是由于当事人一方的疏忽、过失或业务生疏导致违约而引起争议。此外对合同义务的重视不足，往往也是导致违约、发生纠纷的原因之一。

二、不同法律对违约行为的不同解释

（一）英国的法律规定

英国的法律把违约分成违反要件与违反担保两种。所谓违反要件指违反合同的主要条款，受害方有权因此解除合同并要求损害赔偿。违反担保，通常是指违反合同的次要条款，受害方有权因此要求损害赔偿，但不能解除合同。一般认为与商品有关的品质、数量和交货期等条件属于要件，与商品不直接联系的为担保。值得注意的是，英国《货物买卖法》却规定，受害方有权把卖方的违反要件当作违反担保处理，而不把他作为废弃合同的理由。

（二）《联合国国际货物销售合同公约》的规定

1980年《联合国国际货物销售合同公约》把违约区分为根本性违约和非根本性违约。所谓根本性违约是指"一方当事人违反合同的结果，如使另一方当事人蒙受损害，以致实际上剥夺了他根据合同规定有权期待得到的东西，即为根本性违反合同"这种根本违反合同是由于当事人的主观行为造成的，以至于给另一方当事人造成实质性的损害，如卖方完全不交付货物，或买方无理拒收货物、拒绝付款。如果由于当事人不能预知，而且处于相同情况的另外一个通情达理的人也不能预知会发生这种结果，那么就不构成根本性违约。《公约》规定：如果是根本性违约，受害方可以宣告合同无效，并要求损害赔偿。如果是非根本性则不能解除，只能要求损害赔偿。

综上所述，英国《货物买卖法》与《联合国国际货物销售合同公约》对违约的划分是不同的，对违约的法律后果所做的规定却是一致的。然而前者对违约的划分是从合同条款本身来判断的，后者是从违约的后果及其严重程度而确定的。

三、合同中的索赔条款

进出口合同中的索赔条款有两种规定方式，一是异议和索赔条款，另一个是罚金条款。在一般货物买卖合同中，多数只订异议和索赔条款，只有在买卖大宗商品和机械设备一类商品的合同中，除订明异议与索赔条款外，再另定罚金条款。

（一）异议与索赔条款

异议与索赔条款的内容，除规定一方违反合同，另一方有权索赔外，还包括索赔的依据、索赔期限、索赔损失的办法和赔付金额等项。

1. 索赔依据

主要规定索赔必须的证据和出证机构。索赔依据包括法律依据和事实依据两个方面。前者是指贸易合同和有关的国家法律规定;后者则指违约的事实真相及其书面证明,以证实违约的真实性。

2. 索赔期限

这是指不同种类的商品做出合理安排,对有质量保证期限的商品,合同中应加订保证期。保证期可规定一年或一年以上。总之,索赔期限的规定,除一些性能特殊的产品(如机械设备)外,一般不宜过长,以免使卖方承担过重而定索赔方向违约方提出索赔的有效期限,逾期提赔,违约方可不予受理。对索赔期限的起算时间做出具体规定的责任也不宜规定的太短,以免使买方无法行使索赔权,要根据商品性质及检验所需时间多少等因素定,通常有以下四种起算方法:

(1) 货物到达目的港后 ＊＊天算起。
(2) 货物到达目的港卸离海轮后 ＊＊天算起。
(3) 货物到达买方营业处所或用户所在地后 ＊＊天算起。
(4) 货物经检验后 ＊＊天算起。

3. 索赔金额的规定

索赔金额在合同中一般只做笼统的规定,因为违约的情况比较复杂,究竟在哪些业务环节违约和违约的程度如何等,订约时难以预计,因此对于违约的索赔金额也难以确定,所以在合同中不做具体规定。但根据法院以往判决的案例,索赔金额一般包括实际损失加上预期的商业或者生产利润。

应该指出,异议和索赔条款不仅是约束卖方履行合同义务的条款,同时也对买方起约束作用。不论何方违约,受害方都有权向违约方提出索赔。

(二) 罚金条款

当一方未履行合同时,应向对方支付一定数额的约定金额,以补偿对方的损失。罚金亦称"违约金"或"罚则"。罚金条款一般适用于卖方延期交货,或者买方迟延开信用证或延期接货等场合下。罚金数额的大小是以违约时间的长短为转移,并规定出最高限额。

违约金的起算日期有两种计算方法:一种是合同规定的交货期或开证期终止后立即起算;另一种是规定优惠期,即在合同规定的有关期限终止后再宽限一段时间,在优惠期内免于罚款,优惠期届满后起算罚金。卖方支付罚金后并不能解除继续履行合同的义务。

关于合同中的罚金条款,各国在法律上有不同的解释和规定。如大陆法系国家(法、德等国)的法律承认并予以保护;而英美法系国家(英、美、澳、新等国)的法律则一般不承认罚金。我国《合同法》规定:约定的违约金过分高于或低于违反合同所造成的损失时,当事人可以请求仲裁机构或法院予以适当减少或增加。须要注意的是,凡在进出口合同中订有违约金条款者,如卖方延期交货时,即可按规定在货款中扣除该项违约金;凡货款须凭信用证支付的,则应在信用证中做相应的规定,以便有关银行据以收款。

四、索赔和理赔须注意的问题

（一）我方索赔须注意的问题

（1）注重实际，查明责任归属，如属于对方责任，可向对方提出索赔；如是船运公司或者保险人的责任，应向船运公司或者保险人索赔。
（2）必须在合同规定的期限内提出索赔，按《公约》规定，索赔期限为两年。
（3）按合同预先规定的金额提出索赔，或根据实际情况确定适当的金额。
（4）备齐索赔单证，如提单、商业发票、保险单、装箱单、磅码单、商检机构出具的货损检验证书或船长签署的残损证明以及索赔清单。

（二）我方理赔须注意的问题

（1）对方索赔理由是否充足、属实。
（2）对方索赔证件和有关文件是否齐全、清楚、有无夸大损失等。
（3）合理确定赔付办法，如赔付部分货物、退货、换货、补货、赔付一定金额、对索赔货物给予价格折扣或按残损货物百分比对全部货物降价等方法。

第三节　不可抗力

一、不可抗力的含义

不可抗力又称人力不可抗拒（Force Majeure）。它是指在货物买卖合同签订以后，不是由于订约者任何一方当事人的过失或疏忽，而是由于发生了当事人既不能预见和预防，又无法避免和克服的意外事故，以致不能履行或不能如期履行合同，遭受意外事故的一方，可以免除履行合同的责任或延期履行合同。

二、不可抗力的范围

不可抗力的事故范围较广，通常可分为两种情况：

（一）自然力量的事故

通常包括给人类造成灾害的诸多自然现象如水灾、火灾、冰灾、暴风雨、大雪、地震等。

（二）社会力量

主要是因战争、类似战争状况、政府管制或禁令、罢工、民众骚乱等因素所致的不可抗力事件。其中对自然力引起的灾害，国际上的解释比较一致，对于社会原因引起的意外事故，在解释上经常发生分歧。这一方面是由于社会现象比较复杂，解释起来有一定困难，另一方面由于不可抗力是一项免责条款，买卖双方通常主要是卖方都可以援引它来解释自身所承担的合同义务，这种援引多数情况下是扩大不可抗力范围，以减少自己的合同责任。有的卖方除把各种自然灾害列入外，还把生产过程的意外事故、战争预兆、罢工、怠工、货物集运中的事故，以及航、陆运机构的怠慢，未按预定日期出航等等，统统归入不可抗力的范围。因此在交易中应认真分析，区别不同情况，做出不同处理，防止盲目接受。对于一些含义不清或根本不属于不可抗力的范围的事件，如战争预兆、航运公司怠慢等，解释上容易引起分歧，没有确定标准的概念，则不应列入。至于一些属于政治性的事件，如罢工等，可由买卖双方在事件发生时根据具体情况，另行协商解决。

三、不可抗力条件

不可抗力是合同中的一项条款，也是一项法律原则。对此，在国际贸易中不同的法律、法规等各有自己的规定。1980年《联合国国际货物销售合同公约》在其免责一节中做了如下规定："如果他（指当事人）能证明此种不履行义务是由于某种非他所能控制的障碍，而且对于这种障碍没有理由预期他在订立合同时能考虑到或能避免或能克服它或它的后果。"该《公约》指明了一方当事人不能履行义务，是由于发生了他不能控制的障碍，而且这种障碍在订约时是无法预见、避免或克服的，可予以免责。

在英、美、法有合同落空原则的规定，其意思是说合同签订以后，不是由于当事人双方自身的过失，而是由于事后发生了双方意想不到的根本性的不同情况，致使订约目的受到挫折，据此而未履行的合同义务，当事人得以免除责任，否则就构不成合同落空。

在大陆法系国家的活动中有"情势变迁"或"契约失效"原则的规定，其意思也是指不属于当事人的原因而发生了预想不到的变化，致使合同不可能再履行或对原来的法律效力须做相应的变更。不过，法院对于以此原则为理由请求免除履约责任的要求是很严格的。

综上所述，国际贸易中不同法律、法规对不可抗力的确切含义在解释上并不统一，叫法上也不一致，但其精神原则大体相同。主要包括以下三点：

第一，意外事故必须发生在合同签订以后。

第二，不是因为合同当事人双方自身的过失或疏忽而导致的。

第三，意外事故是当事人双方所不能控制的，无能为力的。

四、合同中的不可抗力条款

（一）不可抗力事故的范围

什么样的意外事故构成不可抗力，什么样的意外事故不能构成，买卖双方在磋商交易时应取得一致意见。与此同时，要贯彻国家有关方针政策要求，不能把政策不允许的内容列入不可抗力的范围，防止国外商人用扩大不可抗力范围的办法推卸责任。对不可抗力条款的表述应明确具体，防止笼统含糊，从而造成解释上的分歧，产生不必要的麻烦和损失。

（二）不可抗力的后果

不可抗力事故的后果有两种：一种是解除合同；另一种是延期履行合同。

（三）发生事故后通知对方的期限和方式

按照国际惯例，当发生不可抗力事故影响合同履行时，当事人必须及时通知买方，对方亦应于接到通知后及时答复，如有异议也应及时提出。尽管如此，买卖双方为明确责任起见，一般在不可抗力条款中还规定，一方发生事故后通知对方的期限和方式，例如"一方遭受不可抗力事故后，应以电报通知对方，并应在15天内以航空挂号信提供事故的详情及影响合同履行程度的证明文件。"

（四）证明文件及出具证明的机构

在国际贸易中，当一方援引不可抗力条款要求免责时，都必须向对方提交一定机构出具的证明文件，作为发生不可抗力的证据。在国外，一般由当地的商会或合法的公证机关出具。在我国是由中国国际贸易促进委员会或其设在口岸的贸促会分会出具。

（五）不可抗力条款的规定方法

我国进出口合同中的不可抗力条款，基本上有以下三种规定方法：

1. 概括式规定

由于不可抗力的原因，致使卖方不能全部或部分装运或延迟装运合同货物，卖方对于这种不能装运或延迟装运本合同货物不负有责任。但卖方须用电传或电报通知买方并必须在15天内以航空挂号信件向买方提交由中国国际贸易促进会出具的证明此类事故的证明书。

上述规定，只笼统地指出"由于不可抗力的原因"至于不可抗力的具体内容和范围如何，并未予以说明，难以作为解决问题的证据，也容易被对方曲解、利用。同时由于这种规定过分空泛，缺乏确定含义，一旦发生争议而诉诸司法机构时，该机构也仅能凭当事人的意见进行解释，任意性较大，不利于问题的正确解决。

2. 列举式规定

人力不可抗拒：由于战争、地震、水灾、火灾、暴风雨、雪灾的原因，致使卖方不能全部或部分装运或延迟装运合同货物，卖方对于这种不能装运或延迟装运本合同货物不负有责任。但卖方须用电传或电报通知买方并必须在 15 天内以航空挂号信件向买方提交由中国国际贸易促进会出具的证明此类事故的证明书。

上述规定方法，虽然对于不可抗力事故的范围做出具体规定，但是由于不可抗力事故很多，合同中难以全面确定，一旦遇到未列明的事故时，仍有可能发生争执。

3. 综合式规定

人力不可抗拒：如因战争、地震、水灾、火灾、暴风雨、雪灾或其他不可抗力的原因，致使卖方不能全部或部分装运或延迟装运合同货物，卖方对于这种不能装运或延迟装运或不能履行合同的情形均不负责任。但卖方须用电传或电报通知买方并必须在 15 天内以航空挂号信件向买方提交由中国国际贸易促进会出具的证明此类事故的证明书。上述规定方法，既列明了双方当事人已经取得共识的各种不可抗力事故，又加列上"其他不可抗力原因"这一句，这就为将来如果发生合同未列明的意外事故时，便于双方当事人共同确定是否作为不可抗力事故。因此这种规定方法既明确具体，又有一定的灵活性，比较科学实用。在我国的业务实践中，多采用这一种。

五、援引不可抗力条款应注意的事项

当交易双方援引不可抗力条款要求免责时，我们应按照合同规定严格进行审查，以便确定其所援引的内容是否属于不可抗力条款规定的范围。凡不属于该范围又无双方同意的其他人力不可抗拒事故规定时，不能按不可抗力事故处理。即使有此规定，也应由双方协商。一方不同意时，不能算作不可抗力事故。

援引不可抗力条款的后果时，如果合同中无该项条款规定，则应本着实事求是的精神，弄清情况，确定影响履约的程度，依次来决定是解除履约责任还是延期履行合同。

第四节　国际贸易争议与仲裁

一、解决争议的方式

（一）协商

协商是指发生争议后，由当事人双方直接进行协商，自行解决纠纷。以协商的方式解决纠纷优点是协商气氛友好，在解决双方争议的同时，可以增进彼此理解和了解，有助于促进双方友好发展；协商不需要经过严格的法律程序，节省时间；协商没有第三者参与，有助于有效保护当事人商业秘密。

(二) 调解

调解是发生争议后,双方协商不成功,邀请第三者居间调停。调解本质上和协商没有区别,最终解决办法需要双方当事人意见一致才能成立。

(三) 诉讼

诉讼是一方当事人向法院起诉,控告合同的另一方,一般要求法院判令另一方当事人以赔偿经济损失或支付违约金的方式承担违约责任,也有要求对方实际履行合同义务的。其特点是诉讼是当事人单方面的行为,只要法院受理,另一方就必须应诉。但诉讼方式的缺点在于立案时间长、处理问题慢、费用高和导致双方关系紧张,不利于日后贸易关系的发展。

(四) 仲裁

仲裁又称公断,是指买卖双方在争议发生之前或发生之后,签订书面协议,自愿将争议提交双方所同意的第三者予以裁决,以解决争议的一种方式。与其他解决贸易纠纷的方式相比,仲裁方式具有解决争议时间短、费用低、能为当事人保密、异国执行方便等优点,而且仲裁具有终局性,对双方都具有约束力。在国际贸易中,仲裁是最被广泛采用的一种解决贸易争端的方式。

二、仲裁协议的形式与作用

仲裁协议是双方当事人表示愿意把他们之间的争议交付仲裁解决的一种书面协议,它是仲裁机构或仲裁员受理争议案件的依据。

(一) 仲裁协议的形式及作用

仲裁条款:在争议发生之前订立的,它通常是作为合同中的一项仲裁条款。
仲裁协议:在争议发生之后订立的,它是把已经发生的争议提交仲裁的协议。
这两种形式的法律效力完全相同。如果合同中已经订有仲裁条款,争议发生后提交仲裁时,无须在订立提交仲裁协议。

(二) 仲裁协议的作用

1. 双方当事人只能以仲裁方式解决争议

以仲裁方式解决争议,双方当事人不得向法院起诉。由于已签有仲裁协议,当事人之间一旦发生争议,任何一方不得向法院提起诉讼。如果一方违背仲裁协议,自行向法院起诉,另一方可根据仲裁协议做出抗辩,要求法院停止受理,并将争议案件退回仲裁机构审理。

2. 排除法院对有关案件管辖权

双方当事人不愿将争议提交法院审理时,就应在争议发生前在合同中规定出仲裁条款,以免未来发生争议后,由于达不成仲裁协议而不得不诉诸法庭。这反映出在买卖合同中订立仲裁条款的重要性。

3. 仲裁机构取得对争议案件的管辖权

仲裁协议使仲裁机构和仲裁员取得对有关争议案件的管辖权。一方当事人如将争议案件提交仲裁,而另一方如果在规定的期限内未出庭应诉,则仲裁机构有权进行缺席审理和做出缺席裁决。

三、仲裁条款的主要内容

(一) 仲裁地点的规定

(1) 力争规定在我国仲裁。
(2) 有时规定在被告所在国仲裁。
(3) 规定在双方同意的第三国仲裁。

(二) 仲裁机构的选择

国际贸易中的仲裁,可以由双方当事人在仲裁协议中规定在常设的仲裁机构进行,也可以由当事人双方共同指定仲裁员组成临时仲裁庭进行仲裁。当事人双方选择哪个国家或地区的仲裁机构审理争议,应在合同中明确规定出来。

1. 常设机构

依据国际条约或国内法成立的具有固定组织和地点、固定的仲裁程序规则的常设仲裁机构,国际上影响比较大的专门从事国际商事仲裁的常设机构,如英国伦敦仲裁院、瑞士苏黎世商会仲裁院等。

我国常设仲裁机构是中国国际经济贸易仲裁委员会和海事仲裁委员会。仲裁机构不是国家的司法部门,而是依据法律成立的民间机构。

2. 临时仲裁庭

临时仲裁庭是专门审理指定的争议案件而由双方当事人指定的仲裁员组织起来的,案件审理完毕后即自动解散。

(三) 仲裁程序法的适用

各国仲裁机构都有自己的仲裁规则,要注意的是,其所采用的仲裁规则和仲裁地点并非绝对相同,按照国际仲裁的一般规定,原则上应该采用仲裁地点的仲裁法规,但是在法律上也允许根据双方当事人的约定,采用仲裁地点以外的其他国家(地区)仲裁机构的仲裁规则。在中国仲裁,采用《中国国际经济贸易仲裁委员会仲裁规则》,凡当事人同意将争议提交中国国际贸易仲裁委员会仲裁,均视为同意按照本规则进行仲裁,如果当事人约定适用于其他仲裁规则,并征得仲裁委员会同意的,也可以选择使用其他仲裁规则。

(四)仲裁裁决的效力

仲裁裁决是终局的,双方当事人均有约束力,如败诉方不执行仲裁裁决,胜诉方有权向法院起诉,请求法院强制执行。

(五)仲裁费用的负担

由败诉方承担,也有的规定为由仲裁庭酌情决定。

【知识链接12-2】仲裁和诉讼的区别

仲裁和诉讼的主要区别在以下几个方面:

1. 启动条件不同

仲裁的前提是当事人双方达成仲裁协议,表明自愿将争议提交仲裁机关,没有相关条款,仲裁机构不予受理。而民事诉讼不需要双方协商,只要一方的起诉符合法定条件法院就会受理。如选择了仲裁,就不能到法院进行诉讼,即你自己已放弃了诉讼的权利,所以认为仲裁和诉讼可并存是错误的。

2. 机构不同

仲裁委是由人民政府组织有关部门(法制局)和商会统一组建,其监督机构是中国仲裁协会,其仲裁员大多是律师和政府机构人员兼职从事;法院的机构是国家法律的审判机构。

简单地说,仲裁就是双方当事人在订立合同就约定以后出现纠纷时叫某仲裁机构做"娘舅",一旦裁定对双方都有法律效力,相对于法院这种刀兵相见的地方,仲裁机构还是较为柔和的。

3. 诉讼实行地域管辖和级别管辖,仲裁则实行协议管辖

当事人之间约定仲裁条款或签订仲裁协议时,可以在全国范围内选择确定裁决水平高、信誉好的仲裁机构,当事人有权选择仲裁员。人民法院分为四级,当事人之间发生民事争议,由哪一级法院管辖,由哪个地区的法院管辖,法律有明确规定。无管辖权的法院不得随意受理民事争议的案件,当事人也不得随意选择,审判人员一律由人民法院决定。

4. 程序不同

仲裁实行一审终局制。当事人不得就同一事实再次申请仲裁,也不能向人民法院再行起诉、上诉。而民事诉讼可经过一审、二审和再审三个阶段。并且仲裁一般不公开审理,这有利于保守当事人的商业秘密。而民事诉讼无特殊情况必须公开审理。

本章小结

商品检验、争议和索赔、不可抗力和仲裁条款是解决国际贸易争议,使国际贸易能顺利履行的保证。国际贸易买卖的过程周期较长较为复杂,交易当事人因为多种原因导致合同不能顺利履行的情况时有发生,合理订立商检、索赔、不可抗力条款、仲裁条款可以较好地保证合同的履行和保护相关当事人的合法利益。

本章重要概念

商品检验 索赔 理赔 罚金 不可抗力 仲裁

本章推荐阅读材料

1. 帅建林.国际贸易实务(英文版)[M].北京:对外经济贸易大学出版社,2015.
2. 逯宇铎,杜红梅,孙秀英.国际贸易理论与实务[M].北京:对外经济贸易大学出版社,2016.
3. 傅龙海.国际贸易实务[M].北京:对外经济贸易大学出版社,2017.

本章思考题

一、单项选择题

1. 国际货物销售合同中的商品检验条款有关检验时间和地点,目前使用最多的是(   )。
   A. 装运港检验   B. 目的港检验
   C. 出口国检验,进口国复验   D. 装运港检验重量,目的港检验品质

2. 我方与外商按 CIF 条件成交某商品 1000 打,允许卖方有 5%溢短装幅度,我方实际装 1000 打(提单也载明 1000 打),货抵目的港后,买方来函反映仅收到 948 打,并已取得船公司短少证明,向我方索赔,我方正确答复应是(   )。
   A. 同意补装 52 打   B. 同意退 52 打货款
   C. 与海运公司和保险公司及其代理联系   D. 与海运公司联系

3. 我某公司以 CIF 条件向新加坡公司出口一批土特产,订约时,我方公司已知该批货物要转售美国,该货物到新加坡后,买方立即转运美国,其后新加坡买主凭美国商检机构签发的美国检验证明书,向我方提出索赔。本例中美国的检验证书(   )。
   A. 无效,应要求新加坡商检机构出具证明
   B. 有效
   C. 无效,应由合理的第三国检验机构出具证明
   D. 无效,货物装上船后卖方不承担责任

4. 发生(   )违约方可以援引不可抗力条款要求免责。
   A. 战争   B. 世界市场价格上涨
   C. 生产制造过程中的过失   D. 货币贬值

5. 我方某公司与德商签订一批化学原料进口合同。德商两间工厂都投入生产。在生产过程中,两间工厂的一间由于意外事故火灾导致完全丧失生产能力,德商可以(   )。
   A. 因遇不可抗力事故,可要求解除合同
   B. 因遇不可抗力事故,可要求延期履行合同
   C. 因遇不可抗力事故,可要求延期履行合同,但我方有索赔权利

D. 不属于不可抗力事故,要求德商按期履行合同
6. 以仲裁方式解决双方争议的必要条件是( )。
A. 交易双方当事人订有仲裁协议
B. 交易双方当事人订有合同
C. 交易双方当事人就仲裁协议方式口头达成一致
D. 交易双方当事人订有交易协议

二、问答题:

1. 不可抗力的定义?不可抗力必须具备的条件。
2. 仲裁协议的形式及其作用。

三、案例分析题:

1. 我国某出口公司以 CIF 汉堡与德国某公司签订 400 套办公家具的出口合同,合同规定某年 12 月交货,11 月底,我出口企业存放在仓库的因发生火灾,致使 200 套办公家具烧毁,我出口企业以不可抗力为由,要求免除交货责任,德国公司不同意,坚持我方按规定时间履行交货义务,我方最终于次年 1 月初交货。德国公司提出索赔。试分析
(1) 我方要求免除交货责任的要求是否合理?为什么?
(2) 德国公司的索赔要求是否合理?为什么?

2. 我国某公司从南非一家公司进口小麦,合同规定:"如发生政府干预行为,合同应予以延长,以致撤销。"签约后,该公司所在国连遭干旱,小麦严重歉收,政府颁布禁令,不准出口小麦,致使南非公司在约定的装运期内不能履行合同。进口公司以发生不可抗力事件为由要求延长履约期限或解除合同,我公司拒不同意南非公司的要求,并就此提出索赔。
试问:我公司的索赔要求是否合理?为什么?

3. 上海东方纺织品有限公司和日本一家公司达成交易,合同中仲裁条款规定:"执行本合同发生争议时,双方同意提交仲裁,仲裁地点在中国,仲裁裁决具有终局性。"之后在履行合同过程中,日本公司提出上海公司所提交货物品质与合同规定的规格不符,双方发生争议提交仲裁,经过仲裁庭审理,认为日本公司提交证据不实,裁决日本公司败诉,日本公司不接受裁决,随后在当地起诉上海东方纺织品有限公司。问:日本公司能否向本国法院提请上诉?为什么?上海公司该如何处理?

本章主要参考文献

[1] 刘耀威.进出口商品的检验与检疫[M].北京:对外经济贸易大学出版社,2011.
[2] 洪雷.进出口商品检验检疫[M].北京:格致出版社,2018.
[3] 陈岩.国际贸易理论与实务[M].北京:清华大学出版社,2018.
[4] 缪东玲.国际贸易理论与实务[M].北京:北京大学出版社,2019.

第十三章 国际贸易合同的签订及履行

【教学目的】

通过本章的学习,使学生了解国际贸易合同的磋商过程,掌握发盘、接受与合同成立的条件,掌握合同的主要内容与格式,了解进出口合同履行的一般程序,掌握国际贸易进出口合同履行过程中的基本环节和注意事项。

【导入案例】交易磋商

A公司2020年4月5日向泰国曼谷B公司发盘某商品500公吨,每公吨2400美元CIF曼谷,以不可撤销远期信用证支付,收到信用证后2个月内交货,限3日内答复,4月7日收到B公司来电"Accept your offer shipment immediately",A公司未做答复,4月9日,B公司通过曼谷当地一家银行开来信用证,注明"shipment immediately",当时该货国际市场价格上涨了一倍,A公司以合同并未达成为由拒绝交货,并退回了信用证,双方发生争议,B公司认为合同已经成立,要求A履行合同,否则追究违约责任。

在本案中,A发盘中发货时间是收到信用证2个月交货,外商回电提到接受,但是要求立即交货,改变了发盘中的装运期,而装运期对所采用的CIF贸易术语也就是交货期,该变更因改变了交货时间属于实质性变更,该接受构成了还盘,因此合同并未成立,A不须要履行合同。

第一节 国际货物交易的准备

国际货物买卖的基本程序可以概括为交易前的准备、交易磋商、合同签订、合同履行四个阶段。交易前的准备是能否顺利达成交易的基础。

国际贸易交易前的准备主要包括国外市场调查、选择合适的产品、市场与客户、制订进出口商品经营方案、与客户建立业务关系。

一、国际市场调研

企业进出口商品离不开国际市场,而须以国际市场为其广阔的活动空间。要使自己的产品打入国际市场并且畅销不衰,或以较低的价格购进所需的商品,企业必须了解国际市场,对国际市场进行调研,以帮助企业制定有效的市场营销决策,实现企业经营目标。

(一) 国际市场调研内容

从国际贸易商品进出口角度看,国际市场调研主要包括:国际市场环境调研、国际市场商品情况调研、国际市场营销情况调研、国外客户情况调研等。

1. 国际市场环境调研

企业开展国际商务进行商品进出口,如同军队作战首先需分析地形,了解作战环境一样,需先了解商务市场环境,做到知己知彼,百战不殆。企业对国际市场环境调研的主要内容为:

(1) 国外经济环境。包括一国的经济结构,经济发展水平,经济发展前景、就业、收入分配等。

(2) 国外政治和法律环境。包括政府结构的重要经济政策、政府对贸易实行的鼓励、限制措施、特别有关外贸方面的法律法规,如关税、配额、国内税收、外汇限制、卫生检疫、安全条例等。

(3) 国外文化环境。包括使用的语言、教育水平、宗教、风俗习惯、价值观念等。

(4) 其他。包括国外人口、交通、地理等情况。

2. 国际市场商品情况调研

企业要把产品打入国际市场或从市场进口产品,除需了解国外市场环境外,还需了解国外商品市场情况,主要有:

(1) 国外市场商品的供给情况。包括商品供应的渠道、来源,国外生产厂家、生产能力、数量及库存情况等。

(2) 国外市场商品需求情况。包括国外市场对商品需求的品种、数量、质量要求等。

(3) 国际市场商品价格情况。包括国际市场商品的价格、价格与供求变动的关系等。

3. 国际市场营销情况调研

国际市场营销情况调研是对国际市场营销组合情况的调研,除上述已经提到的商品及价格外,一般还应包括:

(1) 商品销售渠道。包括销售网络设立、批零商的经营能力、经营利润、消费者对他们的印象、售后服务等。

(2) 广告宣传。包括消费者购买动机、广告内容、广告时间、方式、效果等。

(3) 竞争分析。包括竞争者产品质量、价格、政策、广告、分配路线、占有率等。

4. 国外客户情况调研

每个商品都有自己的销售(进货)渠道。销售(进货)渠道是由不同客户所组成的。企业进出口商品必须选择合适的销售(进货)渠道与客户,作好国外客户的调查研究。一般说来,商务企业对国外客户的调查研究主要包括以下内容:

(1) 客户政治情况。主要了解客户的政治背景、与政界的关系、公司企业负责人参加的党派及对我国的政治态度。

(2) 客户资信情况。包括客户拥有的资本和信誉两个方面。资本指企业的注册资本、实有资本、公积金、其他财产以及资产负债等情况。信誉指企业的经营作风。

(3) 客户经营业务范围。主要指客户的公司企业经营的商品及其品种。

(4) 客户公司、企业业务。指客户的公司企业是中间商还是使用户或专营商或兼营商等。

(5) 客户经营能力。指客户业务活动能力、资金融通能力、贸易关系、经营方式和销售渠道等。

(二) 国际市场调研的渠道、方法

国际市场调研是复杂细致的工作，须有严格、科学的程序和方法。

1. 国外市场调研

企业进行国外市场环境、商品及营销情况调查一般可通过下列渠道、方法进行：

(1) 派出推销小组深入国外市场以销售、问卷、谈话等形式进行调查(一手资料)。

(2) 通过各种媒体(报刊、杂志、新闻广播、计算机数据库等)寻找信息资料(二手资料)。

(3) 委托国外驻华或我驻外商务机构进行调查。

通过以上调查，企业基本上可以解决应选择哪个国家或地区为自己的目标市场、企业应该出口(进口)哪些产品以及以什么样的价格或方法进出口。

2. 国外客户调研

(1) 委托国内外咨询公司对客户进行资信调查。

(2) 委托中国主要银行及其驻外分支机构对客户进行资信调查。

(3) 通过我外贸公司驻外分支机构对客户进行资信调查。

(4) 利用线上线下交易会、洽商会、客户来华谈判、派出国代表团、推销小组等对客户进行资信调查。通过上述调查，企业可有针对性地选择客户进行交易。

二、进出口商品经营方案

进出口商品经营方案是企业国内外市场、企业经营决策及目标对其所经营的进出口商品所做的一种业务计划安排。它可使企业交易有计划、有目的地顺利进行，是企业同客户洽商交易的依据。进出口商品经营方案内容一般包括：

1. *商品和货源情况*

包括商品的特点、品质、规格、包装，国内生产数量、可供出口数量、当前库存及国内需要量等。

2. *国外市场情况*

包括国外商品生产、消费、贸易情况，主要进出口国家的交易情况，今后发展变化的趋势，国外主要市场经营该商品的基本做法、销售渠道等。

3. *经营历史情况*

包括我进出口商品在国际市场上所占的地位，主要进出口地区及销售情况，国内外客户的具体反映，经营该商品的经验、教训等。

4. *经营计划安排*

主要包括进出口商品的数量、金额，对某国或某地区出口或进口的数量、进度等。

5. 营销策略

包括客户利用措施,采取的贸易方式、价格的掌握、收汇方法、进出口销售的原则策略等。

进出口企业一般只在经营大宗或重点进出口商品时才逐个制订商品进出口方案,对其他商品可只按商品大类制订。对中小商品可制订内容简单的价格方案,仅对市场和价格提出分析意见,规定对各个地区的进出口价格以及掌握进出口价格的原则和幅度。

应当说完成进出口商品经营方案的制订只是做好进出口贸易的第一步,要把它变成现实还要经过许多努力。在执行方案的过程中,我们应注意经常检查方案的执行情况、定期总结经验,及时修订方案中不再适用的内容。

三、建立业务关系

寻找合适的交易对象与之建立长期友好业务关系,是企业开展国际贸易至关重要的问题。

(一) 寻找客户

国际贸易中,企业寻找客户关系的渠道方法很多,归纳起来大体有以下三种类型:

他人介绍:即企业通过委托我驻外使领馆的商务参赞、代办处或国外驻华使领馆的商务参赞、代办处,国内外各种商会、银行及与我有业务关系的企业介绍寻找客户。

媒体寻找:即企业利用各国商会、工商团体、国内外出版的企业名录及国内外报刊、杂志上的广告、英特网提供的客户信息、资料查找客户。

主动出击:即通过在国内外参加或举办各种交易会、展览会的方式找到客户。

(二) 建立业务关系

企业通过各种渠道找到国外客户后,须先对客户资信情况进行调查,然后考虑选择客户与之建立业务联系。选择客户时企业必须对客户的资金、信誉、经营商品的品种及地区范围、从业人员的人数、技术水平及拥有的业务设施、经营管理水平、提供售后服务和市场情报的能力等进行综合分析排队,选择经营作风好、有经营能力、对我态度友好的客户作为我们的基本客户并与之建立业务联系。

国际贸易中,买卖双方业务关系的建立,往往是由交易一方通过主动向对方写信、E-MAIL、EDI 等形式进行。建立业务关系的函件一般包括下列内容:

一笔具体的交易往往始于出口商主动向潜在客户发函建立业务关系。就标准规范的层次而言,建立业务关系的信函一般应包括如下内容:

(1) 说明是如何得知对方公司的名称、地址的,并且表明与对方建立业务关系的愿望。首次主动与对方联系,说明这一点非常重要。

如:Your name and address have been given to us by *** as a large exporter of carpets. As this item falls within the scope of our business activities, we shall be pleased to enter into business relations with you.

(2)自我介绍。在这一部分,应主要介绍本公司的性质、业务范围、经营优势(产品质量、价格、销售等),通常还可以随信函附上本公司的产品目录、价目单,如果必要,还可以另寄样品,以供对方参考。如:We specialize in the exportation of carpets for more than ten years, our customers are always satisfied with our products. In order to acquired you with our business line, we enclose a copy of our illustrated catalogue covering the main items suppliable at present.

(3)在信函结尾部分,应表达期盼对方尽快回信、下订单或者告知意见的意愿。如:We are looking forward to your early reply.

"与客户建立业务关系函件"示例

Dear Sirs,

Through the courtesy of China's Light Industry Products I/E Corp., we got your name and address. We are glad to learn that you are seeking for Chinese microwave. Our company was founded in 1998 and has grown to be one of the leading Imp. & Exp. companies in Henan, specialized in electrons. As the commodities we supply are of good quality and reasonable price, we have won a very good reputation from our clients all over the world.

We take the liberty of writing to you with a view to establishing business relations with you and are sending you by separate post our illustrated catalogs for your reference.

We are looking forward to your early reply and trust that through our cooperation we shall be able to conclude some transactions with you in the near future.

Yours faithfully,

SHANGHAI ELECTRON CO. LTD

Zhen Dong

第二节 国际贸易合同的签订

在国际货物买卖合同商定过程中,一般包括询盘、发盘、还盘和接受四个环节,其中发盘和接受是达成交易、合同成立不可缺少的条件,即是商业行为也是法律行为。

一、询盘(Inquiry)

询盘是准备购买或出售商品的人向潜在的供货人或买主探询该商品的成交条件或交易的可能性的业务行为,它不具有法律上的约束力。

询盘的内容可以设计某种商品的品质、规格、数量、包装、价格和装运等成交条件,也可以索取样品,其中多数是询问成交价格,因此在实际业务中,也有人把询盘称作询价。如果发出询盘的一方,只是想探询价格,并希望对方开出估价单,则对方根据询价要求所开出的估价单,只是参考价格,它并不是正式的报价,因而也不具备发盘的条件。

在国际贸易业务中,发出询盘的目的,除了探询价格或有关交易条件外,有时还表达了与对方进行交易的愿望,希望对方接到询盘后及时做出发盘,以便考虑接受与否。这种询盘实际上属于邀请发盘,邀请发盘是当事人订立合同的准备行为,其目的在于使对方发盘,询盘本身并不构成发盘。

询盘不是每笔交易必经的程序,如交易双方彼此都了解情况,不须要向对方探询成交条件或交易的可能性,则不必使用询盘,可直接向对方做出发盘。

询盘信函应以简单、清楚和切题为原则进行写作。其内容一般应当包括:

明确询盘的目的。通常在信函开头。如:We have received your letter together with your catalogs. Having thoroughly studied the catalogs, we find that Art.No.203 is quite suitable for our market.

要求对方提供什么资料、情况,或者要求对方就信函中所述及的商品进行报价或报盘。这是询价函的中心内容。如:Please kindly inform us if you are able to supply and quote us your most favorable price for the above goods on the basis of CIF LONDON with details, including packing, shipment, insurance and payment.

可以根据需要说明一些情况或做出一些暗示,从而使询盘的效果更好。如:Should your price be found competitive and delivery date acceptable, we intend to place a large order with you.

询盘函通常以"盼早日回复"一类的词句结束。如:Your early reply will be appreciated.

询盘信函范例

Dear Sirs,

We have received from our connections a number of inquiries for the under-mentioned goods, and would be glad if you would forward us the necessary catalogues with FOB prices.

2018 New Room Portable Mini Air Conditioner Cooler for Room

There is a growing demand for new electric gadgets on this market and we are hoping to be among the first to introduce the above products on a large scale. Any suggestion you give on our sales promotion programs would be appreciated.

We are looking forward to hearing from you soon.

Yours faithfully, SHANKHAI ELECTRCN CD. LTD

二、发盘(offer)

(一) 发盘的含义

发盘又称发价或报价,在法律上称为要约。根据《联合国国际货物销售合同公约》第14条第1款的规定:"凡向一个或一个以上的特定的人提出的订立合同的建议,如果其内容十分确定并且表明发盘人有在其发盘一旦得到接受就受其约束的意思,即构成发盘。"发盘既可由卖方提出,也可由买方提出,因此,有卖方发盘和买方发盘之分。后者习惯上称为递盘。

（二）构成发盘的要件

1. 发盘应向一个或一个以上特定的人提出

向特定的人提出，即是向有名有姓的公司或个人提出。提出此项要求的目的在于把发盘同普通商业广告及向广大公众散发的商品价目单等行为区别开来。

对广大公众发出的商业广告是否构成发盘的问题，各国法律规定不一。大陆法规定，发盘需向一个或一个以上特定的人提出，凡向公众发出的商业广告，不得视为发盘。如北欧各国认为，向广大公众发出的商业广告，原则上不能作为发盘，而只是邀请看到广告的公众向登广告的人提出发盘。英美法的规定则与此相反，如英国的判例认为，向公众做出的商业广告，只要内容确定，在某些场合下也可视为发盘。《联合国国际货物销售合同公约》对此问题持折衷态度，该公约第14条第2款规定："非向一个或一个以上特定的人提出的建议，仅应视为邀请发盘，除非提出意见的人明确地表示相反的意向。"根据此项规定，商业广告本身并不是一项发盘，通常只能视为邀请对方提出发盘。但是，如商业广告的内容符合发盘的条件，而且登此广告的人明确表示它是作为一项发盘提出来的，如在广告中注明"本广告构成发盘"或"广告项下的商品将售给最先支付货款或最先开来信用证的人"等，则此类广告也可作为一项发盘。鉴于《公约》对发盘的上述规定既有原则又具体，具有一定的灵活性，加之世界各国对发盘又有不同的理解，因此，在实际应用时要特别小心。我方对外做广告宣传和寄发商品价目单，不要使对方理解我方有"一经接受，即受约束"的含义。在寄发商品价目单时，最好在其中注明"可随时调整，恕不通知"或"须经我方最后确认"等字样。

2. 必须表明发盘对发盘人有约束力

必须表明发盘人对其发盘一旦被受盘人接受即受约束的意思。发盘时订立合同的建议，这个意思应当体现在发盘之中，如发盘人只是就某些交易条件建议同对方进行磋商，而根本没有受其建议约束的意思，则此项建议不能被认为是一项发盘。例如，发盘人在其提出的订约建议中加注诸如"仅供参考""须以发盘人的最后确认为准"或其他保留条件，这样的订约建议就不是发盘，而只是邀请对方发盘。

在此须要指出，我国合同法对发盘及构成要件的规定同上述《公约》的规定与解释基本上是一致的。我国合同法第14条规定："要约是希望和他人订立合同的意思表示"，该意思表示应当符合下列规定："内容具体确定，表明经受要约人承诺，要约人即受该意思表示约束。"

3. 发盘内容必须十分确定

根据《联合国国际货物销售合同公约》第14条第1款的规定，发盘的内容必须十分确定。

所谓十分确定，指在提出的订约建议中，至少应包括下列三项基本要素：（1）标明货物的名称；（2）明示或默示地规定货物的价格或规定确定货物的价格的方法。（3）明示或默示地规定货物的价格或规定确定价格的方法。凡包括上述三项基本要素的订约建议，即可构成发盘。如该发盘被对方接受，买卖合同即告成立。

在实际业务中,发盘人发盘时,如能明确表明要出售或要购买的货物的价格和数量,当然是最好的处理办法。但是,合同项下货物的数量,有时只能由当事人酌情处理或只能在交货时具体确定。例如,某商人向对方提出,在一年内向对方提供或购买一年生产的某项产品,可以认为在数量问题上是十分确定的。同样,确定价格也是如此。例如,在远期交货的情况下,交易双方为了避免承担价格波动的风险,可采取较为灵活的作价办法,即不规定具体价格,只规定一个确定价格的办法,如规定按交货时某个市场的价格水平来确定该货物的价格。

在这里须要特别指出的是,订约建议中关于交货时间、地点及付款时间、地点等内容虽然没有提到,并不妨碍它作为一项发盘,因而也不妨碍合同的成立。因为,发盘中没有提到的其他条件,在合同成立以后,可以双方当事人建立的习惯做法及采用的惯例予以补充。

构成一项发盘应包括的内容,各国的法律规定不尽相同。有些国家的法律要求对合同的主要条件,如品名、品质、数量、包装、价格、交货时间与地点以及支付办法等,都有完整、明确肯定的规定,并不得附有任何保留条件,以便受盘人一旦接受即可签订一项对买卖双方均有约束力的合同。《公约》关于发盘内容的上述规定,只是对构成发盘的起码要求。在实际业务中,如发盘的交易条件太少或过于简单,会给合同的履行带来困难,甚至引起争议。因此,在对外发盘时,最好将品名、品质、数量、包装、价格、交货时间、地点和支付办法等主要交易条件全部列明。

4. 发盘必须送达受盘人

受盘人必须收到发盘时才决定是否可以接受。这里"送达受盘人"指将发盘内容通知对方或送交对方本人/营业场所/通信地址。

(三) 发盘的有效期

在通常情况下,发盘都具体规定一个有效期,作为对方表示接受的时间限制,超过发盘规定的时限,发盘人即不受约束,当发盘未具体列明有效期时,受盘人应在合理时间内接受才能有效。"合理时间",须根据具体情况而定。根据《联合国国际货物销售合同公约》的规定,采用口头发盘时,除发盘人发盘时另有声明外,受盘人只能当场表示接受,方为有效。

采用函电成交时,发盘人一般都明确规定发盘的有效期,其规定方法有以下几种:

1. 规定最迟接受的期限

例如,限6月6日复,或限6月6日复到。当规定限6月6日复时,按有些国家的法律解释,受盘人只要在当地时间6月6日24点以前将表示接受的通知投邮或向电报局交发即可。但在国际贸易中,由于交易双方所在地的时间大多存在差异,所以发盘人往往采取以接受通知送达发盘人为准的规定方法。按此规定,受盘人的接受通知不得迟于6月6日内送达发盘人。

2. 规定一段接受的期限

例如,发盘有效期为6天,或发盘限8天内复。采取此类规定方法,其期限的计算,按《联合国国际货物销售合同公约》规定,这个期限应从电报交发时刻或信上载明的发信日期起算。如信上未载明发信日期,则从信封所载日期起算。采用电话、电传发盘时,则从发盘送达受盘人时起算。如果由于时限的最后一天在发盘人营业地是正式假日或非营业日,则应顺延至下一个营业日。

(四) 发盘生效的时间

发盘生效的时间有各种不同的情况:以口头方式做出的发盘,其法律效力自对方了解发盘内容时生效;以书面形式做出的发盘。关于其生效时间,主要有两种不同的观点与做法:一是发信主义,即认为发盘人将发盘发出的同时,发盘就生效;另一种是受信主义,又称到达主义,即认为发盘必须到达受盘人时才生效。我国执行受信主义做法。

(五) 发盘的撤回与撤销

1. 发盘的撤回

英美法认为:"发盘原则上对发盘人没有约束力,发盘人在受盘人对发盘表示接受之前的任何时候,都可撤回发盘或变更其内容。"

大陆法认为:"发盘对发盘人有约束力。如《德国民法典》规定,除非发盘人在发盘中订明发盘人不受发盘的约束,否则发盘人就要受到发盘的约束。"

《公约》认为:"一项发盘(包括注明不可撤销的发盘),只要在其尚未生效以前,都是可以修改或撤回的。"

2. 发盘的撤销

英美法认为:"在受盘人表示接受之前,即使发盘中规定了有效期,发盘人也可以随时予以撤销。"

大陆法认为:"发盘人原则上应受发盘的约束,不得随意将其发盘撤销。"

《公约》认为:"在发盘已送达受盘人,即发盘已经生效,但受盘人尚未表示接受之前这一段时间内,只要发盘人及时将撤销通知送达受盘人,仍可将其发盘撤销。"

(六) 发盘效力的终止

(1) 在发盘规定的有效期内未被接受,或虽未规定有效期,但在合理时间内未被接受,则发盘的效力即告终止。

(2) 发盘被发盘人依法撤销。

(3) 被受盘人拒绝或还盘之后,即拒绝或还盘通知送达发盘人时,发盘的效力即告终止。

(4) 发盘人发盘之后,发生了不可抗力事件,如所在国政府对发盘中的商品或所需外汇发布禁令等。在这种情况下,按出现不可抗力可免除责任的一般原则,发盘的效力即告终止。

(5) 发盘人或受盘人在发盘被接受前丧失行为能力,则该发盘的效力也可终止。

三、还盘(counter-offer)

还盘又称还价,在法律上称为反要约。受盘人的答复如果在实质上变更了发盘条件,就构成对发盘的拒绝,其法律后果是否定了原发盘,原发盘即告失效,原发盘人就不再受其约束。对发盘表示有条件的接受,也是还盘的一种形式。

还盘或再还盘的内容,凡不具备发盘条件,即为"邀请发盘"。如还盘或再还盘的内容具备发盘条件,就构成一个新的发盘,还盘人成为新发盘人,原发盘人成为新受盘人。

还盘示例:Your offer price is too high counter offer USD500/MT shipment Sept, Reply 18th, (你方发盘价格太高,还盘:每公吨500美元9月装运。限18日复到。)

四、接受(acceptance)

(一)接受的含义

接受在法律上称为承诺,它是指受盘人在发盘规定的时限内,以声明或行为表示同意发盘提出的各项条件。可见,接受的实质是对发盘表示同意。

(二)构成接受的要件

1. 接受必须由特定的受盘人做出

这一条件是和发盘第一个条件相呼应的,发盘必须向特定人发出,但并不表示他愿意按这些条件与任何人订立合同。因此,接受只能由受盘人做出,才具有效力。

2. 接受必须是同意发盘所提出的交易条件

接受必须是同意发盘中所有提出的条件,《公约》第19条:有关货物价格、付款方式、货物质量和数量、交货地点和时间、一方当事人对另一方当事人的赔偿责任范围或解决争议等的添加或不同条件方面的修改,均视为实质性变更发盘的条件。实质性变更发盘条件则构成还盘。但是,对发盘接受时,附有添加或者不同于原发盘的条件,除发盘人在不过分延迟的期间以口头或者书面通知反对其差异外,仍构成接受。如果发盘人不做出这种反对,合同的条件以该项发盘的条件及更改内容为准。

3. 接受必须以一定的形式表示出来

受盘人表示接受应该用口头、书面形式或者行为表示出来。如卖方发货后直接发出装船通知,以行为表示有一定的风险性,采用这种方法表示接受要注意风险防范。

4. 接受必须是在发盘有效期内做出并送达发盘人

(三)接受生效的时间

英美法:"采用'投邮生效'的原则,即接受通知一经投邮或交电报局发出,则立即生效。"

大陆法:"采用'到达生效'的原则,即接受通知必须送达发盘人时才能生效。"

《公约》:"规定接受送达发盘人时生效。如接受通知未在发盘规定的时限内送达发盘人,或者发盘没有规定时限,且在合理时间内未曾送达发盘人,则该项接受称作逾期接受。"

(四)逾期接受

又称迟到的接受。虽然各国法律一般认为逾期接受无效,它只能视作一个新的发盘,但《公约》对这个问题作了灵活的处理。

(1)只要发盘人毫不迟延地用口头或书面通知受盘人,认为该项逾期的接受可以有效,愿意承担逾期接受的约束,合同仍可于接受通知送达受盘人时订立。

(2)如果发盘人对逾期的接受表示拒绝或不立即向发盘人发出上述通知,则该项逾期的接受无效,合同不能成立。

(3)如果载有逾期接受的信件或其他书面文件显示,依照当时寄发情况,只要传递正常,它本来是能够及时送达发盘人的,则此项逾期的接受应当有效,合同于接受通知送达发盘人时订立。除非发盘人毫不延迟地用口头或书面通知受盘人,认为其发盘因逾期接受而失效。以上表明,逾期接受是否有效,关键要看发盘人如何表态。

(五)接受的撤回或修改

《公约》采取了大陆法"送达生效"的原则。如果撤回通知于接受原发盘应生效之前或同时送达发盘人,接受得予撤回。

第三节　国际贸易合同及其履行

一、国际贸易合同

(一)合同的成立

一方发盘经另一方接受,交易即告成立,买卖双方构成合同关系,在磋商过程中的往返函电,即为合同的书面证明。广义上讲这些证明就是书面合同,但根据国际贸易习惯,买卖双方还要签订书面合同或成交确认书,即狭义的书面合同。

(二)合同生效的要件

1. 合同当事人必须具有签约能力

签订买卖合同的当事人主要为自然人和法人,自然人签订合同的行为

能力,指正常的成年人才能订立合同,法人签订的合同的行为能力,各国法律一般认为,法人必须通过其代理人,在法人经营范围内签订合同,越权的合同不能发生法律效力。

2. 合同必须有对价或约因

对价是英美法的概念,指当事人签订合同所付出的代价,约因是大陆法概念,指当事人签订合同所追求的直接目的。按照英美法和大陆法的规定,合同只有在有对价或约因时,才是法律上有效的合同,无对价和约因的合同,无法得到法律保障。

3. 合同的内容必须合法

合同内容不得违反法律,不能够违反公共政策和公共秩序,以及不得违反善良风俗和道德。我国《合同法》规定,订立合同必须遵守中华人民共和国法律,并且不得损害社会公共利益,否则合同无效。

4. 合同必须符合法律规定的形式

《公约》认为只要买卖双方达成意思一致,合同即告成立。

5. 合同当事人的意思表示必须真实

合同以胁迫、欺诈等手段签订的合同无效。

(三) 合同的形式及其基本内容

1. 合同的形式
(1) 书面形式。
(2) 口头形式。
(3) 其他形式。

2. 合同的基本内容

(1) 约首(Head):合同的首部,包括合同的名称、编号、订约日期和地点、订约当事人的名称和地址、双方的法律关系(序言)。

(2) 本文(Body):合同主体,对交易条件的具体规定,体现双方权利和义务的主要内容。

(3) 约尾(Tail):合同的尾部,包括合同的份数以及缔约双方的签字和适用法律、惯例等。

二、国际贸易合同的履行

(一) 出口贸易合同履行

履行出口合同可归纳为货、证、船、款四个基本环节,它们是履行出口合同的必要程序。

1. 备货和出口报验

(1) 备货:

① 主要内容。出口企业主要有两种性质,不同性质的企业备货的形式也不同,对于流通性质的外贸进出口公司,备货就是采购货物,或者与生产厂家签订合同,把出口产品

的规格、数量告诉生产厂家,对于自营出口的生产企业的备货,是根据合同要求再安排生产,按时完成生产任务。

② 注意事项。有关货物问题,货物的品质、规格。应按合同的要求核实,必要的时候应进行加工整理,以保证货物的品质、规格与合同或信用证规定一致。

货物的数量。应保证满足合同或信用证对数量的要求,备货的数量应适当留有余地,万一装运时发生意外或损失,以备调换和适应舱容之用。备货时间,应根据信用证规定,结合船期安排,以利于船货衔接。

③ 有关货物包装问题。尽量安排将货物装运到集装箱中或牢固的托盘上。

必须将货物充满集装箱并做好铅封工作。

集装箱中的货物应均匀放置且均匀受力。

为了防止货物被盗窃,货物的外包装上应注明识别货物的标签或货物的品牌。

由于运输公司按重量或体积计算运费,出口企业应尽量选择重量轻的小体积包装,以节省运输费用。

对于海运货物的包装,应着重注意运输途中冷热环境变化出现的潮湿和冷凝现象。

对于空运货物的包装,应着重注意货物被偷窃和被野蛮装卸的情况。

随着技术进步,自动仓储环境处理的货物越来越多,货物在运输和仓储过程中,通常由传送带根据条形码自动扫描分拣。

④ 有关货物外包装的运输标志问题。刷制运输标志应符合有关进出口国家的规定。包装上的运输标志应与所有出口单据上对运输标志的描述一致。运输标志应既简洁,又能提供充分的运输信息。所有包装上的运输标志必须用防水墨汁刷写。有些国家海关要求所有的包装箱必须单独注明重量和尺寸,甚至用公制,或英语或目的国的语言注明。在运输包装上的运输标志大小尺寸适中,使相关人员在一定距离内能够看清楚。运输标志应该至少在包装箱的四面都刷制,以防货物丢失。除了在外包装上刷制运输标志之外,应尽量在所有的货运单据上标注相同的运输标志。

(2) 报验

凡属国家规定法检的商品,或合同规定必须经中国进出口商品检验检疫局出证的商品,在货物备齐后,应向商品检验局申请检验。只有取得商检局发给的合格的检验证书,海关才准放行。经检验不合格的货物,一般不得出口。

2. 落实信用证

落实信用证一般包括催证、审证和修证。

(1) 催证

在实际业务中,有时国外进口商在遇到市场发生变化或资金发生短缺的情况时,往往会拖延开证。对此,我们应催促对方迅速办理开证手续,特别是大宗商品交易或按买方要求而特制的商品交易,更应结合备货情况及时进行催证,必要时,也可请我驻外机构或有关银行协助代为催证。

(2) 审证

审证由通知行和受益人共同完成。

信用证真实性、索汇技术路线等方面的审核由银行负责,受益人配合,银行接到信用证核对密押或验证码(电开信用证)或印鉴(信开信用证),如果无误,一般要打上"印鉴相符"的戳记,通知受益人,如果信用证以受益人为收件人,有的银行原样照转,并不审核。

出口企业在收到进口方开来的信用证后,应对照合同、收证的政策法规,参照《UCP600》。

对信用证内容进行审核,主要注意审核:

对开证银行资信的审查。

对信用证的性质与开证行付款责任的审查。

对信用证金额与货币的审查。

对商品的品质、规格、数量、包装等条款的审查。

对信用证规定的装运期、有效期和到期地点的审查。

对单据的审查。

对其他特殊条款的审查。

(3) 改证

对国外来证的审核和修改,是保证顺利履行合同和安全迅速收汇的重要前提,我们必须给予足够的重视,认真做好审证工作。《UCP600》规定:未经开证行、保兑行和受益人同意,不可撤销信用证既不能修改,也不能取消。因此,对不可撤销信用证中任何条款的修改,都必须在有关当事人全部同意后才能生效。对同一修改内容不允许部分接受,部分接受将被视为拒绝修改的通知。

3. 租船、订舱和装运

在 CIF 或 CFR 条件下,租船订舱是卖方的责任之一。如出口货物数量较大,需要整船载运的,则要对外办理租船手续;对出口货物数量不大,不需整船装运的,则安排洽订班轮或租订部分舱位运输。

(1) 出口公司填写托运单(B/N),作为订舱依据

所谓托运单是指托运人根据贸易合同和信用证条款内容填写的向承运人办理货物托运的单证。承运人根据托运单内容,并结合船舶的航线挂靠港、船期和舱位等条件考虑,认为合适后,即接受这一托运,并在托运单上签章,留存一份,退回托运人一份,至此,订舱手续即告完成,运输合同即告成立。

(2) 船公司或其代理人在接受托运人的托运单证后,即发给托运人装货单(S/O)

装货单俗称下货纸。其作用有三:一是通知托运人货物已配妥××航次××船,装货日期,让其备货装船;二是便于托运人向海关办理出口申报手续,海关凭以验放货物;三是作为命令船长接受该批货物装船的通知。

(3) 货物装船之后,即由船长或大副签发收货单,即大副收据。

收货单是船公司签发给托运人的表明货物已装船的临时收据。托运人凭收货单向外轮代理公司交付运费并换取正式提单。报关是指进出口货物装船出运前向海关申报的手续。按照我国海关法规定:凡是进出国境的货物,必须经由设有海关的港口、车站、国际航空站进出,并由货物所有人向海关申报,经过海关放行后,货物才可提取或者装船出口。

凡是按 CIF 价格成交的出口合同,卖方在装船前,须及时向保险公司办理投保手续,填制投保单。出口商品的投保手续,一般都是逐笔办理的。做好"四排""三平衡"的工

作。"四排"是指以买卖合同为对象,根据进程卡片反映的情况,其中包括信用证是否开到、货源能否落实,进行分析排队,并归纳为四类,即"有证有货、有证无货、无证有货、无证无货。""三平衡"是指以信用证为依据,根据信用证规定的货物装船期和信用证的有效期远近,结合货源和运输能力的具体情况,力求做到证、货、船三方面的衔接和平衡,尽力避免交货期不准、拖延交货期或不交货等现象的产生。

4. 投保和报关

(1) 出口企业在确定船期、船名后,应向保险公司办理投保手续,以取得保险单。办理投保手续如下:

投保申请:

出口企业填制运输险投保单,一式两份,一份由保险公司签署后交出口企业作为接受承保的凭证;另一份由保险公司留存,作为制作、签发保险单的依据。

缴纳保险费、获得保险单:

出口企业收到由保险公司签署的投保单后,向保险公司缴纳保险费,然后获取由保险公司签发的保险单。

(2) 报关是出口货物装船前,向海关申报通关所要办理的手续,根据《海关法》相关规定,货物出口必须向海关申报,经过海关查验放行后,货物方可装运出口,办理海关手续的步骤:

① 申报:

申报单位在海关办理的企业海关注册登记手册,提交由申报单位和申报人员盖章的出口货物报关单,一式两份。随附海关认为必要的其他单据如出口许可证、合同、商业发票、装货单等。

② 查验:

海关在对上述文件按照国家政策进行审核的同时,还要对出口货物进行查验,以确保实际货物与报关单一致。查验货物必须在海关规定时间和地点进行,在特殊情况下,由海关派人到发货人仓库查验。海关查验时,出口方要派人到现场,协助海关搬运、开拆货物等,海关按规定收取费用。

③ 缴纳出口税:

按照我国进出口关税管理办法,须纳税的出口货物完税后才能出口。

④ 出口放行:

出口货物由申报人按照海关的规定办妥申报手续,经海关审核单证和查验有关货物,办理纳税手续后装运出境。

5. 制单结汇

我国出口结汇的办法有收妥结汇、押汇和定期结汇三种。

收妥结汇,又称收妥付款,是指议付行收到外贸公司的出口单据后,经审查无误,将单据寄交国外付款行索取货款,待收到付款行将货款拨入议付行账户的贷记通知时,即按当日外汇牌价,折成人民币拨给外贸公司。

押汇,又称买单结汇,是指议付行在审单无误的情况下,按信用证条款买入受益人的汇票和单据,从票面金额中扣除从议付日到估计收到票款之日的利息,将余款按议付日外汇牌价折成人民币,拨给外贸公司。

定期结汇,是议付行根据向国外付款行索偿所需时间,预先确定一个固定的结汇期限,到期后主动将票款金额折成人民币拨交外贸公司。

对于结汇单据,要求做到"正确、完整、及时、简明、整洁"。主要单据有汇票、发票、提单、保险单、产地证明书、普惠制单据、装箱单和重量单、检验证书。

6. 出口退税

出口退税是国家为了降低出口产品成本、增强出口竞争力、鼓励出口而制定的一项政策措施。我国报关出口的货物可退还或免征在国内各环节和流转环节按税法规定缴纳的增值税和消费税,对出口货物实行零税率。

(二) 进口合同履行

1. 开立信用证

进口合同签订后,按照合同规定填写开立信用证申请书向银行办理开证手续。信用证的内容,应与合同条款一致。例如品质、规格、数量、价格、交货期、装货期、装运条件及装运单据等,应以合同为依据,并在信用证中一一做出规定。信用证的开证时间,应按合同规定办理。

2. 派船接运货物

履行 FOB 交货条件下的进口合同,应由买方负责派船到对方口岸接运货物。卖方在交货前一定时期内,应将预计装运日期通知我方。我们在接到上述通知后,如本公司没有船位,应及时向船方办理租船订舱手续。在办妥租船订舱手续后,应按规定的期限将船名及船期及时通知对方,以便对方备货装船。

3. 投保货运险

FOB 或 CFR 交货条件下的进口合同,保险由买方办理。由于同中国人民保险公司签订了预约保险合同,其中对各种货物应保的险别作了具体规定,故投保手续比较简单。按照预约保险合同的规定,所有按 FOB 及 CFR 条件进口货物的保险,都由中国人民保险公司承保。

4. 审单和付汇

银行收到国外寄来的汇票及单据后,对照信用证的规定,核对单据的份数和内容。如内容无误,即由银行对国外付款。同时进出口公司用人民币按照国家规定的有关折算的牌价向银行买汇赎单。

5. 报关、验收和纳税

报关:填写进口货物报关单,另外,还要交验有关单证,如进口许可证和国家规定的其他批准文件、提单或运单、商业发票、装箱单、免税或免验货物的证明,海关认为必要提供的进口合同、产地证明及其他文件。

查验:海关接受申报后,对进口货物进行检查,以核对与进口货物报关单及其他单据文件上所列是否一致,查验应在海关规定的时间和场所进行,即在海关监管区域内的仓库、场地进行。查验时,进口方应派人到场并负责开拆包装,在特殊情况下,由报关人申请,经海关同意,也可由海关派员到进口地仓库、场地查验。

纳税：进口方在收到海关的税款缴款书后，应当及时履行纳税义务，根据《中华人民共和国海关法》的规定，进口方应在海关签发税款缴款书的次日起 7 天内（法定假日除外）向指定银行缴纳税款。

本章小结

本章介绍了国际货物买卖的一般流程，将国际贸易分为交易前的准备，交易磋商，合同的签订和履行四个环节。在交易准备过程中，外贸公司最重要的工作是选择合适的销售市场和合适的交易对象，并根据自身优势以及对国际市场的调研，制定进口或者出口的经营方案，完成外贸交易，实现自己的经济利益。之后进入交易磋商环节，这个环节主要是询盘、发盘、还盘和接受，其中发盘和接受是必不可少的环节，也是本章中的难点。经过交易磋商签订合同后，买卖双方进入合同履行环节，主要是"货、证、船、款"四大环节。

本章重要概念

发盘　接受　有条件接受　逾期接受　发盘的撤销　发盘的撤回
接受的撤回　出口押汇　出口退税　逐笔投保　议付

本章推荐阅读材料

1. [美]雷·奥古斯特.国际商法（英文版）[M].北京：机械工业出版社，2018.
2. 付洪良等.国际贸易理论与政策[M]北京：清华大学出版社，2019.
3. 吴国新等.国际贸易实务[M]北京：清华大学出版社，2020.
4. 中华人民共和国商务部 https://www.mofcom.gov.cn.
5. 中国国际贸易促进委员会 https://www.ccpit.org.

本章思考题

一、单项选择题

1. 某公司在报纸上刊登的内容明确完整的商业广告属于（　　）。
   A. 发盘邀请　　　B. 询盘　　　C. 发盘　　　D. 还盘
2. 某公司于 11 月 10 日以信件形式向受盘人发盘，该信件于 11 月 15 日送达，但 11 月 11 日，发盘人以传真方式告知受盘人发盘无效，此行为属于（　　）。
   A. 发盘的撤回　　B. 发盘的修改　　C. 一项新的发盘　　D. 发盘的撤销
3. "你方 8 日电文已接受，但请增加两份装船样本"，此电文是（　　）。
   A. 发盘　　　B. 还盘　　　C. 对发盘的拒绝　　D. 非实质性变更发盘
4. "Your 10th E-mail accepted, but D/P at sight instead of sight L/C，该回复是（　　）。
   A. 发盘　　　B. 有效接受　　C. 还盘　　　D. 非实质性变更发盘

5. 我某出口公司某月5日以电报对德商发盘,限8日复到有效,对方于7日电报发出接受通知,由于电信部门延误,出口公司于9日才收到德商的接受通知,事后该出口公司也没有表态,那么( )。

A. 除非发盘人及时提出异议,该逾期接受仍有接受效力
B. 该逾期接受丧失接受效力,合同未成立
C. 只有在发盘人毫不延迟地表示确认,该通知才具有接受效力,否则,合同未成立
D. 只要受盘人发出接受通知,该合同则告成立

二、问答题

1. 发盘的定义?构成有效发盘的条件。
2. 接受的定义?构成接受的条件。
3. 逾期接受的定义。
4. 国际贸易合同生效的条件。

三、案例分析题

1. A公司9月1日向国外B公司发盘销售某商品,限9月8日复到有效。B公司9月3日向A公司发电传表示接受,但价格须降低6%,A公司正在研究如何答复时,由于市场行情突变,B公司又于9月5日发来电传:"无条件接受你方9月1日发盘,请告合同号码。"
试问:A、B两公司之间交易是否达成?为什么?

2. 我方发盘有效期至5月5日,对方接受电报的交发时间是5月3日,但该电报在传递过程中出现异常情况,致使我方收到时间为5月7日,对此我方应如何处理?

3. 我国某出口公司10月14日对某外商发盘,限20日复到,16日接到对方来电:"你14日电接受,但请降价15%,即复"。我方正研究如何答复时,又在18日接到对方来电"经重新考虑,接受你方14日的发盘,我方将按时开证,请及时备货发运,致谢"。但事过一个月之后,该商品行情大幅下跌,该外商11月15日向我方来电:"因故,撤销我方10月18日电的购买,致歉"。请分析说明,外商是否有权不购买此批货物?为什么?

本章主要参考文献

[1] 陈岩.国际贸易理论与实务[M].北京:清华大学出版社,2018.
[2] 缪东玲.国际贸易理论与实务[M].北京:北京大学出版社,2017.
[3] 黎孝先等.国际贸易实务[M].北京:对外经济贸易大学出版社,2016.
[4] 易露霞等.国际贸易实务案例教程[M].北京:清华大学出版社,2016.

第十四章 国际贸易方式

【教学目的】

通过本章的学习,使学生了解各种国际贸易方式的含义、使用条件及现实中的应用;掌握不同国际贸易方式的特点、利弊;能够根据具体业务,结合具体情况,灵活选择合理的贸易方式,并注意各种贸易方式的结合使用。

【导入案例】

2018年4月13日,eBay(全球知名电商平台)跨境贸易事业部中国区总经理郑长青带着团队与杭州跨境电子商务综合试验区(以下简称"杭州综试区")签署战略合作协议,确定未来从产品、物流和品牌等方面帮助更多的浙江企业直接对接全球消费者。郑长青说:"浙江是中国跨境电商第二大省,杭州是浙江网络贸易中心,是网上丝绸之路的枢纽城市。"郑长青罗列了eBay上的一些数据:"在eBay上的浙江企业每2秒就能卖出去一件饰品,每10秒就能卖出一件女装。"

和全球一流的跨境电商平台签约,杭州综试区想的不仅是把更多"浙江制造"卖到全球,还希望通过跨境电商帮助"浙江制造"实现品牌升级。

位于杭州下沙的刘先生主要从事袜子的代工和贴牌生意,虽然每年能为全球品牌客户生产5000万双袜子,但以往只能赚取微薄的利润。接触跨境电商后,他现在已经树立起了自主品牌,并通过亚马逊、eBay、Wish等跨境电商平台把产品销往全球,直接对接全球消费者,赚取更高利润。

请思考:在众多的国际贸易方式中,哪些操作相对简单?跨境电商是什么?跨境电商有哪些传统对外贸易所不具备的优势?

在国际贸易活动中,每一笔交易都要通过一定的贸易方式来进行。在国际贸易交易过程中,根据交易对象商品的不同和目的的不同,买卖双方采用了不同的贸易方式。当前在国际贸易中流行着各种各样的贸易方式,各种贸易方式也可交叉进行,随着国际贸易的发展,贸易方式亦日趋多样化。

第一节　传统的国际贸易方式

一、经销

(一) 经销的含义

经销(Distribution)是指进口商(即经销商)与国外出口商(即供货商)达成协议,双方之间以"款、货两清"的买断形式完成的一种商品买卖活动。经销方式下,进口企业以自有资金付清货款后,便享有商品的所有权,可自行在规定的区域内销售,自负盈亏,自担风险。

(二) 经销的分类

依据经销商权限的不同,可以将经销分为以下两种:

1. 独家经销

独家经销(Exclusive Distribution),又称包销,指出口人(即供货商)通过与国外商人签订包销协议的方式,给予国外商人(即进口商、包销商)在某一个地区和期限内经营某一种或某一类货物的独家专营权的贸易做法。独家专营权指出口人在一定时期和一定地区内,只向包销人报价成交,销售某种货物,而包销人则承诺在此期间和在此地区内不经营其他来源的同类或可替代的商品。

2. 一般经销

一般经销又称定销,是指出口企业不授予国外进口商独家经营权的经营方式。出口企业与国外进口商签订经销协议后,还可与该地区的其他进口商签订经销协议,在这种方式下,供货商与经销商之间存在的是相对长期、稳定的买卖关系,实质上与一般的国际货物买卖并无区别。

(三) 经销的特点

经销方式克服了逐笔销售的不足。通过协议,确定了双方在一定期限内稳定的关系。双方既互相协作,又相互制约。对出口商来说,有利于利用经销商的销售渠道扩大自己产品的销售,也有利于及时收回货款,减少经营中的风险;对进口商来说,当某种商品市场需求旺盛时,他有可能凭借与出口商之间的经销关系获得较多数量的商品,并以较高的价格出售,获得较多的经营利润。

（四）采用经销方式应注意的问题

1. 对经销方式的选用

出口企业在采用何种经销方式时，应根据具体的情况而定。独家经销和一般经销相比，独家经销更能调动经销商的积极性，但也存在风险。如果经销商的经营能力较差，不能完成协议规定的最低限额；如果经销商凭借专营权压低价格或包而不销，就会使出口商蒙受损失。

2. 对经销商的选用

出口企业在选用经销商时，要了解经销商的资信情况、经营能力及其在销售地区的商业地位，以此为基础在往来客户中进行挑选。

3. 对经销商品的种类、经销地区和经销数量或金额的确定

出口企业要以经销商的资信能力和自己的经营意图为出发点，确定商品种类的多少以及经销地区的大小；确定经销数量或金额。

4. 对中止或索赔条款的规定

为了防止独家经销商包而不销，或对市场与价格进行操纵等现象出现，有必要在协议中应订立中止或索赔条款。

二、代理

代理（Agency）是以委托人（Principal）为一方，接受委托的代理人为另一方达成协议，规定代理人（Agent）在约定的时间和地区内，以委托人的名义与资金从事业务活动，并由委托人直接负责由此而产生的后果。代理是许多国家商人在从事进出口业务中习惯采用的一种贸易做法。在国际市场上存在着名目繁多的代理商。其中包括采购、销售、运输、保险、广告等多方面的代理商，本节介绍的只限销售代理。

（一）代理的含义与性质

国际贸易中的销售代理（Selling Agent）是在签订合同的基础上，代理人为委托人销售某些特定产品或全部产品，代理人对价格、条款及其他交易条件可全权处理。销售代理是独立的法人组织，与委托方的关系是长期稳定的，一般在一年以上，有的甚至长达数十年。代理人有积极推销指定商品的义务，但没有必须购买指定商品的责任；代理人所获得的酬劳是佣金，并非赚取差价。

代理同包销的性质不同。包销商同出口商之间的关系是买卖关系，在包销方式下，由包销商自筹资金、自担风险和自负盈亏。而销售代理商同出口商并不是买卖关系，在代理业务中只是作为委托的代表进行行事，由此销售代理商不垫资金、不担风险和不负盈亏，只获取佣金。

（二）代理的种类

国际贸易中，根据委托人授予权限的不同，可分为下列几种类型：

1. 总代理

总代理(General Agency)是委托人在指定地区的全权代表。该代理商有权代表委托人进行签订买卖合同、处理货物等商务活动和一些非商业性的活动，同时也有权指派分代理商，并可享分代理的佣金。由于总代理商有权指派分代理商，一般情况下，总代理制度下代理层次更为复杂，总代理商常被称为一级代理商，分代理商则被称为二级或三级代理商。分代理商也有由原厂家直接指定的，但是大多数分代理商由总代理商选择，再上报厂家批准，分代理商受总代理的指挥。

2. 独家代理

独家代理(Sole Agency)是在指定地区内，由该代理商单独代表委托人行为的代理人，拥有独家经营权。委托人在该指定地区内，不得委托其他第二个代理人。

不过必须指出，独家代理具有的专营权与包销所具有的专营权并不完全一样。通常，除非协议另有约定，一般也可允许委托人直接向指定的代理地区的买主进行交易。为了不损害独家代理的利益，按照惯例，委托人在代理区域内达成的交易，凡属独家代理人专营的商品，不论其是否通过该独家代理人，委托人都要向独家代理支付佣金。此外，总代理与独家代理的两个概念也是不一样的，总代理商必须是独家代理商，但是独家代理商不一定是总代理商，因为独家代理商一般无权指派分代理商。

3. 佣金代理

佣金代理(Commission Agency)也称一般代理、普通代理，是指委托人在同一代理地区、时间及期限内，可同时委托若干个代理人在同一地区推销相同商品。佣金代理根据推销商品的实际金额或根据协议规定的办法和百分率向委托人收取佣金，委托人可以直接与该地区的实际买主成交，而无须给佣金代理支付佣金。

佣金代理与独家代理的主要区别在于：一是是否具有专营权。独家代理商享有独家专营权，而一般代理商则不享受这种权利；二是收取佣金的范围不同。独家代理商收取佣金的范围，既包括招揽生意介绍客户成交的金额，也包括委托人直接成交金额，而佣金代理商只能收取介绍生意成交金额的佣金，如若委托人直接成交的则不另付佣金。

三、寄售

"寄售"是一种委托代售的贸易方式。它是指寄售人(出口商)先将货物运往国外寄售地，委托国外销售商按照寄售协议规定的条件，替寄售人进行销售，在货物出售后，销售商按约定的办法与寄售人结算货款的一种贸易做法。与其他贸易方式相比，寄售具有以下的特点：

(1) 寄售人与代销人之间是委托代售关系，而非买卖关系。代销人只根据寄售人的指示处置货物。货物的所有权在寄售地出售之前仍属寄售人。因此，寄售人需要承担寄售货物在售出之前，包括运输途中和到达寄售地后的一切费用和风险，均由寄售人承担，代销人不承担任何风险和费用。由此，寄售方式对于对寄售人来说承担的贸易风险较大。

(2) 寄售是凭实物进行的现货交易。寄售人先将货物运至寄售地，然后销售商在当地向买主销售。这大大节省了交易时间，减少了风险和费用，为买主提供了便利。

采用寄售方式对于对寄售人来说有利于开拓市场和扩大销路,而代销人在寄售方式中由于不需垫付资金,也不承担风险,有利于调动代销人销售的积极性。但寄售对于寄售人来讲,也有明显的缺点。其一是寄售人(出口方)承担的风险较大,费用较多,而且增加出口人的资金负担,不利于其资金周转。其二是寄售货物的货款回收较为缓慢,一旦代销人不守协议时,可能遭到货、款两空的危险。因此,若采用寄售方式时,必须严格选择销售人和寄售地,订好寄售协议。

四、拍卖

拍卖(Auction)也称竞买,是一种具有悠久历史的交易方式,在今天的国际贸易中仍被采用。通过拍卖进行交易的商品,一般是一些品质规格不易标准化的商品,如皮毛、烟草、茶叶、香料、木材等;某些易腐坏不能长期保存的商品,如水果、蔬菜、花卉、观赏鱼类等;某些贵重商品或习惯上采用拍卖的商品,如贵金属、首饰、地毯、古董及其他艺术品。国际市场上一些商品的交易,如水貂皮、澳洲羊毛,大部分交易是通过拍卖方式进行交易的,它所形成的价格,对这些商品的行市有很大影响。

(一) 拍卖的概念

拍卖是由专营拍卖行经营接受货主的委托,在一定的地点和时间,按照一定的章程和规则,以公开叫价的方法,把货物卖给出价最高的买主的一种现货贸易方式。

(二) 拍卖的特点

1. 在一定的机构内有组织地进行

拍卖一般都是在拍卖中心,在拍卖行的统一组织下进行。拍卖行可以是由公司或协会组成的专业拍卖行,专门接受货主委托从事拍卖业务,也可以是大贸易公司内部设立的拍卖行,还可以是由货主临时组织的拍卖会。

2. 具有自己独特的法律和规章

拍卖不同于一般的进出口交易。这不仅体现在交易磋商的程序和方式上,也表现在合同的成立和履行等问题上,许多国家的买卖法中对拍卖业务有专门的非同一般的规定。除此之外,各个拍卖行又订立了自己的章程规则,这些章程和规则的执行是在大庭广众之下进行的,所以买卖双方的权益都可以得到法律的保护,拍板成交当然也具备了与合同同等的效力。这些相关的法律、章程和规则是拍卖活动得以顺利进行的保证。

3. 拍卖是一种公开竞买的现货交易

拍卖采用事先看货,当场叫价,落槌成交的做法。拍卖开始前,买主可以查看货物,做到心中有数。拍卖开始后,买主当场出价、公开竞买,由拍卖主持人代表货主选择交易对象。成交后,买主即可付款提货。由于买主在货物交易前已经验看,拍卖后对货物的品质一般不负索赔责任。

(三) 拍卖的出价方法

拍卖的出价方法有以下三种：

1. 增价拍卖

增价拍卖也称买方叫价拍卖，这是常用的一种拍卖方式。拍卖时，由拍卖人提出一批货物，宣布预定的最低价格，然后由竞买者相继叫价，竞相加价(有时规定每次加价的金额额度)，直到拍卖人认为无人再出更高的价格时，则用击槌动作表示竞买结束，将这批商品卖给最后出价最高的人。在拍卖人击槌前，竞买者可以撤销出价。如果竞买者的出价都低于拍卖人宣布的最低价格(或价格极限)，卖方有权撤回商品而拒绝出售。

2. 减价拍卖

减价拍卖又称荷兰式拍卖，这种方法先由拍卖人喊出最高价格，然后逐渐减低叫价，直到有某一竞买者认为已经低到可以接受的价格，表示买进为止。减价拍卖成交迅速，经常用于拍卖鲜活商品和水果、蔬菜等。

以上两种方法都是在预定时间和地点按照先后批次，公开叫价，现场确定，当时成交。

3. 密封递价拍卖

密封递价拍卖又称招标式拍卖，采用这种方法时，先由拍卖人公布每批商品的具体情况和拍卖条件等，然后由各买方在规定时间内将自己的出价密封递交拍卖人，以供拍卖人开标进行审查比较，由拍卖人选择买主。

和前边的两种拍卖方式相比较，密封递价拍卖有以下两个特点：一它不是公开竞价，除价格条件外，还可能有其他交易条件需要考虑；二是可以采取公开开标方式，也可以采取不公开开标方式。拍卖大型设施或数量较大的库存物资或政府罚没物资时，可能采用这种方式。

此外，随着互联网的兴起和发展，当前出现了网上拍卖，即通过互联网实施的价格谈判交易活动，其利用互联网在网站上公开发布将要招标的物品或者服务的信息，通过竞争投标的方式将它出售给出价最高或最低的投标者。

五、招标投标

招投标是国际贸易中一种常见的方式，一般用于国际组织、政府机构、国营企业或公用事业单位采购物资、器材或设备的交易中。在国际承包工程中，业主选择承包商也基本采用此方法。招标和投标是一种商品交易行为，是交易过程的两个方面。

(一) 招标与投标的含义

招标(Invitation to Tender)是指招标人(买方)在规定时间、地点发出招标公告，说明拟采购商品的品种、规格、数量和有关买卖条件，邀请投标人(卖方)在规定的时间、地点按照一定的程序进行投标的行为。

投标(Submission of Tender)是与招标相对应的概念。是指投标人(卖方)应招标人(买方)的邀请，或满足招标公告的规定条件而主动申请，在规定投标的时间内向招标人递交符合要求的标书,争取中标的行为。

(二) 招标的主要方式

目前,国际上采用招标方式主要有下列几种:

1.竞争性招标

国际竞争性招标是在世界范围内进行招标,竞争性最为充分。采用这种方式,招标人要在国内外主要报刊上刊登招标广告,国内外所有合格的投标商均可参加报名投标,招标人选择其中对自己最有利的投标人达成交易。世界银行认为该招标方式符合"三 E"原则,即 Efficiency(效率)、Economy(经济)、(Equity)公平。因此,世界银行根据不同地区和国家的情况,规定了凡采购金额在一定限额以上的货物和工程合同,都必须采用国际竞争性招标。

2. 选择性招标

选择性招标也称邀请招标,属于一种有限竞争性招标。采用这种做法时,招标人不刊登广告,而是根据自己具体的业务关系或其他途径了解到的情况,由招标人有选择地邀请客商参加投标,经评定后决定中标者。

3. 谈判招标

谈判招标又叫议标,它是非公开的,是一种非竞争性的招标。这种招标人根据具体的业务关系和自己掌握的情况,直接选择一家客商进行谈判,谈判成功,交易达成。若经谈判达不成协议,招标人可另找一家继续谈判,直到最后达成协议。本质上,谈判招标不属于严格意义上的招标方式,而属于个别谈判。

4. 两段招标

两段招标是指无限竞争招标和有限竞争招标的综合方式。招标分为两个阶段,第一阶段先用公开招标方式招标、评标,选择几家客商;第二阶段,采用选择性招标,邀请入围的几家客商进行报价,最后确定中标者。须注意的是,两阶段招标仍属一次招标,只签一个合同。

(二) 招标与投标的特点

招标与投标同进口贸易的一般做法不同。采用这种方式,双方当事人不必经过交易磋商,也不存在讨价还价的余地,而是由各投标人应邀同时只能做一次性投标,没有讨价还价的余地,而投标人能否中标,主要取决于投标时的递价是否有竞争力。因此,采用这种方式,投标人之间的竞争十分激烈,而招标人则处于较主动的地位。这种方式使招标人对于供货来源可有较多的比较和选择。在竞争激烈的情况下,买方还可以较低的价格购进所需物资。这也是招标投标方式在大宗物资采购中广泛运用的原因之一。

第二节 新的国际贸易方式

一、对等贸易

对等贸易(Counter Trade),又称为"反向贸易""对销贸易",是一个松散的概念,现在还没有一个标准的定义和确定的界限,它是在互惠前提下,以出口和进口互为条件为共同特征的各种贸易方式的总称。对等贸易的主要形式如下:

(一) 易货贸易

1. 易货贸易的含义

易货贸易是指在换货的基础上,把等值的出口货物和进口货物直接结合起来,以商品的出口换取等值的进口货物,不涉及现金的收付的一种贸易方式。易货贸易的双方当事人以一份易货合同,确定交易商品的价值,以及作为交换的商品或劳务的种类、规格、数量等内容。

2. 易货贸易的形式

(1) 直接易货。直接易货也可以说是以货换货,它是买卖双方各以等值的货物进行交易,不涉及第三方,也不使用货币支付。在一笔直接易货交易中,双方签订一个易货合同,合同中将约定互换货物的规格数量品质等,各自交付货物的时间自行约定,可以是同时,也可有先有后,分别交付。这种易货形式每一方既是出口人,又是进口人,交换的货物必须是双方需要的,因此局限性大,应用中存在困难。在实际业务中,产生了一些变通的做法,最常见的即为通过对开信用证的方式进行易货贸易。它是最普遍也是目前应用最广泛的易货形式。

(2) 综合易货。用于两国政府之间签订的贸易和支付(清算)协定而进行的交易。首先,由两国政府根据签订的支付协定,在双方银行互设账户。同时,根据贸易协议,一方在一定时期(通常为一年)用一些出口物资与对方交换另一些进口物资,并约定商品种类以及交换的物资的金额基本相等。然后,根据协定书的有关规定,由各自国家的外贸公司签订具体的进出口合同,分别交货,由双方银行凭装运单证进行结汇并在对方国家在本行开立的账户进行记账,然后由银行按约定的期限结算。应注意的是,一定时期结束时,若双方账户如果出现余额,在约定的幅度范围内,原则上顺差方不得要求对方用外汇支付,而只能以货物抵冲,即通过调整交货速度,或由逆差方增交货物予以平衡。

(二) 补偿贸易

补偿贸易又称产品返销是指国际贸易中,交易的一方在对方提供信用的基础上,从国外进口机器设备、技术知识等,并在一定时期内,以该项目生产的产品或其他货物或劳务等方式,逐步偿还贷款本息的贸易方式。

补偿贸易与一般贸易方式相比,具有以下特点:一是信贷是补偿贸易必不可缺少的前提条件。在补偿贸易方式下,进口设备不用现汇支付,实际上是一种商业信贷。设备供应方必须同时承诺回购设备进口方的产品或劳务,这是构成补偿贸易的必备条件。二是设备出口方必须同时承诺回购设备进口方的产品或劳务,这是构成补偿贸易的必备条件。结合以上特点,可以看出,信贷基础上的设备进口并不一定是补偿贸易,补偿贸易不仅要求设备供应方提供信贷,同时还要承诺回购对方的产品或劳务,以使对方用所得货款偿还贷款。

补偿贸易的形式很多,根据偿付的标的不同,可分为以下几种:

1. 直接补偿

直接补偿是在信贷基础上,从国外进口机器、设备、技术等用来开发天然资源或生产产品(这些产品称为直接产品),并用直接产品来偿还进口的贷款本息。在现实中,先出口方往往通过协议要求用来偿还贷款的直接产品要严格符合先出口方的要求。直接补偿是补偿贸易最基本的形式。

2. 间接产品偿付

它是指贸易双方约定偿付先出口方货款的产品是间接产品,而非直接产品,即不是用该项进口技术设备直接生产的产品。一般来说,间接产品是现成的商品,因而比直接产品偿付时间可能较短些。

3. 劳务补偿

这种做法将补偿贸易与加工装配相结合,具体做法是双方根据协议,往往由出口方代为购进所需的技术、设备,货款由对方垫付,进口方按对方要求进行生产,从应收的加工费中分期抵偿进口所欠的款项。

4. 综合补偿

即综合运用上述三种方式,即进行综合补偿,可根据实际情况的需要,以部分用直接产品或其他产品或劳务补偿,部分用现汇支付等。

(三) 互购贸易

互购贸易是指交易双方互相购买对方产品的一种贸易形式。采用这种形式,双方签订两份既独立又有联系的合同:一份是约定先由进口的一方用现汇购买对方的货物;另一份则由先出口的一方承诺在一定期限内购买对方的货物。互购不是单纯的以货换货,而是现汇交易,而且不要求等值交换。

(四) 转手贸易

转手贸易是记账贸易的产物。根据两国贸易协定和支付(清算)协定进行的交易,都必须通过国家银行特定账户的结算单位进行清算。结算不直接以现金折算,在清算时,尽管要使用一定的货币计算和结账,但这种约定的货币是不可兑换的。任何一方如有顺差,只要不超过一定限度,只能由对方增加出口予以抵补。在这种情形下,出现了转手贸易,它是专为从事这种贸易的交易方取得可自由兑换的硬通货而产生的。转手贸易有简单的转手贸易和复杂的转手贸易两种做法。简单的转手贸易是拥有顺差的一方将用记账贸易的办法买下的货物运到国际市场上出售，取得可自由兑换货币。复杂的转手贸易是在记账贸易下拥有顺差的一方用该顺差以高于市场价格的价格从第三方购进所需的设备或商品，然后由该第三方用该顺差项在相应的逆差国家购买商品，并在国际市场上转手，收回硬通货。

需要注意的是，尽管"转手贸易"与"转口贸易"都是将购进的货物转卖给第三国，但其目的并不相同：转手贸易是在记账贸易基础上为取得硬通货而进行的贸易，而转口贸易是在市场经济基础上为实现正常的贸易利益而进行的自发贸易。

（五）抵消贸易

抵销贸易指一方在进口设备时，以先期向另一方或出口方提供的某种商品或劳务、资金等抵销一定比例进口价款的做法。抵销贸易自20世纪80年代以来开始盛行，在发达国家之间，以及发达国家与发展中国家的军火交易或大型设备交易中常被采用。抵销贸易可以分为直接抵销和间接抵销。在直接抵销的情况下，先出口的一方同意从进口方购买在出售给进口方的产品中所使用的零部件或与该产品有关的产品。在间接抵销的情况下，先出口方将从进口方购买与其出口产品不相关的产品。

二、加工贸易

加工贸易是境内企业全部或部分进口境外原材料、零部件、元器件、辅料等，利用本国设备和劳动力按对方的要求进行加工装配，再将制成品出口给对方，获得以外汇体现的附加价值的一种贸易方式。加工贸易方式具有明显的"两头在外"的特征，即原材料需要从境外进口，加工的成品又要出口到境外。加工贸易的具体方式主要包括来料加工、进料加工和境外加工贸易。

（一）对外加工装配

来料加工和来件装配统称为对外加工装配。来料加工是指外商提供原料、辅料和包装材料，境内承接方按照双方商定的质量、规格、款式加工为成品，交给对方，并按约定的标准收取加工费的一种贸易方式。来件装配是指由外商提供零部件、元器件和包装物料，境内承接方按其设计需求将装配成品交给外商，按约定收取加工费的贸易方式。承接来料加工贸易的企业多布置在劳动力或土地费用较低、交通方便且进出口贸易自由度较高的地区。

（二）进料加工和来料加工

进料加工指从国外购入原材料、辅料等，利用本国的技术、设备和劳力，加工成成品后销往国外市场。在实际工作中，进料加工主要有自行加工和委托加工两种形式。自行加工是指有进出口经营权的生产企业进口料件后，利用本企业的生产条件进行加工，生产出成品后复出口的业务。自行加工形式是生产企业进料加工贸易的最主要形式。委托加工是有进出口经营权的生产企业进口料件后,以委托加工形式拨交本单位其他独立核算的加工厂或本单位外的其他生产企业加工,加工成品收回后自营出口,并向受托方支付加工费的一种形式。

进料加工和来料加工贸易有相似之处,即都属于典型的"两头在外",但两者又有明显的区别。对外加工装配业务与进料加工又有明显的不同之处。其一是进料加工中,原料进口和成品出口是两笔不同的交易,均发生了所有权的转移,而且原料供应者和成品购买者之间没有必然的联系。加工装配业务中,原料运进和成品运出均未发生所有权的转移,它们均属于一笔交易,有关事项在同一个合同中加以规定。其二,进料加工业务中,加工方从国外购进原料,由工厂加工成成品,再销往国外市场实现附加值的增加和利润,但加工方要承担市场销售的风险。在加工装配业务中,加工方将成品交给外商,无须承担市场销售风险,但加工费只能得到加工费,而不能获取其他增加的附加值。

利用外资时,我国常提到的"三来一补"。"三来一补"是指来料加工、来件装配、来样订货和补偿贸易,是我国沿海地区早期利用外资的主要形式。进入20世纪90年代以来,随着我国进入多层次、全方位的开发格局,我国利用外资的形式随着外国跨国公司的进入,加工贸易中的进料加工成为目前主要的利用外资的形式。

此外,随着"走出去"战略的实施,我国企业在引进来之后,开始积极走出去开展境外加工贸易。境外加工贸易是指我国企业进行直接投资的同时,利用境外当地的劳动力开展加工装配,以带动和扩大国内设备、技术、原材料、零配件出口的一种国际合作方式。

三、许可证贸易

(一) 概念

许可证贸易是指许可方和许可证接受方签订许可证协议,允许对方使用本企业某项新工艺、新技术、专利权或商标进行生产,并向对方收取一定费用的贸易方式。

(二) 类型

1. 视其标的的不同分

(1) 专利许可证。是一种古老的技术转让方式,其含义系指专利所有人或其授权的法人及自然人在一定范围内允许他人使用其受专利保护的技术权利。

(2) 专有技术许可证。专有技术系指生产秘密技术知识、经验、制造方法等。专有技术许可证不同于专利许可证,它是靠合同中的保密条款来保护的,专有技术的有效期比专利更富有伸缩性。

(3) 商标许可证。商标称为商品的牌子。商标权是商标的使用者向主管部门申请,经主管部门核准所授予的商标专用权。商标许可证是指拥有商标专用权的所有人通过与其他人签订许可合同,允许他人在指定的商品上及规定的地域内使用其注册的商标。

(4) 综合许可。技术的所有者把专利、专有技术和商标的使用权结合起来转让给他人使用。

2. 按授权的范围分

可分为普通许可、排他许可、独占许可、分许可和交叉许可。

(三) 许可证贸易的优点和缺点

1. 优点

相对于产品出口、直接投资而言,许可证贸易具有独特的优势:

(1) 是避开进口国限制、作为产品出口转换形式的最佳途径。

(2) 可大大降低或避免国际营销的各种风险。例如,授方的资金没有进入国际市场,减少了受方所在国的外汇管制风险;纯粹的技术使用权许可,不存在独资或合资的企业被东道国没收征用的政治风险;由受方利用技术进行产销活动,使市场竞争与汇率变动等风险转移到受方身上。

(3) 可节省高昂的运销费用,提高价格竞争的能力。

(4) 有利于特殊技术的转让。某些关系到进口国国计民生的重要工业产品无法采用投资或产品出口方式,而通过许可证贸易便能顺利地涉足于这些产品的生产经营领域。

(5) 便于服务性质的企业进入国际市场。如各种类型的咨询公司、技术服务公司等企业本身并不制造产品,许可证贸易便为它们的无形产品(技术)进入国际市场提供了便利条件。

(6) 使小型制造企业也能进入国际市场。这一优点对于我国众多的制造企业来说尤为重要。

2. 缺点

小型制造企业实力不足,缺乏资金,难于采用直接投资在国外生产经营产品的方式。但只要拥有某项对市场具有吸引力的技术,同样可以通过许可证贸易的方式进入国际市场。客观地评价许可证贸易方式,它也有一些不足之处:

(1) 必须具备一定的条件。并非任何企业或任何技术都能进行许可证贸易。当企业拥有驰名商标、良好商誉、先进技术并对受方有吸引力时,许可证贸易才能成为现实。

(2) 授方对目标国家的市场经营难于控制。许可证贸易双方并非从属关系,而是等同于买卖关系,不管受方的市场经营状况如何,授方也不能对其加以直接控制,充其量只能把受方视为自己在国外的经销商,市场经营状况不佳可能会对授方及其产品的声誉造成不良的影响。

(3) 授方的纯收益可能会受到目标国家经营状况的制约。当采用提成的办法计算转让费用时,授方的纯收益的多少就要由产品在目标国家的竞争能力、销售数量、盈利水平来决定。

(4) 授方可能在国际市场上培养了自己的竞争对手。许可证贸易实际上是授方把一部分技术的优势、独占的权力转让给了受方,说到底是让出了一部分现实市场和潜在市场,这是授方的风险损失。因此,在技术出口之前就要权衡利弊,估算这种风险损失,拟定补救的办法,然后才做出决策。

第三节 跨境电子商务

一、跨境电子商务的概念

跨境电子商务(Cross-border Electronic Commerce),简称跨境电商,是指分属于不同关境的交易主体,通过电子商务平台达成交易,进行支付结算,并通过跨境电商物流及异地仓储送达商品,从而完成交易的一种国际商业活动。实际上,就是把传统的国际贸易加以网络化、电子化的新型贸易方式。它以网络、电子技术和物流为手段,以商务为核心,把原来传统的销售、购物渠道转移到互联网上,打破了国家与地区之间的交易壁垒。

二、跨境电子商务的分类

(一) 以交易主体类型分类

(1) B2B 跨境电商。B2B 跨境电商或平台所面对的最终客户为企业或集团客户,提供企业、产品、服务等相关信息。目前,中国跨境电商市场交易规模中 B2B 跨境电商市场交易规模占总交易规模的 90% 以上。在跨境电商市场中,企业级市场始终处于主导地位,代表企业有敦煌网、中国制造、阿里巴巴国际站、环球资源网等。

(2) B2C 跨境电商。B2C 跨境电商所面对的最终客户为个人消费者,针对最终客户以网上零售的方式,将产品售卖给个人消费者。

3C 跨境电商平台在不同垂直类目的商品销售上也有所不同,如 Focal Price 主营 3C 数码电子产品,兰亭集势则在婚纱销售上占有绝对优势。3C 类跨境电商市场正在逐渐发展,且在中国整体跨境电商市场交易规模中的占比不断提高。未来 3C 类跨境电商市场将会迎来大规模增长,代表企业有速卖通、亚马逊(Amazon)、DX、兰亭集势、米兰网、大龙网等。

(3) C2C 跨境电商或平台。C2C 跨境电商所面对的最终客户为个人消费者,商家也是个人卖方。由个人卖家发布售卖的产品和服务的信息、价格等内容,个人买方进行筛选,最终通过电商平台达成交易、进行支付结算,并通过跨境物流送达商品、完成交易,代表企业有 eBay、速卖通等。

(二) 以服务类型分类

(1) 信息服务平台。信息服务平台主要是为境内外会员商户提供网络营销平台,传递供应商或采购商等商家的商品或服务信息,促成双方完成交易。代表企业有阿里巴巴国际站、环球资源网、中国制造网等。

（2）在线交易平台。在线交易平台不仅提供企业、产品、服务等多方面信息展示，并且可以通过平台线上完成搜索、咨询、对比、下单、支付、物流、评价等全购物链环节。在线交易平台模式正逐渐成为跨境电商中的主流模式。代表企业有敦煌网、速卖通、DX、炽昂科技（Focal Price）、米兰网、大龙网等。

（三）以平台运营方分类

1. 第三方开放平台

第三方开放平台通过线上搭建商城，并整合物流、支付、运营等服务资源，吸引商家入驻，为其提供跨境电商交易服务。同时，平台以收取商家佣金以及增值服务佣金作为主要盈利模式。代表企业有速卖通、敦煌网、环球资源、阿里巴巴国际站等。

2. 自营型平台

自营型电商通过在线上搭建平台，平台方整合供应商资源通过较低的进价采购商品，然后以较高的售价出售商品，自营型平台主要以商品差价作为盈利模式。代表企业有兰亭集势、米兰网、大龙网、炽昂科技（Focal Price）等。

三、跨境电子商务与传统国际贸易模式的对比

与传统国际贸易模式相比，跨境电子商务受地理范围的限制较少，受各国贸易保护措施的影响较小，交易环节涉及中间商少，因而价格低廉，利润率高。但同时也存在通关、结汇和退税障碍明显，贸易争端处理方式不完善等劣势。

总的来说，跨境电子商务呈现出传统国际贸易所不具备的五大新特征：多边化、小批量、高频度、透明化、数字化。

（一）多边化

"多边化"是指与国际贸易过程相关的信息流、商流、物流、资金流已由双边的方向逐步向多边的方向演进，呈网状结构。跨境电子商务可以通过 A 国的交易平台、B 国的支付结算平台、C 国的物流平台，实现与其他国家的直接贸易。而传统的国际贸易主要表现为两国之间的双边贸易，即使有多边贸易，也是通过多个双边贸易实现的，呈线状结构。

（二）小批量

"小批量"是指跨境电子商务的单笔订单大多是小批量的，甚至有消费者订购单件商品。这是由于跨境电子商务实现了单个企业之间或单个企业与单个顾客之间的交易，相比传统国际贸易模式，跨境电子商务产品类目多、更新速度快，具有海量的商品信息库、个性化的广告推送、简便多样的支付方式等优势。由于掌握更多的顾客数据，跨境电子商务企业更能设计和生产出差异化、定制化的产品，更好地为顾客提供服务。

(三) 高频度

"高频度"是指跨境电子商务使单个企业或消费者能够即时按需采购、销售或消费，交易双方的交易频率高。传统国际贸易模式下，信息流、资金流和物流是分离的，而跨境电子商务可以将信息流、资金流和物流集合在一个平台上，并且可以同时进行。因此，相对于传统贸易而言，跨境电子商务交易双方的交易频率大幅度提高。

(四) 透明化

"透明化"是指跨境电子商务不仅可以通过电子商务交易与服务平台实现多国企业间、企业与最终消费者之间的直接交易，而且在跨境电子商务模式下，供求双方的贸易活动可以采用标准化、电子化的合同、提单、发票和凭证，使得各种相关单证在网上即可实现瞬间传递，增加贸易信息的透明度，减少信息不对称造成的贸易风险。特别是传统国际贸易中一些重要的中间角色被弱化或代替了，国际贸易供应链更为扁平化，形成了制造商和消费者"双赢"的局面。通过电子商务平台，跨境电子商务大大降低了国际贸易的门槛，丰富了国际贸易的主体阵营。

(五) 数字化

"数字化"有两层含义，一是越来越多的传统国际贸易借助电子化平台开展，传统国际贸易环节的相关信息也更好地以无纸化的方式呈现；二是随着信息网络技术的深化应用，数字化产品(软件、影视作品、游戏等)的品类和贸易量快速增长，通过跨境电子商务平台进行销售或消费的趋势更加明显。

【知识链接】早在2012年，郑州就被列为国家跨境电子商务服务试点城市，主要指标持续位居试点城市的前列。2016年，河南又相继获批建设中国(郑州)跨境电子商务综合试验区、中国河南自由贸易试验区，在政策和体制方面，被赋予更多先行先试的权力。2017年郑州跨境电商的货物总价值达113.9亿元，总体位列全国第五，2018年交易额更是达86.4亿美元，位居全国第三！郑州跨境电商的发展潜力巨大。郑州跨境电商生态优良，是国内最大的进口国际化妆品，保健产品，食品，跨境电商交易的产业带，全球网购商品低速分拨中心基本建成，业务覆盖全球196个国家和地区。现阶段，河南在制度创新方面也率先实现跨境秒通关、查验随双机，跨境电商保税模式国内推广。

四、跨境电子商务在国际贸易中的作用

(一) 寻找贸易伙伴

在传统的国际贸易方式下，买卖双方要寻找到合适的贸易伙伴往往要付出很大的代价。而利用电子商务物色贸易伙伴，既可以节省大量的人力、物力，又不受时间、地点的限制。企业一方面可以通过建立自己的网站或借助相关电子商务平台向全球范围内的潜在贸易伙伴提供产品和服务的供求信息；另一方面也可以上网搜索有关经贸信息，寻找到理

想的贸易伙伴。

(二) 进行交易洽商

在传统的国际贸易方式下,买卖双方一般共同选择某个确定的时间和地点,当面进行协商、谈判的活动。这种口头洽商形式容易受时间和空间的限制,过程既漫长,又不经济,特别是因为受时差的影响,双方的交往有很大的不便。即使是采用书面形式,利用电话传真等通信手段来协助洽商,也会由于高额的通信费用和信息的不完整性而难以适应业务活动的需要。而利用跨境电子商务的互联网,其便捷、低成本的通信功能和高效、强大的信息处理能力,能极大地促进买卖双方的交易磋商活动。同时交易双方还可借助电子邮件等方式适时地讨论、了解市场信息,洽商交易事务。如有进一步的需求,还可用网上和白板会议来交流实时的图形信息。因此,跨境电子商务方式下的交易洽商,可以跨越面对面的限制,是一种方便的异地交流方式。

(三) 电子签约及网上支付

在传统的国际贸易方式下,交易的各个环节都需要人工的参与,交易效率相对较低,错误发生率高。而利用电子商务开展国际贸易,双方可采用标准化、电子化的格式合同,借助网站中的电子邮件实现瞬间的交互传递,及时完成交易合同的签订。同时可通过银行和信用卡公司的参与实现网上支付。国际贸易中的网上支付对于可以直接通过互联网传递交付的软件、影音、咨询服务等无形产品交易来说极为便利,不但可节省很多人员的开销,而且随着网络安全技术的不断发展,网上支付对国际贸易的作用将会更加突出。

(四) 简化交易管理

国际贸易业务涉及政府的多个职能部门,如税务、金融、保险、运输等部门。因此,对国际贸易的管理包括有关市场法规、税务征管、报关、交易纠纷仲裁等环节。在传统的国际贸易方式下,企业必须单独与上述相关单位打交道,要花费大量的人力、物力,也要占用大量的时间。而电子商务使国际贸易的交易管理无纸化、网络化,企业可直接通过互联网办理与银行、保险、税务、运输等各方有关的电子票据和电子单证,完成部分或全部的结算以及索赔等工作,从而大大节省交易过程的时间和费用。

五、跨境电子商务在国际贸易中的优势

(一) 可显著降低国际贸易成本

在传统的有纸贸易中,各项费用(如纸张、差旅费等)所占比重很大。一般认为,这些费用约占贸易额的7%。若采用EDI技术,则上述费用可减少50%以上。按我国近几年的外贸规模计算,采用电子商务后我国每年可节省数十亿美元,这是相当可观的。交易成本的降低还体现在由于减少了大量的中间环节,买卖双方可以通过网络直接进行商务活动,交易费用明显下降。在传统的国际贸易业务中,大量中间商的参与,使得国外进口商

的进货价往往是国内生产企业交货价的 5~10 倍。而现今的跨境电子商务平台则直接把中国的生产企业和国外的进口商的供求信息整合在网上,让它们在网上直接交易,中间环节的减少使各方都得到了实惠。

(二) 可显著提高贸易效率

传统的有纸贸易中,单证的缮制、修改、审核等一系列操作占用了大量的时间。根据国外的统计,在一笔货物买卖合同中,在不同的计算机之间贸易数据的重复录入率达 70%。这无疑影响了货物的正常流通。采用电子商务则利用网络实现信息共享,通过网络对各种单证实现瞬间传递,不必重复输入,不但节省了单证的传输时间,而且能有效地减少因纸面单证中数据重复录入导致的各种错误,提高了贸易效率。例如,新加坡实行 EDI 后,单证处理的速度由原来的平均 3 天降至 15~30 分钟。

(三) 可显著降低差错率

在传统的单证贸易中,由于各业务阶段都必须由人工参与,故单证不一致、单单不一致的情况是很惊人的。例如,英国米德兰银行(Midland Bank)与英国国际贸易程序简化署(SITPRO)在 20 世纪 80 年代的随机统计中显示,单据不符率在 50% 左右(1983 年为 49%,1986 年为 51.4%)。电子商务因通过计算机网络自动传输数据,不需要人工干预,并且不受时间限制,差错率大幅度降低。

(四) 可减少贸易壁垒,扩大贸易机会

由于互联网的全球性和开放性,从一开始跨境电子商务就成为电子商务的自然延伸,并成为其有机组成部分。网络彻底地消除了地域的界限,对减少国际贸易中的有形壁垒和无形壁垒起到了积极的作用。在网上做生意,没有了宗教信仰的限制,也没有了种族的歧视,甚至公司的规模和经济实力的差别都显得不再重要。因而在国际贸易中采用电子商务这个有效工具,主动出击市场,寻找更多的贸易机会,成为一种顺理成章的选择。

(五) 可减轻对实物基础设施的依赖

传统的企业开展国际贸易业务都必须有大量的实物基础设施,如办公用房、仓储设施、产品展示厅、销售店铺等。而如果利用跨境电子商务开展国际贸易业务,则在基础设施方面的投入要小许多。企业就可以将由此而节省的开支大部分让渡给顾客,从而增强竞争力。

本章小结

本章主要介绍了国际贸易中常用的贸易方式,特别是包销、代理、对等贸易和加工贸易等。掌握这些贸易方式对外贸报关有极大的帮助。随着电子商务的不断发展,跨境电子商务作为新型的国际贸易方式,在我国外贸发展中的作用也日益突出,学习跨境电子商务的基本知识,有利于大家对我国外贸发展中的所有贸易方式进行系统学习和了解。

本章推荐阅读材料

1. 中国国际贸易学会　　http://gmxh.mofcom.gov.cn/
2. 中国进出口贸易网　　http://www.cnie.cn/
3. 商务中国　　　　　　http://www.bizcn.com/
4. 中国对外贸易中心　　http://www.cftc.org.cn/
5. 网上广交会　　　　　http://www.cantonfair.org.cn/

本章重要概念

经销　代理　寄售　拍卖　对等贸易　易货贸易　补偿贸易　加工贸易　许可证贸易　跨境电子商务

本章思考题

一、问答题

1. 试分析包销和独家代理有何异同？
2. 简述拍卖方式的特点。
3. 简述加工贸易有何特点？
4. 分析跨境电子商务的优势以及对我国企业的启示。

二、单选题

1. 代理业务的两个基本当事人之间的关系是(　　)。
   A. 买卖关系　　B. 委托代理关系　　C. 委托寄售关系　　D. 代销关系
2. 代理人所获得的收入为(　　)。
   A. 工资　　B. 奖金　　C. 佣金　　D. 利润
3. 寄售方式中,寄售人要承担(　　)为止的一切风险和费用。
   A. 货物出运前　　　　　　　　B. 货物出售前
   C. 货物到达寄售地点前　　　　D. 货物交付前
4. 投标人发出的标书应该被视为是一项(　　)。
   A. 不可撤销的发盘　　　　　　B. 可撤销的发盘
   C. 可随时修改的发盘　　　　　D. 有条件的发盘
5. 关于补偿贸易的特征,错误的说法是(　　)。
   A. 在信贷基础上进行
   B. 设备供应方必须承诺回购产品或劳务的义务
   C. 设备供应方是直接投资方
   D. 当事人双方存在买卖关系
6. 以下不是许可证贸易授权范围的是(　　)。

A. 普通许可　　　　B. 排他许可　　　　C. 综合许可　　　　D. 独占许可
7. 跨境电商的交易主体分属不同的(　　)。
A. 关境　　　　　　B. 国家　　　　　　C. 地区　　　　　　D. 口岸
8. 跨境电子商务的优势不包括(　　)。
A. 当面接洽　　　　　　　　　　　　B. 政府优惠较多
C. 产品更新速度快　　　　　　　　　D. 简单,涉及的中间环节少

三、案例分析题

1. A 公司在国外物色了 B 公司作为其代售人,并签订了寄售协议。货物在运往寄售地销售的途中,遭遇洪水,使20%的货物被洪水冲走。因遇洪水后道路路基需要维修,货物存仓发生了8000美元的仓储费,问:以上损失的费用应由哪一方承担?

2. 我国某公司和外商洽谈一笔补偿贸易,外商提出可以信贷方式向我提供一套设备,并表示愿意为我代销产品。根据补偿贸易的要求,你认为这些条件我们能接受吗? 为什么?

3. 某公司在拍卖行经竞买获得精美瓷器一批。在商品拍卖时,拍卖条件中规定:"买方对货物的过目与不过目,卖方对商品的品质概不负责。"该公司在将这批瓷器通过公司所属商行销售时,发现有部分瓷器出现网纹,严重影响这部分商品的销售。卖方因此向拍卖行提出索赔,却遭到拍卖行的拒绝。问:拍卖行的拒绝是否有道理? 为什么?

本章主要参考文献

[1] 余庆瑜.国际贸易实务:原理与案例[M].北京:中国人民大学出版社,2019.

[2] 中国国际商会/国际商会中国国家委员会.国际贸易术语解释通则2020[M].北京:对外经济贸易大学出版社,2019.

[3] 陈岩.国际贸易理论与实务[M].北京:清华大学出版社,2018.

[4] 田运银.国际贸易实务精讲[M].北京:中国海关出版社,2018.

[5] 黎孝先.国际贸易实务[M].北京:对外经济贸易大学出版社,2016.

[6] 徐盛华,郑明贵.进出口贸易实务操作指南[M].北京:清华大学出版社,2012.

[7] 陈岩,李飞.跨境电子商务[M].北京:清华大学出版社,2019.